KB138593

무지와
편견의
세
계
사

무지와 편견의
세계사

초판 1쇄 발행 2018년 1월 12일
초판 2쇄 발행 2018년 2월 5일

지은이 헨드릭 빌렘 반 룬
옮긴이 김희숙, 정보라

펴낸이 이상순
주간 서인찬
편집장 박윤주
제작이사 이상광
기획편집 한나비, 김한솔
디자인 유영준, 이민정
마케팅 홍보 이병구
경영지원 오은애

펴낸곳 (주)도서출판 아름다운사람들
주소 (10881) 경기도 파주시 회동길 103
대표전화 031-955-1001 **팩스** 031-955-1083
이메일 books777@naver.com
홈페이지 www.books114.net

생각의길은 (주)도서출판 아름다운사람들의 교양 브랜드입니다.

관용과 광기에 관한
역사적 고찰

무지와 편견의 세계사

헨드릭 빌렘 반 룬 지음
김희숙 · 정보라 옮김

제1회 뉴베리상 수상 작가
헨드릭 빌렘 반 룬의
색다른 역사 이야기

생각의길

차 례

0

. . .

옛날, 아주 오랜 옛날에도

옛날 옛적 인류는 '무지無知'라는 골짜기에서 행복하게 살고 있었다.

동으로, 서로, 남으로, 북으로, 영원의 산맥은 골짜기 사방으로 뻗어 있었다.

지식의 작은 시냇물은 깊게 패인 계곡 사이로 느릿느릿 흘러다녔다.

시냇물은 '과거'라는 산맥에서 흘러나왔다.

그리고 '미래'라는 늪으로 사라져갔다.

시냇물은 강물처럼 넉넉하진 않았다. 그러나 마을 사람들이 마시기엔 충분했다.

날마다 저녁이면 사람들은 가축에게 물을 먹이고 나무통에 물을 채우면서, 시냇가에 앉아 한가로이 시간을 보냈다.

지혜로운 노인들은 낮이면 그늘진 구석에서 오래된 책의 신비로운 책장册張에 파묻혀 고심하다가 저녁이면 시냇가로 나왔다.

노인들은 어린 손자에게 낯선 말을 중얼거렸다. 손자들은 노인들의 이야기를 듣는 것보다 먼 땅에서 흘러온 예쁜 조약돌을 가지고 노는 편이 더 좋았을 것이다.

종종 노인들의 말은 명확하지가 않았다. 그러나 그 말은 사라진 종족이 수천 년 전에 써놓은 것이었다. 그렇기에 더욱 신령했다.

왜냐하면 무지의 골짜기에서는, 오래된 것은 무엇이든 존경받을 만하다고 여겼기 때문이다.

감히 조상의 지혜를 반대했다가는 다른 모든 올바른 사람들에게 따돌림을 당했다.

그런 식으로 사람들은 평화를 지켰다.

늘 공포가 있었다.

'동산의 소산물을 공평하게 나눌 때 나만 배제되면 어떡하나?'

밤이면 사람들은 작은 마을의 좁은 골목길에서 모호한 이야기를 속삭였다. 감히 의문을 제기했던 남자와 여자에 대한 모호한 이야기를.

그들은 사라졌다. 그리고 다시는 볼 수 없었다.

몇몇은 태양이 지는 높은 암벽을 올라가려 했다.

절벽 아래로 그들의 하얀 뼈가 남겨졌다.

시간은 가고 세월은 흘렀다.

인류는 평화로운 무지의 골짜기에서 행복하게 살고 있었다.

· · ·

암흑을 뚫고 어떤 사나이가 서서히 드러났다.

그는 손톱이 부서져 있었다.

누더기로 감싼 발은 긴 행군으로 피에 젖어 있었다.

지친 사나이는 발을 질질 끌며 가까운 오두막집에 다가가 문을 두드렸다.

그런 후 정신을 잃고 쓰러졌다. 촛불을 밝힌 주인장은 그를 오두막으로 데리고 들어갔다.

아침이 되자 마을에 소문이 돌기 시작했다. "그가 돌아왔어."

이웃들은 오두막 주위에 둘러서서 고개를 내저었다. 빤한 일이었다. 이렇게 끝날 줄 몰랐단 말인가.

감히 산기슭을 벗어나 돌아다닌 자에겐 패배와 항복이 기다리고 있었다.

마을 한 구석에선 노인들이 고개를 저으며 노여움의 말을 수군대고 있었다.

잔인하고 싶지 않았지만, 법은 법인 것이다.

고통스럽지만, 사나이는 지혜로운 노인들의 소망을 저버리는 죄를 지은 것이다.

상처가 나으면 얼른 재판장으로 그를 보내야만 했다.

노인들은 관용을 베푼 셈이다.

노인들은 낯설고 불타는 눈동자를 가진 그의 어머니를 기억했다.

노인들은 30여 년 전 사막에서 사라진 그 아버지의 비극을 떠올렸다.

하지만 법은 법이다. 법은 준수되어야만 한다.

지혜로운 노인들은 그렇게 해야만 했다.

· · ·

노인들이 방랑자를 데리고 장터로 가자 사람들은 그를 둘러싼 채 침묵했다. 존경을 담은 침묵이었다.

원로들은 배고픔과 목마름에 주린 사나이에게 앉으라고 청했다.

그는 거절했다.

원로들은 그에게 침묵하라고 명령했다.

그러나 사나이는 입을 열었다.

원로들을 등지고 서서, 사나이는 불과 얼마 전까지만 해도 자신의 동료였던 사람들을 간절하게 바라보았다.

"귀 있는 자는 들으시오." 그는 외쳤다.

"귀 있는 자는 들으시오, 기뻐하시오. 나는 산맥 너머를 보고 돌아왔소. 내 발로 새 땅을 밟고 왔소. 내 손으로 다른 종족들을 만져보고 왔소. 내 눈으로 놀라운 광경을 보고 왔소.

내가 아이였을 때, 세상은 내 아버지의 동산이었소.

동으로 서로 남으로 북으로, 태초부터 있던 산맥들이 사방으로 뻗어 있었소.

내가 그들에게 무엇을 감추고 있냐고 묻자, 그들은 쉬쉬하며 서둘러 고개를 내저었소. 내가 계속 고집을 부리자, 그들은 나를 바위산으로 데려가 신들에게 감히 저항했던 이들이 하얗게 뼈로 변한 모습을 보여주었소.

내가 '이건 거짓말이야! 신은 용감한 자를 사랑하오!'라고 소리치자, 지혜로운 이들은 내게 다가와 경전 구절을 읽어주었소. 율법이 하늘과 땅의 만물을 지었다고 설명해주었소. 골짜기는 우리가 소유하고 지켜야 하는 것이라고 말이오. 동물과 꽃, 과일과 물고기는 우리에게 속한 것이며, 우리가 주관하는 것이라고. 그러나 산맥은 신에게 속한 것이라고 말이오.

거짓말이오. 그들은 내게 거짓말을 했소, 당신들에게도 거짓말을 했소.

저 언덕 너머에는 평원이 펼쳐져 있었소. 풍요로운 초원이었소. 그곳엔 우리와 똑같은 피와 살을 가진 남자와 여자가 있소. 또, 수천 년 노동의 영광으로 빛나는 도시가 있소.

나는 더 나은 본향으로 가는 길을 찾아냈소. 나는 더 복된 삶의 약속을 보았소. 나를 따르시오, 내가 여러분을 그곳으로 인도하겠소. 신들의 미소는 그곳이나 이곳이나 어느 곳이나 똑같이 있소."

· · ·

그가 말을 멈추자 공포에 질린 사람들이 커다란 비명을 질렀다.

"이단이오!" 노인들은 소리쳤다. "이단에 신성모독이오! 죗값에 합당한 벌을 내릴 것이오! 이자는 이성을 잃었소. 어디 감히 수천 년 전부터 내려오는 법을 모독하는가. 이자는 죽어 마땅하오!"

노인들은 무거운 돌을 집어 들었다.

그리고 그를 죽였다.

사나이의 몸은 절벽 아래로 버려졌다. 그리고 조상의 지혜를 의심하는 모든 이에게 경고가 되도록 그곳에 두어졌다.

· · ·

얼마 후 큰 가뭄이 들었다. 졸졸 흐르던 지식의 작은 개울은 금세 말라버렸다. 가축은 갈증으로 죽어갔다. 밭에서 곡식은 시들었고, 무지의 골짜기에는 기근이 들었다.

하지만 지혜로운 노인들은 낙심하지 않았다. 모든 것이 종국에는 올바르게 될 것이라고 그들은 예언했다. 왜냐하면 가장 신령한 경전에 그렇게 쓰여 있었으므로.

게다가 노인에겐 많은 음식이 필요하지도 않았다. 정말 많이 늙어버린 것이다.

· · ·

겨울이 왔다.

마을은 황폐해졌다.

마을 사람의 절반이 순전히 가난으로 죽었다.

살아남은 사람들의 유일한 희망은 산맥을 넘는 것이었다.

그러나 법은 "안 돼!" 하고 이를 금지했다.

당연히 법은 지켜져야만 했다.

· · ·

어느 날 밤 폭동이 일어났다.

절망은 공포로 침묵하던 이들에게 오히려 용기를 주었다.

노인들은 강력하게 반대했다.

그러나 노인들의 의견은 무시당했다.

이들은 자신의 운명을 한탄했다. 손자들의 불순종을 슬퍼했지만, 마지막 마차가 마을을 떠나려하자 노인들은 마부를 세워 자신들도 태워달라고 했다.

미지의 세상을 향한 여정이 시작됐다.

· · ·

방랑자가 마을로 돌아온 지 이미 여러 해가 지난 후였다. 그가 그려줬던 길을 찾기란 쉬운 일이 아니었다.

수천 명이 기근과 갈증의 희생양으로 바쳐진 후, 첫 번째 이정표가 나타났다.

거기서부터는 여정이 한결 덜 힘들었다.

사려 깊었던 사나이는 숲속이나 끝없이 펼쳐진 험준한 바위 사이를 헤매다 길을 찾을 때마다 선명하게 표시해두었다.

길은 단계를 거칠수록 점점 쉬워졌다. 마지막엔 푸른 초장의 새 땅이 펼쳐졌다.

사람들은 아무 말 없이 서로를 바라보았다.

"그가 결국 옳았어." 사람들은 말했다. "그가 옳았어, 노인들이 틀렸던 거야…."

"그는 진실을 말했고 노인들은 거짓말을 했어…."

"그의 뼈는 절벽 아래에서 썩고 있는데, 노인들은 우리 마차에 앉아 고대 경전 구절만 반복해서 외고 있어…."

"그는 우리를 구원했는데, 우리는 그를 살육했어…."

"정말 안된 일이야, 하지만 우리가 그때 이 사실을 알았더라면 당연히…."

사람들은 말과 황소의 고삐를 풀고 암소와 염소를 초장으로 몰았다. 그리고 집을 짓고 땅을 나누어 경작하며 오래오래 행복하게 살았다.

· · ·

몇 년 후, 현명한 노인들이 머물 전당이 완성되었다. 기왕이면 멋진 새 전당에 용감한 개척자를 묻자는 의견이 나왔다.

사람들은 경건한 순례 행렬을 지어 이제는 황폐해진 그때의 골짜기를 향해 걸어갔다. 그러나 분명히 그의 몸을 버렸던 장소에 도착해보니, 시신이 보이지 않았다.

굶주린 자칼이 동굴로 물고 가버린 것이다.

사람들은 작은 돌 하나를 오솔길(지금은 거대한 고속도로가 되어버린 길)에 세웠다. 그 돌에는 무지의 어두운 폭력에 처음으로 저항했던 사람, 그의 민족을 새로운 자유로 인도하려 했던 사람의 이름이 새겨졌다.

그리고 후손들이 감사하는 마음으로 이를 세웠노라고 쓰여 있었다.

・・・

태초에는 이런 일이 일어났지만(지금도 일어나고 있지만), 언젠가는 더 이상 일어나지 않길 바란다.

1

...

무지의 폭정

527년 플라비우스 아니시우스 유스티니아누스Flavius Anicius Jus-
tinianus(482?483?-565)는 동로마제국의 통치자가 되었다.

이 세르비아 농장 일꾼은(제1차 세계대전 때 논쟁이 되었던 기차 환승
역인 우스쿠프 출신이다.) '학교 교육'이라면 질색이었다. 그런 사람의
명령으로 고대 아테네 철학 학파는 결국 핍박을 받았다. 새로운
기독교 신앙의 사제들이 나일강 유역을 침략한 이후에도 유일하
게 살아남아 수세기 동안 유지되었던 이집트 신전을 폐쇄해버린
것도 그였다.

신전은 나일강 제1폭포 근처의 '필라이Philae'라는 작은 섬에 있
었다. 알려진 바로는, 이시스Isis[1]를 경배하며 바쳐진 장소였다. 그
리고 무슨 이유에서인지 여신 이시스는 아프리카와 그리스, 로마
의 모든 라이벌 여신들이 비참하게 파멸하는 와중에도 살아남았
다. 그러다 6세기에 이르자, 필라이 섬은 상형문자라는 가장 성스

---

[1] 농사와 수태를 관장하는 이집트 여신.

러운 옛 기술을 여전히 이해하는 유일한 곳이 되었다. 또한 소수의 성직자들이 쿠푸왕[2]이 다스리던 다른 지역에서는 다 잊힌 그일을 계속 훈련했던 유일한 장소였다.

그런데 이제, 제국의 황제 폐하로 알려진 문맹 농장 일꾼의 명령에 따라 신전과 부속학교는 국가 재산으로 몰수되었고 조각과 그림은 콘스탄티노플 박물관으로 실려갔으며, 성직자와 서화가들은 감옥으로 보내졌다. 이들이 모두 배고픔과 무관심 속에 버려진 채 죽고 나자, 상형문자를 만드는 유서 깊은 작업도 사라진 기술이 되고 말았다.

정말 유감스러운 일이다.

만약 유스티니아누스가(그의 머리에 저주를!) 조금만 덜 철저했더라면, 그래서 일종의 문자에 대한 노아의 방주를 만든다고 할 때, 방주 속에 고미술 전문가를 몇 사람만 살려두었더라면, 오늘날 역사가의 임무는 훨씬 더 쉬워졌을 것이다. 왜냐하면 샹폴리옹Champollion[3]의 천재성 덕분에 우리가 낯선 이집트 글자를 다시 읽을 수 있게 되었다 하더라도, 후세에게 전하는 그 메시지의 내적 의미를 이해하는 것은 여전히 매우 어려운 일이기 때문이다.

다른 고대 국가도 모두 마찬가지다.

기묘한 턱수염의 바빌로니아인은 건축물의 벽돌 가득히 종교적 문구를 새겨서 남겨놓았다. 그들은 "하늘에 계신 신들의 뜻을

---

2 카이로 부근 항구 도시 기자에 거대한 피라미드를 건설한 이집트 제4왕조의 왕. 기원전 2613?-?.
3 장 프랑수아 샹폴리옹, 1790-1832. 프랑스의 이집트학 학자. 로제타 비석에 쓰인 비문을 통해 고대 이집트의 상형문자를 해독했다.

어찌 이해할 수 있겠나이까?"라고 경건하게 외치면서 무슨 생각을 했을까? 자신들이 끊임없이 호소했던 신령한 영혼에 대해서, 그 영혼의 법칙을 해석하려 애쓰고 그 계명을 가장 성스러운 도시의 화강암 기둥마다 새겨놓으면서, 과연 무엇을 느꼈을까? 바빌로니아인은 한없이 관대해서 성직자들이 천체를 연구하거나 땅과 바다를 탐험하도록 권장할 정도였는데, 그러면서 어떻게 이웃에게는 오늘날이라면 그냥 넘어갔을 종교적 예법을 어겼다고 가혹한 처벌을 내릴 만큼 잔인한 사형 집행인이 될 수 있었을까?

우리도 최근에서야 알게 됐다.

근래 사람들은 니네베[4]로 탐험을 가서, 시나이의 모래를 파헤치며 쐐기문자 서판들을 해독했다. 그리고 메소포타미아와 이집트 방방곡곡을 다니며 이 신비로운 지혜의 보물창고 문을 열어줄 열쇠를 찾아내려고 최선을 다했다.

그런데 그때 갑자기, 우연히도 우리는 보물창고의 뒷문이 언제나 활짝 열려 있었다는 것을 발견했다. 우리는 마음대로 건물 안에 들어갈 수 있었던 것이다.

하지만 그 편리한 쪽문이 아카데[5]나 멤피스[6] 근처에 있었던 건 아니다.

---

4 아시리아의 옛 수도.
5 아카데, 혹은 아카드. 바빌로니아 지역의 고대 도시. 기독교의 《구약성서》에 따르면, 노아의 아들 함의 후손이 세운 니므롯 왕국의 4대 도시 중 하나다(《창세기》, 10장 10절). 아카드인은 기원전 2,000년 이전 메소포타미아 지역에 살았던 셈계 민족. 고대 셈어의 일종인 아카드어는 바빌로니아어 및 아시리아어와도 연관이 있다.
6 이집트 카이로 남쪽에 있는 옛 도시. 고대 이집트 왕국 시대의 수도였으나 지금은 폐허만 남아 있다.

그 문은 정글 한복판에 있었다.

게다가 어느 이교도 신전의 나무 기둥 때문에 거의 가려져 있었다.

. . .

우리의 조상들은 손쉽게 약탈할 수 있는 곳을 찾아다니다가, 우연히 낯선 이를 만나면 '야만인'이나 '미개인'이라고 이름을 붙였다.

즐거운 만남은 아니었다.

가엾은 이교도는 백인의 의도를 잘못 이해하고 일제히 창과 화살로 사격하면서 이들을 맞이했다.

백인 방문객은 나팔총[7]으로 이에 응수했다.

이후, 서로 편견 없이 차분히 생각을 나눌 기회는 거의 오지 않았다.

미개인은 악어와 죽은 나무를 숭배하고 자신에게 일어나는 모든 일을 그럴 만하다고 여기는, 더럽고 빈둥거리며 쓸모없는 게으름뱅이로 여기저기서 묘사됐다.

이후 18세기가 되자 반작용이 일어났다. 장 자크 루소는 감상적인 눈물에 젖은 뿌연 시야로 세계를 관찰하기 시작했다. 그의 사상에 깊이 감명받은 동시대인들은 손수건을 꺼내들고 우는 일

---

7 총부리가 굵은 18세기경의 총.

에 동참했다.

미개한 이교도는 그들이 가장 선호하던 주제 중 하나였다. 루소의 추종자들(실제로는 아무도 미개인을 보지 못한 사람들) 손에서 미개한 이교도는 환경의 불운한 제물이 되었다. 또한 지난 3,000년 동안 '문명화'라는 썩어빠진 시스템으로 인해 박탈된 인류의 모든 다양한 가치를 대변하는 진정한 대표자가 됐다.

오늘날 적어도 '조사調査'라는 특정 영역에 한해서는 우리가 옛 사람들보다 낫다는 점을 기억하자.

우리는 원시인을 연구할 때 아주 잘 길든 동물처럼 그들을 대하며 연구한다. 대체로 원시인이란 존재는 가축으로 길든 동물과 그렇게 많이 다르지 않다.

이런 방법으로 들여다보면 대부분의 경우 수고한 만큼 좋은 결과를 얻게 된다. 야만인은 어쩌다 보니 우리보다 훨씬 더 미흡한 환경 속에 놓여지게 된 우리 자신인 것이다. 우리는 야만인을 면밀하게 조사하면서 나일강 유역과 메소포타미아 반도에 있던 초기 사회를 이해하기 시작한다. 또 야만인을 철저하게 파악하면서, 우리 포유류가 지난 5,000년 동안 획득한 풍속과 관습의 얇은 표피 저 밑 깊숙이 숨겨진 많은 낯선 본능을 얼핏이라도 보게 된다.

이러한 연구가 우리의 자만심을 부추기는 것만은 아니다. 반대로, 우리가 빠져나온 과거의 조건을 깨달으면 지금까지 인류가 이룩한 많은 성취에 감사하면서 이제 당면한 과제를 해내자고 새롭게 용기를 내게 된다. 또한 변화의 흐름에 보조를 맞추지 못한 우리의 먼 친척들에게 좀 더 관대한 마음을 갖게 될 것이다.

이 글은 인류학 핸드북이 아니다. 이것은 '관용'이라는 주제에 바쳐진 한 권의 책이다.[8]

그런데 관용은 매우 광범위한 주제다.

여기저기 돌아다니면서 두루 섭렵한다면 멋진 일이겠지만, 일단 정해진 경로를 이탈하게 되면 그다음엔 어디에 이르게 될지 누가 알겠는가.

그러니 지금부터 반 페이지 정도는 양해해주기 바란다. '관용'을 통해 내가 하려는 말이 무엇인지 확실하고 명확하게 설명해보겠다.

언어는 인류의 가장 믿을 수 없는 발명품 중 하나며, 모든 정의定意는 확실히 임의적이다. 겸손하게 배우려는 사람이라면 누구나 이 책의 언어인 영어로 말하는 사람들 절대 다수가 최종적인 것으로 받아들이는 권위를 당연히 따를 것이다.

브리태니커 백과사전을 두고 하는 말이다.

사전 26권 1052쪽을 보면 이렇게 나온다. "관용(라틴어 tolerare, 동사 '참다'에서 파생): 다른 사람에게 행위나 판단의 자유를 허락하는 것. 자신의 견해나 일반적으로 받아들여지는 견해, 경로에 대한 반대를 편견 없이 끈기 있게 인내하는 것."

'관용'에 대해서 다르게 정의 내릴 수도 있겠지만, 이 책의 목적에 따라 나는 브리태니커가 인도하는 대로 따르려 한다.

---

8 이 책의 원제는 《관용(Tolerance)》이다. 우리말 역서를 출간하면서 독자들에게 전체 내용을 좀 더 쉽게 전달하기 위해 《무지와 편견의 세계사》로 제목을 바꾸었지만, 무지와 편견의 역설적인 상황 속에서 저자가 일관되게 강조하는 주제어는 '관용'이라 볼 수 있다.

좋건 나쁘건 이제 일정한 방침을 정했으니, 미개인이라는 주제로 돌아가 조금이라도 유물이 남아 있는 초기 사회 유형을 살펴보면서 관용이라 할 만한 것이 무엇이 있었는지 여러분에게 말해 보겠다.

· · ·

사람들은 여전히 원시 사회는 매우 단순했고 원시 언어는 몇 안 되는 꿀꿀 소리로 이루어졌으며, 원시인은 세계가 '복잡'해지면서 우리가 잃어버린 모종의 자유를 누렸으리라 보편적으로 믿고 있다.

그러나 지난 50년 간 탐험가, 선교사, 의사 들이 중앙아프리카와 극지방, 폴로네시아의 원주민을 만나 발견한 것을 보면 이와는 정반대다. 원시 사회는 고도로 분화되었으며, 원시 언어는 러시아어나 아랍어보다 더 많은 종류의 문형文型과 시제, 격변화를 갖고 있었다. 또한, 원시인들은 현재의 노예일 뿐만 아니라 과거와 미래의 노예였다. 간단히 말하자면, 두려움 속에 살다가 공포 속에 죽는 비참하고 불쌍한 피조물이었던 것이다.

이는 대중 영화에 나오는 물소와 적의 머릿가죽[9]을 추격하며 신나게 대초원을 누비는 용감한 인디언과는 아주 다른 모습으로 보일지도 모른다. 그러나 이쪽이 좀 더 진실에 가깝다.

---

9 북아메리카 원주민들이 전리품으로 적의 머릿가죽을 벗기는 풍습을 빗댄 비유다.

달리 무엇이 가능했겠는가?

나는 기적에 대한 많은 이야기를 읽었다. 그러나 거기엔 한 가지, 인간 생존의 기적이 빠져 있었다.

어떻게, 어떤 방법으로, 왜, 모든 포유류 중에서도 가장 방어력이 없는 인간이 세균과 마스토돈[10], 추위와 더위에 저항하며 자신을 지켜낼 수 있었고 마침내는 모든 창조물의 주인이 될 수 있었는지, 그 기적이 빠져 있는 것이다. 하지만 여기에서 이 문제를 해결하려고 애쓰지는 않을 것이다.

한 가지는 분명하다. 인간은 이 모든 것을 결코 혼자 이룰 수는 없었을 것이다.

종족을 잇기 위해서 인간은 자신의 개별성을 부족이라는 복합적 특징 속에 묻어두어야만 했다.

· · ·

따라서 원시 사회는 '생존을 향한 전면적이고 강력한 욕망'이라는 단 하나의 단일 사상으로 지배되었다. 매우 힘겨운 일이었다.

결과적으로 여타의 다른 생각은 모두 '생존'이라는 가장 중요한 단 하나의 요구에 희생되었다. 개인은 아무것도 아니었으며, 공동체는 대체로 모든 것이었다. 그리고 부족은 '부족의, 부족에 의하여, 부족을 위하여' 살면서 오직 배타적일 때만 안전을 구하

---

10 마이오세 초기부터 홍적세까지 생존했다는 코끼리와 유사한 멸종 포유류.

며 이동하는 요새였다.

그러나 문제는 보기보다 훨씬 더 복잡했다. 지금까지 내가 말한 것은 보이는 세계에서 그랬다는 이야기다. 그런데 당시에 이보이는 세계란 보이지 않는 세계에 비하면 터무니없이 작은 영역이었다.

이를 제대로 이해하려면, 원시인들은 우리와 다른 존재였음을 기억해야 한다. 원시인은 인과법칙에 익숙하지 않았다.

내가 만약 깜빡하고 독이 든 담쟁이덩굴 위에 앉았다면, 나는 내 부주의함을 탓하면서 의사를 부르러 사람을 보내고 어린 아들에게 엉덩이에 붙은 덩굴을 얼른 떼어달라고 말할 것이다. 원인과 결과를 파악할 수 있기에, 나는 독이 든 담쟁이덩굴이 발진을 일으켰으며 의사는 이 통증을 멈출 무언가를 내게 줄 것이고, 또 덩굴을 떼어내면 엉덩이 통증이 계속 더 심해지지는 않을 것이란 걸 안다.

진짜 미개인이라면 이와는 완전히 다르게 행동할 것이다. 그는 독이 든 담쟁이덩굴과 발진을 조금도 연관 짓지 못할 것이다. 그는 과거와 현재, 미래가 얽히고설킨 세계에서 살고 있다. 죽은 과거의 지도자들은 모두 신으로 부활하고 죽은 이웃들은 모두 영혼으로 부활해서 씨족의 보이지 않는 구성원으로 계속 존재하며, 어디를 가든 이 보이지 않는 구성원들은 보이는 구성원들 하나하나와 동행하는 것이다. 죽은 이들은 산 자와 함께 먹고, 함께 자고, 문 앞에서 지켜준다. 죽은 이의 마음을 얻거나 얻지 못하는 것은 모두 산 자에게 달린 일이다. 죽은 이의 호의를 얻지 못하면 즉시 처벌을 받게 되는데 어떻게 하면 이 모든 영혼을 항상 기쁘게 할 수 있을지 알 수 없기에, 미개인은 신의 복수로 불행이 다가올까 봐 한없이 두려워하며 산다.

그러다 보니 미개인은 평소와 다른 어떤 일이 일어나면 사건의 제1원인을 생각하는 것이 아니라 보이지 않는 영혼이 간섭한 것으로 여긴다. 팔에 홍진이 일어나면, "빌어먹을 독풀 같으니라구!" 하는 대신에 "내가 신을 노하게 한 거야, 신께서 나를 벌하신 거야."라고 중얼거리는 것이다. 그리고 주술사를 찾아가서, 담쟁이 독을 해독해줄 로션이 아니라 격노한 신이(담쟁이가 아니라) 그에게 내린 주문呪文보다 더 강력한 '부적'을 받아온다.

정작 모든 고통의 제1원인인 담쟁이는 늘 자라던 그 자리에서 그냥 자라도록 내버려둔다. 만약 어떤 백인이 등유燈油 한 통을 가져와서 그 관목을 태워버린다면, 미개인은 신을 노하게 했다고 백인을 저주할 것이다.

모든 일이 보이지 않는 존재의 직접적, 개인적 간섭의 결과로 일어나는 사회가 존속하려면, 신의 분노를 누그러뜨릴 수 있다는 율법을 엄격하게 순종해야만 했다.

미개인은 율법으로 신의 분노를 누그러뜨릴 수 있다고 생각했다. 선조들은 그런 율법을 고안해서 물려주었다. 율법을 정확하게 지키고 현재의 완벽한 형태 그대로 아이들에게 전해주는 것이 그들의 가장 성스러운 의무였다.

물론 우리가 보기엔 부조리하다. 오늘날 우리는 진보와 성장, 변함없고 지속적인 발전을 확고하게 믿고 있다.

그러나 '진보'란 말은 지난 몇 년 사이에 생겨난 신조어에 불과하다.[11] 모든 미개발 사회의 전형적인 현상은 왜 굳이 (그들에겐) 지금도 좋은 세상을 다른 사회로 발전시켜야 하는지 그 이유를 알지 못한다는 점이다. 왜냐하면 그들은 다른 사회를 본 적이 없기 때문이다.

· · ·

이 모든 것이 사실이라 해도, 어떻게 율법이나 기존의 사회 형태가 변하는 것을 아예 막을 수 있는 것일까?

대답은 간단하다.

일반적 치안 규칙을 신의 뜻으로 보지 않는 자들을 즉각 처벌함으로써, 쉽게 말해 불관용이라는 완고한 시스템을 통해서 변화를 막아버리는 것이다.

· · ·

여기서 내가 미개인은 가장 불관용적인 인류였다고 말하면, 미개인을 모욕하는 말로 들릴지도 모르겠다. 그러나 내 말뜻은 그게 아니다. 미개인이 살았던 환경 속에서 불관용은 차라리 그의 의무였다. 만약 그가 어떤 이에게 부족의 지속적인 안전과 평화가

---

11 반 룬이 이 책을 출간한 1925년을 기준으로 하는 말이다.

달려 있는 1,001가지 규칙을 어겨도 된다고 허락했다면 부족의 삶은 위험에 처했을 것이며, 이는 모든 범죄 중에서 가장 큰 죄악이 되었을 것이다.

그러나 (이 문제는 품어볼 만한 의문이다) 상대적으로 숫자가 적었던 일부 지배층이 어떻게 그 복잡한 불문법不文法 체계를 유지할 수 있었을까? 오늘날 우리는 수백만 명의 군인과 경찰이 나서도 평이한 법률 서너 개조차 수호하기 어려운데 말이다.

다시 한번, 대답은 간단하다.

미개인은 우리보다 훨씬 더 현명했다. 빈틈없이 계산해서 절대로 하면 안 되는 것이 무엇인지부터 파악했다.

미개인은 '터부taboo'라는 개념을 발명했다.

여기서 "발명했다"라는 말은 적절한 표현이 아닐지도 모르겠다. 터부는 갑작스러운 영감의 산물이 아니기 때문이다. 그것은 오랫동안 축적되고 검증된 결과다. 어쨌든 간에 아프리카와 폴리네시아의 원주민들은 터부를 고안했고, 이를 통해 많은 곤경에서 벗어났다.

터부라는 말은 오스트레일리아 원주민어다. 우리는 이 말이 무슨 뜻인지 대강 알고 있다. 지금 우리의 세계도 터부, 즉 우리가 행동하거나 말해서는 안 되는 것들이 많다. 예를 들면, 저녁 식사 중에 사업 근황에 대해 말한다거나 커피 잔 속에 티스푼을 남겨두는 일은 모두 터부시되는 일이다. 그러나 우리 세계의 터부는 별로 심각하지 않다. 이러한 터부는 에티켓의 일부일 뿐, 이걸 어긴다고 해서 우리의 개인적인 행복이 저해받지는 않는다.

하지만 원시인들에게 터부란 극도로 중요한 것이었다.

어떤 사람이나 움직이지 않는 물체가 나머지 세계로부터 '분리되어' 있다면, 그것은 (등가인 히브리어로 말하자면) '거룩'한 것이기에 토론되거나 건드려져서는 안 되는 것이었다. 이를 어기면, 즉각적인 죽음이나 영원한 고문이 뒤따랐다. 감히 조상 혼령의 뜻을 거역하는 자에게는 거대한 질서에 따라 오직 고통만이 주어질 뿐이었다.

$$\cdots$$

성직자가 먼저 터부를 만든 것인지, 터부를 유지하기 위해서 성직자 계층이 생겨난 것인지는 아직도 풀리지 않은 문제다. 전통이 종교보다 훨씬 오래된 것으로 미루어, 터부도 마법사나 마녀 주술사가 세상에 등장하기 훨씬 이전부터 존재했던 것으로 보인다. 그러나 터부가 선사 시대에 무언가를 '금지'하는 기호가 된 것은 마법사의 역할이 크다. 마법사들은 처음부터 터부의 개념을 강력하게 지지했고 탁월한 기교로 활용하면서 터부를 대표적인 '금지' 기호로 만들었다.

처음 유럽에 알려진 고대 바빌론이나 이집트는 여전히 터부가 매우 중요한 나라였다. 이들의 터부는 나중에 뉴질랜드에서 발견된 잔혹하고 원시적인 형태의 터부와는 매우 달랐다. 바빌론이나 이집트의 터부는 하지 말아야 할 행위의 규칙으로 엄숙하게 변형된, 우리가 십계명의 여섯 조항을 통해 익히 알고 있는 "~하지 말라"라는 명령과 같은 것이었다.

그 시대에 그런 나라에서 관용이라는 개념이 아예 없었던 것은 당연한 일이다.

우리가 종종 관용이 아니었을까 하고 오인하는 것은 그저 무지로 인한 무관심이었을 뿐이다.

왕이든 사제든 다른 이들에게 '행위나 판단의 자유'를 행하도록 허락하려 한 어떤 흔적도 (약간의 의지마저도) 찾아볼 수 없다. 그리고 우리 시대의 이상이 된 '일반적으로 받아들여지는 견해나 관점에 대해 반대하는 입장을 편견 없이 끈기 있게 인내하는 것'의 흔적도 전혀 나타나지 않는다.

. . .

그러므로 아주 부정적인 예를 들어야 할 때를 제외하고는 선사 시대 역사나 소위 '고대사'라고 하는 것에 따로 관심을 두지는 않겠다.

관용을 향한 투쟁은 개인이 발견된 이후에 시작됐다.

그리고 현대의 모든 발견 중에서 가장 위대한 '개인의 발견'은 그리스인들의 공로다.

2

...

그리스인들

도대체 어떻게, 지중해 구석 작은 산맥의 반도에서 적어도 2세기 동안이나 정치, 문학, 연극, 조각, 화학, 물리학, 그 밖의 수많은 분야에 걸쳐 오늘날의 연구를 뒷받침하는 완벽한 기본틀을 인류에게 제공할 수 있었던 걸까?

수많은 세기 동안 의아해했고, 모든 철학자가 자신의 연구 인생을 걸고 다들 한 번씩은 풀어보려고 덤벼들었던 문제다.

저명한 역사가들은 화학이나 물리학, 천문학, 의학 분야의 학자들과는 달리, 소위 '역사의 법칙'을 발견하려는 노력에 대해 늘 경멸을 감추지 못했다. 올챙이, 세균, 빛나는 별에게는 유효한 '법칙'이 인간의 영역에서는 아무 상관 없다는 듯이 말이다.

내가 크게 잘못 생각하는 건지도 모르겠지만 내가 보기엔 인간의 영역에도 그런 법칙이 분명 존재하는 것 같다. 지금까지 우리가 대단한 법칙을 발견하지 못한 것은 사실이다. 하지만 뭘 열심히 찾으려고 한 적도 없지 않은가. 우리는 여러 사실을 쌓아놓기에 바빠서, 그 사실을 끓이고 녹이고 증발시켜 거기서 몇 가닥 지혜를 뽑을 시간이 없었던 것이다. 인간이라는 특정한 포유류에게 대단히 가치 있는 지혜일지도 모르는데 말이다.

새로운 영역의 연구에 다가가려니 상당히 떨리지만, 과학자들의 지식을 본 따서 다음과 같은 역사의 원칙을 제안해보겠다.

현대 과학자들이 다들 인정하는 지식에 따르면, 생명(무생물과 구분되는 생물)은 모든 물리적, 화학적 요소가 최초의 살아 있는 세포가 탄생하는 데 필요한 최적의 비율이 되었을 때 비로소 발생했다.

이를 역사 용어로 옮기면 다음과 같다.

"아주 고등한 문명은, 모든 인종, 기후, 경제, 정치적인 조건이 최적의 비율로 이루어질 때, 또는 이 불완전한 세상에서 최대한 최적의 조건과 비율에 근접할 때 비로소 불현듯 자연스럽게 등장한다."

몇 가지 부정적인 사례를 살펴보면서 이 문장을 좀 더 다듬어보겠다.

석기 시대 동굴 인간들이 서로 두뇌를 겨루는 것은 하늘나라에서도 일어날 수 없는 일이다.

만약 렘브란트나 바흐, 프락시텔레스Praxiteles[1]같은 사람들이 우페르니빅Upernivik[2] 근처의 이글루에서 태어나 깨어 있는 시간 대부분을 빙원에서 바다표범의 구멍을 지켜보며 살아야 했다면, 렘

---

1 기원전 4세기 아테네의 조각가. 우아한 전라(全裸)의 여신상으로 유명하다.
2 그린란드 북부의 섬.

브란트는 그림을 그리지 못했을 것이며 바흐는 푸가를 작곡하지 못했을 것이고 프락시텔레스는 조각을 만들지 못했을 것이다.

만약 다윈이 랭커셔에 있는 방직 공장에서 생계를 위해 일해야 했다면, 생물학에 그런 공헌을 남기지 못했을 것이다. 알렉산더 그레이엄 벨도 농노로 징용되어 로마노프 왕조의 러시아 어느 벽지에서 살았더라면, 전화 따위는 발명하지 못했을 것이다.

최초로 고등 문명이 발생했던 이집트의 경우, 기후는 매우 좋았지만 사람들이 아주 강인하거나 진취적이지는 않았다. 게다가 정치적, 경제적 조건이 너무나 열악했다. 바빌로니아와 아시리아도 마찬가지였다. 후에 티그리스와 유프라테스강 유역으로 이주한 셈족은 강하고 정열적인 사람들이었다. 기후도 아무 문제가 없었다. 하지만 정치적, 경제적 환경은 여전히 열악했다.

팔레스타인 지역은 기후가 그다지 좋지는 않았다. 농업은 낙후되었고 아프리카와 아시아를 오가는 낙타 상인들의 대상로隊商路가 그 나라를 거쳐간다는 것 말고는 별다른 상업도 없었다. 게다가 팔레스타인의 정치는 예루살렘 사원의 성직자들이 완전히 장악하고 있었는데, 이런 정치로는 어떠한 개인의 진취성도 고취될 수 없었다.

페니키아는 날씨가 별로 중요하지 않았다. 페니키아 사람들은 강인했고 무역 조건도 좋았다. 하지만 페니키아는 매우 불공평한 경제 체제로 고통받고 있었다. 배를 소유한 소수 계급이 모든 부를 거머쥔 채 상업을 단단히 독점했다. 그 결과, 페니키아의 도시 튀루스와 시돈은 초기부터 정부가 상류 부유층의 손아귀에 들어

가버렸다. 그러다 보니 가난한 자들은 어느 정도라도 산업 활동을 해나갈 모든 구실을 빼앗긴 채 냉담하고 무관심해졌고, 결국 페니키아는 카르타고와 운명을 같이 하게 된다. 지도자들의 근시안적인 이기심으로 폐망하고 만 것이다.

간단히 말해서, 초기 문명의 중심지들은 모두 성공에 필요한 요소 중 어느 하나가 항상 부족했다.

기원전 5세기에 이르러서야 '완벽한 조화'라는 기적이 마침내 그리스에서 일어났지만, 그것도 아주 잠깐이었다. 그조차도 종주국이 아니라 에게해 연안 식민지에서 일어났다는 점이 특이하다.

나는 다른 책에서 아시아 본토와 유럽을 잇는 유명한 다리들을 묘사한 적이 있다. 이집트와 바빌로니아, 크레타 섬의 상인들은 아득한 옛날부터 이 다리들을 건너 유럽으로 갔다. 배가 출항하는 중심지는 상업과 사상, 모든 면에서 아시아와 유럽을 이어주는 곳으로 이오니아라는 좁고 긴 땅, 소아시아 서안에 자리 잡고 있었다.

트로이 전쟁이 일어나기 몇 백 년 전에, 길이 1,460킬로미터에 넓이는 겨우 몇 킬로미터밖에 안 되는 산악 지역의 좁은 땅덩이 이오니아는 본토에서 온 그리스의 여러 부족에게 점령당했다. 그리스인들은 이곳에 많은 식민 도시를 세웠는데, 그중 에페소스, 포케아, 에리트레아, 밀레투스가 가장 유명하다. 바로 이 도시들을 끼고 성공의 조건들이 완벽한 비율로 나타나서 문명은 정점에 이르게 된다. 이와 비슷한 수준의 문명이 이따금 나타나긴 했지만 이를 능가하는 수준의 문명은 결코 없었다.

첫째, 식민 도시에는 열두 개의 각기 다른 나라에서 흘러온 가장 활동적이고 진취적인 구성원들이 살고 있었다.

둘째, 낡은 세계와 새로운 세계, 유럽과 아시아를 잇는 해운업을 통해 보편적으로 상당히 부유했다.

셋째, 식민도시의 정부 형태는 다수의 자유민이 재능을 최대한 발휘할 수 있도록 기회를 제공했다.

기후에 대해서는 언급하지 않겠는데, 이유는 다음과 같다. 상업에 절대적으로 의존하는 나라에서는 기후가 그렇게까지 중요하지는 않다. 날씨가 흐리건 맑건, 사람들은 배를 만들 수 있고 물건을 하역할 수 있다. 항구가 얼어붙을 만큼 춥거나 마을이 잠길 정도로 비가 오는 경우가 아니라면, 주민들이 굳이 일기예보를 챙길 일은 없는 것이다.

하지만 이를 차치하고도, 이오니아의 기후는 지식인 계층의 성장에 더할 나위 없이 적합했다. 책이나 도서관이 없던 시절에 학문은 사람들의 입을 통해 전승되었고, 그러다 보니 마을의 공동 우물은 인류 최초의 공공센터이자 가장 오래된 대학이 되었다.

밀레투스[3]는 365일 중 350일 동안 마을 우물 주위에 모이는 것이 가능했다. 초기 이오니아 지역의 교수들은 이러한 기후의 이점을 훌륭하게 활용하여 미래에 발전할 모든 과학 분야에서 선구자가 되었다.

이러한 선구자 중 우리가 언급할 첫 번째 사람은 현대 과학의

---

3 고대에 융성했던 이오니아의 도시. 기원전 6세기경 밀레투스학파가 이곳에서 탄생했다.

진정한 창시자인데, 태생이 사뭇 의심스러운 사람이었다. 은행을 털었거나 가족을 죽인 후 남모르는 곳에서 밀레투스까지 도망 왔다는 뜻은 아니다. 하지만 그의 선조에 대해서는 알려진 바가 없다. 보이오티아[4]인? 페니키아인? 아니면 우리 시대 학식 있는 인종 전문가가 떠드는 북유럽 게르만족이나 유대인의 조상 셈족이었을까?

이것만 봐도 마이안드로스 강[5] 입구에 있던 이 작은 고도시가 당시에 얼마나 국제적인 중심지였는지 알 수 있다. 밀레투스 사람들은 (오늘날의 뉴욕처럼) 구성이 너무나 다양해서, 이웃을 만나면 그 집안 조상을 일일이 캐지 않고 그냥 그 사람 모습 그대로 받아들일 정도였다.

이 책이 수학사나 철학입문서가 아닌 이상, 탈레스의 이론을 여기에 소개하는 것은 적절하지 않을 것이다. 그러나 그 당시 이오니아 사람들이 새로운 생각에 얼마나 관용적이었는지를 보여준다는 점에서 탈레스의 이론은 언급할 만한 가치가 있다. 당시는 어느 외딴 지역 진흙탕 강가의 작은 읍내 장터가 로마였고, 유대인들은 아직도 아시리아의 포로였고, 북유럽과 서유럽은 아무짝에도 쓸모없는 들짐승들의 황야였던 시대다.

그리스의 발전이 어떻게 가능했는지 이해하려면, 그리스 사령관들이 부유한 트로이 성을 약탈하기 위해 에게해를 건너갔던 사

---

4   고대 아테네 북서 지방.
5   고대 소아시아의 왕국 프리기아에 있던 강. S 자형으로 구부러져 있다. 지금은 멘데레스 강이라고 부른다.

건 이후 어떤 변화들이 일어났는지 파악해야만 한다. 널리 이름을 떨쳤던 그리스의 영웅들은 아직 매우 원시적이었던 그 시절 문명의 산물이다. 그들은 덩치만 큰 어린아이였고 인생을 멋진 난장판이라고 여겼다. 신나는 일, 레슬링 시합, 달리기 경주, 우리가 먹고 살기 위해 지루한 직업에 붙어 있지 않아도 된다면 기꺼이 좋아했을 수많은 일로 가득 찬 난장판 말이다.

활기찬 용사들과 신들의 관계는 직선적이고 단순했다. 이들은 일상생활의 진지한 문제도 그런 태도로 임했다. 왜냐하면 기원전 10세기에 그리스 세계를 다스렸던 올림포스 산의 신들은 대단히 세속적이었으며 평범한 인간과 그리 다르지 않았기 때문이다. 사람과 신이 정확하게 언제 어디서 어떻게 결별했는지는 한 번도 분명하게 밝혀지지 않은, 다소 모호한 지점이다. 그때는 구름 위에 사는 신들이 지표면에서 기어 다니는 자신의 백성에게 우정을 느껴도 아무 상관없었고, 그리스 종교의 독특한 매력이라 할 신과 인간의 개인적이고 친밀한 신체 접촉도 당연하게 여겨졌다.

물론 모든 착한 그리스 소년들은 공식적으로 긴 수염의 제우스가 강력하고 전능한 주권자이며, 때로 세상이 곧 멸망할 것처럼 번개와 천둥으로 난폭하게 요술을 부릴 수도 있다고 배웠다. 하지만 아이들도 나이가 좀 더 들어 고대 무용담saga을 직접 읽게 되니, 유치원에서 귀에 못이 박히도록 들었던 무서운 신들도 능력의 한계가 있다는 것에 감사하기 시작했다. 이제 신들은 유쾌한 가족으로 나타났던 것이다. 신들은 끊임없이 서로 못된 장난을 치며, 인간 친구들이 정치적 논쟁을 벌이면 가차 없이 자신의 견해를 밝혀서, 그리스에서 어떤 싸움이 일어나건 그 즉시 창공의 거주자들 간에도 이에 상응하는 소동이 벌어지도록 했다.

물론 너무나 인간적인 이 모든 결점에도 불구하고, 제우스는 여전히 위대한 신이었고 모든 통치자를 다스리는 가장 전능한 신이었으며 감히 그를 거역했다가는 무사할 수 없는 신이었다. 그러나 제우스는 워싱턴의 로비스트가 이해할 만한 수준에서 '합리적'이었다. 적절한 방법만 안다면 누구나 그에게 다가갈 수 있었다. 무엇보다 훌륭한 제우스의 장점은 바로 유머 감각이었다. 제우스는 자기 자신이나 자신의 세계를 너무 심각하게 받아들이는 일이 없었다.

이런 점이 신의 형상을 이루는 가장 숭고한 개념은 아닐 수 있겠지만, 매우 돋보이는 몇 가지 이점을 제공했던 것은 사실이다. 고대 그리스인들은 반드시 옳다고 여기거나 반드시 틀리다고 무시해야 하는 융통성 없는 규칙을 가진 적이 한 번도 없었다. 현대적 의미에서의 '교리', 즉 견고한 도그마와 직업적 사제 계급이 있는 그런 '교리', 세속의 교수대絞首臺로 사람들을 위협하는 그런 '교리'가 없었기 때문에, 각 지역의 사람들은 각자의 종교적인 생각과 윤리적 개념을 각자의 취향에 맞게 마음대로 고칠 수 있었다.

올림포스 산에서 부르면 들릴 정도로 가까이에 살았던 테살리아인들은 당연히 옆 산에 사는 존엄한 신들을, 멀리 떨어진 라코니아[6] 만의 외딴 마을에 살았던 아소피아인들이 존경하는 것보다 훨씬 덜 존경했다. 수호 여신 팔라스 아테나[7]가 자신들을 직접 보호하고 있다고 여겼던 아테네 사람들은 여신의 아버지도 당연히 자신들에게 많은 자유를 허락했다고 생각했다. 반면, 주 무역로에서 멀리 떨어진 계곡에 살았던 아르카디아인은 보다 단순한 신앙을 완강하게 고수했고, 종교라는 진지한 문제를 놓고 경솔하게 구는 것에 눈살을 찌푸렸다. 델포이Delphi[8] 마을을 찾아오는 순례자 덕분에 먹고사는 포키스Phokis의 주민들은 아폴로(그의 신전은 수익성이 좋았다)가 모든 신 중에서 가장 위대하다고 믿어 의심치 않았다. 그들에게 아폴로는, 멀리서 왔지만 주머니에 아직 두세 닢의 은화가 남아 있는 순례자들이 특별한 존경을 바칠 만한 신이었던 것이다.

곧이어 유대 민족은 유일신 신앙을 받들면서 나머지 모든 민족과 구분되는데, 이러한 유일신 신앙은 유대 민족의 국가가 예루살렘이라는 한 도시를 중심으로 이루어지지 않았더라면 절대 불가능했을 일이다. 예루살렘은 아주 강력한 힘으로 다른 순례자들을 경쟁에서 모두 밀어냈고, 거의 1,000년 동안 배타적인 종교적 독점을 유지할 수 있었다.

그리스는 그런 지역이 없었다. 아테네도 스파르타도, 통일조국 그리스의 승인된 수도로 자리 잡은 적이 한 번도 없었다. 그렇게 해보려고 노력하다가 오랫동안 무익한 내전만 이어졌을 뿐이다.

이렇듯 존엄한 개인주의자들로 구성된 그리스 민족이 매우 독립적 풍조의 사상이 발전하도록 많은 여지를 제공했다는 것은 어찌 보면 당연한 일이다.

---

6 그리스 남부에 있던 나라로 수도는 스파르타.
7 지혜, 예술, 전술의 그리스 여신.
8 아폴로 신전이 있던 그리스의 옛 도시.

〈일리아드〉와 〈오디세이〉는 때로 그리스 민족의 성경이라 불리기도 한다. 하지만 전혀 그렇지 않다. 〈일리아드〉와 〈오디세이〉는 그냥 책일 뿐이다. 이들은 결코 '단일한 성경'으로 묶여본 적이 없다. 〈일리아드〉와 〈오디세이〉는 그 시대 사람들이 자신의 직계 조상이라 믿고 좋아했던 어느 멋진 영웅들의 모험담이다. 이야기에 일정 정도 종교적 정보가 나오는 것은 그냥 우연이었다. 왜냐하면 그리스 신들은 인간 사이에 싸움이 벌어지면 예외 없이 누군가의 편을 들며, 열 일 제치고 신들의 영역에서는 보기 힘든 보상이 걸린 싸움판을 구경하며 즐겼기 때문이다.

그렇지만 그리스인들은 결코 호메로스의 작품이 직접적이건 간접적이건 제우스나 미네르바나 아폴로에게 영감을 받은 것이라고는 생각하지 않았다. 호메로스의 이야기는 훌륭한 문학 작품이었고, 길고 긴 겨울밤을 나기 좋은 읽을거리였다. 게다가 이야기를 듣는 아이들은 자신의 민족에 대해 자부심을 느꼈다.

그것으로 충분했다.

지적으로나 종교적으로나 자유로운 분위기의 도시에서, 일곱 개의 바다에서 흘러온 배들의 맵싸한 내음이 가득한 도시에서, 동방의 직물이 넘쳐나고 잘 먹고 모든 것에 만족스러운 사람들의 웃음소리로 명랑한 도시에서 탈레스는 태어났다. 그런 도시에서 일하고 가르치다가 죽었다. 탈레스가 내린 결론은 동시대 다수 이웃들의 견해와 매우 달랐다. 그러나 당시 그의 사상은 밀레투스의 일부 사람들만 알았지 널리 알려지지는 않았음을 기억하자. 밀레투스의 보통 사람이라면 뉴욕의 보통 사람이 아인슈타인의 이름을 아는 것처럼, 탈레스의 이름을 들어보았을지도 모른다. 아인슈타인 이름을 들어봤다는 뉴욕 사람에게 아인슈타인이 누구인지 물어보라. 그러면 그는 '담배 파이프를 입에 물고 바이올린을 연주하는 머리칼이 긴 남자'라고 말할 것이다. 기차를 탄 사람이 기차 안에서 움직이는 것[9]에 대해 무언가를 쓴 사람, 그런 기사가 일요 신문에 실린 걸 본 적이 있다고 대답할 것이다.

담배 파이프를 입에 물고 바이올린을 연주하는 이 이상한 사람은 지난 6,000년 동안 내려오던 과학적 결론을 궁극적으로 뒤집을지도 모를 (아니면 적어도 대대적으로 수정해야 할) 진리의 작은 섬광을 포착했다. 그러나 하루하루 태평하게 살아가는 수백만 뉴욕 시민들은 이런 사실에 아무런 관심이 없다. 시민들이 수학에 관심을 갖는 것은 야구 경기를 보다가 좋아하는 타자가 중력의 법칙을 거슬러 얼마나 공을 높이 쳤는지 서로 논쟁을 벌일 때 정도다.

고대사 교과서를 보면 대개는 별 고민 없이 "밀레투스의 탈레스(기원전 640-546), 현대과학의 창시자"라고 기술한다. 마치 〈밀레투스 신문〉의 1면 기사 제목으로 "우리 지역 대학원생이 참과학의 비밀을 발견하다"라고 쓰여진 듯하다.

그러나 이렇게 봐서는 언제 어디서 어떻게 탈레스가 정해진 경로를 이탈하여 스스로 새로운 길을 찾았는지 짐작하기 어렵다. 분명한 것은 그가 지적인 진공 상태에서 살지는 않았으며 자신의 내적 자각으로만 그 지혜를 깨달은 것은 아니라는 점이다. 기원전

---

9 특수 상대성 이론에 대해 일반적으로 알려졌던 예다.

7세기에는 과학 분야에서 이미 많은 선구적 연구가 이루어져 있었고, 지식인들은 수학, 물리학, 천문학 분야의 방대한 정보를 마음껏 활용할 수 있었다.

바빌로니아의 점성가들은 천체를 관측했다.

이집트의 건축가들은 피라미드 한가운데 있는 작은 묘실墓室 천장에 200~300만 톤의 대리석을 부려놓기 위해 상당한 숫자 계산을 했다.

나일강 유역의 수학자들은 태양의 움직임을 진지하게 연구했다. 건기와 우기를 예측하여 농부가 달력을 보고 농사를 조절할 수 있도록 하려고 했던 것이다.

하지만 이런 문제를 해결했던 사람들도 여전히 자연의 힘을 보이지 않는 신들의 직접적이고 개인적인 표현이라 여겼다. 이들에게 신이란 대통령의 각료들이 농수산부, 정보통신부, 재무부를 관장하듯이 계절과 행성 운행, 바다의 조수 간만을 관장하는 존재였다.

탈레스는 이러한 관점을 거부했다. 그러나 당시 많은 식자들이 그랬듯이, 그도 굳이 이를 공식적으로 토론하지는 않았다. 해안도시의 과일 행상들이 일식이 일어날 때마다 이상한 광경에 공포를 느끼며 제우스의 이름을 떠올리고 바닥에 엎드려 머리를 조아리고 싶어 한다면, 그거야 그들이 알아서 할 일이었다. 천체의 움직임에 대해 초보적인 지식을 가진 학생이라면 누구나 기원전 585년 5월 25일 이러저러한 시각에 달이 지구와 태양 사이에 놓여 밀레투스 마을이 몇 분 동안 상대적으로 깜깜해질 거라는 점을 예측할 수 있다고 사람들을 설득해야 했어도, 탈레스는 아마 끝까지 나서지 않고 그냥 내버려뒀을 것이다.

심지어 이 유명한 일식이 일어난 날 오후, 페르시아인들과 리디아인들이 전투를 하던 중 어두워져서 서로 살육을 멈춰야 했던 일이 일어났을 때에도(실제로 그랬다), 탈레스는 리디아의 신들이(몇 년 전 아얄론 골짜기에서 전투를 하던 중 일어났던 유명한 선례에 따라[10]) 기적을 일으켜 그들이 사랑하는 종족의 승리를 위해 하늘의 빛을 갑자기 꺼버렸다는 것을 믿지 않았다.

왜냐하면 탈레스는 자연이란 그게 무엇이든 '영원한 단일 의지의 표상'이라고 생각했기 때문이다(이것이 그의 가장 위대한 장점이다). 탈레스에게 자연이란 '영원한 단일 법칙'에 종속된 것으로, 사람들이 끊임없이 상상으로 지어내는 여러 신들이 개인적 영향력을 조금도 미칠 수 없는 것이었다. 게다가 탈레스가 볼 때 일식이란, 꼭 민족 간 전쟁이 아니라 에페수스 거리의 투견闘犬이나 할리카르나수스Halicarnasus[11]의 결혼식 잔치처럼 일상적인 일이 벌어졌다 해도 같은 날 같은 오후에 동일하게 일어날 수 있는 일이었다.

탈레스는 과학적 관찰을 통해 논리적인 결론을 도출하면서 만

---

10 기독교의 《구약성서》에서 야훼가 유대 민족과 아모리 사람들의 전쟁에서 해와 달을 조종하여 유대민족이 이기도록 도운 일을 말한다. "야훼께서 아모리 사람을 이스라엘 자손에게 넘겨주시던 날에 여호수아가 야훼께 아뢰어 이스라엘 목전에서 이르되 '태양아 너는 기브온 위에 머무르라. 달아 너도 아얄론 골짜기에서 그리할지어다' 하매 태양이 머물고 달이 멈추기를 백성이 그 대적에게 원수를 갚기까지 하였느니라."(《여호수아》 10장 12~13절)
11 소아시아 남서부 끝에 있었던 고대 그리스의 도시. '마우솔레움'이라 불리는 카리아 왕의 장대한 묘가 이곳에 있다. 마우솔레움은 기원전 350년경 왕비 아르테미시아가 왕을 위해 세운 것으로 고대 세계 7대 불가사의 중 하나다.

물에 대한 보편적이고 필연적인 법칙을 세웠다. 그는 만물의 시초가 아마도 태초부터 존재하면서 세상을 둘러싸고 있었을 '물'속에 있다고 추측했다(그리고 어느 정도는 이 추측이 맞았다).

불행히도 탈레스가 직접 쓴 글은 아무것도 남아 있지 않다. 그가 자신의 사상을 구체적인 형식(그리스인은 페니키아인에게 이미 알파벳을 배운 상태였다)으로 표현했을 가능성은 있으나, 오늘날 그가 직접 썼다고 할 수 있는 글은 한 페이지도 남아 있지 않다. 탈레스나 그의 사상에 대한 우리의 지식은 그의 몇몇 동시대인들이 남긴 책에 나오는 빈약한 정보가 전부다. 이에 따르면, 탈레스는 지중해의 모든 지역에 이르는 광범한 망을 가진 상인이었다고 한다. 그런데 이는 탈레스만이 아니라 초기 그리스 철학자들이 대부분 다 그랬다. 이들은 '지혜를 사랑하는 자들'이었다. 그러나 삶의 비밀은 생활 속에서 발견되며 '지혜를 위한 지혜'란 '예술을 위한 예술'이나 음식을 위한 식사만큼이나 위험하다는 사실을 결코 모른 척하지 않는 사람들이었다.

이들은 선하고 악하고 무관심한 모든 인간적 자질을 두루 가진 사람을 만물의 최고 척도로 보았다. 그래서 업무 외에 여가 시간이 생기면 이를 활용해 인간이라는 이상한 피조물을 있는 그대로 끈기 있게 연구했다. 마땅히 어떠해야 한다는 자신들의 생각에 따르기보다는 있는 그대로의 모습을 말이다.

그랬기에 이들은 연구를 하면서도 동료 시민들과 계속 우호적으로 지낼 수 있었으며, 황금 시대로 가는 지름길을 보여주겠노라고 시민들에게 호언하는 철학자보다 더 큰 권위를 가질 수 있었다.

그리스 철학자들은 엄격한 행동 규칙을 따로 정하지 않았다.

그러나 이들은 자신의 삶을 통해, 자연력을 제대로 이해하면 반드시 영혼의 내적 평화에 이른다는 것을 어떻게든 보여주었다. 참된 행복은 영혼의 내적 평화에 달린 것이다. 이런 식으로 공동체의 호의를 얻은 철학자들은 학습하고 탐험하고 조사할 수 있는 완전한 자유를 누리게 되었다. 심지어 사람들이 신들의 독점적인 재산이라 여겼던 영역까지 과감하게 들어가서 연구할 수 있었다. 탈레스는 이러한 새로운 복음의 선구자로서 오랫동안 유익한 활동을 할 수 있었다.

비록 탈레스는 그리스인들의 온전하던 세계상을 조각조각 해체하고 각각의 조각을 개별적으로 다루면서 다수의 사람들이 태초부터 고정된 사실로 여겨온 모든 것에 공개적으로 의문을 제기했지만, 그래도 자신의 침대에 누워 평화롭게 죽을 수 있었다. 누군가 그에게 그런 이단적 이론을 해명하라고 소환했다는 기록은 어디에서도 찾아볼 수 없다.

게다가 그가 일단 길을 한번 보여주자 많은 사람들이 기꺼이 그 길을 따라갔다.

예를 들면 클라조메나이[12]의 아낙사고라스Anaxagoras가 그랬다. 아낙사고라스는 서른여섯 살에 소아시아를 떠나 아테네로 와서 여러 해 동안 그리스 여러 도시를 다니며 '소피스트', 즉 개인 교

---

12 현재 터키에 속한 이오니아의 고대 도시.

사로 일했다. 그는 천문학이 전공이었는데, 특히 태양은 일반적으로 생각하듯 신이 이끄는 하늘의 전차戰車가 아니라 그리스 전체보다 수백만 배 더 큰 뜨거운 불덩어리라고 가르쳤다.

하지만 아무 일도 없었다. 하늘에서 아낙사고라스의 무례함을 벌하려고 번개를 내려치지 않았다. 아낙사고라스는 한발 더 나아가 달은 산과 골짜기로 덮여 있다고 대담하게 주장했다. 그러다 결국 만물의 시작이자 끝이며 태초부터 존재했던 어떤 '원형 물질'까지 암시하게 되었다.

그러나 이 지점에서 아낙사고라스는 많은 후배 과학자들이 그랬듯이 위험한 땅에 발을 들이고 말았다. 사람들에게 익숙한 문제를 두고 논쟁을 벌인 것이다. 해와 달은 머나먼 세계였다. 그리스의 보통 사람들은 철학자가 해와 달을 뭐라고 하건 신경 쓰지 않았다. 그러나 어떤 학자가 '원형 물질'이라 불리는 모호한 물질로부터 만물이 차츰 성장 발전해왔다고 주장하기 시작하면, 그건 분명 너무 많이 나간 얘기였다. 그런 주장은 '데우칼리온[13]과 피라[14] 신화'와 전면 대치되는 것이었다. 그리스에서 데우칼리온과 피라는 인류의 조상으로, 대홍수 이후 많은 돌을 남자와 여자로 만들어 세상에 다시 사람들이 살게 했다. 그리스의 모든 소년 소녀가 어릴 때부터 배워온 가장 신성한 이야기가 진실이 아니라고 주장하는 것은, 기존 사회의 안정을 해치는 아주 위험한 일이었다. 이

---

13 Deucalion. 프로메테우스의 아들.
14 Pyrrha. 데우칼리온의 아내.

런 주장을 들으면 아이들은 조상의 지혜를 의심하게 될 텐데, 이는 결코 있어서는 안 될 일이었다. 결국 아낙사고라스는 아테네 부모 연합의 강공을 받는 인물이 되고 말았다.

왕정 시대나 공화정 초기였다면, 도시의 지도자들이 무식한 아테네 농부들의 적개심으로부터 인기 없는 학설을 가르치는 한 교사를 좀 더 보호해줄 수 있었을 것이다. 그러나 당시 아테네는 본격적인 민주주의가 완연했던 시기라 지도자 한 사람의 자유가 더 이상 예전 같지 않았다. 구성원 각자의 목소리가 훨씬 커진 것이다. 게다가 위대한 천문학자의 애제자였던 페리클레스[15]는 마침 사람들 눈 밖에 나 있던 참이었다. 사람들은 아낙사고라스를 법적 기소하는 것이 도시의 늙은 독재자에게 저항하는 훌륭한 정치 운동이라고 생각했다.

인구 밀도가 매우 높은 어느 교외 지역의 지도자였던 성직자 디오파이테스Diopheites는 "기존의 종교를 믿지 않거나, 종교적 문제에 대해 자신만의 이론을 고수하는 모든 이들의 즉각적인 기소"를 요구하는 법률을 통과시켰다. 이 법안에 따라 아낙사고라스는 실제로 투옥됐다. 그러다 도시의 여건이 좀 나아졌을 때 약간의 벌금을 물고 풀려날 수 있었다. 그는 소아시아에 잇는 람프사코스로 가서 기원전 428년까지 천수를 누리다가 명예롭게 죽었다.

아낙사고라스를 보면 그리스에서 과학 이론을 공식적으로 억압하는 일은 거의 없었다는 것을 알 수 있다. 비록 아테네에서 추

방당하긴 했지만, 그의 견해는 계속 전해지다가 200년 후 아리스토텔레스의 주목을 받게 된다. 이번에는 아리스토텔레스가 아낙사고라스의 견해를 자신의 과학적 사유의 토대로 삼았다. 아리스토텔레스의 과학적 사유는 천 년의 암흑을 순조롭게 통과하여, 보통 아베로에스Averroës[16]로 알려진 아불-왈리드 무함마드 이븐-아흐마드Abul-Walid Muhammad Ibn-Ahmad라는 사람에게 건네어진다. 이 위대한 아랍의 물리학자는 이를 남부 스페인의 무어인 대학에 다니는 대학생들에게 전파하면서, 여기에 자신의 관찰을 덧붙여 몇 권의 책을 남겼다. 아베로에스의 저서는 정식으로 피레네 산맥을 넘어 파리와 볼로냐 대학에 전파되었고, 라틴어와 프랑스어, 영어로 번역되어 서유럽과 북유럽 사람들에게 퍼졌다. 얼마나 철저하게 받아들여졌는지 오늘날 그의 이론은 모든 과학 입문서의 필수 부분이 되었으며 구구단만큼이나 당연한 것으로 간주되고 있다.

그러나 다시 아낙사고라스로 돌아가보자. 그의 재판 이후에도 거의 한 세대 동안 그리스 과학자들은 일반 대중의 믿음과 모순되는 학설을 가르쳐도 괜찮았다. 그러다 5세기가 끝날 무렵, 두 번째 사건이 일어났다.

이번 희생양은 프로타고라스Protagoras였다. 그리스 북부의 이오니아 식민지 아브데라 마을 출신인 그는 이 마을 저 마을 돌아다니며 사람들을 가르치는 교사였다. 아브데라 마을은 원조 '웃음

16 스페인에서 활동한 아라비아의 철학자. 1126?~1198. 기독교와 유대교에 큰 영향을 끼쳤다. 철학에서 아베로에스주의라 하면, 아리스토텔레스의 철학에 대한 신플라톤파의 범신론적 해석을 말한다.

의 철학자' 데모크리토스Democritus의 출생지로 이미 많은 의혹을 받고 있던 지역이었다. 데모크리토스는 "가장 다수의 사람들이 가장 적은 수고로 가장 많은 행복을 얻을 수 있는 사회만이 가치 있는 사회"라는 주장을 내세운 바 있는데, 대단히 급진적인 사람으로 여겨져서 지속적인 경찰의 감시를 받아야만 했다.

데모크리토스의 학설에 깊은 감동을 받은 프로타고라스는 아테네로 갔다. 아테네에서 여러 해 공부한 후, 프로타고라스는 "사람은 만물의 척도이며, 있는지 없는지도 모르는 신을 연구하는 데 귀중한 시간을 낭비하기에는 삶이 너무나 짧다"고 말했다. 또한 "모든 에너지는 존재를 더욱 아름답고 온전히 즐겁도록 하는 데 쓰여야 한다"고 선언했다.

이러한 성명은 문제의 본질을 파고들어갔다. 신자들은 지금까지 나왔던 어떤 글이나 말보다 더 큰 충격을 받을 수밖에 없었다. 설상가상으로, 프로타고라스의 성명은 하필이면 아테네와 스파르타의 전쟁이 매우 심각한 위기에 놓여 있을 때, 오랫동안 계속되는 패배와 페스트로 사람들이 철저한 절망에 빠져 있을 때 발표됐다. 신의 초자연적 권능이 어느 정도인지 따지면서 신들의 노여움을 사기에는 분명 적절한 시기가 아니었다. 프로타고라스는 무신론, 즉 "신을 믿지 않음"으로 고소당했고 법원에 학설을 제출하라는 명령을 받았다.

그를 보호해줄 수 있었을 페리클레스는 이미 세상을 떠나고 없었다. 프로타고라스는 과학자였지만 이론 때문에 순교할 마음은 조금도 없었다. 그래서 달아나기로 결심했다.

그런데 불행히도 시칠리로 가는 도중에 배가 난파되어 익사한 것으로 보인다. 이후의 이야기가 전혀 전해지지 않기 때문이다.

아테네 악행의 또 다른 희생양으로 디아고라스Diagoras가 있다. 그는 사실 철학자가 아니었다. 디아고라스는 소송에서 패한 후 신들이 자신을 도와주지 않아서 졌다고 생각하고 개인적인 원한을 품어온 젊은 작가였을 뿐이다. 그는 오랫동안 불만을 품어오다가 결국 변절하여, 당시 북부 그리스 사람들 대부분이 좋아했던 신성한 '성물聖物'에 대해 갖가지 불경한 말을 하고 다니기 시작했다. 결국 부적절한 행동을 이유로 사형 선고를 받게 된다. 그러나 형이 집행되기 전에, 가엾은 악마는 탈출할 기회를 얻었다. 디아고라스는 코린토스로 탈출해서 올림포스의 적들을 계속 욕하고 다니다가 별일 없이 그냥 제명을 다했다.

이제 마지막으로, 기록에 남아 있는 그리스의 불관용 사례 중 가장 악명 높고 유명한 경우를 함께 살펴보자. 바로 소크라테스의 사법 살인이다.

사람들은 이따금 세상이 조금도 바뀌지 않았고 아테네 사람들도 후세만큼이나 아량이 없었다고 이야기하면서, 그리스의 편협함을 보여주는 극명한 예로 소크라테스의 이름을 들먹인다. 그러나 그동안 이 사건을 철저하게 연구한 결과, 오늘날 우리는 이전보다 좀 더 자세히 알게 되었다. 총명하지만 사람들을 격앙시키는 가두 연설자 소크라테스의 길고도 흔들림 없는 경력이야말로 기원전 5세기 고대 그리스 전역에 퍼져 있던 지적 자유정신의 직접적인 증거라는 것을 말이다.

소크라테스는 일반 대중이 여전히 많은 신들을 굳게 믿던 당시에, 유일신의 예언자를 자처하고 나섰다. 아테네 사람들이 소크라테스가 '다이몬dæmon'[17]을 말할 때 그게 무슨 뜻인지 항상 이해한 것은 아니었겠지만, 그들은 자신이 거룩한 숭배를 바치는 신들에게 소크라테스가 매우 이단적인 태도를 취한다는 것은 충분히 알고 있었다. 또한, 그가 사물의 기존 질서를 조금도 존중하지 않는다는 것도 알고 있었다. 그렇지만 결국 늙은 소크라테스를 죽인 것은 정치학이었지, 신학(대중의 지지를 얻기 위해 들먹여지긴 했지만)은 아무 상관이 없었다.

소크라테스는 자식은 많고 돈은 없는 어느 석수장이의 아들이었던지라 정규 대학과정에 도무지 학비를 낼 수가 없었다. 당시 철학자들은 대부분 현실적인 사람이어서 한 과정의 수업에 종종 2,000달러 정도 수업료를 받았다. 돈도 돈이지만, 어린 소크라테스에게 순수한 지식을 추구하며 별 도움 안 되는 과학적 사실만 연구하는 것은 그저 시간과 에너지 낭비로 보였다. 그는 사람이 자신의 양심을 기른다면 기하학 없이도 바르게 살아갈 수 있을 것이라고 추론했다. 영혼을 구원하는 데에 혹성과 행성의 순수한 본성에 대한 지식은 필요치 않다고 말이다.

그럼에도 불구하고, 납작코에 누더기 옷을 입은 이 초라한 작은 사내, 낮에는 길모퉁이에서 백수와 논쟁을 벌이고 밤에는 아내

---

17 소크라테스에 따르면, 다이몬(dæmon)은 무엇을 해야 하며 무엇을 말해야 하는지 알려주는 신성한 영감의 내적 목소리이다.

(남편이 생계 꾸리는 문제를 전적으로 작고 하찮은 일로 여기는 동안 삯빨래로 대가족을 부양해야 했다)의 장광설을 들어야 했던 사내, 많은 전쟁과 원정에 참여했던 자랑스러운 참전용사이자 아테네 의회의 원로 소크라테스는 동시대 많은 교사 중에서 사상 때문에 핍박을 받는 대표 선수로 뽑혔다.

어떻게 이런 일이 일어났는지 이해하려면, 소크라테스가 인류의 지성과 진보를 위해 고통스럽지만 매우 가치 있는 공헌을 행하던 당시의 아테네 정치에 대해 알아야만 한다.

소크라테스는 짧지 않은 평생을(처형될 때 나이가 일흔이었다) 이웃들로 하여금 그들이 기회를 허비하고 있음을 깨닫게 하려고 애썼다. 그들이 공허하고 천박한 삶을 살고 있으며, 공허한 기쁨과 헛된 승리에 너무 많은 시간을 바치며, 위대하고 신비로운 하나님이 주신 귀한 재능을 몇 시간의 무익한 영광과 자기만족을 얻기 위해 언제나 탕진하고 있음을 보여주려 애쓴 것이다. 소크라테스는 사람의 고귀한 운명을 너무나 확신했기에 모든 낡은 철학의 경계를 허물고 넘어서면서, 심지어 프로타고라스보다도 한발 더 나아갔다. 프로타고라스는 "인간은 만물의 척도"라고 가르쳤는데, 소크라테스는 아예 "인간의 보이지 않는 양심은 만물의 궁극적인 척도이며(또는 척도가 되어야만 하며), 우리의 운명을 결정하는 것은 신이 아니라 바로 우리 자신이다."라고 설교했다.

소크라테스가 자신의 운명을 결정할 재판관들(정확하게 말하면 500명이었다. 소크라테스의 정적政敵들이 매우 신중하게 고른 사람들로 몇몇은 실제로 글을 읽고 쓸 수 있었다) 앞에서 했던 연설은, 그의 말에 동조하건 동조하지 않건 여태껏 청중에게 했던 연설 중에서 가장 빛나는 상식으로 가득 찬 연설이었다.

철학자는 이렇게 논쟁했다. "땅 위의 어느 누구도 다른 이에게 무엇을 믿으라고 명령할 권리가 없으며, 각자 원하는 대로 생각할 권리를 빼앗을 권리가 없다." 나아가 이렇게 말했다. "만약 사람이 자신의 양심에 거리낌이 없다면, 친구들이 인정해주지 않거나 돈이나 가족, 집이 없어도 잘 지낼 수 있다. 그러나 어느 누구도 하나하나의 문제를 놓고 찬성과 반대 의견 모두를 철저히 검토해보지 않고서는 올바른 결론에 도달할 수 없으므로, 사람들은 어떤 문제든 완전히 자유롭게, 권력의 간섭 없이 토론할 수 있어야만 한다."

이런 진술을 하기에는 때가 아주 안 좋았다는 게 피고에게 불행한 일이었다. 펠로폰네소스 전쟁[18] 이후, 아테네에서는 부자와 가난뱅이, 자본가와 노동자 사이에 격렬한 투쟁이 벌어지고 있었다. 소크라테스는 '온건주의자'였다. 그는 양쪽 진영 모두에서 선과 악을 보며 모든 이성적 시민을 만족시킬 수 있는 타협안을 찾으려고 애쓴 자유주의자였다. 이 때문에 그는 당연히 양쪽 모두에게 인기가 없었으나, 아직은 두 세력의 균형이 팽팽해서 누구도 그를 어찌할 수 없었다.

그러다 기원전 403년, 마침내 100퍼센트 순종 민주주의자들

---

18 스파르타와 아테네 간의 전쟁. 전쟁 후 그리스의 지배권은 일시적으로 스파르타에 넘어갔다. 기원전 431-기원전 404.

이 국가를 완전히 장악하고 귀족들을 내쫓자, 소크라테스는 불운의 사나이가 되었다.

친구들은 이를 알고 있었다. 친구들은 소크라테스에게 너무 늦기 전에 도시를 떠나야 한다고 제안했다. 그게 현명한 선택일지도 몰랐다. 왜냐하면 소크라테스는 친구만큼이나 적도 많았기 때문이다. 수십 년 동안 그는 일종의 육성 '칼럼니스트'로, 스스로를 아테네 사회의 대들보라 여기는 가짜들과 지적 사기꾼들을 폭로하는 것이 취미인 대단히 영리한 참견쟁이였다. 그 결과, 모든 이들이 소크라테스를 알게 되었다. 그의 이름은 동부 그리스 전역에 일반명사처럼 널리 퍼져 있었다. 아침에 그가 뭔가 재미있는 이야기를 하면, 밤쯤엔 온 동네 사람들이 그 이야기를 다 알고 있었다. 그에 대한 희곡도 여러 편이 나왔다. 그래서 마침내 그가 체포되어 감옥으로 잡혀갈 때쯤, 아테네에서 소크라테스의 전력을 자세히 모르는 시민은 단 한 명도 없었다.

실제 재판에서 주요 역할을 했던 이들(읽지도 쓰지도 못하지만 신의 의지에 대해서는 모든 것을 알고 있어서 목청 높여 규탄하는 고귀하신 곡물 상인처럼)은 자신들이 소위 '인텔리겐치아' 중 가장 위험한 구성원을 도시에서 제거함으로써 공동체에 지대한 공헌을 하고 있다고 믿어 의심치 않았다. 이들이 볼 때 소크라테스의 가르침이란, 고작해야 노예들에게 불만과 게으름, 범죄나 일으킬 이야기일 뿐이었다.

더 놀라운 일은 이런 상황에서도 소크라테스는 자신의 사건을 빛나는 언변으로 변호했다는 점이다. 그리하여 배심원 다수는 그를 석방하는 데 동의했다. 그가 논쟁하고 토론하고 말다툼을 벌이고 교화시키려 드는 고약한 버릇만 포기한다면, 즉 그의 이웃과 이웃들이 좋아하는 편견을 조용히 내버려두고 끝없는 질문으로 이들을 괴롭히지만 않는다면, 사면될 수도 있다고 제안했다.

그러나 소크라테스는 들으려 하지 않았다.

"결코 그럴 순 없소." 그는 외쳤다. "내 양심이, 내 안에서 여전히 말하는 작은 목소리가, 내게 나아가 사람들에게 이성에 이르는 진정한 길을 보여주라고 명령하는 한, 나는 누구라도 만나면 붙잡고 충분히 이야기할 것이며, 결과와 상관없이 내가 생각하는 것을 말할 것이오."

그렇게 말을 하니, 배심원들도 죄수에게 사형을 선고할 수밖에 없었다.

소크라테스는 30일의 유예기간을 받았다. 델로스Delos[19]로 연례 순례를 떠난 신성한 배가 아직 항해에서 돌아오지 않았는데, 아테네 법률은 이 배가 돌아올 때까지 형 집행을 금지하고 있었다. 한 달 내내 이 노인은 묵묵히 감옥 독방에서 자신의 논리 체계를 발전시키려 애썼다. 계속해서 탈출의 기회가 주어졌지만, 그는 거부했다. 소크라테스는 끝까지 소크라테스답게 살면서 자신의 소명을 다했다. 그는 지쳤고 떠날 준비가 되어 있었다. 소크라테스는 사형이 집행되는 순간까지 친구들과 계속 대화를 나누었다. 자신이 참되고 옳다고 믿는 것을 교육하려 애쓰면서 친구들에게

---

19 에게해 남서부에 있는 작은 섬으로, 아폴로와 아르테미스가 이 섬에서 태어났다고 알려져 있다.

물질세계의 일보다 정신세계의 일에 마음을 두라고 부탁했다.

그런 후, 그는 독이 든 잔을 들고 침상에 누웠다. 그리고 영원히 잠들면서 모든 논쟁은 끝이 났다.

잠시 동안, 소크라테스의 제자들은 무섭게 폭발한 민중의 분노에 겁을 먹고 이전 활동 무대에서 자신들이 사라지는 게 현명하겠다고 보았다. 그러나 이후 아무 일도 일어나지 않자, 그들은 다시 도시로 돌아와 예전처럼 대중의 교사로 일하며 사람들을 계속 가르쳤다. 노철학자가 죽은 지 12년이 채 안 되어 그의 사상은 이전보다 더욱 널리 퍼지게 되었다.

반면에 도시는 매우 힘든 시기를 겪었다. 그리스 반도의 주도권을 놓고 벌어진 투쟁이 아테네의 패배와 스파르타의 궁극적인 승리로 종결된 지 5년이 흘렀다. 이는 '뇌'에 대한 '근육'의 완전한 승리였다. 당연히 오래가지 못했다. 후세에 남을 만한 글은 한 줄도 쓰지 않았고 인류 지식의 총계에 어떤 사상 하나 보태지 못했던(현대 축구경기에 남아 있는 몇 가지 군사적 전술을 제외하곤) 스파르타인들은, 경쟁자의 성벽이 함락되고 아테네 함대가 열두 척으로 줄어들자 자신들의 임무를 완수했다고 생각했다. 그러나 아테네 정신은 날카로운 총명함을 조금도 잃지 않았다. 펠로폰네소스 전쟁이 끝나고 10년 후, 피레에프스[20]의 옛 부두는 다시 세계 각지에서 온 배로 가득 찼고 아테네 장군들은 연합 그리스 해군의 선두에 서서 다시 싸우고 있었다.

---

20 그리스 남동부에 있는 아테네의 항구.

게다가 페리클레스의 노고는, 동시대인들의 칭찬을 받지는 못했지만 아테네를 세계의 지적知的 수도로 만들었다. 당시 아테네는 기원전 4세기의 파리였다. 로마나 스페인, 아프리카에서 자식에게 최신 교육을 시키고 싶었던 부유한 사람들은 자식이 아크로폴리스 근처 학교에서 입학 허가를 받으면 누구나 우쭐해졌다.

당시 고대 사회는, 존재의 문제를 진지하게 다루었던 시기였다. 물론 우리 현대인들이 이 세계를 제대로 이해하기란 대단히 어려운 일이다.

오늘날 우리에게 초기 기독교의 적인 다신교 문명의 영향 아래 있었던 그리스 로마의 보통 사람들은 대단히 비도덕적이었다는 인상이 널리 퍼져 있다. 어느 별자리 신들에게 얄팍한 경의를 표하고, 남는 시간에는 호화로운 저녁 만찬을 먹고 살레르노 와인을 잔 가득히 따라 마시고 이집트 소녀 무용수들의 예쁜 혀짤배기 소리를 들으면서 사는 사람들. 그게 아니면, 전쟁을 피 흘리는 순수 스포츠 정도로 여겨 기분전환으로 무고한 게르만인이나 프랑크인, 다키아[21]인을 살육했던 사람들이라고 생각하기 쉽다.

물론 그리스와 로마에서는, 로마는 특히 더 그랬지만, 소크라테스가 재판 전에 훌륭하게 규정했던 윤리적 원칙들은 조금도 신경 쓰지 않고 부를 축적하는 수많은 상인과 전쟁 청부업자가 있었다. 워낙 부자들이었기 때문에 다른 사람들은 어쩔 수 없이 참아

---

21 남유럽 카르파치아 산맥과 다뉴브 강 사이의 지역. 고대 왕국(106-270)이 있었으나 후에 로마에 귀속되었다.

야만 했다. 하지만 그렇다고 해서, 상인이나 전쟁 청부업자가 공동체의 존경을 받았거나 당시 문명의 훌륭한 대표자로 여겨졌던 것은 아니다.

우리가 에파프로디토스Epaphroditos의 저택을 발굴한다고 치자. 그는 네로가 로마와 식민지들을 약탈하는 것을 도운 폭력배 중 한 사람이었다. 우리는 늙은 모리배가 나쁜 방법으로 획득한 소유물로 지은 방 마흔 개의 궁전이 폐허가 된 것을 보고, 머리를 저으며 말할 것이다. "이런 못된 짓을!"

그런 다음, 우리는 자리에 앉아 늙은 악당의 솔거 노예였던 에픽테토스Epictetus[22]의 작품을 읽는다. 그리고 작품 속에서 지금까지 보지 못했던 고결하고 고상한 영혼을 만나게 된다.

요즘은 이웃 사람들과 다른 나라에 대해 이러쿵저러쿵 일반화하며 떠드는 게 인기 있는 실내 스포츠가 되었다는 걸 나도 잘 알고 있다. 그러나 철학자 에픽테토스도 황제의 충복인 에파프로디토스만큼이나 그 시대의 진정한 대표자였음은 잊지 않도록 하자. 신성함에 대한 갈망은 2,000년 전에도 지금처럼 강렬했다.

물론 그 시대의 신성함은 오늘날과는 매우 다른 종류의 신성함이었다. 당시의 신성함은 순전히 유럽인의 머리에서 나온 산물이었으며 동방Orient과는 아무 관련이 없었다. 그러나 이를 가장 고귀하고 바람직한 이상으로 여겼던 '야만인'은 바로 우리의 조상이었다. 만약 우리가 건강, 많지는 않지만 살기에 충분한 수입, 깨

---

22 그리스 스토아학파의 철학자. 55?-135?.

끗한 양심을 가지고 사는 단순하고 정직한 삶이 보편적인 행복과 만족의 최고 조건이라는 점에 동의한다면, 이들은 바로 그러한 삶의 철학을 서서히 발전시키고 있는 중이었다. 사후에 영혼이 어떻게 될지에 대해서는 큰 관심이 없었다. 이들은 지식을 응용할 줄 안다는 점에서 땅 위를 기어 다니는 다른 피조물보다 자신이 우월한 특별한 유형의 포유류라는 사실을 인정했다. 이들도 '신'에 대해 자주 언급했지만, 그 말은 우리가 '원자'나 '전자', '에테르'라는 말을 사용할 때와 마찬가지의 말이었다. 처음 나타난 사물에는 이름이 있어야 하니까. 그러니 에픽테토스가 말하는 제우스는 유클리드 기하학에서 x나 y처럼 불확실한 가치였으며, 그저 그 정도의 의미였다.

사람들이 관심을 가졌던 것은 삶이었고, 예술은 그다음이었다.

그래서 당시 사람들은 삶을 다각도로 두루 연구했다. 또 소크라테스가 처음 만들어서 대중화한 삼단논법을 바탕으로 뛰어난 성과도 몇 가지 거두었다.

때로 완벽한 영적 세상에 대한 열의가 지나쳐서 극단까지 치달은 것은 유감스러운 일이었지만, 그래도 그들의 관심사는 어디까지나 인간이었다. 그런데 플라톤은 이들과 달랐다. 플라톤은 고대의 교사 중에서도 완벽한 세계에 대한 순수한 사랑 때문에 결국 불관용의 학설을 설파하게 되었던 유일한 사람이었다.

잘 알다시피, 아테네의 젊은이 플라톤은 소크라테스의 애제자로 소크라테스의 유지遺志 관리자가 되었다.

플라톤은 관리자의 자격으로 소크라테스 사후 그가 말했거나 생각했던 모든 것들을 즉시 모아 '소크라테스의 복음서'라 할 만한 대화록을 만들었다.

그런 후, 스승의 학설에서 다소 모호했던 지점들을 다듬기 시작했다. 그리고 일련의 빛나는 에세이로 이를 설명했다. 끝으로 플라톤은 많은 강좌를 열었다. 정의와 올바름에 대한 아테네 사상은 플라톤의 강의를 통해 아테네 경계를 넘어 멀리까지 전파될 수 있었다.

플라톤은 이 모든 활동을 하면서 거의 성 바울에 견줄 만큼 넓은 마음과 이타적인 헌신을 보여주었다. 그러나 성 바울이 지중해 세계 전역에 복음을 전하러 북으로 동으로 한없이 여행하며 매우 모험적이고 위험한 삶을 살았던 것에 반해, 플라톤은 안락한 정원 의자에 꼼짝도 않고 앉아서 세계가 그를 찾아오도록 했다.

플라톤은 출생 신분도 좋아서 이점이 있었고 독자적 재산도 소유한 덕분에 이렇게 할 수 있었다.

우선, 그는 아테네 시민이었고 외가 쪽 조상으로 솔론Solon[23] 같은 위인도 있었다. 게다가 성인이 되자마자 재산을 상속받았는데 생활이 검소하다 보니 유산만으로도 넉넉했다.

결국 플라톤의 웅변술은 너무나 유명해져서 플라톤 아카데미를 다니고 싶어 하는 다른 지역 사람들이 몇몇 강좌의 수강 허가만 받아도 흔쾌히 에게해를 건너올 정도였다.

---

23 기원전 630?- 기원전 560?. 기원전 594년 아테네의 집정관을 역임하면서 민주정치의 법률적 토대를 마련했다. 그리스 칠현(七賢)의 한 사람.

그것 말고는, 플라톤도 동시대 다른 젊은이들과 똑같았다. 군대에 갔지만 군사 업무에 별 관심은 없었다. 옥외 스포츠에 참여하면서 레슬링도 잘하고 달리기도 상당히 잘하게 되었지만, 경기장에서 특별히 명성을 떨쳐보진 못했다. 역시나 그 시대의 많은 젊은이들이 그랬듯이 플라톤도 오랫동안 해외여행을 하면서 에게해를 건너 이집트 북부를 잠깐 방문하기도 했다. 그의 유명한 할아버지 솔론이 예전에 했던 것처럼 말이다. 하지만 여행을 마친 후, 플라톤은 완전히 집으로 돌아왔다. 그리고 이후 50년 동안 아테네 교외 케피소스 강가에 자리한 '아카데미'라 불리던 휴양 정원의 그늘진 구석에서 조용히 자신의 학설을 가르쳤다.

플라톤은 처음에 수학자로 시작했다가 차츰 정치학으로 건너가 현대 국가론의 기초를 세웠다. 실제로 확고한 낙천주의자였던 플라톤은 인류가 점진적 과정을 거쳐 진보한다고 믿었다. 그의 가르침에 따르면, 인간의 삶은 낮은 단계에서 보다 높은 단계로 서서히 올라간다. 세계는 아름다운 몸에서 아름다운 제도로 나아가고, 아름다운 제도에서 아름다운 사상으로 나아간다.

양피지로 읽기에는 멋진 말이다. 그러나 플라톤은 몇 가지 확실한 원칙을 이상국가의 토대로 삼으려다가, 올바름에 대한 열망과 정의에 대한 갈급이 너무 컸던 나머지 다른 것들을 조금도 고려하지 못했다. 가짜 유토피아 제작자들은 지금도 플라톤의《공화국》을 인류 완성의 결정판으로 보고 있다. 하지만 플라톤의 '공화국'은 매우 이상한 국가형태로, 예나 지금이나 가외수입으로 안락하게 사는 퇴역 대령들의 편견을 정확하게 반영하고 있다. 이 퇴역 대령들은 상류층의 사교 모임에 끼고 싶어 하고 하층 계급을 깊이 불신하며, '자신의 신분'을 잊지 않기 위해 '상류 계급'의 구성원으로서 마땅히 누려야 할 특권을 서로 공유하고 싶어 하는 사람들이다.

플라톤의 저작이 중세 시대 서유럽 학자들에게 많은 존경을 받았던 것은 불행이었다. 이들은 '관용'과 전쟁을 벌이면서, 플라톤의 유명한《공화국》을 무소불위의 무기로 휘둘렀다.

중세의 학자들은 플라톤이 12세기나 13세기와는 매우 다른 전제에서 출발하여 그러한 결론에 도달했다는 점을 놓치는 경향이 있었다.

예를 들어, 플라톤은 소위 기독교식 독실함과는 완전히 거리가 먼 사람이었다. 그는 조상들이 믿어온 신들을 멀리 마케도니아에서 온 예의 없는 촌뜨기들 정도로 여기며 깊이 경멸했다. 그는 트로이 전쟁사에 나오는 신들의 고약한 행동에 굴욕감을 느꼈다. 그러나 플라톤도 나이가 들면서 자신의 작은 올리브 정원에 앉아 곰곰이 생각하면 생각할수록, 조국의 작은 도시국가들 간의 바보 같은 싸움질에 분노하면 분노할수록, 게다가 민주주의라는 과거의 이상이 완전히 실패하는 것을 목격하면서, 보통 시민들에게 얼마간의 종교가 필요하다는 것을 확신하게 되었다. 그렇지 않으면, 그가 상상한 '공화국'은 걷잡을 수 없는 무정부 상태로 단숨에 전락할 수 있다고 생각했다. 따라서 플라톤은 자신이 모범으로 제시한 공동체의 입법부는 모든 시민을 위한 행동 규칙을 확실하게 제정해야 하고, 자유민이든 노예든 모두 다 이 규칙에 복종하도록 강제해야 하며 복종하지 않는 자에게는 죽음이나 추방, 투옥도 불사해야 한다고 주장했다. 정말 플라톤은 '관용'이라는 관대한 정신을 완전히 부정하려고 이렇게 말했을까? 불과 얼마 전까지 소크라테스가 그토록 용감하게 싸우면서 지키려고 한 양심의 자유를 전적으로 부정하는 주장이 아닌가?

플라톤이 왜 이렇게 태도를 바꾸었는지 이유를 아는 것은 어렵지 않다. 소크라테스가 사람들과 함께 어울리는 타입이었다면, 플라톤은 삶을 두려워하면서 불쾌하고 추악한 현실 세계로부터 자신만의 백일몽으로 도피하는 사람이었다. 물론 플라톤은 자신의 이상이 실현될 가능성이 조금도 없다는 것을 알고 있었다. 이제는 소규모 독립 도시 국가들의 전성기가 상상으로든 실제로든 끝나버린 시대였다. 바야흐로 중앙집권 시대가 도래했고, 머지않아 그리스 반도 전체가 마리차Maritsa[24] 강변에서 인더스 강둑에 이르는 거대한 마케도니아 제국으로 합쳐질 운명이었다.

그러나 아직 정복자의 거대한 손이 오래된 반도의 무질서한 민주정들을 덮치기 전에, 그리스는 한 번 더 인류사에 위대한 은인을 배출했다. 과거 그리스 민족이 배출한 많은 위인들을 생각해 보면, 인류는 그리스에 영원한 빚을 지고 있는 셈이다.

그는 바로 스타기로스[25]에서 온 방랑자, 아리스토텔레스였다. 아리스토텔레스는 당시에 알아야 할 모든 것을 알았던 사람이고,

---

24 불가리아 남부에서 동쪽으로 흘러 그리스, 터키 국경을 지나 남쪽으로 내려가 에게해로 흘러드는 483킬로미터 길이의 강.
25 고대 그리스 마케도니아 근처 칼키디케 섬의 마을.

인류 지식의 총계에 너무나 많은 것을 더했던 사람이다. 유럽과 아시아인은 세대가 50번이나 바뀌는 동안 지식의 채석장이라 할 아리스토텔레스의 저서에서 마음껏 지식을 훔쳐갔지만, 순수한 배움의 풍요로운 광맥은 조금도 고갈되지 않았다.

아리스토텔레스는 열여덟 살 때 플라톤의 대학에서 강의를 수강하기 위해 고향 마케도니아를 등지고 아테네로 왔다. 대학을 졸업한 후, 그는 여러 지역을 돌며 강의를 하다가 기원전 336년에 다시 아테네로 돌아와 아폴로 리케이오스Apollo Lykeios 신전 가까이에 있는 어느 정원에서 자신의 학교를 열었다. 아리스토텔레스의 학교는 리케이온Lykeion으로 알려지면서 세계 곳곳에서 학생들이 모여들기 시작했다.

이상하게도, 당시 아테네인들은 도시 안에 아카데미가 늘어나는 것을 조금도 좋아하지 않았다. 아테네는 결국 과거의 상업적 중요성을 잃기 시작했고, 활동적인 시민들은 모두 알렉산드리아나 마르세유나 남부와 서부의 다른 도시로 떠나고 있었다. 이제 남은 사람들은 떠나기엔 너무 가난하거나 너무 게으른 사람들뿐이었다. 오랫동안 고통받던 공화국의 영광이자 몰락이었던 자유시민들, 그 늙고 사나운 군중 중에서도 유독 완고한 자만이 남아 있었다. 이들은 플라톤의 정원에 세운 학교를 다니는 '계승자들'을 별로 좋아하지 않았다. 플라톤이 죽은 지 12년이 지난 후, 그의 가장 악명 높은 제자가 돌아와 창세나 신들의 한계에 대해 전보다 더 파렴치한 학설을 공개적으로 가르치자, 고집쟁이 노인들은 근엄하게 머리를 가로저으며 아테네를 자유사상과 무신론의 대명사로 만들고 다니는 그자에게 사악한 협박의 말을 중얼댔다.

노인들이 자기들 식대로 했더라면, 아리스토텔레스는 진작에 아테네를 떠나야 했을 것이다. 그러나 현명하게도 노인들은 자신들의 견해를 속으로만 간직했다. 책에 조예가 깊고 의상을 세련되게 입는, 근시에 좀 뚱뚱한 신사 아리스토텔레스는 당시의 정치적 상황에서 무시할 수 있는 인물이 아니었다. 청부 폭력배 두어 명에게 부탁해서 도시에서 쫓아내도 되는 시시한 무명 교수가 아니었던 것이다. 그는 다름 아닌 마케도니아 왕실 주치의의 아들로, 왕자들과 함께 자란 사람이었다. 게다가 학업을 마치자마자 바로 황태자의 개인 교사로 임명되어 이후 8년 동안 어린 알렉산드로스와 매일매일 함께 지낸 사람이었다. 아리스토텔레스는 인류사에서 가장 강력한 통치자였던 알렉산드로스 대왕의 우정과 보호를 누렸다. 그러다 보니 군주가 인도 전선에 나가 부재중인 동안 그리스 지방의 관리를 맡은 섭정은, 황제 폐하의 유쾌한 친구였던 아리스토텔레스에게 혹시 무슨 해라도 닥치지는 않을까 주의를 기울였다.

하지만 알렉산드로스의 죽음이 아테네에 알려지자마자 아리스토텔레스의 목숨은 위험에 처했다. 그는 소크라테스에게 무슨 일이 있었는지 잘 알고 있었고, 그런 운명을 감내할 마음이 조금도 없었다. 아리스토텔레스도 플라톤처럼 철학과 현실 정치를 뒤섞는 것을 조심스럽게 피해왔다. 그러나 아리스토텔레스가 민주정을 싫어했고 보통 사람에게 탁월한 능력이 있다는 것을 별로 믿지 않았다는 사실은 이미 모든 사람이 다 아는 바였다. 그래서 아테네인들의 분노가 불현듯 폭발하여 마케도니아 수비대를 쫓아낼 때, 그는 에우보이아[26] 해협을 건너 칼키스로 피해갔다. 아리스토텔레스는 칼키스에서 살다가, 마케도니아인들이 아테네를 재정복하고 불복종에 합당한 응징을 하기 몇 달 전에 죽었다.

많은 시간이 흐른 오늘날에 와서는 아리스토텔레스가 불신앙으로 기소된 확실한 배경이 무엇이었는지 알아내기가 쉽지 않다. 그러나 아마추어 연설가의 나라인 그리스에서 흔히 그랬듯이, 아리스토텔레스의 기소는 현실 정치와 손댈 수 없을 만큼 뒤섞여 있었다. 그가 대중의 눈 밖에 난 것은 아테네인들이 제우스의 복수를 받을 수도 있을 뭔가 깜짝 놀랄 만한 새로운 이론異論을 말했기 때문이 아니라, 몇몇 지방 세력가들의 편견을 무시했기 때문이었다.

그러나 이것도 그리 중요한 문제는 아니었다.

어차피 작은 독립 공화국들의 전성기는 저물고 있었다.

곧이어 로마인들은 알렉산드로스의 유럽을 물려받는 상속자가 되었고, 그리스는 로마의 많은 지방 중 하나가 되었다.

그러자 논쟁은 더 심화되지 못하고 끝나버렸다. 왜냐하면 로마인들은 대체로 황금 시대의 그리스인들보다 훨씬 더 관대했기 때문이다. 로마인들은 태곳적부터 로마국의 평화와 번영의 안전한 토대가 되어온 정치적 방편의 몇 가지 원칙에 대해 문제를 제기하지 않는 한, 국민들 각자가 원하는 대로 생각하도록 허용했다.

그래도 역시, 로마 키케로의 동시대인들을 움직인 이상理想과

---

26 그리스 본토와 에게해 서부에 있는 그리스 최대의 섬 에우보이아 사이의 해협.

그리스 페리클레스의 추종자들이 성스럽게 지켰던 이상 사이에는 근본적인 차이가 존재했다. 그리스 사상의 오랜 지도자들은 수백 년 동안 신중한 실험과 명상을 한 끝에 도달한 몇 가지 명확한 결론을 토대로 관용을 택했다. 로마인들은 그런 예비 연구를 굳이 하지 않아도 잘할 수 있다고 생각했다. 로마인들은 그저 중립적이었는데, 자신들의 중립적인 태도를 자랑스럽게 여겼다. 그들은 현실적인 일에 관심이 많았다. 그들은 행동하는 사람들이었으며, 말로 하는 논쟁을 마음속 깊이 경멸했다.

누구든 오후 나절 오래된 올리브 나무 아래에서 정치 체제의 이론적인 면이나 달이 조수 간만에 미치는 영향을 토론하고 싶다면 얼마든지 그렇게 하면 될 일이었다.

그중에서 실용적으로 응용될 수 있는 지식이 나오면 좀 더 주목을 받기도 했다. 하지만 철학하는 일이라면, 노래와 춤, 요리, 조각, 과학처럼 자비로운 주피터가 진정한 로마인이 굳이 나설 가치가 없는 그런 일이나 하라고 세상에 보낸 그리스인이나 다른 외국인들이 하게 내버려두는 편이 나았다.

그 대신 로마인들은 점점 늘어나는 영토를 다스리는 데 열중했고, 이민족을 필요한 규모의 보병대와 기병대로 훈련시켜서 제국의 외곽 지역을 지키도록 했고, 스페인과 불가리아를 잇는 도로를 닦으려고 측량했다. 대체로 로마인은 서로 다른 500개의 부족과 나라가 평화를 유지하도록 하는 데에 에너지를 쏟는 쪽이었다.

존경할 만한 일은 존경하도록 하자.

로마인들은 자신의 임무를 아주 철저하게 수행했다. 이들이 세운 체제는 오늘날까지도 이런 저런 형태로 남아 있을 정도인데, 이것만으로도 보통 업적이 아니다. 피지배부족들은 일정 세금을 내고 로마 지도자들이 정한 약간의 행동규범만 겉으로 존중해 주면 나머지는 다 자유였다. 그들은 어떤 신이건 마음대로 믿거나 안 믿을 수 있었다. 유일신을 섬기건 열두 명의 신을 섬기건 모든 신을 섬기건 상관없었다. 그런 건 아무래도 좋았다. 그러나 어떤 종교를 골라 신앙을 고백하건 간에 이 세계 제국의 기묘하게 뒤섞인 구성원들은, '팍스 로마나'의 성공이 "각자 자기 방식대로 살자"는 원칙을 편견 없이 적용한 덕분이라는 것을 명심해야 했다. 어떤 경우라도 그들의 성 안에 들어온 이방인이나 이웃에게 간섭해서는 안 된다. 어쩌다 자신들의 신이 모욕을 받았다고 해서, 치안판사에게 구호를 요청하러 달려가서는 안 된다. 티베리우스 황제[27]는 잊지 못할 어떤 사건[28]에 대해 이렇게 말했다. "만약 신들이 노여움에 대한 배상을 청구해야겠다고 생각하신다면, 손수 알아서 하실 것이 틀림없기 때문이다."

이 말은 위안을 삼기에 부족했지만, 황제가 이렇게 말하자 유사한 사건들은 모두 바로 기각되었고 사람들은 개인적인 견해를 비공식적으로 내버려두어야만 했다.

콜로사이[29] 사람들 사이에 정착하기로 마음먹은 카파도키아[30]

---

27 로마제국 제2대 황제, 기원전 42-기원후 37.
28 나사렛 예수의 십자가 처형 사건을 말한다.
29 고대 소아시아 동부지역. 왕국이었으나 후에 로마의 한 주가 된다.
30 소아시아 프리기아 왕국 남서부의 옛 도시로 초대 기독교 교회의 거점이다.

상인들은 콜로사이 마을에 자신들의 신을 모시고 와서 신전을 세울 권리가 있었다. 비슷한 이유로 카파도키아 땅으로 이주한 콜로사이 사람들도 똑같은 특권을 보장받고 동등한 경배의 자유를 누려야 했다.

로마인들은 라티움Latium[31] 땅 바깥에 사는 사람이라면 콜로사이인이나 카파도키아인이나 나머지 모든 야만 부족이나 다 똑같이 경멸했기 때문에, 그런 초연하고 관대한 태도를 호사스럽게 허용할 수 있었다는 주장이 종종 나온다. 어쩌면 그 말이 맞을지도 모른다. 나도 잘 모르겠다. 그러나 500년 동안 거의 완벽한 종교적 관용의 모습이 문명화된 유럽과 덜 문명화된 유럽, 아시아와 아프리카라는 넓은 지역에서 확고하게 유지되었다는 것은 여전히 사실이다. 또한 로마인들이 최소한의 마찰로 최대한의 현실적 성과물을 만드는 국정운영의 기술을 발전시켰다는 점도 여전히 사실이다.

많은 이들이 '황금 시대는 이루어졌고 이러한 상호 간의 관용 상태는 영원히 지속될 것'이라고 여겼다.

그러나 영원한 것은 아무것도 없다. 특히 무력으로 세워진 제국은 더 그렇다.

로마는 세계를 정복했으나, 그 대가로 자신을 파멸시켰다.

수많은 전쟁터에서 젊은 로마 병사들은 백골이 되었다.

거의 500년 동안, 로마에서 가장 총명한 시민들은 아일랜드 해

---

31 틸레니아 해에 있는 이탈리아 중부지역. 중심지는 로마다.

에서 카스피해에 이르기까지 제국의 식민지를 다스린다는 거대한 과업을 수행하느라 소진됐다.

그러다 마침내 반작용이 일어났다.

일개 도시가 전 세계를 지배한다는 불가능한 일을 끌고 가다가 로마는 몸도 마음도 모두 녹초가 되어버렸다.

그러자 끔찍한 일이 벌어졌다. 모든 국민들이 삶을 지겨워하며 삶의 열정을 상실한 것이다.

로마인들은 한 번이라도 사용해봤으면 싶었던 모든 역마차와 요트, 시골 별장과 도시 저택 들을 소유하게 되었다.

그들은 전 세계 사람들을 노예로 부리는 일에 취해 있었다.

그들은 모든 것을 먹었고, 모든 것을 보았고, 모든 것을 다 들어보았다.

그들은 모든 음료를 다 맛보았고, 모든 곳을 여행해봤으며, 바르셀로나에서 테베[32]에 이르기까지 모든 지역의 여자와 잠자리를 가져보았다. 글로 쓴 책은 뭐든지 다 서재에 있었다. 좋은 그림이란 그림은 모두 저택 벽에 걸려 있었다. 세상에서 가장 뛰어난 음악가들이 식사 때마다 여흥을 돋워주었다. 게다가 아이들은 배워야 할 모든 것을 가르쳐주는 최고의 교수와 교사에게 교육을 받았다. 그 결과 무엇을 먹고 마시든 아무런 맛이 없었고, 책이란 책은 다 지겨워졌으며, 어떤 여자를 봐도 아무 흥미가 일어나지 않았다. 많은 사람들은 존재 자체가 무거운 짐이 되어 언제든 벗어던

---

32 옛 이집트의 수도.

지려고 적당한 기회만 엿보고 있었다.

남아 있는 위안은 단 하나밖에 없었다. 알 수 없는 존재와 보이지 않는 존재를 묵상하는 것.

하지만 과거의 신들은 이미 오래 전에 죽고 없었다. 로마에서 교육받은 사람들은 더 이상 주피터나 미네르바에 대한 어리석은 동요童謠를 믿지 않았다.

에피쿠로스학파와 스토아학파, 키니코스학파[33]의 철학 체계가 있었는데, 모두 자비와 자기 부정, 이타적이고 유익한 삶의 덕목을 설교했다.

그러나 너무나 공허했다. 이런 내용이야 제논[34]이나 에피쿠로스, 에픽테토스와 플루타르코스의 책에서 충분히 읽은 것이었다. 아무 길모퉁이 도서관이나 들어가서 보면 다 있는 이야기였다.

그러나 결국, 이렇게 순수한 이성만 섭취하면 여러 필수 영양소가 결핍된다는 게 드러났다. 로마인들은 영혼의 양식에 일정량의 '감정'을 극성스럽게 요구하기 시작했다.

왜냐하면 순수하게 철학적인 '여러 종교'(우리가 종교라는 개념을 유익하고 고상한 삶을 살아가려는 욕구와 연결 짓는다면 이것이야말로 진짜 종교였다)는 매우 소수의 흥미만 끌 수 있었기 때문이다. 이들은 대부분 상류계급으로, 실력 있는 그리스 선생에게 개인 교습을 받는

---

33 일명 견유학파(犬儒學派). 소크라테스의 문하생들 중 일부가 만든 작은 소크라테스학파의 하나. 소크라테스가 이상적으로 생각한 '독립된 자주적 인격'이라는 사고를 일방적으로 발전시켜서, 원시적·반문화적·금욕적 소극주의를 주장한다. 결국 거지 생활을 이상으로 삼고 이를 실행하는 사람이 생겨나자, '견유학파'라는 명칭이 생겼다.

34 키프로스의 제논. 스토아학파의 시조. 기원전 약 335–기원전 263.

혜택을 누렸던 사람들이었다.

이렇듯 잘 자아낸 여러 철학이 일반 대중에게 아무 의미도 없는 것은 아니었다. 대중도 많은 고대 신화를 거칠고 잘 속는 조상들의 유치한 창작으로 여길 만큼 발전해 있었다. 그러나 소위 지적으로 우월한 자들처럼 모든 인격신의 존재를 부정할 수는 없었다.

그런 까닭에 로마 대중은 어설프게 교육받은 이들이 그런 상황에서 할 법한 행동을 했다. 그들은 공화국의 공식적인 신들에게 겉으로만 형식적인 존경을 바쳤다. 그런 다음, 진정한 만족과 행복을 찾아 로마제국의 마지막 200년 동안 테베르 강변의 고대 도시 로마에서 더없이 따뜻한 환영을 받던 많은 신비교 중 하나를 골라 의지했다.

내가 앞에서도 사용한 바 있는 '신비의식mystery'이란 말은 그리스어가 어원이다. 이 말은 원래 '비법을 전수받은 사람들'의 모임을 뜻했다. 즉, 신비의식의 가장 신령한 비밀은 진짜 구성원들만 알 수 있었는데, 이런 비밀을 절대 발설하지 못하도록 '입이 봉해진' 남자와 여자 들의 모임이었던 것이다. 그리고 이 신령한 비밀은 대학 사교클럽의 라틴어 말투의 마술주문이나 〈바다쥐 독립교단〉이라는 밀교 집단의 카발라[35] 주문처럼 이들을 단단하게 결속시켰다.

하지만 기원후 처음 100년 동안 신비의식은 경배의 특별한 형

---

35 유대 신비교.

식, 즉 하나의 교파, 하나의 교회라는 뜻에 지나지 않았다. 만약 그리스인이나 로마인이(시대를 약간 왜곡해도 양해가 된다면) 원래 믿던 장로교를 떠나 크리스천 사이언스 교회[36]로 옮겼다면, 그는 이웃들에게 '다른 신비의식'에 갔노라고 말했을지도 모른다. '교회 church'라는 말은 '스코틀랜드 장로교회'나 '하나님의 집'이라는 말처럼 비교적 최근에 나온 말이고, 그 당시 사람들은 그런 말을 몰랐다.

혹시 이 주제에 특별한 관심이 생겨 당시 로마에서 무슨 일이 있었는지 자세히 알고 싶다면, 다음 주 토요일판 뉴욕 신문을 사서 보기 바란다. 아무 신문이나 상관없다. 그걸 보면, 인도나 페르시아, 스웨덴, 중국, 다른 수많은 나라에서 유입된 새로운 교의와 새로운 신비를 알려주는 칼럼이 네다섯 개는 나올 것이다. 아마 다들 하나같이 건강과 부와 영원한 구원에 대한 특별한 약속을 하고 있을 것이다.

로마는 우리 시대의 거대도시 뉴욕과 매우 비슷했다. 외부에서 유입된 종교와 자생종교로 차고 넘쳤다. 로마라는 도시의 국제적 성격으로 볼 때 이는 불가피한 일이었다. 대지의 여신 키벨레 Cybele 숭배는 원래 소아시아 북부의 포도 덩굴 가득한 산비탈에서 시작되었는데, 프리기아 사람들은 키벨레를 신들의 어머니로 숭배하여 예배를 드렸다. 이들은 예배를 드리면서 환희에 들뜬 마음을 부적절하게 분출하곤 했는데, 그게 너무 심해지다 보니 로마

---

36 1866년 창시된 미국의 신흥 종교로, 신앙의 힘으로 병을 고친다는 정신 요법을 주장한다.

경찰은 키벨레 신전들을 계속 강제 폐쇄할 수밖에 없었다. 그러다 결국, 대중이 술독에 빠지도록 부추기고 이보다 더한 많은 나쁜 짓을 시키는 이 신앙을 더 이상 포교하지 못하도록 금지하는 매우 강력한 법안을 통과시키기에 이르렀다.

패러독스와 비밀의 오래된 땅, 이집트는 여섯 명의 낯선 신을 제공했다. 이제 로마인에게 이집트의 신 오시리스[37], 세라피스[38], 이시스는 로마의 신 아폴로나 데메테르[39], 헤르메스만큼이나 귀에 익은 이름이 되었다.

수백 년 전, 덕을 바탕으로 추상적인 진리의 기초 체계와 실질적인 행위 규범을 세상에 세웠던 그리스인들은 이제, 우상과 분향을 고집하는 이방 지역 사람들에게 아티스[40]와 디오니소스와 오르페우스와 아도니스의 그 유명한 '신비의식'을 조달하고 있었다. 공중도덕에 비추어볼 때, 이들 신 중 누구도 완전히 무결할 수는 없었지만 어쨌거나 인기는 대단했다.

천 년 동안 이탈리아 해안을 드나들던 페니키아 상인들은 자신들의 위대한 바알신(야훼의 적수로 유명한)과 그의 아내 아스타르테[41]를 로마인에게 알려주었다. 이는 바로, 말년의 솔로몬이 예루살렘 한가운데에 '야외 제단'을 지어올려서 자신의 신실한 모든 신민을 커다란 공포에 떨게 했던 그 바알신이다. 끔찍한 여신 아

---

37 저승신.
38 우신(牛神).
39 농업과 풍요의 여신.
40 여신 키벨레에게 사랑을 받았던 프리기아의 소년.
41 풍요와 다산의 여신.

스타르테는 다른 여신들과 지중해 패권을 놓고 오랫동안 다투던 내내 도시 카르타고의 공식적인 수호자로 인정받았다. 그러다 결국 아시아와 아프리카에 있던 자신의 모든 신전이 파괴되자 아주 고상하고 참한 기독교 성인의 모습이 되어 유럽으로 돌아왔다.

그러나 누구보다 가장 중요한 신은 위대한 신 미트라Mitra였다. 미트라는 얼마나 인기가 많았던지 지금도 그의 깨어진 조각상이 라인강 입구에서 티그리스의 수원水源에 이르기까지 로마 전선이었던 지역의 모든 쓰레기 더미에서 발굴된다.

미트라는 고대 아시아에서 빛과 공기와 진리의 신이었다. 인류의 최초 조상들이 카스피 해안 저지대의 훌륭한 목초지를 차지하고 살면서 이후 유럽이라 알려지는 골짜기와 동산에 정착할 준비를 하던 시절, 그곳에서 경배하던 신이었다. 미트라는 모든 좋은 것을 사람에게 주는 신이었고, 사람들은 지상의 통치자가 오직 전능하신 미트라의 은혜로 권력을 행사하는 것이라고 믿었다. 그리하여 미트라는 종종 자신의 신성한 은총의 증거로, 항상 자신을 둘러싸고 있는 신령한 불꽃 한 조각을 고위직에 부름받은 이들에게 부여하곤 했다. 비록 미트라는 사라지고 그의 이름도 잊혔지만, 교회라곤 꿈속에서도 없었던 수천 년 전 고대의 전통은 중세 시대 다정한 성인聖人들의 후광 속에 여전히 남아 있다.

그러나 미트라가 아주 오랫동안 대단한 숭배를 받았다고 해도, 그의 생애를 조금이라도 정확하게 재현하기란 매우 어려운 일이다. 여기에는 합당한 이유가 있었다. 초대 기독교 선교사들은 미트라 신화를 다른 일반적 일상의 신비의식들보다 훨씬 더 지독하게 증오하고 혐오했다. 그들은 인도의 신 미트라가 가장 막강한 경쟁자라는 것을 제대로 알고 있었다. 그래서 사람들이 혹시라도 미트라의 존재를 떠올릴 수 있는 것은 무엇이든지 전부 다 최대한 엄격하게 제거하려고 애썼다. 이 임무를 어찌나 성공적으로 수행했던지 미트라 신전들은 하나도 남김없이 모두 사라졌다. 그 옛날 로마에서 500년 이상 오늘날 미국의 침례교나 장로교만큼이나 인기 있었던 미트라교인데 기록된 증거가 단 한 줄도 남아 있지 않은 것이다.

하지만 아시아 지역에 전승되는 자료가 몇 가지 남아 있었다. 또 다이너마이트가 발명되기 전 시대라 철저하게 파괴하지는 못했기에 몇 군데 유적지를 꼼꼼히 살펴보면서 이러한 초기의 한계를 극복할 수 있었다. 그래서 이제는 흥미로운 신 미트라와 그가 의미했던 것에 대해 상당히 정확한 개념을 갖게 되었다.

모든 옛날이야기가 그렇듯이, 옛날 옛날에 미트라는 신비롭게도 바위에서 태어났다. 그리고 요람에 눕자마자 근처에 있던 몇몇 목동들이 그를 찾아와 경배하고 선물을 드렸다.

소년 시절, 미트라는 온갖 이상한 모험을 겪는다. 모험 중 많은 부분이 그리스 어린이들의 인기 영웅 헤라클레스의 행적과 비슷하다는 느낌을 준다. 그러나 헤라클레스가 대체로 아주 잔혹했던 반면에 미트라는 항상 선한 일만 했다. 한번은 미트라가 태양과 레슬링 시합을 벌여 태양을 이긴 적이 있었다. 그러나 미트라는 자신의 승리에 아주 관대해서 태양과 형제처럼 지내며 곧잘 서로 장난을 치는 사이가 되었다.

악의 신이 인류를 죽이려고 위협하며 가뭄을 내렸을 때 미트라가 돌에 화살을 명중시켰다. 그러자 놀랍게도 바싹 마른 평원 위로 많은 물이 용솟음치며 흘러내렸다. 이번에는 아리만[42]이 끔찍한 대홍수로 그 사악한 목적을 이루려 하자, 미트라는 이를 듣고 어떤 사람에게 미리 경고를 해준다. 큰 배를 만들어 친척들과 가축들을 태우라고 말해준 것이다. 그래서 인류는 멸망하지 않을 수 있었다. 스스로 저지른 어리석은 행동의 귀결로 멸망할 위기에 처한 세상을 구원하기 위해 할 수 있는 모든 일을 한 미트라는 마침내 영원토록 정의와 올바름을 판결하기 위해 하늘로 올라갔다.

미트라 예배에 참석하고자 하는 이들은 정교한 형식의 입회식을 거쳐야 했으며 미트라가 친구 태양과 나누었던 유명한 만찬을 기념하는 의식으로 빵과 포도주를 먹어야 했다. 게다가 성수반聖水盤의 물로 세례를 받아야 했고 1,500년 전에 완전히 근절된 지라 우리로서는 특별히 더 관심이 가지 않는 다른 많은 일도 해야만 했다.

일단 신앙의 둥지 안에 들어오면 모든 신자들은 완전히 동등한 대우를 받았다. 그들은 촛불을 밝힌 같은 제단 앞에서 함께 기도했다. 그들은 같은 찬송가를 불렀으며 미트라의 탄생을 축하하여 매년 12월 25일에 열리는 축제 행사에 함께 참여했다. 또한 일주일 중 첫째 날은 아무 일도 하지 않고 쉬었다. 이날은 심지어 오늘날까지도 위대한 신을 기려 태양의 날Sun-day이라 부른다. 마침

---

42 조로아스터교의 악의 신.

내 목숨이 다해 죽으면, 매장된 이들은 따로 모여 길게 줄을 서서 의인은 천국으로 들어가고 악인은 영원한 불 속으로 던져질 부활의 날을 기다린다고 생각했다.

이렇듯 서로 다른 신비의식들이 각자 성공을 거두었고 미트라교의 영향이 로마 군인들 사이에 널리 퍼졌던 것을 보면, 당시의 분위기는 종교적 불관용과 매우 거리가 멀었음을 알 수 있다. 참으로, 로마제국의 초기 몇 백 년은 대중의 정서적 욕구를 만족시킬 무언가를 쉼 없이 찾아다니는 기간이었다.

그러나 기원후 47년 초에 어떤 사건이 일어났다. 작은 배 한 척이 페니키아를 떠나 유럽으로 가는 육로의 출발점인 페르게 perge로 향하고 있었다. 승객 중에는 간소한 짐을 짊어진 두 사람이 있었다. 그들의 이름은 바울과 바나바였다. 둘 다 유대인이었으나, 그중 한 사람은 로마 여권을 지녔으며 이방 세계의 지혜에 정통한 사람이었다.

역사적인 항해의 시작이었다. 기독교 신앙이 세계를 정복하러 출발한 것이다.

3
...
구속의 시작

교회가 서구 세계를 빠르게 정복한 것을 두고, 이는 기독교 정신이 신에게서 비롯되었음을 보여주는 확실한 증거라고 말하는 사람들이 있다. 이 주장을 논쟁하는 것은 내 임무가 아니다. 하지만 초대 기독교 선교사들의 성공은 그 메시지에 담긴 건전한 상식만큼이나 다수 로마인들이 처한 지독한 생활 조건과도 관련이 있었다고 본다.

지금까지 나는 여러분에게 로마제국 그림의 한 면만 보여주었다. 이 세계는 군인과 의원과 부유한 제조업자와 과학자의 세계였다. 이들은 라테란 언덕 기슭이나 캄파니아 산지나 나폴리 만 주변 어느 곳에서 명랑하고 안락하게 사는, 교육받은 운 좋은 사람들이었다.

그러나 이들은 이야기의 한 부분일 뿐이다.

교외의 우글우글한 빈민굴에는, 시인들이 황금 시대를 찬양하고 연설가들이 옥타비아누스[1]를 주피터에 비유했던 그 엄청난 번영의 흔적이 조금도 없었다.

그곳, 끝도 없이 음산하게 늘어선 복잡하고 악취 나는 셋집에는 다수의 서민이 살았다. 이들에게 삶이란 그저 굶주림과 땀, 고통의 연속일 뿐이었다. 그런 사람들에게 바다 건너 작은 마을, 소박한 목수의 놀라운 이야기는 매우 사실적이고 구체적인 무엇이었다. 목수는 매일 자신의 노동으로 일용할 빵을 벌었던 사람이고, 가난하고 짓밟힌 이들을 사랑했던 사람이며, 그래서 잔인하고 탐욕스러운 적들에게 죽임을 당한 사람이었던 것이다. 물론 로마의 서민들은 이미 미트라와 이시스와 아스타르테를 알고 있었다. 그러나 이 신들은 죽었으며, 그것도 벌써 수천, 수백 년 전에 죽었다. 이 신들에 대해서는 역시 수천, 수백 년 전부터 전해 내려오는 이야기를 듣고 아는 것뿐이었다.

반면에 나사렛 예수, 그리스 선교사들이 '구세주 그리스도'라 부르는 이는 바로 얼마 전까지 이 땅에 살던 사람이었다. 당시만 해도, 티베리우스 황제 재위 기간에 우연히 남부 시리아에 갔다가 예수를 직접 보았거나 예수의 말을 직접 들은 사람들이 많이 있었을 것이다.

게다가 길모퉁이의 빵 장수나 옆 골목의 과일 행상 들은 아피아 가도[2]에 있는 작고 어두운 공원에서 베드로라는 사람과 직접 이야기를 나누기도 했다. 가버나움이라는 마을에서 온 어부 베드로는 선지자가 로마 지배자의 군인들에게 십자가에 못 박히던 그

---

1 본명은 아우구스투스. 기원전 63-기원후 14. 시저의 뒤를 이어 제2차 과두정치에 참여했으며 로마 최초로 황제 자리에 올랐다. 재위 기원전 27-기원후 14.
2 로마에서 브룬디시움에 이르는 고대 로마의 길 이름.

참혹한 오후, 실제로 골고다 언덕 근처에 있었던 사람이었다.

이 새로운 신앙이 왜 갑자기 대중의 인기를 얻게 되었는지 알고자 한다면 이 점을 기억해야만 한다.

바로 이러한 사적인 접촉, 직접적이고 사적인 친밀감과 친근함은 기독교 신앙이 가진 막강한 이점이었다. 덕분에 기독교 신앙은 다른 모든 종교의 교의를 뛰어넘을 수 있었다. 그리고 사랑, 예수가 모든 나라의 궁핍하고 빼앗긴 사람들에게 그토록 끊임없이 표현했던 사랑, 그의 모든 말씀에서 빛으로 발산되는 사랑이 또한 그러했다. 추종자들이 전하는 그런 말을 예수가 실제로 했는지 안했는지는 별로 중요하지 않았다. 귀 있는 노예들은 말씀을 듣고 이해했다. 그리고 영광된 미래의 고귀한 약속 앞에서 전율하며, 난생처음으로 한 줄기 새로운 희망을 보았다.

마침내 그들이 해방되어야 한다는 말씀이 선포되었다.

그들은 더 이상 가난하거나 멸시받는 사람이 아니었으며, 세상의 위대한 자들이 말하듯 사악한 존재도 아니었다.

반대로 사랑이신 아버지의 선택받은 자녀들이었다.

땅과 거기에 충만한 것을[3] 상속받을 자들이었다.

빈민가의 높은 담 저 너머에 사는 교만한 주인들은 알지 못하는, 하늘의 기쁨을 함께 누릴 자들이었다.

바로 이것이 새로운 신앙의 힘이었다. 기독교는 보통 사람에

---

3 반 룬의 원문에는 "the earth and the fullness thereof"라고 나오는데, 《신약성경》 "왜냐하면 땅과 거기에 충만한 것이 다 주님의 것이기 때문입니다(For the earth is the Lord's and the fullness thereof.)(《고린도전서》 10장 26절)에서 인용한 표현이라 성경 그대로 옮겼다.

게 기회를 제공한 최초의 구체적인 종교 체계였다.

물론 지금 내가 말하는 기독교는 영혼의 체험, 즉 생활방식과 사고방식으로서의 기독교다. 노예 제도라는 부패가 가득한 세상에서, 어떻게 복음이 마른 장작에 불붙듯 사람들의 가슴에 불을 지르며 신속하고 격렬하게 퍼져나갈 수 있었는지를 설명하자면 그렇다는 이야기다. 그러나 '역사'란 대체로 자유민이든 노예든 시민 개개인의 영적 모험담에 관심을 기울이지는 않는 법이다. 이 초라한 피조물들이 치밀하게 조직되어 국가나 길드, 교회, 군대, 협회, 연방을 만들 때나 이들이 단일한 지도자 밑에 복종하기 시작할 때, 풍족한 부를 축적하여 세금을 내고 국가의 정복전쟁을 위해 군대에 소집될 때. 그때 비로소 역사가는 이들에게 관심을 주며 진지하게 주목하기 시작한다. 그 때문인지 초대 교회에 대해서는 많은 것이 알려져 있으나 초대 교회를 직접 세운 사람들에 대해서는 거의 아무것도 알려져 있지 않다. 초대 기독교 역사는 인류의 전체 역사에서 가장 흥미로운 에피소드 중 하나인데, 참으로 유감스러운 일이다.

고대 제국의 폐허를 딛고 세워진 초대 교회는 모순되는 두 가지 이해관계가 혼합되어 있었다. 초대 교회는 주님이 가르쳐주신 사랑과 자비라는, 모든 것을 포용하는 사상의 옹호자로 나섰다. 동시에 유대지역주의라는 메마른 정신, 즉 예수의 동포 유대인들은 이방인들과 근본적으로 다르다는 선민의식도 교회 안에 뿌리 깊게 남아 있었다.

쉽게 말하자면 교회는 로마의 효율성과 유대 민족의 불관용을 결합하여 사람들의 마음을 지배하는 공포 정치를 열었는데, 이는 비논리적인 만큼 효과적이었다.

어떻게 이런 일이 가능했을까를 이해하려면, 바울의 시대와 그리스도 사후 처음 50년으로 다시 돌아가서 생각해봐야 한다. 애초에 기독교 신앙은 유대교 내부의 개혁 운동으로 출발했다. 처음부터 다른 나라 지배자들이 아니라 유대 국가의 지도자들을 위협했던, 순수한 유대 민족주의 운동이었다는 점을 기억할 필요가 있다.

예수가 살던 당시에 권력을 쥐고 있던 바리새인들은 이 점을 명확하게 파악했다. 이들이 한낱 잔혹한 무력에 기반한 자신들의 영적 독점에 문제를 제기하는 이 위협적인 선동의 궁극적 결말을 두려워한 것은 당연한 일이었다. 공포에 빠진 바리새인들은 말살당하지 않기 위해서, 로마 당국이 직접 나서서 사건을 중재하고 희생양인 예수를 그들이 어쩌지 못하도록 데려가버리기 전에 얼른 자신들의 적 예수를 교수대로 보내버렸다.

예수가 더 살았더라면 어떻게 했을까. 알 수 없는 일이다. 제자들이 하나의 특별한 교파를 조직한 것은 그가 죽고 한참이 지난 뒤였다. 게다가 그는 글자 하나 남기지 않았다. 어떻게 행하는 것이 그의 뜻인지, 추종자들이 읽고 판단할 근거는 어디에도 없었다.

하지만 이는 결국 전화위복이 되었다.

성문화된 규정집이나 율법과 규칙을 확정 지은 최종본이 없었기에, 오히려 제자들은 주님의 법칙을 적은 글자에 매이기보다 그 말씀의 참된 정신에 충실하며 자유로울 수 있었다. 만약 제자들이 한 권의 책에 매여버렸더라면, 아마도 쉼표와 세미콜론의 유혹에 빠져 이 부호들이 무슨 뜻인지 신학 논쟁을 벌이느라 에너지를 소진했을 것이다.

그랬더라면 당연히 전문 학자 몇 명 외에는 아무도 이 새로운 신앙에 관심을 갖지 않았을 것이다. 정교하게 성문화된 프로그램으로 시작했다가 결국에는 경찰이 출동해서 옥신각신하는 신학자들을 거리로 끌어내며 끝이 났던 다른 많은 교파처럼, 기독교도 똑같은 전철을 밟았을 것이다.

거의 2,000년이 지난 지금[4] 시점에서 돌아보면, 기독교는 로마 제국에 참으로 막대한 피해를 입혔던 종교다. 당시 로마 당국이, 훈족이나 고트족의 침략만큼이나 국가의 안정에 위협적이었던 기독교 신앙운동을 진압하려는 어떠한 실질적 조처도 하지 않았다는 점은 놀라운 일이다. 물론 그들은 예수라는 동방 선지자의 운명이 집안 노예들 사이에 커다란 동요를 일으키고 있다는 것을 잘 알고 있었다. 여자들이 곧 다시 오실 천국의 왕에 대해 끊임없이 서로 이야기하고 있다는 것도, 많은 늙은이들이 세상은 곧 불덩어리로 멸망할 것이라고 엄숙하게 예언했다는 것도 잘 알고 있었다.

그러나 빈곤층 사람들이 새로운 종교적 영웅에게 광란하는 것이 이게 처음도 아니었고 마지막일 리도 없었다. 그러는 동안 경찰은 가난뱅이 광신자들이 왕국의 평화를 깨뜨리는 일이 없도록 주의하곤 했다.

그게 다였다.

---

4 이 책의 출간 시점인 1925년(개정판 1940년)을 기준으로 표현한 말이다.

경찰은 경계했지만 제재할 일이 거의 없었다. 새로운 신비의식의 추종자들은 매우 모범적인 방식으로 자기 일에 충실했다. 그들은 정부를 타도하려 하지 않았다. 처음에 몇몇 노예들은, 하나님의 부성애와 사람의 형제애가 보편적으로 퍼지면서 낡은 주종관계가 끝장날 것으로 기대했다. 그러나 사도 바울은 서둘러 설명을 덧붙였다. 자신이 말한 왕국이란 볼 수도 없고 만질 수도 없는 영혼의 왕국이니, 사람은 나중에 받을 하늘나라의 최종 상급을 기대하며 지상에서 일어나는 일은 있는 그대로 받아들이는 편이 낫다고 말이다.

이와 비슷하게 로마의 가혹한 법령이 만든 결혼 생활의 속박에 짜증이 난 많은 부인들은, 기독교란 남성과 여성의 완전한 평등 및 해방과 동의어라고 앞질러 결론을 내렸다. 그러나 바울은 다시 한번 한발 앞으로 나왔다. 바울은 여러 편의 대단히 영리한 서신을 통해 사랑하는 자매들에게 보다 보수적인 이방인들이 교회에 의혹을 갖지 않도록 모든 극단적인 행동을 삼갈 것을 간청했다. 그리고 아담과 하와가 에덴동산에서 쫓겨난 후 지금까지 여성의 몫이었던 반半예속 상태에 그대로 있어달라고 설득했다. 당국이 볼 때 이는 매우 훌륭한 준법태도였다. 그리하여 기독교 선교사들은 어디든 자유롭게 오갈 수 있었고 각자 개인적 취향과 선호도에 걸맞게 설교할 수 있었다.

그러나 역사에서 흔히 그렇듯이, 로마 대중도 지도자들보다 관용이 부족했다. 가난하다고 해서 무조건 마음이 고결한 것은 아니다. 양심을 좀 어기고 부의 축적에 필요한 몇 가지 타협만 하면 부유하고 행복한 시민이 될 수 있는데, 양심이 허락치 않는다고 마다하느라 가난한 것은 아니었다.

몇 백 년 동안 공짜 음식과 공짜 내기 격투기에 빠져 있던 타락한 로마의 프롤레타리아 계급도 예외가 아니었다. 처음에 이들은 일반 범죄자와 똑같이 수치스럽게 십자가에 못 박혀 죽었다는 어떤 신에 대한 별난 이야기를 넋을 잃고 들으면서 자신들의 집회에 돌과 오물을 던지는 깡패들을 위해 큰 소리로 기도하는 남녀들의 착실한 얼굴을 보며 무척 재미있어 했다.

하지만 로마의 성직자들은 새로운 종교를 이들처럼 초연하게 볼 수가 없었다.

제국의 종교는 국교였다. 로마 국교는 지정된 축일에 사람들이 헌금을 바치면 그것으로 경건한 제물을 마련했다. 이 돈은 신전의 관리들에게 지원됐다. 수천 명이 옛 사당을 버리고 아무것도 내라 하지 않는 다른 교회로 가버리자, 성직자들의 급료는 심각하게 줄어들었다. 당연히 기뻐할 일이 아니었다. 성직자들은 곧, 조상의 신들을 배신하고 외국 선교사의 영전에 향을 올리는 사람들을 믿음 없는 이교도라고 큰 소리로 매도했다.

그러나 도시에는 국교 성직자보다 기독교인을 더 미워하는 다른 계급이 있었다. 이들은 인도의 요기스와 푸기스[5]거나 이시스, 이슈타르[6], 바알, 키벨레, 아티스의 유일하고 위대한 신비의식의

5　힌두교 수행자들을 일컬음.
6　바빌로니아와 아시리아 지역의 사랑과, 번식, 전쟁의 여신.

사제로서, 쉽게 잘 믿는 로마 중산층의 돈으로 오랫동안 기름지고 편안하게 살아온 탁발승들이었다. 기독교인들이 종교시설을 세우고 자신들의 종교적 서비스에 합당한 가격을 받았더라면, 심령술사와 손금쟁이, 마법사의 길드는 불평할 이유가 없었을 것이다. 비즈니스는 비즈니스였으니, 점술 동업자들은 다른 데서 누가 비슷한 장사를 한다 해도 상관하지 않았다. 그러나 어리석은 사상을 가진 이 빌어먹을 예수쟁이들은 어떤 대가도 거절했다. 아니, 심지어 자신들이 가진 것까지 다 내어놓았고, 굶주린 자들을 먹였으며 행려자들을 기꺼이 자신의 숙소에 재우기까지 했다. 전부 다, 아무 대가도 없이! 분명 너무 과한 행동이었다. 그게 어디서 난 수입인지 아무도 알아내지 못했지만, 그들에게 어떤 숨겨진 수입원이 있는 것이 틀림없어 보였다. 아니라면 결코 이럴 수는 없는 것이다.

당시 로마는 더 이상 자유 시민들의 도시가 아니었다. 로마는 제국의 각지에서 몰려온 수십만 무산 농민들의 임시 거주지였다. 군중의 행동양식을 지배하는 신비로운 법칙에 복종하는 폭도는, 자신과 다르게 행동하는 사람을 미워할 준비가 되어 있었고, 괜히 별 이유도 없이 품위 있게 근신하며 살고자 하는 사람들을 의심할 준비가 항상 되어 있었다. 술 한잔 걸치며 (이따금) 술값도 내는 싹싹한 사람은 좋은 이웃이며 좋은 친구다. 그러나 초연한 태도로 콜로세움의 야생동물 쇼도 안 보겠다고 하고 카피톨리누스 언덕[7] 거리에서 한 떼의 전쟁 포로들이 질질 끌려가고 있는데도 환호하지 않는 사람은, 남의 흥을 깨는 자로 공동체의 적이었다.

64년 큰 화재로 로마의 빈민가가 파괴되자, 처음으로 기독교인들에 대한 조직적 공격이 일어날 조짐이 보였다.

먼저 취중에 망상에 사로잡힌 네로 황제가 빈민가를 없애고 자신의 계획에 따라 도시를 다시 지으려고 수도에 불을 지르라 명령했다는 소문이 돌았다. 그렇지만 군중은 더 잘 알고 있었다. 이는 모두, 행복한 그날이 오면 하늘에서 불덩어리가 떨어져 악인들의 집을 태울 것이라고 늘상 말하던 유대인과 기독교인 탓이었다.

일단 이야기가 이렇게 시작되자, 얼른 다른 소문이 이어졌다. 한 노파는 기독교인이 죽은 자와 이야기하는 것을 들은 적이 있다고 했다. 다른 이는, 기독교인이 어린아이들을 훔쳐서 목을 찌른 후 그 피를 그들이 믿는 외국신의 제단에 바르는 것을 알고 있다고 했다. 물론 아무도 이런 괘씸한 행동을 직접 쫓아가서 본 것은 아니었지만, 그것은 단지 기독교인들이 너무나 교활해서 경찰에게 뇌물을 주기 때문이라고 생각했다. 하지만 마침내 기독교인들이 현행범으로 체포됐으니 그간의 악행으로 벌을 받는 것이 당연했다.

이 사건으로 사람들 손에 죽은 신자가 몇 명인지는 전혀 알 수 없다. 희생양 중에는 바울과 베드로도 있었던 것으로 보인다. 왜냐하면, 이 사건 이후로 그들의 이름을 다시는 들을 수 없기 때문이다.

---

7 로마의 일곱 언덕 중 하나. 로마의 정치와 종교의 중심지였으며 이곳에 카피톨리누스 신전이 있었다.

사람들의 어리석음이 끔찍하게 폭발한 이 사건이 아무것도 바꾸지 못했음은 말할 필요도 없다. 순교자들은 운명을 받아들이면서 고귀한 존엄성을 보여주었다. 그들의 이러한 태도는 기독교 사상을 알리는 가장 훌륭한 선전이 됐다. 기독교인들이 비명에 사라지자, 많은 이방인들은 기꺼이 그 자리를 채웠다. 네로가 그의 짧고 쓸모없는 생애에서 딱 한번 훌륭하게 행동하자마자(68년에 자살한 사건 말이다), 기독교인들은 자신들의 옛 소굴로 돌아왔고 모든 것이 예전으로 되돌려졌다.

이즈음에 로마 당국은 커다란 발견을 한다. 로마 당국은 기독교인이라고 해서 다 유대인은 아니라는 사실을 깨닫기 시작했다.

로마 당국이 여태 이 사실을 몰랐다고 해서 비난할 수는 없다. 지난 100년 동안 이루어진 역사 연구를 살펴보면, 당시에는 시나고그[8]야말로 새로운 신앙을 비유대인에게 전달하는 홍보기관이었다는 사실이 점점 분명해지고 있다.

예수 그 자신이 유대인이었으며 고대로부터 내려온 조상들의 율법을 잘 지키려고 늘 애썼고, 주로 유대인 청중들에게만 설교했음을 기억하라. 예수는 딱 한 번, 아주 잠깐 고향을 떠난 적이 있었다. 그러나 그때에도 그는 동료 유대인들과 함께, 유대인들에 의해, 유대인들을 위하여 자신의 임무를 수행했다. 또한 예수의 말 중에서, 평범한 로마인이 볼 때 기독교와 유대교 사이에 어떤 의도적인 차이가 있다고 느낄 만한 것은 아무것도 없었다.

---

8 유대인들의 회당.

예수가 실제로 하려 했던 것은 바로 다음과 같은 일이었다. 그는 조상들의 교회 안에 자리 잡은 끔찍한 폐해를 똑똑히 보았다. 그래서 목청 높여, 때로는 성공적으로 이러한 폐해에 대해 항의했다. 그는 내부로부터의 개혁을 위해 싸웠다. 그러나 자신이 새로운 종교의 시조가 될지도 모른다는 생각은 추호도 하지 않았던 것이 틀림없다. 누군가 그런 가능성을 그에게 언급했더라면, 터무니없는 생각이라 여기며 물리쳤을 것이다. 그러나 그를 전후한 많은 개혁자들처럼, 예수도 차츰 더 이상 타협이 불가능한 자리로 몰리게 되었다. 갑작스럽게 죽음을 맞지 않았더라면, 예수도 루터나 다른 수많은 종교개혁 주창자들과 같은 운명을 피할 수 없었을 것이다. 루터나 다른 개혁자들은 단지 '내부'에서 무언가 좋은 일을 하려고 애쓰던 중이었는데, 갑자기 자신이 속한 '조직' 바깥에 있는 신생 단체의 수장이 되자 매우 당혹스러워했다.

예수가 죽은 후 여러 해 동안 기독교는(당시는 '기독교'라는 말이 있지도 않았다) 예루살렘과 유대 지역의 시골과 갈릴리에 몇몇 신자들이 있는 정도였고 시리아 지방 밖에서는 들어보지도 못한 어느 작은 유대 지파의 종교였다.

이 새로운 교리가 세계 만민을 위한 종교가 될 가능성을 처음으로 알아차렸던 사람은 바로 유대 혈통의 어엿한 로마 시민, 가이우스 율리우스 파울루스[9]였다. 바울이 박해받은 것을 보면, 유대계 기독교인들이 세계 종교라는 개념을 얼마나 통렬하게 반대

---

9 Gaius Julius Paulus. 사도 바울의 로마 이름.

했는지 알 수 있다. 그들은 세계 종교 대신에, 오직 유대인만 교인이 될 수 있는 순수한 민족적 교파를 원했던 것이다. 그들은 바울을 죽도록 미워했다. 감히 유대인과 이방인이 똑같이 구원받을 수 있다고 설교하고 다녔기 때문이다. 바울이 마지막으로 예루살렘을 방문했을 때 만약 로마 여권이 없었더라면 성난 동포의 분노로 틀림없이 예수와 같은 운명을 겪어야 했을 것이다.

그러나 대대병력 절반의 로마 군인들은 바울을 보호하여 연안 마을까지 안전하게 데려다줄 수밖에 없었다. 바울이 그 유명한 재판[10]을 받으러 배를 타고 로마로 가야 했기 때문이다. 물론, 재판은 열리지 않았다.

바울이 죽고 몇 년이 지난 후, 생전에 그가 그토록 자주 염려하며 예언했던 일이 실제로 일어나고 말았다.

로마인들이 예루살렘을 파괴한 것이다. 야훼의 신전이 있던 자리에는 주피터를 모시는 새 신전이 세워졌다. 도시의 이름은 아일리아 카피톨리나로 바뀌었고, 유대 지방은 로마제국의 속령 시리아 팔레스티나의 일부로 편입되었다. 예루살렘 주민들은 살해당하거나 추방당했으며 폐허가 된 예루살렘의 반경 몇 킬로미터 이내에는 아무도 살 수 없었다. 이를 위반하면 사형을 당했다.

거룩한 도시의 마지막 파멸은 유대계 기독교인에게 있어 너무

---

10 예루살렘에서 바울과 변론하던 유대인들이 바울을 죽이려 하자 바울은 가이사랴(카이사레아)로 보내진다. 항구 마을 가이사랴에 도착하여 구금된 바울은 자신이 로마 시민임을 강조하며 로마 황제에게 정당한 재판을 받겠다고 요청한다. 이후, 형제들과 함께 배를 타고 로마로 향한다. 여러 고난 끝에 로마에 도착한 바울은 2년 정도 왕성하게 전도 활동을 펼치다가 네로 황제시대 박해 때 순교했다. 즉, 그가 요청한 재판은 로마에 가기 위한 명분이었을 뿐 실제로 재판을 받지는 않았다.

나 비참한 일이었다. 이후 몇 백 년 동안, 오지 식민지인 유대 지방의 작은 시골 마을을 방문한 사람들은, 스스로를 '가난한 이들'이라 부르며 놀라운 인내와 끊임없는 기도로 곧 다가올 세상의 종말을 기다리는 이상한 사람들을 만날 수 있었을 것이다. 이들은 예루살렘에 있던 과거 유대계-기독교 공동체의 흔적이었다. 5세기나 6세기에 나온 책을 보면, 이따금 이들이 언급되기도 한다. 이들은 문명과 동떨어져 살면서 사도 바울에 대한 증오가 단연 두드러지는 자신만의 이상한 교리를 발전시켰다. 하지만 7세기 이후가 되면, 소위 나사렛 교도[11]와 에비온파[12]의 흔적은 더 이상 찾아볼 수 없게 된다. 승자勝者인 무함마드 교도들이 이들을 모두 죽여버렸기 때문이다. 설령, 이들이 어떻게든 몇백 년 더 살았다 해도 이 필연적인 운명을 피할 수는 없었을 것이다.

동서남북으로 거대한 정치적 연방을 만든 로마로 인해, 세상은 세계 종교라는 개념을 받아들일 준비가 되어 있었다. 기독교는 단순하면서도 실제적인 데다 직접적인 호소로 가득했기 때문에 유대교와 미트라교, 다른 모든 경쟁 교의들이 운명적으로 실패할 수밖에 없는 지점에서 운명적으로 성공할 수밖에 없었다. 그러나

---

11 유대민족 안에 있던 초기 기독교의 한 분파.

12 2–4세기에 성행했던 유대적 기독교의 한 분파다. 에비온파는 헬라어로 '에비오나이오이'라고 하는데, 이는 히브리어 '엡욘'(가난한)에서 유래되었다고 본다. 에비온파는 1세기경 이스라엘의 혼란기에 살던 가난한 자들로부터 시작된다. 처음에는 팔레스타인 안에 사는 모든 그리스도인들을 '에비온'이라 불렀으나, 차츰 가난에 대한 그리스도의 가르침을 따라 사적 재산 소유를 반대하는 사람들만을 '에비온파'라고 부르게 되었다. 이들은 동정녀 탄생, 성육신 교리 등을 부인하고 모세의 율법을 지나치게 강조하여 초대 교부들의 비난을 받았다. 또한 바울 서신을 정경(正經)으로 인정하지 않았다. 매우 금욕적이었던 이들은 후에 이단으로 정죄되었다.

불행히도 이 새로운 신앙은, 자신의 근본을 너무나 명백히 저버린 무언가 좀 불쾌한 특징을 완전히 없애지는 못했다.

바울과 바나바를 태운 작은 배는 희망과 자비의 메시지를 싣고 아시아에서 유럽으로 떠났다.

그러나 세 번째 승객이 몰래 그 배를 타고 있었다. 그는 성스러움과 덕행의 가면을 쓰고 있었다. 그러나 가면 아래 감춰진 얼굴에는 잔혹함과 증오가 엿보였다. 그의 이름은 바로 '종교적 불관용'이었다.

4
...
신들의 황혼

초대 교회는 매우 단순한 조직이었다. 세계의 종말이 코앞에 있지 않으며 예수의 죽음 이후 곧바로 최후의 심판이 오지는 않는다는 것, 어쩌면 기독교인은 아주 오랫동안 이 눈물의 골짜기에서 살기를 각오해야 할지도 모른다는 것이 확실해지자마자 사람들은 조금이라도 명확한 통치 형태가 필요하다고 느끼게 되었다.

처음에 기독교인들은(다들 유대인이었기에) 시나고그에 함께 모였다. 그러다 유대교인과 기독교인 사이에 불화가 일어나자 기독교인들은 누군가의 집에 있는 방으로 갔다. 모든 신자가(호기심으로 나오는 사람까지 포함해서) 다 모일 수 있을 만큼 큰 방을 찾을 수 없을 때면, 공터에서 만나기도 하고 버려진 채석장에서 만나기도 했다.

처음에는 이런 집회가 안식일[1]에 열렸으나, 유대계 기독교인과 이방인 기독교인 사이에 악감정이 고조되면서 이방인 기독교인들은 안식일을 지키는 습관을 버리기 시작했다. 이방인 기독교인들

---

[1] 태양력으로 토요일이다.

은 부활이 일어났던 일요일에 만나는 것을 더 선호하게 되었다.

그런데 이들의 경건한 의식은 전체 기독교 운동이 갖는 정서적 성격뿐만 아니라 민중적인 성격까지 여실히 보여준다. 정해진 연설도 설교도 없었다. 설교자도 없었다. 남자든 여자든 집회 중 불같은 성령을 받으면 누구나 거리낌 없이 일어나 자신 안에 있는 믿음의 증거를 보여주었다. 우리가 바울의 서신을 믿어본다면, 때때로 '방언을 말하는' 이 신실한 형제들 때문에 위대한 사도 바울의 가슴에 미래에 대한 염려가 가득 차기도 했다. 이들 대부분은 교육을 많이 받지 못한 순박한 사람들이었다. 아무도 이들이 즉석에서 하는 권면의 진실함을 의심하지는 않았다. 그러나 이들은 자주 지나치게 흥분하여 광신자처럼 외쳐댔다. 교회가 박해에서 살아남아야 하는 동안 이런 행동은 비웃음을 사기에 딱 좋았다. 바울과 베드로와 그 후계자들이, 성령의 공표와 종교적 열성이 만든 이러한 카오스에 질서 비슷한 것을 부여하려고 노력했던 이유는 그 때문이었다.

처음에 이들의 노력은 거의 성공을 거두지 못했다. 규칙적인 프로그램은 기독교 신앙의 민주적인 성격과 완전히 반대되는 것으로 보였다. 하지만 현실적인 고려를 계속 하다 보니 결국 집회는 일정한 의식儀式을 따르게 되었다.

집회는 시편을 한 장 낭송하는 것으로 시작했다(자리에 있을 유대계 기독교인들을 달래기 위해서). 그다음, 로마인과 그리스인 예배자들을 위해 보다 최근에 작곡한 찬송가를 부르면서 신도들은 하나가 되었다.

유일하게 규정된 식사式辭는 예수가 자신의 삶의 철학 전체를 요약했던 유명한 기도문[2]이었다. 그렇지만 수백 년 동안 설교는 완전히 자발적이었다. 무언가 할 말이 있다고 느끼면 누구나 설교를 전할 수 있었다.

그러나 모이는 숫자가 늘어나고 어느 시대건 비밀 모임을 감시하는 게 임무인 경찰이 조사를 시작하자, 기독교인들은 세상과의 관계에서 자신들을 대표할 몇몇을 선출할 필요가 생겼다. 이미 바울은 지도력이란 하나님이 주신 재능이라고 칭송한 바 있었다. 바울은 자신이 방문했던 아시아와 그리스의 작은 공동체들을 사나운 바다 위에서 흔들리는 작은 배에 비유했다. 이 작은 배들이 성난 바다의 격랑에서 살아남으려면 현명한 키잡이가 반드시 필요한 것이다.

그리하여, 믿는 자들은 모두 다시 모여 공동체의 '종從'으로, 남집사와 여집사로, 신앙심이 깊은 남자와 여자를 선출했다. 이들은 병자와 가난한 자를 돌보고(이는 초기 기독교인들에게 아주 큰 관심사였다) 공동체의 재산을 관리하며 많은 자질구레한 일상의 일을 챙겼다.

좀 더 시간이 지나면서 교인이 자꾸 늘어나고 교회를 관리하는 일이 순전한 아마추어가 하기에는 너무 복잡해지자, 이런 업무가 '장로'라는 소그룹에게 위임되었다. 이들은 그리스어로 '프레스비테로스장로, Presbyteros'라 불렸는데, 여기서 '프리스트성직자, Priest'라는 영어가 나왔다.

---

2 주기도문.

여러 해가 지나고 모든 마을과 도시에 각자의 기독교 교회가 생기자, 사람들은 공통된 정책의 필요성을 느꼈다. 그래서 지역 전체를 관리하고 로마 정부와의 관계를 감독할 '감독'(또는 주교)을 선출했다.

곧 제국의 모든 지방 도시에서 주교들이 선출되었고, 안디옥과 콘스탄티노플, 예루살렘, 카르타고, 로마, 알렉산드리아, 아테네의 주교는 거의 그 지역 군사행정 지도자만큼이나 중요하고 권세 있는 자로 간주되었다.

처음에는 예수가 살았고 핍박받다 죽은 지역인 예루살렘을 관장하는 주교가 가장 큰 존경을 받았다. 그러나 예루살렘이 파괴되고 세상의 종말과 시온의 승리를 기다리던 세대가 지상에서 사라지자, 가난하고 늙은 예루살렘의 주교는 이전의 특권을 모두 빼앗긴 채 황폐한 성에 남게 되었다.

그러자 자연스럽게 신자들의 지도자라는 예루살렘 주교의 지위는, 문명화된 세계의 수도에 살며 서방 세계의 위대한 사도 베드로와 바울이 순교한 지역을 지키는 '감독', 즉 로마의 주교에게 넘겨졌다.

다른 주교처럼 로마의 주교도 아버지Father나 아빠, 즉 파파Papa로 알려졌는데, 당시 이 말은 사랑과 존경을 담아 성직자를 부르던 일반적 표현이었다. 그런데 여러 세기를 거치면서 파파라는 명칭이 사람들의 마음속에서 대주교 관구의 수장인 특정한 '아버지'만을 일컫는 말이 되었다. 파파나 포프Pope라고 부를 때면, 콘스탄티노플이나 카르타고의 주교가 아니라 로마의 주교, 단 한 분의 아버지만을 뜻하게 된 것이다. 이는 지극히 정상적인 발전이다. 오늘날 우리 시대의 '대통령the President'이라는 말을 보자. 신문을 보면 이 말에 꼭 '미국의'라는 표현을 덧붙이지는 않는다. 그러나 우리는 이 말이 우리 미국 정부의 수장을 일컫는 말이지, 펜실베니아 철도청장이나 하버드대 총장, 혹은 국제연맹[3]의 의장을 일컫는 말이 아님을 잘 알고 있다.[4]

'포프'라는 이름이 공식 문서에 나타난 것은 258년이었다. 당시 로마는 여전히 번창하는 제국의 수도였고, 주교의 권력은 황제의 권력에 완전히 가려져 있었다. 그러나 이후 300년 간 외부와 내부의 침략으로 끊임없이 위협받는 가운데, 카이사르의 후계자들은 보다 안전하게 지낼 수 있는 새로운 보금자리를 찾기 시작했다. 이들은 제국의 다른 지역 도시에서 새로운 보금자리를 발견했다. 그 도시는 바로, 트로이 전쟁 직후에 그곳에 정주했다고 전해지는 신화 속 영웅, 비자스Byzas의 이름을 딴 비잔티움이었다. 유럽과 아시아를 나누는 해협에 위치하며 흑해와 지중해 사이의 무역항로를 소유한 도시 비잔티움은 중요한 무역을 몇 가지 독점하고 있었다. 일찍이 스파르타와 아테네가 이 풍요로운 요새를 차지하기 위해 서로 싸웠을 만큼, 비잔티움은 상업적으로 대단히 중요한 곳이었다.

그래도 비잔티움은 알렉산드로스 대왕 시대까지 독립을 유지

---

3 제1차 세계대전 이후 승리한 연합국들이 세운 국제협력기구. 1919년부터 1946년까지 존속되었다.

4 영어 '프레지던트(president)'는 단체의 수장이라는 뜻을 가지므로 이렇게 예를 들고 있다.

했다. 이후 잠시 마케도니아의 속국이 되었다가 결국 로마제국에 합병된다.

비잔티움은 천 년 동안 100여 개 국가에서 온 선박으로 골든 혼Golden Horn[5]이 가득 차는 번영을 누리다가, 이번에는 제국의 수도로 뽑힌 것이다.

서西고트족이나 반달족, 또 알 수 없는 다른 여러 야만인들의 손에 내맡겨진 로마 시민들은, 몇 년째 한꺼번에 텅 비어 있는 제국의 궁전을 보면서, 정부 관청들이 차례차례 보스포루스 해협으로 이전하는 것을 보면서, 또한 몇 천 킬로미터 떨어진 곳에서 만든 법률에 복종하라는 요구를 받으면서, 세상의 종말이 가까워온다고 느꼈다.

그러나 역사의 영역에서는 손해 보는 사람이 있으면 득을 보는 사람도 있는 법. 황제가 사라지자 주교는 로마에서 가장 중요한 고관으로 남게 되었다. 주교는 제국 왕좌의 영광을 물려받은, 명백하게 실재하는 유일한 계승자였다.

게다가 주교들은 이러한 새로운 독립을 얼마나 훌륭하게 이용했던가! 이들은 빈틈없는 정치꾼이었다. 직책의 명예와 영향력에 이끌려 전 이탈리아 최고의 두뇌가 모인 자리였기 때문이다. 주교들은 자신들이 어떤 영원한 사상의 대표자라고 여겼다. 그랬기에 결코 서두르는 일 없이 빙하처럼 유유히 느릿느릿 나아갔으며, 당장의 필요에 눌려 행동하는 사람이 성급하게 결정하다 실수하고

---

5 보스포루스 해협. 현재 이스탄불 해항의 일부이다.

실패하는 지점에서 이들은 과감하게 기회를 거머쥐었다.

그러나 무엇보다 중요한 것은, 이들이 단일한 목표를 가진 사람들이었다는 점이다. 주교들은 하나의 목표를 향해 일관되고 완고하게 나아갔다. 자신들이 행하고 말하고 생각하는 모든 것 속에서 신의 영광을 드러내고, 지상에서 신의 뜻을 대표하는 교회 조직의 힘과 권력을 높이려고 열망했다.

얼마나 잘 해냈는지는 이후 천 년의 역사가 입증해준다.

유럽 대륙을 가로지르며 홍수처럼 몰려드는 야만인 부족들이 모든 것을 파괴하는 동안, 제국의 벽이 차례차례 무너지는 동안, 바빌론 평원만큼 오래된 천 개의 제도가 쓸모없는 쓰레기인 양 일소되는 동안, 교회는 굳건히 서서 시대의 바위, 아니 좀 더 정확하게 말하자면 중세의 바위를 세웠다.

하지만 마침내 거둔 이 승리는 끔찍한 대가를 치렀다.

마구간에서 시작된 기독교 정신이 궁전에서 마무리되어버린 것이다. 기독교는 신과 인류의 매개자를 자청하고 나선 성직자가 모든 평범한 사람들에게 무조건 복종하라고 주장하는 통치 형태에 저항하면서 출발한 종교였다. 이 혁명적인 집단이 성장하다가 100년도 채 안 되어 새로운 강력신권정치가 되어버린 것이다. 여기에 비하면 과거 유대 국가는 차라리 행복하고 근심 없는 시민들의 관대하고 자유로운 국가였다. 그러나 이 모든 것이 얼마나 완벽하게 논리적이었고 불가피했는지 이제 여러분에게 입증해보겠다.

로마를 방문하는 많은 사람들은 콜로세움을 순례하다가 바람

부는 콜로세움 벽 안에서 기독교 순교자 수천 명이 로마의 불관용의 희생양이 되어 쓰러진 신성한 장소를 보게 된다.

그러나 로마에서 새로운 신앙을 믿는 신자를 박해한 경우가 몇 번 있었던 것은 사실이지만, 종교적 불관용 때문에 그랬던 것은 아니었다. 순전히 정치적인 이유 때문이었다.

종교 영역의 한 구성원으로서 기독교인은 상당히 괜찮은 자유를 누렸다. 그러나 공개적으로 자신이 양심적 병역 거부자라고 선포한 기독교인, 나라가 외부의 침략에 위협받을 때조차 자신의 반전론反戰論을 자랑하고 적절할 때건 아니건 모든 경우에 공개적으로 국가의 법률을 무시하는 기독교인 등은 국가의 적으로 간주되어 그에 합당한 처분을 받았다.

평범한 즉결 재판소 판사는 스스로의 거룩한 종교적 신념에 따라 행동하는 기독교인에게 아무런 감명을 받지 못했다. 게다가 피고인인 신자가 자신이 느끼는 양심의 가책이 정확하게 무엇인지 설명하려고 애쓰면 애쓸수록 판사는 어리둥절해져서 도무지 그 말을 이해할 수가 없었다.

로마의 즉결 재판소 판사도 결국엔 사람이었을 뿐이다. 판사가 보기에는 정말 아무것도 아닌 일로 문제 삼는 사람을 재판하라고 갑자기 요구받으니까 그저 어찌 해야 할지를 몰랐을 뿐이다. 오랜 경험을 통해 판사는 신학적 논쟁은 무조건 피하는 게 좋다는 것을 터득했다. 게다가 제국의 많은 칙령은 새로운 교파를 상대할 때는 '기지'를 발휘하라고 공무원들에게 충고하고 있었다. 그래서 판사는 기지를 발휘하며 논쟁을 했다. 그러나 전체 논쟁을 요약해

보면 결국 신념의 문제였기에 논리에 호소해서 일이 풀린 적은 거의 없었다.

마침내 치안판사는 법의 존엄을 포기할 것인가, 아니면 국가의 최고 권력은 무조건 완전무결하다고 주장할 것인가, 그 선택의 기로에 서게 되었다. 그러나 진정한 삶은 죽은 후에야 비로소 시작된다고 확고하게 믿고 이 사악한 세상을 떠나 천국으로 가게 되었다며 기쁨으로 소리치는 사람들에게 투옥과 고문은 아무것도 아니었다.

그 결과, 공권력과 기독교인 국민 사이에 길고도 고통스러운 게릴라전이 일어나고 말았다. 전체 희생자 수가 몇 명이었는지 확실한 집계는 없다. 3세기의 유명한 교부敎父였던 오리게네스[6]에 따르면, 그의 친척 중 몇 사람이 "자신의 신념을 위해 죽는 진정한 기독교인이 몇 명인지 한눈에 셀 수 있었던" 어느 박해를 받던 중 알렉산드리아에서 살해되었다고 한다.

한편, 초대 기독교 성인의 삶을 담은 성인전을 정독하다 보면 피로 얼룩진 이야기를 끝도 없이 맞닥뜨리게 되는데, 어떻게 한 종교가 이토록 지속적이고 잔인한 박해를 받으면서도 결국 살아남을 수 있었는지 의아할 지경이다.

어떤 인물을 예로 들든지 간에, 독자 중 누군가는 분명 나를 편견에 사로잡힌 거짓말쟁이로 볼 것이다. 그러므로 내 견해를 굳이 말하지 않고 독자들이 각자 자신의 결론을 내릴 수 있도록 설

---

6 185?-254?. 알렉산드리아의 대표적 신학자.

명해보겠다. 데시우스(249-251 재위) 황제와 발레리아누스(253-260 재위) 황제의 생애를 연구해보면, 독자들은 최악의 박해 기간 중에 있었던 로마 불관용의 진정한 특징에 대해 꽤 정확하게 생각해볼 수 있을 것이다.

게다가 마르쿠스 아우렐리우스처럼 지혜롭고 자유로운 사고 방식을 가진 통치자도 기독교인 국민의 문제는 제대로 잘 처리하기가 어렵다고 고백한 것을 기억해본다면, 독자들은 제국의 외딴 마을에서 평범한 하급 관리들이 맞닥뜨렸을 어려움에 대해 몇 가지 추론을 해볼 수 있을 것이다. 이들은 맡은 바 임무를 다하려 애쓴 사람들이었는데, 자신들의 취임 선서를 저버리던지, 아니면 제국의 정부가 제국을 지키기 위해 요구하는 그 얼마 안 되는 아주 단순한 법령을 지킬 수 없거나 지키지 않으려는 자신의 친척과 이웃을 구속해야만 했다.

반면에 이교도 동료 시민을 대할 때 결코 그릇된 감상주의에 휘둘리지 않았던 기독교인들은 꾸준히 세를 확장해나갔다.

4세기 후반, 그라티아누스 황제(359-383)[7]는 로마 원로원에서 기독교인 의원들이 이교도 우상의 그늘 아래에 모이는 것이 마음 상한다는 불평을 하자 이 요구를 받아들여 율리우스 카이사르가 지은 의사당 안에 400년 이상 서 있었던 승리의 여신상을 치우도록 명령했다. 몇몇 원로원 의원이 저항했지만 아무 소용이 없었고, 도리어 다수가 유배되었다.

---

7 375-383 재위. 서로마 황제로서 발렌티니아누스 1세와 공동으로 통치했다.

바로 이때, 훌륭한 기품을 지닌 헌신적인 애국자, 퀸투스 아우렐리우스 시마쿠스[8]는 화해를 제안하는 그 유명한 편지를 썼다.

그는 이렇게 물었다. "우리 이교도와 이웃 기독교인이 평화롭고 조화롭게 살지 못할 이유가 무엇인가? 우리는 모두 같은 별을 바라보고 있다. 같은 행성에 사는 동료 여행자이고 같은 하늘 아래서 살고 있다. 각 개인이 궁극적인 진리를 찾기 위해 어떤 길을 따르는지가 뭐 그리 중요한가? 해답에 이르는 길이 오직 하나여야 한다고 말하기에는 존재의 수수께끼가 너무나 크다."

고대 로마의 관대한 종교 정책 전통이 처한 위험을 보며 시마쿠스만 이렇게 느꼈던 것은 아니었다. 로마에서 승리의 여신상을 치워버릴 때, 비잔티움에서는 피난 와 있던 기독교인들이 두 경쟁 분파로 나뉘어 격렬한 다툼을 벌였다. 이 논쟁은 여태까지 세상 사람들이 관용에 대해 들어본 것 중에서 가장 지적知的이라 할 토론을 일으켰다. 작가이자 철학자인 테미스티우스Themistius는 조상들의 신을 여전히 믿고 있었다. 그러나 발렌스Valens 황제[9]가 정통파 기독교인 국민과 비정통파 기독교인 국민 간의 분쟁에서 한쪽 편을 들려 하자, 테미스티우스는 황제의 진정한 임무를 일깨워 드려야만 한다고 생각했다.

테미스티우스는 이렇게 말했다. "어떤 통치자도 감히 권력을 행사할 수 없는 영역이 있습니다. 그것은 덕의 영역, 특히 개인의

---

8 로마의 귀족으로 상원의원이었고, 집정관을 역임했다.
9 아리우스파 기독교인이었다.

종교적인 신앙의 영역입니다. 신앙의 영역에 무언가를 강요하게 되면 사기詐欺를 바탕으로 한 전향과 위선을 낳습니다. 그렇기에 통치자는 모든 종교를 관용하는 편이 훨씬 낫습니다. 시민의 분쟁은 오직 관용에 의해서만 막을 수 있기 때문입니다. 게다가 관용은 신의 법입니다. 신은 당신이 많은 종교를 바라고 있음을 분명하게 보여주고 계십니다. 그리고 오직 신만이, 인류가 신의 신비를 이해하려고 열망하는 여러 방법을 두고 판단하실 수 있습니다. 신은 당신께 바쳐지는 다양한 경배를 기뻐하며 받으십니다. 신은, 기독교인들은 기독교식으로 그리스인들은 그리스식으로 이집트인들은 이집트식으로 예배드리는 것을 좋아하십니다."

정말 멋진 말이다. 그러나 이런 말도 아무 소용이 없었다.

이상과 사상이 존재하던 고대 세계는 소멸하고 말았다. 역사의 시계를 되돌리려는 모든 노력은 이미 불리한 쪽으로 운명 지어져 있었다. 삶은 진보를 뜻하고, 진보는 고통을 뜻한다. 사회의 과거 질서는 급속하게 허물어지고 있었다. 군대는 외국인 용병으로 이루어진 불온한 폭도들이었다. 국경에서는 공개적으로 반란이 일어났다. 영국과 다른 외곽 지역들은 이미 야만족에게 넘어간 지 오래였다.

최종적인 파국이 일어나자 과거 수백 년간 국가의 공직에 발을 들였던 총명한 젊은이들은 출세할 수 있는 모든 기회가 박탈됐음을 깨달았다. 단 하나 예외가 있다면, 바로 교회 안에서의 직업이었다. 스페인의 기독교 주교가 된다면, 과거 식민지 총독이 누렸던 권력을 기대할 수 있었다. 기독교 작가가 되어 오로지 신학적 주제에만 기꺼이 전념한다면, 상당히 많은 독자층을 확보할 수 있었다. 기독교 외교관이 되어 콘스탄티노플의 제국 법정에서 로마의 주교를 대표하거나, 갈리아나 스칸디나비아 한복판에 사는 좀 야만적인 족장의 선의를 얻어내는 위험한 일을 기꺼이 떠맡는다면, 고속 승진을 보장받을 수 있었다. 끝으로, 기독교 금융업자가 된다면, 라테란 궁[10]의 거주자들을 이탈리아 최고의 지주이자 당대 최고 부자로 만든, 급속히 늘어나는 토지를 관리함으로써 부의 축적을 기대할 수 있었다.

우리도 지난 5년 동안 똑같은 경우를 보지 않았는가.[11] 1914년까지, 육체노동으로 생계를 꾸리지 않아도 되는 야심만만한 유럽 젊은이들은 거의 다 하나같이 공직에 입문했다. 그들은 각기 다른 제국과 왕실의 육해군 장교가 되었다. 고위 법관직을 차지했고 재정을 관리하거나 식민지로 가서 행정관이나 군대 사령관으로 여러 해를 복무했다. 대단한 부자가 되려고 했던 것은 아니다. 그러나 이러한 공직의 사회적 신망이 매우 두터워서 일정한 지적 능력과 근면함, 정직함이 있다면 행복한 삶과 명예로운 노년을 기대할 수 있었다.

그러다 전쟁이 일어나 이러한 낡은 봉건사회구조의 잔재를 밀어냈다. 정부는 하층계급 사람들이 장악했다. 이전 관리들 중 몇몇은 이제와서 삶의 방식을 바꾸기엔 나이가 너무 많았다. 이들

---

10 중세 교황의 궁전, 지금은 박물관이다.
11 이 책의 초판이 나온 1925년을 기준으로 말하고 있다.

은 자신의 지위를 걸고 죽었다. 하지만 압도적 다수는 운명의 필연에 항복했다. 유년시절부터 이들은 장사란 천한 직업이며 관심 가질 가치가 없는 것이라고 교육받았다. 어쩌면 상업은 천한 직업인지도 모르지만, 어쨌든 이들은 사무실과 빈민구호소 사이에서 선택을 해야만 했다. 가난에 처하더라도 신념을 지키겠다는 사람은 언제나 상대적으로 적기 마련이다. 그러다 보니 제1차 세계대전(1914-1918)이라는 대란이 일어난 지 몇 년 되지 않아서, 많은 전직 장교와 국가 관리 들은 10년 전이라면 손도 안 댔을 종류의 일을 기꺼이 하고 있었다. 게다가 이들은 대부분 여러 세대에 걸쳐 관리자로서 훈련받았고 사람을 다루는 데 완전히 익숙한 가문 출신이었기 때문에 새로운 사업을 하면서도 상대적으로 쉽게 일을 추진했다. 현재 이들은 본인이 예상했던 것보다 훨씬 더 부유하고 행복하게 잘 살고 있다.

오늘날 장사나 사업의 역할을 1,600년 전에는 교회가 했다.

자신의 가문이 헤라클레스나 로물루스[12], 혹은 트로이 전쟁 영웅의 후예라고 생각하는 젊은이가 노예의 아들인 일개 성직자에게 훈령을 받는다는 것이 항상 쉬운 일은 아니었을 것이다. 그러나 노예의 아들인 일개 성직자는 헤라클레스나 로물루스, 혹은 트로이 전쟁 영웅이 조상인 가문의 젊은이가 간절히 원하는 것을 줄 수 있었다. 그래서 양쪽이 모두 현명한 경우(대개는 그랬을 것이다)에는 금방 상대의 장점을 인정하며 아름답게 어울리는 것을 배웠다.

---

12 쌍둥이 형제 레무스와 함께 사자에게 양육되었다는 전설상의 로마 건국자, 초대왕.

왜냐하면, 변화하는 것처럼 보이는 일일수록 사실은 변화하지 않고 그대로라는 점은, 역사의 이상한 법칙 중 하나이기 때문이다.

소규모의 현명한 남녀가 통치를 하고 그다지 현명치 못한 훨씬 더 대규모의 남녀가 여기에 복종하는 것은 태초부터 불가피한 일로 여겨졌다. 이러한 두 집단이 벌이는 도박은 각기 다른 시기에 각기 다른 이름으로 나타난다. 한쪽은 늘 강함과 통솔력을 대표하고 다른 한 쪽은 언제나 약함과 순종을 대표한다. 이들은 제국, 교회, 기사도, 왕정, 민주주의, 노예제도, 농노, 프롤레타리아로 불려진다. 그러나 인류의 발전을 다스리는 신비로운 법칙은 런던이나 마드리드, 워싱턴에서 작동하는 것처럼 모스크바에서도 똑같이 작동한다. 이 법칙은 시간이나 공간에 얽매이지 않기 때문이다. 종종 이상한 형식으로 위장해서 나타나기도 한다. 법칙은 여러 번 초라한 옷을 입고 나타나서 인류에 대한 사랑과 신에 대한 헌신, 최대 다수의 최대 행복을 창출하려는 소박한 욕구를 큰 소리로 선언한 바 있다. 그러나 이렇게 아름다운 겉모습 속에는 사람의 제1임무란 바로 생존이라는, 원시 시대부터 내려오는 법칙의 냉엄한 진실이 항상 숨어 있었다. 자신이 포유류 세계에 태어났다는 사실에 분개하는 사람들은 대체로 이러한 명제에 화를 내는 경향이 있다. 이들은 나 같은 말을 하는 사람을 '유물론자'나 '냉소주의자'라고 부른다. 역사를 마치 유쾌한 동화처럼 여기기 때문에, 역사도 우주 물질계를 다스리는 냉혹한 법칙을 똑같이 따라야 하는 과학이라고 하면 충격을 받는다. 차라리 평행선의 속성이나 구구단의 정답을 놓고 싸우는 편이 나을지도 모르겠다.

개인적으로 나는 이들에게 운명의 필연을 받아들이라고 권하고 싶다.

그럴 때 비로소 역사는 훗날 인류에게 실질적인 가치가 있는 무언가가 될 수 있으며, 인종적 편견과 종족의 불관용, 동료 시민 절대 다수의 무지를 통해 득을 보는 사람들과 동맹자가 되거나 한패가 되지 않을 수 있기 때문이다.

이러한 명제의 진실을 의심하는 사람이 있다면, 몇 쪽 앞에 나오는 내 글을 읽어보라고 말하고 싶다. 기독교 초기 수세기의 역사를 설명한 내 글을 읽다 보면 증거가 나올 것이다.

초기 4세기 동안 교회를 이끈 위대한 지도자들의 삶을 한번 꼼꼼히 살펴보라. 교회 지도자들은 예외 없이 과거 이교도 사회의 여러 계층에서 나왔음을 알게 될 것이다. 이들은 그리스 철학자들의 학교에서 교육을 받았고 이후 그저 직업을 선택해야 해서 교회로 흘러들어왔음을 알게 될 것이다. 물론 이들 중 몇 명은 새로운 사상에 반하여 온 마음과 영을 다해 그리스도의 말씀을 받아들였다. 그러나 대다수는 천상의 통치자에게 충성하는 편이 출세 기회가 훨씬 더 많았기 때문에, 지상의 주인에게 바치던 충성을 천상의 통치자에게 돌렸을 뿐이다.

예나 지금이나 더없이 지혜롭고 이해심 많은 교회는, 새로운 제자들이 갑자기 이런 태도를 취하는 동기가 무엇인지 너무 자세히 캐내려 들지 않았다. 오히려 교회가 모든 이들에게 모든 것이 될 수 있도록 대단히 신중하게 노력했다. 실질적이고 현세적인 존재방식을 원하는 사람들은 정치와 경제 분야에서 성공할 기회가 주어졌다. 반면 보다 정신적으로 신앙을 받아들인 다른 기질의 사람들은 복잡한 도시를 탈출할 수 있는 다양한 기회를 제공받고 침묵 속에서 존재의 사악함에 대해 명상할 수 있었다. 이들은 영혼의 영원한 행복을 위해 필요하다고 여기는 단계까지 각자의 거룩함을 닦을 수 있었다.

처음에는 그런 헌신과 명상의 삶을 사는 것이 아주 쉬웠다. 초기 몇 세기 동안 교회는, 권력자들의 대저택에서 멀리 떨어져 사는 가난한 민중들의 느슨한 영적 결속이었을 뿐이다. 그러나 교회가 세상의 통치자로서 제국을 물려받고 이탈리아, 프랑스, 아프리카에 방대한 부동산을 소유한 강력한 정치 조직이 되자, 고독한 삶을 영위할 수 있는 기회는 현격히 줄어들었다. 많은 신실한 남녀들은 모든 진정한 신자가 깨어 있는 동안 자선과 기도에 힘썼던 '좋았던 옛 시절'을 회상하기 시작했다. 이제 이들은 다시금 행복해지기 위해서 한때는 시대의 자연스러운 발전이었던 초대 기독교 문화를 인위적으로 재창조했다.

금욕적인 삶을 지향하는 이러한 움직임은 이후 천 년간의 정치적, 경제적 발전에 지대한 영향을 끼쳤고, 남녀 이교도들과 전쟁을 벌일 때면 반드시 필요했던 헌신적인 돌격 부대를 교회에 제공했다. 그런데 금욕적인 삶을 지향하는 이러한 움직임은 바로 동방에 기원을 두고 있었다.

놀랄 일도 아니다.

지중해 동부 연안 나라들은 아주 오래된 문명을 갖고 있었고, 그곳에 사는 사람들은 극도로 지쳐 있었다. 이집트만 보더라도,

최초의 정착자가 나일강 유역을 차지한 이래 각기 다른 열 개의 문화권이 서로 교체되면서 이어져 내려왔다. 티그리스와 유프라테스강 유역의 기름진 평야도 마찬가지였다. 수천 개의 옛 사원과 궁전이 폐허로 남아 삶의 공허함을, 인간의 모든 노력은 헛되고 헛되다는 것을 보여주고 있었다. 이들보다 젊은 유럽의 여러 인종은 기독교 정신을 열렬한 생명의 약속으로, 에너지와 열정을 새롭게 재충전하라는 끊임없는 호소로 받아들였을 지도 모른다. 그러나 이집트인과 시리아인은 이와는 다른 분위기로 종교를 체험하고 있었다.

이들이 기독교를 환영했던 이유는 살아 있다는 저주를 덜어주기 때문이었다. 이들은 죽음이라는 기쁜 시간을 고대하면서 과거가 쌓여 있는 기억의 납골당을 벗어나 사막으로 달아났다. 사막에 간 이들은 홀로 슬픔에 젖어 하나님과 함께 지내면서 '존재'의 현실을 두 번 다시 거들떠보지 않았다.

좀 기묘한 이유로 개혁이란 임무는 유달리 군인의 관심을 늘 받았던 것으로 보인다. 군인들은 다른 누구보다도 문명의 공포와 잔인함을 직접 대면한다. 게다가 규율 없이는 어떤 일도 이루어질 수 없다는 점을 학습한다. 교회를 위해 전투를 치렀던 근대 세계 전사들 중 가장 위대한 이는 카를로스 5세 황제의 군대에 소속된 전직 지휘관이었다.[13] 그리고 영적 부랑자들을 단일한 조직으로 결합한 최초의 인물 또한 콘스탄티누스 황제 군대의 사병 출신

---

13 예수회 창설자 이냐시오 로욜라를 말한다.

이었다. 그의 이름은 파초미우스로 이집트인이었다. 파초미우스는 병역을 마친 후, 안토니라는 사람이 이끄는 은자隱者들의 작은 집단에 들어갔다. 안토니는 이집트 출신이었는데, 이 집단의 은자들은 도시를 떠나 사막의 자칼들 사이에서 평화롭게 살고 있었다. 그러나 고독하게 살다 보니 자꾸 온갖 종류의 이상한 마음의 병을 얻는 듯했고, 낡은 기둥 꼭대기나 황폐한 무덤 바닥에서 세월을 보내는 등(그로 인해 이교도들은 크게 기뻐했고 진정한 신자들은 애통해했다) 매우 딱할 정도의 과도한 헌신을 했기에, 파초미우스는 전체 운동을 보다 현실적인 토대 위에서 해보자고 결심했다. 그리하여 파초미우스는 최초의 수도회 창시자가 되었다. 4세기 중반이던 그때부터 작은 집단으로 모여 살던 은자들은 '최고 사령관'이라는 한 사람의 지휘관에게 복종했다. 대신 지휘관은 각 수도원을 책임지는 수도원장들을 임명했다. 수도원장들은 수많은 수도원을 주님의 요새로 여기고 지켰다.

346년 파초미우스가 죽기 전에, 그의 수도원 사상은 알렉산드리아 주교 아타나시우스에 의해 이집트에서 로마로 전해졌다. 수많은 사람들이 이를 기회로 활용해서 사악한 세상과 끈덕지게 들러붙는 채권자로부터 달아났다.

하지만 파초미우스의 원래 구상은 유럽의 기후와 유럽인들의 천성 때문에 약간 수정되어야 했다. 유럽의 겨울 하늘 아래서 굶주림과 추위를 견디기란 나일강 유역에서처럼 쉽지 않았다. 게다가 보다 현실적인 서구의 정신은, 동양적 이상에 따르면 거룩함의 필수 요소인 불결함과 비참함을 보면서 품성이 함양되기보다는 이를 혐오스러워했다.

이탈리아인과 프랑스인은 스스로 반문했다. "과연 무엇이 초대 교회가 그토록 강조했던 선행이 될 수 있을까? 여기서 160만 킬로미터 떨어진 산속 습기 찬 동굴 속에 살고 있는 소규모의 야윈 광신자들이 고행을 한다고 해서, 과부와 고아, 병자에게 실제로 무슨 도움이 될까?"

그리하여 서구의 정신은 보다 합리적인 노선에 따라 수도원 제도를 일부 수정할 것을 요구했다. 이를 혁신하는 영광은 아펜니노 산맥의 누르시아 마을 태생에게 주어진다. 그의 이름은 베네딕트였는데, 오늘날엔 다들 '성 베네딕트'라고 부른다. 베네딕트의 부모님은 그를 교육시키려 로마로 보냈으나, 로마를 본 그의 기독교적 영혼은 공포로 가득 찼다. 그래서 그는 아브루치 산맥에 있는 수비아코라는 마을로 달아났다. 옛날 네로 황제의 별장궁전이 황량한 폐허로 남은 곳이었다.

그곳에서 베네딕트는 절대 고독 속에 묻혀 3년을 보냈다. 그러다 덕망이 높다는 명성이 나라 전역에 퍼지기 시작했다. 그러자 그와 가까이 있고 싶어 하는 사람들이 급속히 늘어나서 열두 개의 수도원을 다 채울 만큼 많은 신입들이 모일 정도였다.

그 결과 베네딕트는 토굴에서 물러나 유럽 수도원주의의 기초를 세우는 입법자가 되었다. 먼저, 그는 골자가 될 기본법을 입안했다. 모든 세부조항마다 베네딕트가 로마에서 받은 영향이 드러났다. 이 규칙을 따르기로 맹세한 수사들은 나태한 삶을 기대해선 안 됐다. 기도와 명상에 바치지 않는 나머지 시간은 무조건 밭에 나가 일을 해야 했다. 농장 일을 하기에 벅찬 노인들은 젊은이들에게 어떻게 해야 훌륭한 기독교인이자 쓸모 있는 시민이 될 수 있는지 가르쳐야 했다. 이러한 임무를 매우 잘 수행했기에, 베네딕트 수도원들은 거의 천 년 동안 교육을 독점하며 중세 시대 내내 특출한 재능이 있는 많은 젊은이들을 가르칠 수 있었다.

수사들은 노동의 대가로 단정한 옷을 입었고, 충분한 양식을 받았으며, 하루 중 일하거나 기도하지 않는 두세 시간 동안 잠잘 수 있는 침대를 제공받았다.

그러나 역사적 관점에서 볼 때 가장 중요한 것은, 수사들이 단지 이 세상에서 달아나려고만 하면서 사후를 위해 영혼을 예비하는 것을 의무로 여기는 평신도가 아니었다는 사실이다. 하느님의 종이 된 그들은 길고도 매우 고통스러운 수련기를 거쳐서 자신의 새로운 직위에 걸맞은 자질을 갖추어야만 했다. 또한 하느님 왕국의 권세와 영광을 전파하는 데 있어 직접적이고 적극적인 역할을 수행하리라는 기대를 받았다.

유럽의 이교도를 전도하는 가장 기본적인 선교 사업은 이미 이루어져 있었다. 그러나 초대 교회 사도들의 이러한 훌륭한 업적이 수포가 되지 않으려면, 설교자 개개인의 선교로 그칠 것이 아니라 영구 정착자와 관리자 들이 나서서 조직적으로 노력해야 했다. 수사들은 이제 독일, 스칸디나비아, 러시아, 멀고 먼 아이슬란드까지 삽과 도끼와 기도책을 들고 갔다. 그들은 밭을 갈고 추수를 하며 설교를 하고 교사가 되어 가르쳤다. 그리고 먼 땅의 많은 사람들이 그저 소문으로만 들었던 문명의 가장 기본적인 요소들을 그곳에 전해주었다.

전체 교회의 행정수반인 교황은 이런 방식으로 인간 영혼의 다양한 힘을 모든 각도에서 활용했다.

현실적 행정가인 교황도, 고요한 숲속에서 행복을 찾는 몽상가도, 저마다 자신을 부각시킬 기회를 충분히 누릴 수 있었다. 모든 활동이 유의미했다. 아무것도 낭비되도록 용인되지 않았다. 그 결과 교황의 권력은 더욱 강력해져서, 곧 황제도 왕도 자신의 국민 중 그리스도를 따르겠다고 고백한 사람들의 소망에 겸허한 자세로 관심을 보이지 않고서는 나라를 다스릴 수 없게 되었다.

교회가 어떻게 최종적으로 승리했는지, 그 방식을 보면 매우 흥미롭다. 기독교 정신은 현실적인 이유 때문에 승리한 것이지, 종교적 열정이 갑자기 압도적으로 폭발하여 승리한 것(종종 이렇게 알려져 있지만)이 아님이 드러나기 때문이다.

기독교인에 대한 마지막 대박해는 디오클레티아누스 황제[14] 치하에서 일어났다.

이상하게 들리겠지만, 디오클레티아누스는 호위병의 힘으로 유럽을 다스린 많은 군주 중에서 아주 나쁜 축은 아니었다. 그러나 애석하게도 그 역시 인류를 다스릴 책무를 지닌 사람들에게 흔하게 일어나던 병을 앓고 있었으니. 바로 경제에 대해서는 기초도 모르는 까막눈이었다.

제국은 급속하게 분화되는 중이었다. 전 생애를 군대에서 보

---

14 284-305 재위.

냈던 디오클레티아누스는, 로마 군대 체제 편성에 약점이 있다고 보았다. 로마 군대는 변방 지역에 수비대 주둔지를 두고 식민지 군인들에게 방어를 맡겼는데, 군인들이 서서히 호전성을 잃고 온순한 시골뜨기가 되어버린 것이다. 군인들은 국경 근처에 다가오지 못하도록 대치하고 막아야 하는 야만족들과 뒤섞여서 이들에게 양배추나 당근을 팔며 살고 있었다.

이 오래된 체제를 혼자 바꾼다는 것은 불가능했다. 그래서 디오클레티아누스는 새로운 야전군을 만들어 고충을 해결해보려 했다. 침략의 위협을 받는 곳이라면 제국 어디든지 몇 주 안에 진군할 수 있는 민첩한 젊은이들로 야전군을 만들려 한 것이다.

훌륭한 생각이었으나, 군사적 성격을 띤 좋은 생각이 다 그렇듯이 터무니없이 많은 돈이 필요했다. 이 엄청난 군비는 제국 내에 사는 사람들이 세금의 형태로 조성해야만 했다. 예상대로, 사람들은 엄청난 비난을 퍼부으면서 땡전 한 푼이라도 더 냈다간 당장 파산이라고 반발했다. 황제는 여러분이 오해한 것이라고 반론하더니 지금까지 사형 집행인만 가졌던 권한을 세금징수자에게 부여했다. 그러나 아무 소용이 없었다. 국민들은 1년 동안 열심히 일해봤자 연말에 적자만 나는 번듯한 직종에 있기보다는, 고향과 집과 가족과 가축을 모두 버리고 도시로 떼 지어 나가버리거나 부랑자가 되어버렸기 때문이다. 하지만 황제 폐하는 현실적인 타협책을 따르지 않았다. 오히려 고대 로마 공화국이 얼마나 완벽하게 동양의 전제정치로 퇴보했는지를 보여주는 법령을 제정하여 난제를 타결했다. 그는 법령 한 줄로 모든 정부 관직과 모든 수공업

및 상업 직종을 세습직으로 만들어버렸다. 관리의 아들은 좋건 싫건 관리가 되어야 했다. 빵 장수의 아들은 음악이나 전당포업에 더 큰 재능이 있더라도 빵 장수가 되어야만 했다. 선원의 아들은 테베레 강을 노 저어 건널 때 배 멀미를 한다 해도 뱃사람이 될 운명이었다. 끝으로 일용직 노동자들은 법적으로야 계속 자유인이었지만, 태어난 곳에서 한 발짝도 움직이지 못하고 살다가 죽어야 했으니 노예와 다를 바가 없었다.

자신의 능력에 그토록 확고한 자신감이 있는 통치자가, 자신이 정한 법규와 칙령 중 마음에 드는 부분만 따르는 행위를 관용할 수 있거나 관용할 것이라고 기대했다면, 터무니없는 생각이다. 그러나 디오클레티아누스가 기독교인에게 가혹했다고 평가할 때는 황제도 배수의 진을 치고 싸우고 있었음을 기억해야 한다. 기독교인 국민 수백만 명은 국민을 보호하려는 황제의 조치로 혜택은 누리면서 공동 책임은 함께 지려 하지 않았으니, 황제로서는 충분히 이들의 충성심을 의심할 근거가 있었던 것이다.

초대 기독교인들은 어떤 말씀도 굳이 애써 받아 적지 않았다는 점을 기억하자. 그들은 언제라도 곧 세계가 멸망할 것이라고 생각했다. 10년 안에 하늘에서 불이 떨어지면 몽땅 타버릴 텐데 뭐 하러 시간과 돈을 낭비하며 글을 남긴단 말인가? 그러나 새로운 시온의 실현이 실패하고, 그리스도에 대해서(인내심을 갖고 기다린 지 백 년이 지나) 진정한 제자라면 무엇을 믿고 무엇을 믿지 말아야 할지 거의 알 수 없는 새로운 이야기들이 추가되고 변형되면서 자꾸 나오기 시작하자, 그 주제에 대해 정통성 있는 책이 필요하게 되었다. 그래서 예수의 간략한 일대기 다수와 기존에 보관해 두었던 사도들의 편지 원본을 한 권의 큰 책으로 묶어서 '신약New Testament'이라 이름 지었다.

《신약》에는 특히 〈계시록〉이라는 장이 있는데, 〈계시록〉에는 '일곱 개의 산' 위에 세워진 도시를 언급하는 특정한 예언이 나온다. 로마가 일곱 개의 언덕 위에 세워졌다는 것은 로물루스 시대 이후로 누구나 다 아는 사실이다. 이 기묘한 장을 쓴 익명의 작가는 자신이 혐오하는 도시를 신중하게 '바빌론'이라고 돌려 말했다. 그러나 제국의 치안판사 입장에서 "창녀들의 어머니"나 "지상의 증오"라는 퍽도 유쾌한 표현을 읽고 이게 무슨 뜻인지 파악하는 데에는 대단한 통찰력이 필요하지 않았다. 성자와 순교자 들의 피를 마신 도시는 모든 악마들의 거주지, 모든 더러운 영혼들의 집, 모든 더럽고 증오스러운 새들의 집이 될 운명이었다. 이 밖에도 넌지시 로마를 비난하는 유사한 표현이 더 있었다.

이런 문장이 지난 50년간 살해당한 많은 친구들을 생각하다 동정과 분노로 눈이 먼 어떤 불쌍한 광신자의 헛소리였다면 해명이 되었을지도 모르겠다. 그러나 〈계시록〉은 교회의 공식적이고 경건한 예배 의식의 일부였다. 매주 기독교인들은 회당에 모여서 〈계시록〉의 문장을 반복해서 낭독했다. 그러니 외부자들이 볼 때, 이것이 테베레 강 유역의 강력한 도시 로마를 바라보는 모든 기독교인들의 진짜 속마음이라고 느끼는 것도 당연했다. 나는 지금 박해받던 기독교인들이 굳이 그런 마음을 품을 건 없지 않았냐고 탓하려는 게 아니다. 하지만 디오클레티아누스 황제가 기독교인들의 종교적 열광에 끝내 함께 하지 못했다고 해서 그를 비난할 수는 없지 않은가.

문제는 이게 다가 아니었다.

로마인들은 여태껏 들어보지도 못했던 표현에 점점 익숙해지고 있었다. 바로 "이교도hærétĭcus/heretics"라는 단어였다. 원래 '이교도'라는 명칭은 특정한 교리, 말하자면 어떤 한 '종파'를 믿기로 '선택한' 사람에게만 붙이는 말이었다. 그러다 차츰 그 의미가, 정식으로 확립된 교회 당국이 '옳다', '정상이다', '맞다', '정통이다'라고 인정하지 않은 다른 교리, 그리하여 사도들의 말을 빌리자면 '이단적이고, 비정상적이고, 그릇되고, 영원히 틀린' 다른 교리를 믿기로 선택한 사람을 가리키게 되었다.

여전히 고대 신앙을 고수하는 소수 로마인들은, 기독교 교회의 울타리 바깥에 있기에 아예 이단이라고 법적 기소를 받을 일도 없었다. 그래서 엄밀히 말하자면, 개인적인 견해를 소명하라는 추궁을 받지도 않았다. 그렇지만 《신약》의 특정 대목을 펼치고 "이단은 간통과 부정함, 음탕함, 우상숭배, 주술, 격노, 다툼, 살인, 폭동, 폭음만큼이나 끔찍한 악이다."라는 말이나 상식적인 예의상 내가 여기에 옮길 수 없는 몇몇 구절을 낭독하는 것이, 제국의 자존심을 치켜세워주는 일은 아니었다.

이 모든 것은 불화와 오해를 낳았고, 불화와 오해는 박해를 낳았다. 로마의 감옥은 다시 한번 기독교인 죄수로 가득 찼고, 로마의 사형 집행인들은 기독교 순교자들의 숫자를 늘렸으며, 수많은 이들이 피를 흘렸지만 아무런 성과가 없었다. 결국 디오클레티아누스는 통치 업무에서 물러나 한없이 비통해하며 달마티아 해안에 있는 자신의 고향 마을 살로나이로 돌아갔다.[15] 고향으로 돌아간 그는 뒤뜰에 커다란 양배추를 기르는 소일거리에 훨씬 흥미를 느끼며 열중했다.

그의 후임자는 억압 정책을 계승하지 않았다. 계승하기는커녕, 무력으로는 기독교라는 악을 근절할 길이 없다고 판단하고, 최대한 뒷거래를 활용하여 적에게 몇 가지 특혜를 줌으로써 그들의 호의를 얻기로 결심했다.

사건은 313년에 일어났다. 그리고 기독교 교회를 최초로 '공인'했다는 영광은 콘스탄티누스[16]라는 사람에게 돌아갔다.

언젠가 우리는 역사를 수정하기 위한 사학자들의 국제회의를 열어야 할 것이다. 그래서 오늘날 '위대한'이라는 호칭이 붙은 모든 황제와 왕, 교황, 대통령과 시장에게 과연 그럴 만한 특별 자격이 있는지 검증해볼 필요가 있다. 이러한 법정이 열렸을 때, 특별히 눈여겨 살펴보아야 할 후보자 중 한 명이 앞서 말한 콘스탄티누스 황제다.

잉글랜드의 요크에서 보스포루스 해안의 비잔티움에 이르기까지 유럽의 모든 전쟁터에서 창을 휘둘렀던 이 난폭한 세르비아인은 무엇보다도 아내와 처남, 일곱 살짜리 조카를 죽인 살인자였다. 또한 신분이 낮고 주요 인사가 아니었던 다른 친척들도 여럿

---

15 디오클레티아누스 황제는 로마제국 황제들 중 유례없이 자진 퇴임을 해버렸다.
16 274-337. 306-337 재위.

처형했다. 그럼에도 불구하고 자신의 가장 위험한 경쟁자였던 막센티우스[17]와 맞서려고 진군하기 직전에 공포로 불안한 상태에서 기독교인들의 지지를 얻고자 대담하게 노력했다는 이유로[18], 콘스탄티누스는 "제2의 모세"라는 엄청난 명예를 얻었고 결국 아르메니아와 러시아 정교회 양쪽에서 성인의 반열로 추대되었다. 겉으로는 기독교 신앙을 받아들였으나 죽는 날까지 김이 모락모락 나는 제물 양羊의 창자를 보면서 앞날을 점치려 했던[19] 야만인으로 살았지만, 이 모든 사실은 〈관용〉이라는 콘스탄티누스의 유명한 밀라노 칙령을 참작하여 매우 너그럽게 덮여졌다. 칙령에서 황제는 사랑하는 기독교인 신민에게 "자유롭게 개인적 견해를 고백하고 박해의 두려움 없이 집회 장소에서 모일 수 있는" 권리를 보장했던 것이다.

앞에서 여러 번 말했지만, 4세기 전반前半의 교회 지도자들은 현실적인 정치인들이었다. 이들은 황제가 자신들의 요구대로 마침내 이 역사적인 법령에 서명을 하자, 소수 종파 중 하나였던 기독교를 공식적인 국교의 지위로 격상시켰다. 그러나 교회의 지도자들은 이 과업이 어떻게, 어떤 방법으로 이루어졌는지 알고 있었고 콘스탄티누스의 뒤를 이은 황제들도 마찬가지였다. 이를 덮으

---

17 280?–312. 민중들의 지지가 높았던 황제.
18 312년 10월 28일, 양쪽 군대가 맞서기 전에 콘스탄티누스가 하늘에서 십자가 환영을 보았다는 이야기가 전해진다. 물론 나중에 미화시키려 덧붙인 말일 뿐 사료를 보면 사실이 아니라고 하지만 그만큼 심리적 상태가 불안정했다고 볼 수 있다.
19 로마 시대 사람들은 동물을 신에게 제물로 바치기 전에 배를 갈라 내장을 검사했다. 만약 내장에 문제가 있으면 나쁜 징조라고 여겼다.

려고 교회의 지도자들은 번뜩이는 미사여구를 펼치며 노력했지만, 교회와 황제가 맺은 협정의 고유한 성격은 결코 완전히 사라지지 않았다.

. . .

"나를 구해주소서, 위대하신 통치자시여!"

네스토리우스 총주교[20]는 테오도시우스 2세 황제에게 이렇게 외쳤다.

"나를 내 교회의 모든 적들로부터 구해주소서! 그리하면, 내가 당신께 천국을 드리겠나이다. 우리의 교리에 반대하는 이들을 억압할 때 내 편이 되어주소서, 그리하면 당신의 적들을 억압할 때 우리가 당신 편이 되겠나이다."

인류 역사를 보면, 지난 2,000년 동안 여러 가지 거래가 있었다. 그러나 기독교가 권력을 쥐게 된 이 타협만큼 가증스러운 거래는 없었다고 본다.

---

20 콘스탄티노플의 총주교. 동로마제국의 황제 테오도시우스 2세의 도움으로 총주교의 지위에 오른 후, 펠라기우스 교파(인간의 원죄설을 부인하는 교파)를 제외한 모든 이단을 무참하게 탄압했다. 이후, 그리스도의 신성과 인성은 각기 따로 공존하며 동정녀 마리아가 성령으로 잉태한 것을 부정하는 이론(네스토리우스교)을 주창하여 교계에서 이단으로 규정당한다.

5

. . .

투옥

고대 세계가 막을 내리기 바로 직전, 무대 위로 한 사람이 걸어간다. '배교자'라는 노골적 꼬리표가 붙어 갑작스러운 죽음을 당하기에는 너무나 중요한 무대 위로.

바로 율리아누스[1] 황제다. 그는 콘스탄티누스 대제의 조카로, 331년 제국의 새로운 수도인 비잔티움[2]에서 태어났다. 337년, 그의 유명한 삼촌이 사망하자 곧바로 삼촌의 세 아들은 공동 재산을 놓고 굶주린 늑대처럼 난폭하게 서로를 덮쳤다.

콘스탄티누스 대제의 세 아들은 전리품의 지분을 요구할 가능성이 있는 모든 이들을 제거하기 위해서, 수도나 수도 근교에 살고 있는 친척은 모두 죽이라고 명령했다. 그 희생자 중 한 사람이 율리아누스의 아버지였다. 어머니는 그가 태어난 지 몇 해 만에 죽었다. 그리하여 소년은 여섯 살에 고아가 되었다. 장애인이었던

---

1 361-363 재위.
2 324년, 콘스탄티누스 대제는 수도를 로마에서 비잔티움으로 이전했다. 후에 비잔티움은 콘스탄티노플로 이름이 바뀐다.

이복형이 그와 외로움을 나누며 함께 공부했다. 이들의 공부는 친절하나 지루한 늙은 주교 에우제비우스에게 기독교의 뛰어난 점에 관한 강의를 듣는 것이 대부분이었다.

그러나 두 소년이 나이가 들수록 좀 더 먼 곳으로 보내어 의심을 덜 받으면서 어린 비잔티움 왕자들의 정해진 운명을 혹시라도 피할 수 있게 하는 편이 더 현명해 보였다. 두 소년은 소아시아 중심에 있는 작은 마을로 옮겨졌다. 지루한 생활이었지만, 여기서 율리아누스는 많은 유용한 것들을 배울 수 있었다. 이웃인 카파도키아 산악 주민들은 소박한 사람들로 조상들이 믿던 신들을 여전히 믿고 있었다.

소년이 중책을 맡을 확률은 조금도 없었기에, 그가 학문에 헌신하도록 허락해달라고 요청하자 얼른 그러라는 답변이 나왔다.

제일 먼저, 소년은 니코메디아Nicomedia로 갔다. 니코메디아는 고대 그리스 철학을 계속 배울 수 있는 몇 안 되는 고장 중 하나였다. 그곳에서 그는 문학과 과학으로 머릿속을 가득 채웠다. 에우제비우스에게 배운 내용은 남아 있을 자리가 없었다.

이후 그는 아테네로 가도 좋다는 허락을 받았다. 율리아누스는 소크라테스와 플라톤, 아리스토텔레스에 대한 추억으로 숭배받는 바로 그곳에서 공부할 수 있게 되었다.

반면에 그의 이복형은 암살되고 말았다. 콘스탄티누스 황제의 세 아들 중 살아남은 단 한 사람, 콘스탄티우스는 꼬마 철학자인 사촌과 자신이 황제 가문에서 지금까지 생존한 두 남자임을 기억하고, 사람을 보내 율리아누스를 데려와 친절하게 환대하며 어디까지나 지극한 호의로 자신의 누이 헬레나와 결혼시켰다. 그리고 갈리아로 나아가 야만인들로부터 그 지역을 지키라고 명령했다.

율리아누스는 그리스 선생님들에게 토론 능력보다 더 실질적인 어떤 능력을 배웠던 것 같다. 357년에 알레마니족[3]이 현재의 프랑스 지역인 갈리아를 위협하자 그는 스트라스부르그 부근에서 알레마니 군대를 격파했다. 게다가 덤으로 무즈 강[4]과 라인 강 사이에 있던 모든 나라들까지 자신의 지역에 복속시킨 후, 파리에 가서 진지한 천성대로 좋아하는 작가들의 저작으로 자신의 서재를 가득 채우고 행복하게 살았다.

연이은 승전보가 황제의 귀에 들어가도 축하 행사는 열리지 않았다. 반대로 좀 너무 성공한 것처럼 보이는 경쟁자를 제거하기 위한 정교한 음모가 꾸며졌다.

그러나 율리아누스는 부하 군인들에게 대단히 인기가 있었다. 그들은 최고 사령관이 고향으로 돌아오라는 명령(와서 목을 내놓으라는 정중한 초대)을 받았다는 이야기를 듣자, 사령관의 궁전으로 쳐들어가 바로 그 자리에서 그가 황제임을 선포했다. 동시에 자신들의 요구를 수락하지 않으면 죽여버리겠다고 했다.

율리아누스는 분별 있는 사람답게 이들의 요구를 받아들였다.

로마 시대 말기였던 당시에도 로마의 도로는 보존 상태가 대단히 양호했음에 틀림없다. 율리아누스는 전대미문의 빠른 속력

---

3 3~5세기에 걸쳐 현재의 슈바벤 지역으로 이주하여 정착한 게르만의 여러 부족.
4 프랑스 동북부에서 벨기에, 네덜란드를 통해 북해로 흘러드는 강.

으로 군대를 이끌고 프랑스 중심부에서 보스포러스 해안까지 진군할 수 있었다. 그런데 수도에 도착하기 전에 사촌 콘스탄티우스가 죽었다는 소식이 들려왔다.

이리하여, 다시 한번 이교도가 서구 세계를 통치하게 되었다.

율리아누스가 하고자 했던 일은 불가능했다. 그토록 지적인 사람이, 물리력으로 죽은 과거를 다시 소생시킬 수 있다고 생각했다는 건 정말 이상한 일이다. 아크로폴리스를 그대로 복원하여 다시 세우고, 버려진 과수원이 된 아카데미에 지난 시대의 토가toga를 차려 입은 교수들을 거주케 하고, 500년도 전에 지상에서 사라져버린 말로 서로 이야기하는 것으로 페리클레스의 시대가 부활할 수 있다고 생각했단 말인가.

그러나 율리아누스는 그 일을 하려고 했다.

2년이라는 짧은 재임 기간 동안 그는 당시 국민 다수가 깊이 경멸하던 고대 학문을 재건하기 위해 모든 노력을 기울였다. 우리가 알아야 할 모든 것은 《성경》이라는 단 한 권의 책에 다 들어 있으니 여기서 벗어난 독자적인 연구나 조사는 오직 불신과 지옥불로 이어질 뿐이라 확신하는 문맹의 수도승들이 다스리는 세상 속에 탐구 정신을 다시 불붙이기 위해서, 생기와 열정을 잃고 유령처럼 살아가는 사람들 속에 삶의 기쁨을 소생시키기 위해서, 율리아누스는 모든 노력을 기울였던 것이다.

율리아누스보다 더 의지가 굳은 사람이 있었다 해도 다들 사방에서 반대하는 풍조와 부딪히다 미치거나 절망에 빠졌을 것이다. 율리아누스는 그 속에서 산산조각이 났다. 일시적이나마 어쩔

든 그는 위대한 조상의 계몽된 원칙을 고수했다. 안디옥의 기독교인 군중이 그에게 돌멩이와 진흙을 던져대도 그는 그 도시를 처벌하지 않았다. 아둔한 수도승들이 한 번 더 박해를 가하도록 그를 자극하려 애써도, 황제는 관리들에게 "어떤 순교자도 만들지 말라"라고 지시하고 확고부동하게 지켰다.

363년, 어느 자비로운 페르시아의 화살이 이 기묘한 생애에 종지부를 찍었다.

그것은 이교도 통치자들 중에서 가장 위대했던 최후의 통치자에게 일어날 수 있었던 최선이었다.

좀 더 살았더라면 아무리 관용 감각을 지니고 어리석음을 증오하는 율리아누스라 해도 더 이상 참지 못하고 당대 가장 불관용적인 사람이 되었을지도 모른다. 이제 황제는 병원 침상에 누워서, 자신의 재임 기간 중 단 한 사람도 사적인 견해로 인해 죽음의 고통을 겪지 않았음을 돌아볼 수 있었다. 그의 이러한 자비에 기독교인 국민은 수그러들지 않는 분노로 보답했다. 그들은 황제의 군인(기독교인 군단병)이 쏜 화살에 황제가 죽었다고 으스대면서, 살인자를 찬양하는 조악한 송덕문을 지어댔다. 그들은 율리아누스가 쓰러지기 직전에 어떻게 자신의 잘못을 고백하고 그리스도의 권세를 인정했는지에 대해 이야기했다. 또한 금욕적이고 검소한 삶을 살았으며 자신의 보살핌 아래 맡겨진 국민의 행복을 위해 모든 힘을 쏟아부었던 한 정직한 사람의 명예를 훼손하기 위해, 4세기 당시 존재하던 더러운 욕설이란 욕설은 모조리 뱉어냈다.

율리아누스가 무덤으로 가버리자 기독교 주교들은 마침내 제국의 참된 통치자가 될 수 있었다. 권력을 쥐자마자 이들은 유럽과 아시아, 아프리카의 외딴 마을에 남아 있는 것들 중 자신들의 지배에 반대하는 것은 무엇이든 파괴해버리기 시작했다.

364년부터 378년까지 발렌티니아누스와 발렌스 형제가 통치하는 동안, 모든 로마인들은 과거의 신들 앞에 짐승을 제물로 바칠 수 없다는 칙령이 반포됐다. 그것으로 이교도 성직자들은 수입원을 빼앗겼고 다른 직업을 찾아야만 했다.

그러나 이 법규는 테오도시우스 황제의 법규에 비하면 관대한 편이었다. 테오도시우스는 모든 국민에게 기독교 교리를 받아들이라고 명령했을 뿐만 아니라, 황제 자신이 보호자를 자임한 '세계' 교회, 즉 '가톨릭' 교회가 제정한 형식대로만 받아들이라고 명령했다. 바야흐로 가톨릭 교회가 모든 영적인 문제를 독점한 것이다.

이러한 법령이 공포된 이후에도 '잘못된 견해'를 계속 붙들고 있는 사람들, 즉 '미친 이단'을 고수하는 사람들과 '괘씸한 교리'를 여전히 믿는 사람들은 모두 고집스러운 불복종의 결과로 고통받아야만 했으며, 추방당하거나 사형당해야 했다.

이때부터 고대 세계는 마지막 운명을 향해 빠르게 진군했다. 이탈리아와 갈리아, 스페인, 잉글랜드의 이교도 사원은 거의 다 사라졌다. 이곳의 이교도 사원들은 다리와 거리, 도시 성벽과 상수도를 새로 짓느라 돌이 필요했던 공사 하청인들에 의해 부서지거나, 기독교인들의 집회 장소로 개조되었다. 로마공화국 초기부터 모아온 수천 개의 금상金像과 은상銀像은 공적公的으로 몰수되고 사적私的으로 도난당했으며, 남아 있는 조각상들은 회반죽이 되었다.

알렉산드리아에서는 그리스인과 로마인, 이집트인들이 함께 600년 이상 최고의 숭배를 드렸던 세라피움 사원[5]이 완전히 파괴됐다. 이곳에는 알렉산드로스 대왕이 세운, 전 세계적으로 유명한 대학이 계속 남아 있었다. 이 대학에서는 고대 철학을 계속 배울 수 있었기 때문에 지중해 연안의 모든 지역에서 많은 학생들이 몰려왔다. 알렉산드리아 주교의 명령에도 불구하고 대학이 문을 닫지 않자 교구의 수도승들은 이 문제를 직접 해결하기로 했다. 수도승들은 강의실로 쳐들어가 위대한 플라톤학파의 마지막 스승이었던 히파티아[6]를 폭행하고, 조각조각 훼손한 그의 몸을 길거리에 내던져 개들의 처분에 맡겼다.

로마의 상황도 나을 게 없었다.

주피터 신전은 폐쇄됐고 고대 로마 신앙의 가장 근본이 되었던 〈시불라의 신탁집〉은 불에 탔다. 수도는 몰락했다.

갈리아에서는 유명한 투르[7] 주교의 지도 아래, 과거의 신들은 기독교에서 말하는 악마의 선조라고 선포됐고 그러니 이들의 사원을 깨끗이 소탕하라는 명령이 내려졌다.

외딴 시골 마을에서 이따금 그렇듯이, 사랑하는 사당을 지키기 위해 농부들이 몰려나오자 군인들이 출동해서 도끼와 교수대로 "사탄의 폭동"을 끝장냈다.

---

5 여신 세라피스를 숭배하던 신전으로, 알렉산드리아 도서관 내부에 있었다.
6 그리스 로마 시대를 대표하는 철학자, 수학자, 과학자로 여성이었다. 350년경-415.
7 루아르 강 유역의 프랑스 중서부 도시.

그리스에서는 이러한 파괴 작업이 보다 느리게 진행됐다. 그러다가 394년, 결국 올림픽 게임이 폐지됐다. 그리스 국민 생활의 중심(1,170년 동안 중단되지 않고 존재했던)이었던 올림픽이 없어지자 나머지를 없애는 일은 상대적으로 쉬워졌다. 한 사람 두 사람, 철학자들이 해외로 추방됐다. 그러다 마침내, 유스티니아누스 황제의 명령으로 아테네의 대학이 폐교됐고, 대학을 유지하기 위해 조성했던 기금은 몰수됐다. 생업을 빼앗긴 마지막 7인의 교수는, 코스로스Chosroes 왕이 후하게 맞아주는 페르시아로 달아나 '체스'라는 새로 나온 신기한 인도 게임을 하면서 남은 여생을 평화롭게 보낼 수 있었다.

5세기 전반前半, 크리소스토무스Chrisostomus 대주교는 고대 작가와 철학자 들의 저서가 지상에서 완전히 사라졌다고 공언했는데 이는 사실이었다. 키케로와 소크라테스, 베르길리우스, 호메로스는(모든 선한 기독교인들에게 특별한 혐오의 대상이었던 수학자와 천문학자, 의사들은 말할 것도 없고) 사람들에게서 잊힌 채 무수한 장식 벽과 기둥 위에 조각으로만 남아 있었다. 이들은 600년이 지난 후에야 다시 소생할 수 있었으며, 그동안 세계는 신학자들의 입맛에 맞는 문헌으로만 살아가야 했다.

이는 기묘한 영양 섭취였다. 균형 잡힌 식단(의과대학식으로 말하자면)이 아니었던 것은 분명하다. 이교도 적들을 무찔렀음에도 불구하고 교회는 계속 심각한 시련에 봉착했다. 갈리아와 루시타니아[8]에 사는 가난한 농부가 고대 신들에게 향을 피우며 시끄럽게 구는 것은 얼마든지 쉽게 진압할 수 있었다. 농부는 이교도였고 법은 기독교인의 편이었으니까. 그러나 그리스도의 참된 본성에 대해서, 알렉산드리아의 성직자 아리우스Arius의 견해가 옳으며 같은 도시의 주교이자 아리우스의 앙숙인 아타나시우스Athanasius 의 견해는 틀리다고(혹은 그 반대로) 선언하는 동고트[9]인이나 알레마니인. 또, 그리스도는 하나님과 "동일한 성품"이 아니라 "비슷한 성품"일 뿐이라고(혹은 그 반대로) 완고하게 주장하는 롬바르드인[10]이나 프랑크인. 네스토리우스가 동정녀 마리아를 "그리스도의 어머니"라 부르고 "하나님의 어머니"라고 부르지 않는 것이 옳다고(혹은 반대로) 고집하는 반달인이나 색슨인[11]. 예수는 인성과 신성, 두 가지 성품을 모두 가졌다는 점을 부정하는(혹은 반대로 동의하는) 부르고뉴인(프랑스 동남부 사람들)이나 프리즈란드인(네덜란드 북부 사람들). 생각은 단순하고 힘은 센 이 모든 야만인들은 이미 기독교를 받아들였고, 그 견해의 유감스러운 오류만 제외한다면 교회의 충실한 벗이자 지지자들이었다. 이들까지 일반적인 파문과 영원한 지옥불의 위협으로 처벌할 수는 없었다. 본인들이 틀렸다는 것을 인정하도록 부드럽게 설득하고, 사랑과 헌신의 자비로운 표현으로 교회 안으로 데려와야만 했다. 그러나 무엇보다 우선, 무엇을 진실이라 고수하고 무엇을 거짓이라 저버려야 하는지 확실하게 알 수 있도록 뚜렷한 교의를 주어야만 했다.

---

8 포르투갈에 해당하는 이베리아 반도의 지명.

9 493-555. 이탈리아에 왕국을 세움.

10 원래 서부 게르마니아 지역에 존재했던 인종. 568년 이탈리아에 나타났다는 기록이 있는데, 이 것이 현재 이탈리아 북부의 롬바르디아라는 지명으로 남았다.

11 독일 북부 엘베 강 하구에 살고 있던 게르만족.

신앙에 관계된 문제는 뭐든지 하나로 통일하려는 욕구 때문에, 마침내 세계 교회 위원회, 즉 '바티칸 공의회'로 알려진 그 유명한 회합이 생겨났다. 4세기 중엽부터 바티칸 공의회는 어떤 교리가 옳고, 어떤 교리가 이단의 맹아를 갖고 있어서 틀리고 근거가 불충분하며 거짓되고 이단적이라 정죄받아야 하는지를 결정하기 위해서 부정기적으로 소집되곤 했다.

제1차 바티칸 공의회는 325년, 트로이의 폐허에서 멀지 않은 니케아에서 열렸다. 이로부터 56년 후, 제2차 공의회는 콘스탄티노플에서 열렸다. 제3차 공의회는 431년, 에페소스에서 열렸다. 이후, 공의회들은 연달아 칼케돈에서 한 번, 콘스탄티노플에서 두 번, 니케아에서 한 번 더, 끝으로 869년 다시 콘스탄티노플에서 열렸다.

이후의 공의회는 로마에서 열리거나 교황이 지목하는 서유럽의 특정 도시에서만 열렸다. 황제는 회의 소집의 법적 권한(신실한 주교의 여행 경비를 지불해야 하는 특권)을 가지고 있긴 했지만, 강력한 로마 주교의 제안을 중요하게 받아들여야 했다. 4세기부터는 그것이 보편적이었다. 니케아에서 열렸던 제1차 공의회에서 누가 의장을 맡았는지는 정확히 모르지만, 이후 열린 모든 공의회는 교황이 지배했고, 교황이나 그의 대리인 중 누군가 공식적으로 승인하지 않으면 이 신성한 회합의 결정은 구속력을 가질 수 없었다.

그러니 이제 콘스탄티노플에 안녕을 고하고 보다 마음이 가는 서구의 다른 지역으로 떠나자.

관용과 불관용의 영역을 두고, 관용이야말로 인간 덕목 중 가장 위대한 것이라 여기는 사람들과 관용은 도덕적 허약함의 증거라고 비난하는 사람들이 끊임없이 서로 다투어왔다. 논쟁에서 순수하게 이론적인 부분은 주목하지 않겠다. 그렇지만, 교회의 옹호자들이 이교도라면 누구나 당했던 끔찍한 형벌을 그럴듯한 논리로 해명하려 했다는 점은 지적해야 마땅하다.

교회의 옹호자들은 이렇게 주장한다. "교회도 다른 조직과 마찬가지다. 교회도 마을이나 부족, 요새와 비슷하다. 총사령관이 있어야 하고 명확한 법률과 법규가 있어야 한다. 그래서 모든 구성원이 이에 복종해야만 한다. 교회에 충성을 맹세한 사람들이 총사령관을 존경하고 법을 따르겠다고 침묵의 서약을 하는 것은 당연한 일이다. 만약 이것이 불가능하다면, 그렇게 느끼는 사람들은 자신의 결정에 따른 결과로 고통받고 추방되어 마땅하다."

전적으로 옳고 합당한 견해다.

오늘날 어느 목사가 침례교의 신조를 더 이상 못 믿겠다면 감리교도가 되면 된다. 그런데 어떤 이유가 생겨 감리교의 교의도 믿어지지 않는다면 유니테리언교도[12]나 가톨릭 신자나 유대교 신자가 되면 되고, 뭐 힌두교도나 이슬람교도가 될 수도 있다. 세계는 넓고 문호는 열려 있다. 목사가 자리를 잃으면 굶주릴 그의 가족이나 반대하겠지, 안 된다고 말할 사람은 아무도 없다.

그러나 지금은 증기선과 철도기차의 시대이며 경제적 기회가 무한한 시대다.

---

12 삼위일체를 믿지 않는다.

5세기의 세상은 그렇게 간단하지가 않았다. 로마 교황의 영향을 받지 않는 지역을 찾기란 너무나 힘든 일이었다. 물론 많은 이교도들이 페르시아나 인도로 가긴 했지만, 여정이 너무 긴 데다가 살아남을 가능성도 희박했다. 게다가 이는 자신과 아이들에게 있어 영원한 추방을 의미했다.

만약 정말 자신의 그리스도관이 올바르며, 교회가 이를 깨닫고 교리를 약간 수정하도록 설득하는 것은 단지 시간 문제일 뿐이라고 생각한다면, 자신의 뜻대로 믿을 권리를 왜 포기해야 한단 말인가?

바로 이것이 전체 문제의 핵심이었다.

초기 기독교인들은 정통이건 이단이건 모두 다, 상대적이며 단정할 수 없는 가치의 개념들을 다루었다. 학식 있는 신학자들의 위원회가 정의 내릴 수 없는 것을 규정하려 하고 하느님의 본체를 하나의 공식으로 깎아 내리려 애쓰는 것이 합당하다면, 일단一圖의 수학자들이 x의 절댓값에 동의할 수 없다고 서로 서로를 교수대로 보내는 일도 합당한 셈이다.

그러나 독선과 불관용의 정신이 너무나 철저하게 세계를 장악했기에, 아주 최근까지도, "우리는 누가 옳고 누가 그른지 도저히 알 수 없다"는 바탕 위에서 관용을 주창한 모든 사람들은 목숨을 걸고 그 일을 했다. 게다가 이들은 대체로, 매우 주의 깊은 라틴어 문장으로 경고를 했기 때문에, 기껏해야 항상 한두 명의 대단히 지적인 독자들만이 무슨 의미인지 이해할 수 있었다.

6

...

생의 순수함

자, 역사책과 무관하다 할 수 없는 가벼운 수학 문제를 하나 내 보겠다.

끈으로 원을 만들어보라, 이렇게.

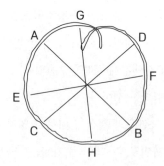

이 원에서는 당연히 모든 지름이 상동일 것이다.

$\overline{AB}=\overline{CD}=\overline{EF}=\overline{GH}=\cdots$ 무수한 지름이 모두 상동이다.

그러나 양쪽에서 살짝 잡아당겨 이 원을 다음과 같이 타원으로 바꾸어보자. 완벽했던 균형은 즉시 깨어질 것이다. 지름들은 제멋대로가 된다. $\overline{AB}$와 $\overline{EF}$ 같은 일부 지름은 매우 짧아졌다.

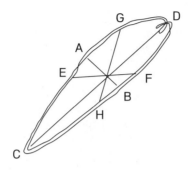

다른 지름들, 특히 $\overline{CD}$는 길어졌다.

이제 이 문제를 수학에서 역사로 바꿔보겠다. 토론을 위해서 다음과 같이 가정해보자.

$\overline{AB}$는 정치

$\overline{CD}$는 무역

$\overline{EF}$는 예술

$\overline{GH}$는 군국주의

완벽한 균형 상태인 첫 번째 그림을 보면, 모든 선분의 길이가 서로 같으므로 정치에 기울이는 관심과 무역, 예술, 군대에 기울이는 관심이 완전히 동일하다.

그러나 더 이상 완벽한 원이 아닌 두 번째 그림을 보면, 무역이 정치를 희생시키면서 과도한 이득을 취하고 있고 예술은 거의 사라졌다. 반면 군국주의는 다시 드러난다.

만약 $\overline{GH}$(군국주의)를 가장 긴지름으로 만든다면, 나머지 지름들은 여차하면 모두 사라져버릴 수도 있다.

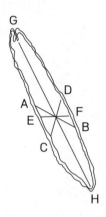

여기서 무수히 많은 역사적 문제를 풀 수 있는 간단한 실마리를 발견할 수 있다.

그리스인의 경우를 생각해보자.

잠시 동안 그리스인들은 다방면에서 이룬 업적으로 완벽한 원을 유지할 수 있었다. 그러나 서로 다른 정파 간의 어리석은 싸움으로 균형은 곧 깨어졌고, 국가의 남은 에너지는 끝없이 계속되는 내전에 모두 빨려 들어가고 있었다. 군인은 더 이상 외침外侵으로부터 나라를 지키는 존재가 아니었다. 군인은 다른 후보자에게 투표하거나 살짝 완화된 조세안을 지지하는 이웃에게 무기를 겨누는 존재가 되었다.

어떤 원을 그리건 가장 중요한 지름인 무역은, 처음에는 어려워지다가 나중에는 완전히 손댈 수 없는 지경이 되어 다른 지역으로 달아나버렸다. 그리스 무역이 넘어간 다른 지역은 상업이 고도로 안정되어 번창했다.

가난이 도시의 정문으로 들어서자마자 예술은 뒷문으로 탈출해서 다시는 돌아오지 않았다. 자본가들은 160킬로미터 내에서 구할 수 있는 가장 빠른 배를 타고 멀리 떠났고, 지적知的 연구는 비싼 사치가 되었기에 좋은 교육기관을 계속 유지할 수가 없었다. 최고의 교사들은 서둘러 로마나 알렉산드리아로 떠나버렸다. 남은 자들은 전통과 판에 박힌 일상에 얽매어 살아가는 이류 시민들뿐이었다. 정치의 선분이 지나치게 길어지자 조화가 깨어지고 완벽한 원이 망가지면서 이렇게 되어버린 것이다. 예술과 과학, 철학 등 나머지 선분들은 거의 다 사라질 지경이었다.

이를 로마에 적용해보면, '정치권력'이라는 특정 선분 하나가 나머지 모든 선분들이 사라질 때까지 계속해서 끊임없이 길어졌음을 알 수 있다. 공화국의 영광을 가져왔던 원은 사라졌다. 남은 것이라고는 성공과 실패가 종이 한 장 차이로 결정 나는 좁은 직선 한 줄뿐이었다.

다른 예를 하나 더 들어보자. 중세 교회의 역사를 이러한 수학에 적용해보면, 다음과 같은 것을 발견하게 된다.

초대 기독교인들은 행위의 원을 완벽한 동그라미로 유지하기 위해서 매우 열심히 노력했다. 과학이라는 지름은 좀 무시했던 것 같지만, 이들은 현세의 삶에 관심이 없었으니 의학이나 물리학, 천문학, 다른 실용적인 학문에 많은 관심을 기울이지 않았던 것은 어찌 보면 당연한 일이었다. 이 세상을 그저 천국의 대기실 정도로 여기고 최후의 심판을 준비하면서 살아가는 사람들에게 이런 학문이 무슨 매력이 있었겠는가.

그러나 그것만 제외하면, 신실한 그리스도의 추종자들은 (비록 불완전하다 해도) 선한 삶을 살며 자비로운 만큼 근면하고, 정직한 만큼 친절하려고 노력했다.

그런데 이들의 작은 공동체들이 하나의 단일하고 강력한 조직으로 통합되자마자, 과거 영적靈的인 원의 완벽한 조화는 새로운 국제적 책임을 다해야 한다는 임무와 의무로 인해 거칠게 와해됐다. 굶주린 목수와 채석장 인부 들이 작은 집단으로 모여 있을 때는 기독교 신앙의 바탕인 청빈과 무욕의 원칙을 따르는 것이 충분히 쉬웠다. 그러나 서구 세계의 최고 신관이자 유럽 대륙에서 가장 부유한 지주라 할 로마제국의 왕위 계승자가 되면, 포메라니아[1]나 스페인 어느 시골 마을에 살고 있는 차부제次副祭, subdeacon처럼 단순하게 살 수는 없는 것이다.

여기서 말한 원의 용어로 보자면, '세속성'이라는 지름과 '외교 정책'이라는 두 지름은 '겸손'과 '청빈'과 '자기 부정', 또 다른 기초적인 기독교 덕목의 여러 지름이 모두 점 하나로 사라질 때까지 계속 길어졌다.

우리 시대 사람들은 중세 시대의 무지몽매한 사람들, 지독한 암흑 속에서 살았던 그들에 대해 거만한 태도로 말하는 것을 즐긴다. 그들이 교회에서 밀랍 양초 심지에 불을 붙이고, 촛대의 희

---

1 현재 독일과 폴란드에 분할된 지역.

미한 불빛 옆에서 잠자리에 들었으며, 읽을 책이라고는 거의 없었고, 지금은 중학교나 좀 괜찮은 정신 병원에서도 가르치는 많은 것을 몰랐던 점은 사실이다. 그러나 지식과 지성은 완전히 다른 것이어서 후자인 지성으로 말하자면, 오늘날 우리가 살고 있는 정치적, 사회적 구조는 중세에 만들어졌으니 중세의 훌륭한 시민들은 그들의 몫을 다한 셈이다.

교회에서 일어나는 수많은 끔찍한 부조리 앞에서 이들이 너무 오랫동안 무력했다는 생각이 들더라도, 자비로운 마음으로 평가했으면 좋겠다. 적어도 이들은 자신의 신념을 지킬 용기가 있었고, 일단 옳지 않다고 생각하는 일은 종종 교수대에서 목숨을 바칠 만큼 개인적 행복과 안위를 숭고하게 희생하면서 맞서 싸웠다.

이는 누구에게도 감히 바랄 수 없을 정도였다.

기원후 1세기부터 10세기까지 사상 때문에 희생당한 사람들이 상대적으로 매우 적었던 것은 사실이다. 하지만 이는 교회가 10세기 이후보다 이단에 덜 엄격했기 때문이 아니라, 이단보다 중요한 문제들이 너무 많아서 상대적으로 무해한 반대자들을 탄압하는 데 낭비할 시간이 없었기 때문이다.

첫째, 유럽에는 아직 많은 지역에서 오딘Odin[2]과 다른 이교도 신들이 최고 주권자로 군림했다.

둘째, 매우 언짢은 사건이 일어나 유럽 전체를 위협하며 파괴할지도 몰랐다.

---

2 예술, 문화, 전쟁, 죽음을 관장하는 북유럽 신.

이 '언짢은 사건'이란 바로, 무함마드[3]라는 처음 보는 예언자가 갑자기 튀어나와서 새로운 신 '알라'를 추종하는 이들이 서아시아와 북아프리카를 정복한 일이었다.

우리가 어린 시절 탐독했던 작품들은 '이교도 개들'과 터키인의 잔인함에 대한 이야기로 가득했다. 이런 책을 읽은 우리는 예수와 무함마드가 물과 불처럼 서로 상반되는 사상을 대표한다고 생각하는 경향이 있다.

그러나 사실대로 말하자면, 예수와 무함마드는 인종도 같고, 각자 사용하는 지역어도 같은 어군에 속했고, 똑같이 아브라함을 믿음의 조상이라 주장했고, 1,000년 전 페르시아만 연안에 있었던 본향 예루살렘을 회상한 것도 똑같았다.

그러나 그토록 가까운 친척뻘인 두 위대한 스승의 제자들은 서로 지독하게 경멸하면서 1,200년이 넘도록 계속 전쟁을 벌이고 있으며, 여전히 끝날 기미가 안 보인다.

오늘날에 와서 '그때 그럴 수도 있었는데'라고 추측하는 것은 소용없는 일이겠지만, 기독교 신앙이 로마의 대적大敵 메카를 쉽게 차지할 뻔한 시대가 있긴 있었다.

아랍인들은 다른 사막 지역 사람들처럼 주로 방목을 하면서 살았기 때문에 명상할 시간이 많았다. 도시 사람들은 일 년 내내 열리는 장터의 재미에 정신을 팔고 살 수 있다. 그러나 한적한 삶

---

3 570?~632. 이슬람교의 창시자. 메카(Mecca) 교외의 히라(Hira) 언덕에서 신의 계시를 받아 유일신 알라에 대한 숭배를 가르치기 시작했으며, 정치적, 역사적으로도 지대한 영향을 미쳤다.

을 살아가는 양치기와 어부, 농부는 요란하고 재미있는 것보다 좀 더 본질적인 무엇을 원하게 된다.

아랍인들은 구원을 갈급하면서 몇 가지 종교를 시도하다가 유대교를 남달리 선호하게 됐다. 아라비아 반도에 많은 유대인이 살았다는 점을 생각해보면, 쉽게 이해할 수 있다. 기원전 10세기 솔로몬 왕 시절, 높은 세금과 통치자의 폭정에 격분한 수많은 유대인들이 아라비아로 달아난 사건이 있었는데, 500년이 지난 기원전 586년, 느부갓네살이 유대 왕국을 정복하자 유대인들은 한 번 더 남부 사막지대로 대대적인 탈출을 벌였다.

이런 과정을 통해 유대교가 널리 알려졌는데, 게다가 오직 하나뿐인 참된 하나님의 자취를 좇는 유대인의 종교는 아랍 부족들의 염원과 이상에도 딱 들어맞았다.

무함마드 경전을 아무리 모르는 사람이라 해도 메디나의 무함마드 신봉자들이 《구약성서》 여기저기에 나오는 지혜를 많이 차용했다는 사실 정도는 알고 있을 것이다.

이스마엘(어머니 하갈⁴과 함께 아라비아 한복판의 지성소에 묻혀 있다)의 후손들도 나사렛의 젊은 개혁가 예수가 표현한 사상에 적대적이지 않았다. 적대적이기는커녕, 예수가 만인에게 사랑의 아버지이신 하나뿐인 하나님을 이야기할 때 이들도 열렬히 예수를 따랐다. 물론, 나사렛 목수 예수의 추종자들이 그토록 중요하게 여긴 기적

---

4 하갈은 아브라함의 처 사라의 여종으로 아브라함의 아들 이스마엘을 낳았다. 이스마엘은 나중에 사라에게 교만했던 어머니 하갈과 함께 추방된다. 성경에 따르면, 사라의 아들 이삭은 약속의 아들로 유대 민족의 조상이 되고, 이스마엘은 육신의 아들로 아랍 이방 민족의 조상이라고 한다.

은 인정하고 싶어 하지 않았고, 부활을 믿는 것도 단호하게 거부했다. 그래도 이스마엘의 후손들은 대체로 새로운 신앙에 매우 우호적이었고 기꺼이 기회를 주려 했다.

그러나 무함마드는 공평하게 말할 기회도 미처 갖지 못한 채, 판단력이 결핍된 기독교 광신자들에게 거짓말쟁이요 거짓 선지자라고 비난을 받으면서 커다란 고통을 겪었다. 여기에 더해 기독교인은 하나인 유일신이 아니라 삼위일체라는 세 명의 신을 믿는 우상 숭배자라는 인식이 빠르게 번지면서, 사막의 사람들은 마침내 기독교로부터 등을 돌리고 메디나의 낙타 몰이꾼 무함마드를 지지한다고 선언하게 되었다. 낙타 몰이꾼 무함마드는 그들에게 단 하나의 유일신에 대해서만 말하지, '유일'하나 혼자가 아닌 삼위일체의 신, 예배를 집전하는 성직자의 관심이나 상황에 따라서 하나도 되었다 셋도 되었다 하는 삼위일체의 신 이야기로 혼란스럽게 하지 않았다.

이제 서구 세계는 두 가지 종교를 갖게 된다. 두 종교는 모두 자신들의 신이 참된 유일신이라고 선언하며 다른 신들은 모두 가짜라고 주장했다.

이런 식의 의견 대립은 대체로 전쟁으로 이어지는 법이다.

무함마드는 632년에 죽었다.

그가 죽은 지 12년도 안 되어서 이슬람은 팔레스타인, 시리아, 페르시아, 이집트를 정복했고 다마스커스는 위대한 아랍 제국의 수도가 되었다.

656년, 북부 아프리카 전체 해안 지역은 알라를 자신들의 성스러운 지도자로 받아들였고, 무함마드가 메카에서 메디나로 달아난 지 100년이 채 못 되어 지중해는 이슬람의 영해가 되었다. 유럽과 아시아 간의 모든 소통은 단절되었고, 유럽 대륙은 17세기 후반까지 이슬람 세력에게 포위된 상태였다.

그러한 상태에서 교회가 자신의 교리를 동방으로 전파하는 것은 불가능했다. 교회가 바랄 수 있는 것이라고는 지금 가진 것을 유지하는 일뿐이었다. 교회는 독일과 발칸, 러시아, 덴마크, 스웨덴, 노르웨이, 보헤미아, 헝가리를 집중적인 영성 수련에 적합한 장소로 선택했는데, 대체로 매우 성공적이었다. 선의는 가졌으나 아직 완전히 문명화되지는 않았던 샤를마뉴 대제[5]는 용감한 기독교인답게 가끔은 완력을 쓰던 옛 방식으로 돌아가 낯선 기독교의 신보다 자기 지역의 토착 신을 더 좋아하는 국민을 살육하기도 했다. 그래도 여러 지역에서 기독교 선교사들은 대체로 환영을 받았는데, 왜냐하면 그들은 누구나 이해할 수 있는 단순하고 직설적인 이야기를 하는 정직한 사람들이었기 때문이다. 또한 유혈과 분쟁, 노상강도로 가득 찬 세상에 일정한 질서와 청결, 자비의 요소를 전해주었기 때문이기도 했다.

그러나 제국의 변방에서 이렇듯 기독교 전파가 일어나는 동안, 교황의 로마제국 심장부에서는 일이 순조롭지만은 않았다. '세속성'의 선분이(앞에서 설명한 수학으로 돌아가보자) 끊임없이 길어지면서 교회의 영적 요소는 마침내 100퍼센트 정치·경제적인

---

5 약 742-814. 프랑크 왕국의 왕·서로마 제국의 황제.

고려에 완전히 종속되고 말았다. 로마의 힘이 강력해져서 이후 1,200년 동안 역사에 어마어마한 영향을 주었다 해도, 붕괴의 징후는 이미 이때부터 드러나기 시작했고 평신도나 성직자 중 영민한 사람들은 이를 눈치채고 있었다.

북구 프로테스탄트 지역에 사는 우리 현대인은 '교회'란 일주일 중 6일간 비어 있는 건물로 일요일이나 되어야 사람들이 설교를 듣고 찬송가 몇 곡 부르러 가는 장소라 여기고 있다. 어떤 교회에 가면 주교도 있다. 이따금 주교들은 읍내에 모여 총회를 여는데, 그럴 때면 목깃을 세운 성직자복을 입은 친절한 노신사들을 많이 볼 수 있다. 신문에는 곧 춤에 찬성한다거나 이혼에 반대한다는 주교들의 선언이 나오고, 그런 후 이분들은 다시 각자의 처소로 돌아간다. 우리 공동체의 평화와 행복을 깨뜨리는 일은 아무것도 일어나지 않는다.

우리 북구 현대인들은 이러한 교회를 (비록 우리 지역 교회만 그렇다 해도) 현세든 내세든 우리가 겪는 총체적 경험과 거의 연결 짓지 않는다.

물론 국가의 경우는 매우 다르다. 국가는 우리의 돈을 가져갈 수도 있고, 공공선을 위해 필요하다고 판단되면 우리를 죽일 수도 있다. 국가는 우리의 소유자이자 주인이다. 그러나 오늘날 우리에게 '교회'는 보통 둘 중 하나다. 믿을 수 있는 좋은 친구거나, 서로 의견이 대립하는 경우면 피차간에 무시해버리는 적이거나.

그러나 중세 시대는 달랐다. 중세 시대 교회는 눈에 보이는 구체적 존재였으며, 곁에서 살아 숨 쉬는 매우 활동적인 조직이었다. 그래서 국가가 해보려고 꿈꾸는 것보다 훨씬 더 다양한 방법으로 개인의 운명을 정할 수 있었다. 아마도, 공후들로부터 고맙게도 이런저런 땅을 기부받으면서 청빈이라는 고대의 이상을 포기한 초기 교황들은 그러한 정책이 필연적으로 낳게 될 결과를 예견하지 못했을 것이다. 처음에는 그리스도의 신실한 신도들이 사도 베드로의 후계자인 교황에게 세속의 소유를 나누어주는 것이 매우 합당하며 조금도 해롭지 않은 것으로 여겨졌다. 게다가 존 오그로츠(스코틀랜드의 최북단)에서 트라브존(터키 동북부)에 이르기까지, 카르타고에서 웁살라에 이르기까지 여러 복잡한 행정에 들어가는 간접 비용이 있었다. 수백 명의 부처部處 대표는 말할 것도 없고, 수천 명의 비서와 직원과 서기 들을 재우고 먹이고 입혀야 한다고 생각해보라. 대륙 전체를 횡단하려면 들어가는 운송비용이 얼마겠는가. 예를 들어, 지금 런던으로 갔다가 노브고로드에 들러서 돌아오는 외교 사절단의 여행 경비. 또, 다른 왕국의 왕자들과 동등한 자격으로 만나는 데 어울리는 모양새로 교황의 특사를 꾸미는 데 필요한 금액.

그래도 교회가 무엇을 상징했는지 돌아보고, 좀 더 좋은 상황이었다면 달라질 수도 있었을 교회의 모습을 그려볼 때, 이런 식으로 발전한 것은 참으로 유감스러운 일이다. 로마는 급격한 속도로 종교색이 간신히 남아 있는 초강력 거대 국가가 돼버렸고, 교황은 서유럽의 모든 국가를 속박하는 국제적 독재자가 돼버렸다. 여기에 비하면 고대 황제의 통치는 차라리 부드럽고 관대했다.

그런데 거의 완벽하게 성공한다 싶을 때, 세계 정복의 야망에 치명적인 사건이 일어났다.

주 예수 그리스도의 참된 영혼이 다시 한번 일반 대중 사이에서 들끓기 시작한 것이다. 이는 어떤 종교 조직에서건 가장 거북할 일 중 하나다.

이교도 문제는 아무것도 아니었다.

단일 종교의 전적인 지배는 태생적으로 반대자를 잉태하기 마련이다. 유럽과 아프리카와 서아시아를 몇 백 년 동안 적대 진영으로 갈라놓았던 분쟁의 역사는 교회가 처음 생길 때부터 있었던 일이다.

그러나 도나투스 교도[6]와 사벨리우스 교도[7], 그리스도 단성론자[8], 마니 교도, 네스토리우스 교도 간의 피비린내 나는 교리 싸움은 이 책에서 자세히 다룰 문제는 아니라고 본다. 대체로, 어느 분파든 상대 분파와 마찬가지로 편협했고, 아리우스[9] 신도의 불관용과 아타나시우스[10] 신도의 불관용은 우열을 가리기 힘들 정도로 똑같았다.

게다가 이들의 반목은 하나같이 이제는 기억도 잘 안 나는 몇

---

6 교회 일에 국가가 간섭하는 것을 반대하고 농민군을 조직했으며, 종말론적인 희망과 결합된 사회혁명 프로그램을 갖고 있었다. 진정한 도나투스 교도들의 삶의 목표는 참회의 삶을 살다가 순교하는 것이었다.

7 사벨리우스는 3세기 로마에서 활약한 신학자로, 삼위일체의 삼위는 성부, 성자, 성신의 삼위가 아니라 유일신의 세 가지 현현양식에 지나지 않는다고 주장했다.

8 예수 그리스도가 사람의 몸으로 태어나 죽었을지라도 '신성(神性)'만 있을 뿐 인성(人性)은 존재하지 않는다고 주장하여, 인성과 신성의 분리를 주장하는 네스토리우스교와 함께 이단으로 규정된다. 이는 인성과 신성이 조화롭게 공존한다는 칼케돈 공의회의 결의에 어긋나는 것이었다.

9 256?–336. 그리스도의 신성을 부인한 신학자.

10 295?–373. 알렉산드리아의 대주교로 아리우스교의 반대자.

가지 모호한 신학적 사항에 기초한 논쟁이었다. 도대체 내가 왜 낡은 양피지에 남아 있는 그런 논쟁을 끌고 나와야 한단 말인가. 이 책에서 새삼 신학적 격노가 다시 일어나도록 글을 쓰는 것은 시간 낭비일 뿐이다. 그보다는 우리 아이들에게 일부 선조들이 목숨을 걸고 싸웠던 '지적 자유'라는 특정 사상을 말해주기 위해서, 그리고 지난 2,000년 동안 엄청나게 많은 희생을 불렀던 교조적 교만함과 독선의 태도를 경고하기 위해서 이 대목을 쓰는 중이다.

그러나 13세기로 넘어오면 이야기가 완전히 달라진다.

13세기의 이단자는 더 이상 단순한 반대자가 아니다. 이들은 더 이상 조랑말을 타고 다니며, 계시록에 나오는 모호한 문장의 오역이나 요한복음에 나오는 신령한 말씀의 잘못된 철자에 근거하여 논쟁을 일삼는 누군가가 아니다.

대신에 이들은, 티베리우스 황제 집권기에 나사렛 시골 마을의 어느 목수가 목숨을 걸고 지키려 했던 바로 그 사상을 옹호하는 투사가 된다. 보라! 이단자들이야말로 유일하게 진실한 기독교인이지 않은가!

7

. . .

종교재판소

1198년, 이탈리아 세니Segni의 백작 로타리오는 몇 년 전만 해도 삼촌의 자리였던 교황 자리를 물려받아 인노켄티우스 3세로 등극했다.[1]

인노켄티우스 3세는 라테란 궁에 거주했던 교황들 중에서 가장 뛰어난 인물이었다. 37세에 즉위. 파리 대학과 볼로냐 대학의 우등생. 부유하고 똑똑하고 원기왕성하며 야심만만한 이 사람은 자신의 지위를 적절히 활용하여 "교회만이 아니라 전 세계를 통치하겠다"라고 주장하며 이를 정당화할 수 있었다.

인노켄티우스 3세는 신성로마제국의 로마총독을 로마에서 몰아내고, 이탈리아 반도에서 제국의 군대가 점령하고 있던 지역을 되찾았으며, 끝내는 신성로마제국의 왕위 계승 후보자를 파문하

---

1 교황 클레멘트 3세(1187-1191)는 조카 로타리오를 1190년에 집사이자 추기경으로 임명하고 1년 후에 죽는다. 1191년에 삼촌 클레멘트 3세가 죽고 라이벌 귀족 가문의 일원이 교황으로 선출되자, 로타리오는 수년간 은둔 생활을 했다. 그러다 1198년에 다시 전임 교황이 죽은 후, 새 교황으로 선출되어 인노켄티우스 3세가 된다.

여 그 불쌍한 독일 왕자 오토 4세가 난국에 처했음을 깨닫고 알프스 산맥 이남의 이탈리아 반도에 있는 영토를 완전히 포기하도록 했다. 그리하여 이탈리아를 독일의 간섭으로부터 해방시켰다.

그 유명한 제4차 십자군을 조직한 사람도 인노켄티우스 3세였다. 제4차 십자군은 성스러운 땅(예루살렘)은 근처에도 가지 않고 콘스탄티노플로 항해해서, 수많은 콘스탄티노플 주민들을 죽이고 배에 싣고 올 수 있는 것은 무엇이든지 약탈했다. 범법자로 교수형당할 각오를 하지 않고서는 이후 어떤 십자군도 감히 그리스 항구에 나타날 수 없을 만큼 이들의 악행은 대단했다. 비명이 하늘까지 닿았던 콘스탄티노플 점령에, 훌륭한 일부 기독교인들에게 혐오와 절망만 안겨준 이러한 십자군의 행로에 인노켄티우스 3세가 반대를 표명하고 비난한 것은 사실이다. 그러나 인노켄티우스는 일을 현실적으로 처리하는 사람이었다. 그는 곧 불가피함을 인정하고, 공석이던 콘스탄티노플 총대주교의 자리에 어느 베네치아인을 임명했다. 이 영리한 뒤처리로, 인노켄티우스 3세는 동방교회를 다시 한번 로마의 사법권 아래 두었고 베네치아 공국의 호의까지 얻었다. 이후 베네치아 공국은 비잔틴 제국의 영토를 자신들의 동방 식민지 중 일부로 여기며 이에 걸맞게 통치했다.

영적 문제에서도 인노켄티우스 3세 교황 성하는 아주 능란하고 꾀가 많은 사람이었다.

교회는 거의 1,000여 년을 망설이다가 인노켄티우스 3세에 이르러 마침내, 남자와 여자의 결혼은 단순한 사회 계약이 아닌 더없이 성스러운 서약이라서 성직자의 공식적인 축복을 받아야만 참되고 유효해진다고 주장하기 시작했다. 프랑스의 필립 오귀스트와 레온의 알폰소 4세는 이혼이나 근친결혼 등의 가정사는 자신들이 원하는 대로 정하겠다고 장담했다가, 바로 교황으로부터 왕의 임무가 무엇인지 언질을 듣고는 신중한 사람들답게 서둘러 말씀에 순응했다.

기독교를 받아들인 지 얼마 되지 않은 유럽 대륙 최북단 지역의 사람들도 누가 자신들의 주인인지 확실하게 알게 되었다. 노르웨이 외에도 스코틀랜드의 일부, 아이슬란드 전체, 그린란드, 헤브리디스[2], 오크니 제도[3]를 정복하여 근사한 작은 제국을 하나 세운 호콘 4세 왕[4](동료 해적들은 '호콘 영감'이라고 친근하게 불렀다)은, 자신의 좀 복잡한 출생 문제에 대한 보고서를 로마의 심사 위원회에 제출하고 나서야 트론헤임[5]의 오래된 대성당에서 대관식을 할 수 있었다.

모든 일이 다 그런 식이었다.

불가리아의 왕은 그리스 전쟁 포로라면 반드시 죽이고 비잔틴의 임시 황제를 아무 가책 없이 괴롭혔던 사람으로서 종교 문제에 깊은 관심을 가질 만한 사람이 아니었는데, 일부러 로마까지 가서 자신을 교황 성하의 봉신封臣으로 인정해달라고 비굴하게 빌었

---

2 스코틀랜드 북서쪽의 열도.

3 스코틀랜드 북동쪽의 제도.

4 호콘 3세의 서출(庶出) 유복자(1217-1263)로 태어났다. 교회 지도자들이 그의 부계(父系)를 많이 의심하자, 그의 어머니가 불에 달군 철판 위를 걸어서 통과하자(무사히 통과하면 무죄가 입증되는 중세의 죄인 판별법) 이러한 의혹이 잠잠해졌다고 한다. 영토를 확장하고 예술을 후원하며 왕권을 강화하여, 중세 노르웨이 황금 시대(1217-1319)를 열었던 왕이다.

5 노르웨이에서 세 번째로 큰 역사적 항구 도시.

다. 반면 국왕을 징계하겠노라 장담하던 영국의 영주들은 그들의 헌장이 "무력으로 얻은 것"이기 때문에 무효라는 교황청의 통보를 받았다. 그런 다음, '마그나 카르타'라는 유명한 문서를 세상에 선보인 이유로 파문을 당했다.

이 모든 일에서 알 수 있듯이, 인노켄티우스 3세는 교회법에 의문을 제기하는 사람들이 평민 방직공이나 문맹 양치기 들이라 해서 이를 가볍게 다룰 사람이 아니었다.

그러나 다음에서 보듯이, 용기 있게 문제를 제기하는 사람들이 있었다. 이들이 왜 이단인지 그 이유를 찾기란 정말 쉽지 않다.

이단자들은 거의 하나같이 선전 홍보의 재능이 좀 있는 가난한 사람들이었다. 자신의 사상을 설명하고 적으로부터 스스로를 방어하려고 어쩌다 서툰 소책자라도 만들면 감시하고 있던 형사들의 먹잇감이 되기 일쑤였다. 들키면 형사들이 어떤 심문을 벌이건 유효했고 소책자는 즉석에서 폐기됐다. 이런 연유로, 이단에 대해서 우리가 알고 있는 대부분의 지식은 이단자들의 재판 기록에 나오는 정보, 그리고 이단의 적들이 진정한 신자들에게 새로운 '사탄의 음모'를 폭로하기 위해서 쓴 논설에 기인한 것이다. 온 세상이 마땅히 분개하고 그렇게 행동하면 안 된다는 경고를 느끼도록 쓴 논설이었다.

그 결과 우리는 긴 머리에 더러운 셔츠를 입은 사람을 몽타주로 그려보게 된다. 그는 빈민가 중에서도 가장 저지대 동네의 텅 빈 지하실에서 살며, 정상적인 기독교인이 먹는 음식은 손도 대지 않고 채소만 먹으면서 산다. 음료는 물만 마시며, 여자들을 멀리하고, 메시아의 두 번째 재림에 대한 이상한 예언을 중얼거린다. 그는 성직자들의 세속성과 사악함을 꾸짖는데, 정상적인 이웃들은 사물의 기존 질서를 심술궂게 공격하는 그를 대체로 혐오한다.

수많은 이단자들이 타인의 눈총을 받아온 것은 의심할 여지가 없다. 이는 지나치게 진지하게 행동하는 사람들의 운명인 것 같다.

거룩한 삶에 대한 과도한 열정으로 차림새가 지저분해지면서 마귀처럼 보였고, 좋지 못한 냄새가 났던 것도 분명하다. 또한 참된 그리스도의 존재에 대한 이상한 생각으로 더없이 단조로운 고향 마을을 발칵 뒤집곤 했다. 그러나 그들의 용기와 정직함만큼은 높이 평가하자.

그들은 얻을 것이 거의 없는데 모든 것을 걸어야 했다. 그리고 대부분 패배했다.

세상의 만물은 조직화되려는 경향이 있다. 당연한 일이다. 조직을 절대로 믿지 않는 사람들조차도 조금이나마 일을 성취하려면, 결국엔 '조직해체촉진위원회'를 만들어야만 한다. 신비한 것을 좋아하고 감정에 허우적대는 중세 이단자들도 이 법칙에서 예외가 아니었다. 이들은 자기 보존 본능으로 무리를 지어 다녔고, 불안한 마음에 자신들의 성스러운 교리를 신비로운 의례와 비교秘教 의식의 이중 울타리로 에워쌌다.

그러나 교회에 충실한 일반 대중은 당연히 여러 이단 무리와 교파 들을 일일이 구별하지 못했다. 그래서 모든 이단을 한데 묶어서 더러운 마니 교도라고 부르거나 다른 노골적인 명칭으로 부르고선, 그것으로 문제를 해결했다고 여겼다.

이리하여, 마니 교도는 중세 시대의 볼셰비키가 되었다. 물론 나는 여기서 '볼셰비키'라는 말을, 몇 년 전에[6] 구 러시아 제국의 지배 인자因子로 자리 잡은 특정 정당의 당원을 지칭하는 뜻으로 쓰고 있는 게 아니다. 소작료를 걷으러 오는 지주부터 엘리베이터를 내릴 층에 제대로 세우지 않은 엘리베이터 보이에 이르기까지, 요즘 사람들이 자신의 모든 개인적 적들에게 던지는 모호하고 분명치 않은 폭언에 대해서 말하고 있는 것이다.

중세의 극성 기독교인에게 마니 교도는 가장 못마땅한 존재였다. 그러나 못마땅하다 해도 마니 교도를 재판에 부칠 만한 확실한 죄목을 찾기는 힘들었기 때문에, 기독교인들은 증인이 들은 소문을 전해도 인정되는 전문증거hearsay, 傳聞證據에 근거하여 마니 교도를 처단했다. 이는 별로 극적이지도 못하면서 한없이 늘어지기만 하는 소송절차를 거쳐서 정규 법정에 가는 것보다 훨씬 이점이 많은 방법이긴 하나, 때로는 정확하지 않아서 궁지에 처하기도 하고 부당한 사형 선고로 무수한 사법살인의 책임이 있는 방법이기도 하다.

가난한 마니 교도에게 중세 기독교인들이 저지른 일은 비난받아 마땅한데, 이 종파의 창시자, 페르시아인 마니Mani는 박애와 자비의 화신 그 자체였다. 마니는 실존 인물로 3세기 초에 에크바타나Ecbatana 마을에서 태어났는데, 마을에서 그의 아버지 파타크Patak

---

6 반 룬은 이 책을 1925년에 처음 출판했다. 러시아 혁명 직후 볼셰비키라는 새로운 세력에 대해 편견을 갖고 불안해하던 유럽의 분위기를 엿볼 수 있다.

는 대단히 부유한 세력가였다.

마니는 티그리스강 유역의 크테시폰에서 교육받았는데, 오늘날 뉴욕만큼이나 국제적이고 다국어가 공존하며, 겉으로는 경건하지만 알고 보면 무신론적이고, 유물론적이면서도 대단히 영적인 공동체에서 어린 시절을 보냈다. 메소포타미아의 거대한 상업 중심지들은 모든 종교와 이교, 각종 분파, 동서남북 모든 교파의 신자가 방문하는 곳이었다. 마니는 다양한 설교자와 예언자의 말을 모두 들었고, 이를 바탕으로 불교, 기독교, 미트라교, 유대교에 고대 바빌론의 여섯 개 미신을 살짝 섞어서 자신만의 혼성철학을 추출해냈다.

마니의 신도들이 그의 교리를 전하다가 이따금 극단으로 치닫는 것을 적절하게 참작한다면, 마니교의 교리는 이렇게 정리해볼 수 있다. 마니는, 악한 신과 선한 신이 인간의 영혼을 놓고 영원히 싸우고 있다는 고대 페르시아의 신화를 되살려서, 고대의 악한 신은 《구약성서》의 야훼(그래서 유대교의 야훼는 마니에게 악마가 된다)와 연결하고 선한 신은 4대 복음서에 나오는 하늘에 계신 아버지와 연결해서 생각했다. 게다가(바로 이 부분이 불교의 영향을 보여주는데) 사람의 몸은 본래 혐오스럽고 천한 것이라고 믿었다. 그렇기 때문에 모든 사람은 끊임없는 육신의 고행을 통해 세속적인 야망을 버리려 노력해야 하고, 세상에서 가장 엄격한 섭생과 행실 규율을 지켜야만 했다. 그러지 않으면, 악의 신(악마)의 마수에 걸려 지옥불에 타게 되는 것이다. 결과적으로, 마니는 먹거나 마시지 말라는 수많은 과거의 금기를 되살려서 신도들에게 냉수와 말린 채소,

죽은 물고기만 먹으라고 지시했다. 죽은 물고기라는 마지막 규칙을 보고 놀라는 사람도 있을 것이다. 그러나 어느 시대나 냉혈 동물인 바다 생물은 이들의 형제인 마른 땅의 온혈 짐승보다 불멸하는 사람의 영혼에 덜 해로운 것으로 간주되었다. 송아지 고기 한 점을 먹으니 차라리 죽음의 고통을 택할 사람들이 물고기는 얼마든지 즐겁게 먹었으며 결코 양심의 가책을 느끼지 않았다.

마니는 여자를 경멸했다는 점에서 진정한 동방인이었다. 그는 제자들에게 결혼을 금지시켰으며 인류는 서서히 소멸할 것이라고 주장했다.

세례 요한이 대표자였던 유대 교파에서 제도로 만든 세례와 여러 예식에 관해 말하자면, 마니는 이러한 예식을 모두 무서워했다. 그래서 성스러운 마니 교단은 물속에 풍덩 들어가지 않고 손을 얹고 축복하는 안수로 입교식을 대신했다.

스물다섯 살이 되었을 때, 이 이상한 사람 마니는 자신의 사상을 모든 인류에게 설파하겠노라고 장담했다. 먼저, 인도와 중국을 방문했는데 상당한 성공을 거두었다. 그런 후 자신의 강령으로 이웃들을 축복하기 위해 고국으로 돌아왔다.

그러나 마니의 비세속적인 교리가 성공을 거두자 많은 비밀 수입원을 잃게 된 페르시아 승려들은 마니를 반대하면서 그의 사형을 요구했다. 처음에 마니는 왕의 보호를 받았으나, 왕이 죽고 종교 문제에 아무 관심이 없는 다른 사람이 그 뒤를 잇자 성직자 계급에게 넘겨졌다. 승려들은 마니를 마을 성곽으로 끌고 가 십자가에 매달아 죽인 후 시체의 껍질을 벗겨서, 에크바타나 선지자

마니의 이단에 혹시라도 관심을 가질 수 있는 모든 이들에게 본보기가 되도록 그 껍질을 도시 정문에 보란 듯이 걸어놓았다.

이렇듯 마니 교회는 당국의 폭력적 탄압으로 붕괴되었다. 그러나 많은 영혼의 유성들이 그렇듯이, 선지자의 사상은 빛가루가 되어 유럽과 아시아 땅으로 멀리 멀리 흩뿌려졌다. 이후 몇 백 년 동안, 무심코 이 사상을 만나서 시험해본 후 희한하게 자신의 취향에 딱 맞다고 생각했던 소박하고 가난한 사람들은 계속해서 엄청난 파괴와 황폐함을 겪어야만 했다.

정확하게 언제 어떻게 마니교가 유럽으로 들어왔는지는 나도 모른데 아마도 소아시아와 흑해, 다뉴브 강을 통해 들어오지 않았을까. 그런 후 알프스 산맥을 건너 독일과 프랑스로 와서 곧 커다란 인기를 얻었을 것이다. 독일과 프랑스에서 새로운 교리의 추종자들은 자신들을 '순결한 삶을 영위하는 사람들'이라는 뜻의 동방 이름 '카타리Cathari'로 불렀다. 그러자 점점 서유럽 전역에서 '카타리'를 말하는 '케체르Ketzer'나 '케테르Ketter'가 '이교도'와 동일한 의미가 되어버렸다.

그러나 부디 '카타리'를 특정 교단의 일원이라고 생각하지는 말아달라. 새로운 교파를 세우려는 노력은 전혀 없었다. 마니교 사상에 큰 영향을 받은 많은 사람들은 자신들이 교회의 가장 독실한 아들임을 믿어 의심치 않았을 것이다. 바로 이 점 때문에, 마니교는 대단히 위험하고 간파하기 어려운 유형의 이단이 되었다.

평범한 의사가 지방 보건소의 현미경으로도 찾아낼 수 있을 정도로 큰 세균이 일으킨 질병은 상대적으로 진단하기가 쉽다.

그러나 강한 자외선 속에서도 계속 잠행할 수 있는 훨씬 더 미세한 세균으로부터 우리를 보호하는 일은 하늘에서나 할 수 있는 일이다. 세균이 땅 위에 존재하는 것은 자연의 법칙이기 때문이다.

그러므로 교회에서 볼 때 마니교는 유행하는 모든 사회사상 중에서 가장 위험한 것이었다. 교회 조직의 고위층 인사들은 한 번도 느껴보지 못한 공포에 휩싸였다. 영적인 재난이 훨씬 더 일반적인 변형으로 나타나기 시작한 것이다.

다음은 당시 귓속말로나 겨우 전해졌을 이야기인데, 초대 기독교 신앙을 가장 철두철미하게 지지했던 사람들 중에서도 몇몇은 마니교라는 질병의 징후를 보였다. 위대한 성 아우구스티누스[7]가 그랬다. 총명하고 지칠 줄 모르는 십자가의 전사인 그가, 우상 숭배의 마지막 요새를 무너뜨리기 위해서 누구보다도 애썼던 그가, 실제로는 마니 교도였다는 소문이 있었다.

이단 반대법의 첫 번째 희생자라는 영예를 얻은 스페인의 주교 프리실리안은 마니교 성향으로 기소되어 385년에 화형당했다.

심지어 교회의 수장인 교황들마저 혐오스러운 페르시아 교리의 마법에 차츰 빠져드는 듯 했다.

이들은 평신도들이 《구약성서》를 읽지 못하도록 막기 시작하다가 12세기 언제쯤에는 마침내 모든 성직자들은 독신 생활을 해야 한다는 유명한 훈령을 공포했다. 이러한 페르시아의 금욕 관념이 영성 개혁의 위대한 지도자 중 한 사람에게도 깊은 감동을 주

---

7 354-430. 초기에 마니교를 믿다가 32세 때 기독교로 개종했다.

었음을 잊지 말자. 하나님 보시기에 가장 사랑스러운 존재, 아시시Assisi의 선한 프란체스코[8]는 엄격한 마니교적 청렴을 바탕으로 새로운 수도회를 세웠다. 그리하여 '서양의 부처'라는 이름을 얻는다.

그러나 자발적인 청빈과 겸손한 영혼이라는 고귀하고 높은 이상이 일반 대중에게 여과되어 내려간 순간은 하필 세상이 황제와 교황 간에 벌어진 전쟁 소음으로 가득 차 있던 바로 그 순간이었다. 십자가와 독수리 깃발을 든 외인 용병들이 지중해를 따라 제일 좋은 영토를 차지하려고 서로 싸우고 있었고, 십자군 무리가 친구와 적 모두에게 똑같이 빼앗은 부당한 약탈물을 들고 집으로 달려오고 있었으며, 수도원장들이 호화로운 궁전에서 살며 신하들을 거느리고, 성직자들이 아침 미사를 빨리 끝내고 사냥터에 나가 아침을 먹으려고 서두르던 때였다. 그런 시대가 이런 이상을 만나면 정말 무언가 매우 불쾌한 일이 일어날 수밖에 없다. 그리고 그런 일이 일어났다.

교회의 상태에 공개적으로 불만을 드러내는 징후가 프랑스 지역에서 처음 나타난 것은 조금도 놀라운 일이 아니었다. 이곳은 고대 로마의 문화가 가장 오래 남아 있었던 곳으로, 야만이 문명을 완전히 삼켜버린 적이 한 번도 없던 지역이었다.

지도를 보면 나온다. '프로방스'라는 이 지역은 지중해와 론강, 알프스 산맥 사이에 자리 잡은 삼각형 모양의 작은 땅이다. 페

---

8 1182?-1226. 성 프란체스코.

니키아의 과거 식민지였던 마르세이유는 프로방스에서 가장 중요한 항구였으며(지금도 그렇다), 무수히 많은 부촌富村이 있었다. 이 지역은 늘 땅이 기름졌고 햇빛과 비도 넉넉하게 내렸다.

중세 유럽의 다른 지역 사람들이 아직도 털북숭이 튜튼Teuton[9]족 영웅들의 야만적인 업적에 대한 이야기를 듣고 있는 동안, 프로방스의 음유 시인들은 이미 근대 소설의 모태가 되는 새로운 형식의 문학을 만들고 있었다. 게다가 프로방스인들은 이웃 지역인 스페인이나 시칠리아의 무함마드 교도와 밀접한 상업 교류를 하면서 과학 분야의 최신 출판물을 접할 수 있었다. 당시 북부 유럽지역에서는 과학 분야의 책이 열 손가락 안에 꼽을 수 있을 만큼 적었다.

프랑스에서는 초대 교회로 돌아가자는 운동이 11세기 초부터 나타나기 시작했다.

그러나 공개적인 반란으로 해석될 만한 일은 아무것도 없었다. 처음에는 작은 시골 마을에서 몇몇 사람들이, 사제도 교구민처럼 소박하고 검소하게 생활해야 하지 않겠냐고 넌지시 말하고 다닌 게 전부였다. 그러다 군주가 전쟁터에 나갈 때 함께 싸우는 것을 거부했다(오, 고대 순교자들에 대한 기억이여!). 복음서를 스스로 읽고 공부하려고 라틴어 기초를 배우려 애썼으며, 사형에 반대한다는 의견을 밝혔다. 이들은 그리스도 사후 600년 동안 공식적으로 기독교적 하늘나라의 일부라고 선포되었던 '연옥'의 존재를 부

---

9 고대 그리스·로마 작가들은 게르만족을 '튜튼족'이라 일컬었다.

인했으며, 십일조(이게 가장 중요한 부분인데)를 교회에 바치는 것을 거부했다.

교회의 권위에 저항한 반란 주동 혐의자들이 색출될 때마다 교회는 이들을 설득했는데, 이따금 설득에 전혀 응하지 않는 사람들이 나오면 신중하게 투옥하곤 했다.

그러나 악의 기운은 계속 퍼져나갔다. 결국 이 위험하고 선동적인 운동을 진압하려면 어떤 조처를 취해야 하는지 논의하기 위해서 프로방스 전체 주교 회의가 소집되었다. 주교들은 1,056년까지 정기적으로 모여 토론을 계속했다.

이제 일반적인 형태의 처벌이나 파문으로는 아무 성과도 낼 수 없다는 것이 분명해졌다. '순결한 삶'을 영위하고자 하는 순박한 시골 사람들은 굳게 닫힌 감옥문 뒤에서 그리스도의 자비와 용서의 원칙을 증명할 수 있는 기회가 주어질 때마다 기뻐했다. 그러다 사형 선고라도 받으면, 양처럼 온순하게 화형장으로 나아갔다. 게다가 이런 일이 늘 그렇듯이, 한 사람의 순교자로 자리가 비면 열두 명의 새로운 성결 후보들이 금방 그 자리를 채웠다.

거의 한 세기 내내, 더욱 가혹하게 박해해야 한다고 주장하는 교황의 사절과 로마의 명령에 따르기를 거부하는 프로방스 지방의 귀족 및 성직자 들(자기 나라 국민의 진짜 기질을 알고 있는) 사이에 언쟁이 벌어졌다. 프로방스 귀족과 성직자 들은, 폭력은 이단자들이 이성의 목소리에 반反하여 영혼을 강퍅하게 하도록 부추길 뿐이며, 시간과 힘만 낭비하는 것이라고 항의했다.

그러다가 12세기 말엽, 이 운동을 자극하는 신선한 바람이 북쪽에서 불어왔다.

론 강을 통해 프로방스와 연결되는 리옹 마을에 페터 발도라는 상인이 살았다. 페터 발도는 매우 진지하고 선량하며 대단히 관대한 사람이었고, 구세주 예수의 삶을 따르려는 열망에 거의 광적으로 사로잡힌 사람이었다. 예수는 젊은 부자가 천국에 들어가는 것보다 낙타가 바늘구멍을 통과하는 것이 더 쉽다고 가르쳤다. 기독교인들은 세대世代를 서른 번 거치면서 예수의 이 말씀이 정확히 무슨 의미인지를 설명하려고 노력했다. 그러나 페터 발도는 그렇게 하지 않았다. 그는 읽은 대로 믿었다. 그는 무엇이든 가난한 사람들과 나누었고, 장사를 그만두고 육신의 부를 축적하기를 거부했다.

요한은 "너희는 말씀을 구하라."라고 했다.

스무 명에 이르는 교황들은 이 문장에 각주를 달고, 평신도들이 사제의 도움 없이 성경을 직접 공부하려면 어떤 조건일 때 가능한지 조심스럽게 규정했다.

페터 발도는 이 문장을 그런 식으로 보지 않았다.

요한은 "너희는 말씀을 구하라."라고 했다.

옳은 말씀. 그래서 페터 발도는 구하려고 했다.

그리하여, 자신이 발견한 성경 말씀이 성 히메로니우스[10]의 결론과 일치하지 않자, 직접 신약을 불어로 번역하고 필사본을 여러 본 만들어 프로방스 전역에 퍼뜨렸다.

---

10 초대 기독교의 교부. 347?–420. 라틴어역 성경의 완성자.

처음에 그의 활동은 큰 주목을 받지 못했다. 청빈을 향한 그의 열정이 위험해 보이지는 않았다. 어쩌면 페터 발도는, 진정한 고난의 삶을 원하는 사람들과 당시 수도원이 지나치게 사치스럽고 안락하다고 불평하는 사람들을 위해서, 좀 더 새롭고 매우 금욕적인 수도회를 만들라는 권유를 받았을 수도 있다.

로마는 늘 지나친 믿음으로 골칫거리가 될 수 있는 사람들에게 적합한 출구를 아주 영리하게 찾아줬다.

그러나 모든 일은 규정과 선례에 따라 행해져야만 한다. 그런 점에서 볼 때, 프로방스의 '순결한 사람들'과 리옹의 '가난한 사람들'은 완전한 실패자들이었다. 그들은 지역 주교들에게 자신들이 무엇을 하고 있는지 알리지 않았을 뿐만 아니라, 한 술 더 떠서 깜짝 놀랄 교리를 대담하게 선포했다. 사람은 누구나 전문 성직자의 도움 없이도 완벽하게 훌륭한 그리스도인이 될 수 있으며, 로마의 주교는 타타르의 대공이나 바그다드의 칼리프[11]와 마찬가지로, 자신의 관할권 바깥에 사는 사람들에게 무엇을 행동하고 무엇을 믿어야 하는지 말할 자격이 없다는 교리였다.

교회는 심각한 딜레마에 빠졌다. 사실 교회는 이러한 이단을 무력으로 파문시킬 것인지를 두고 오랫동안 결정을 미뤄왔다.

그러나 올바른 사고방식과 생활방식은 오직 하나만 존재하며 다른 방식은 모두 수치스럽고 해롭다는 규칙에 기반한 조직은, 그 권위가 공개적으로 도전받을 때마다 반드시 잔인한 방법을 취하

---

11 무함마드 후계자의 칭호.

게 된다.

그렇게 하지 않으면 도저히 살아남을 수 없다고 생각한 로마는 마침내 확고한 조치를 취하며, 모든 잠재적 반대자들의 마음에 공포를 불어넣는 일련의 형벌을 고안했다.

알비파(새로운 교리의 온상인 도시 알비의 이름을 땄다)와 발도파(창시자 페터 발도의 이름을 땄다) 이교도들은 정치적 가치가 크게 없는 시골에 살면서 자신들을 능숙하게 방어할 줄 몰랐다. 로마는 첫 번째 희생자로 이들을 선택했다.

수년간 마치 정복한 영토인 양 프로방스 지역을 다스렸던 교황의 사절이 살해당하자 이를 빌미로 인노켄티우스 3세가 개입했다.

인노켄티우스 3세는 알비파와 발도파를 모두 반대하는 공식 성전聖戰을 장려했다.

이단에 반대하는 원정에 40일 내내 합류하면 빚에 대한 이자를 물지 않아도 됐다. 원정 참여자들은 과거와 미래의 모든 죄악을 용서받으며, 당분간 일반 법정에서도 면책 특권을 가질 수 있었다. 이것은 상당히 좋은 조건이었으므로 북유럽인들의 마음에 쏙 들었다.

무엇 때문에 일부러 멀리 팔레스타인까지 갈 걱정을 한단 말인가? 프로방스의 부유한 도시들을 공격하는 출정에 참여하면 동방 원정과 동일한 영적靈的, 경제적 보상을 받을 수 있고, 훨씬 짧게 복무하고도 동일한 영예를 얻을 수 있는데 말이다.

잠시 성지聖地 예루살렘은 잊혀졌다. 프랑스 북부와 잉글랜드 남부, 오스트리아, 작센, 폴란드 등의 귀족과 상류 계급에서 가장 저열한 사람들이, 지방 행정관 자리도 면해보고 내친 김에 부유한 프로방스인들의 재산으로 자신의 빈 금고도 채워보려고 남부로 달려갔다.

용감한 십자군이 목을 매달고 불에 태우고 강물에 빠뜨리고 목을 베고 사지를 찢어 죽인 남자와 여자, 어린아이의 숫자는 자료에 따라 다르다. 구체적으로 몇 명이 죽었는지는 알 수가 없다. 이곳저곳에서 공식적인 사형 집행이 일어날 때마다 남긴 자료가 몇 가지 있기는 한데, 그 숫자는 마을 크기에 따라 2,000명에서 20만 명에 이르기까지 다양하다.

베지에 시[12]를 점령한 군인들은 누가 이교도이고 누가 아닌지 어떻게 구별하는가 하는 문제로 궁지에 빠졌다. 군인들은 이 문제를 교황의 대리인에게 여쭈었다. 교황의 대리인은 십자군의 영적 지도자로 함께 온 사람이었다.

선한 목자는 이렇게 대답했다. "자녀들이여, 가서 그들 모두를 죽이시오. 하나님은 누가 당신의 사람들인지 아실 것입니다."

누구보다도 탁월하고 색다른 잔혹행위로 돋보였던 사람은, 초기 십자군 원정에 참여했던 역전 노장인 사이먼 드 몽포트Simon de Montfort라는 영국인이었다. 전공戰功의 대가로 자신이 얼마 전 약탈했던 나라의 방대한 땅을 하사받은 그는 부하들에게도 적절한 몫을 나눠주었다.

대학살에서 살아남은 몇몇 발도파 신도들은 피에몬테의 깊은 산 속으로 도망가서 종교개혁이 일어날 때까지 그곳에 숨어 자신들의 교회를 유지했다.

알비파는 좀 더 운이 나빴다. 이들은 100년 동안 채찍질과 교수형을 받다가 결국 종교재판의 법정 기록에 더 이상 이름도 나오지 않게 된다. 그러나 300년이 지나자 알비파의 교리는 다소 수정된 모습으로 다시 나타난다. 마틴 루터라는 작센 사제가 이를 전파하면서 교황의 거대 국가가 거의 1,500년 동안 누려온 독점獨占을 깨뜨리는 개혁을 야기하게 되는 것이다.

물론 인노켄티우스 3세의 예리한 눈으로도 이 모든 것을 볼 수는 없었다. 분규가 끝났다고 생각한 그는 절대 복종의 원리를 의기양양하게 천명했다. 〈누가복음〉 14장 23절에는 그리스도가, 어떤 사람이 잔치를 벌이는데 초대한 손님 몇몇이 오지 않아 자리가 비어 있는 것을 보고 그의 종에게 "그러면 어서 나가서 길거리나 울타리 곁에 서 있는 사람들을 억지로라도 데려다가 내 집을 채우도록 하여라."라고 명했다는 이야기가 나온다. 여기서 말한 "내 집을 채우라"는 유명한 명령이 다시 한번 말씀 그대로 이루어졌다.

"길거리나 울타리 곁에 서 있는 사람들", 즉 이교도들은 억지로라도 하나님의 집을 채워야만 했다.

이들이 교회 안에서 조용히 지내도록 하는 것이 관건이었는데, 이 문제는 여러 해가 지나도 풀리지 않았다.

각 지역의 재판소들은 이 문제를 해결하기 위해 많은 시도를 했지만 모두 실패하고 말았다. 그러자 교황청은 알비파의 반란이 일어났을 때 처음 활용했던 특별심문법정을 유럽 각국의 수도에 설치했다. 특별심문법정은 이단에 관한 한 모든 사법권을 쥐고 일했는데, 간단히 '종교재판소'라고 불렸다.

종교재판소가 사라진 지 오래인 오늘날에도, '종교재판소'라는 이름을 들으면 알 수 없는 불안함이 커진다. 하바나의 캄캄한 토굴 감옥과 리스본의 고문실, 크라쿠프[13] 박물관의 녹슨 큰솥과 인두, 노란색 두건과 검은 가면, 교수대로 다리를 질질 끌며 걸어가는 남녀노인의 끝없는 행렬을 입을 벌린 채 심술궂게 바라보는 왕의 모습이 마음속에 떠오른다.

지난 19세기 후반에 나온 여러 대중 소설은 이러한 사악하고 잔인한 인상印象에 확실히 일조한 바가 있다. 그러니 우리가 들은 종교재판소 이야기 중 25퍼센트는 낭만주의 작가들의 공상, 나머지 25퍼센트는 프로테스탄트의 편견이라 여기고 제외하자. 그러나 나머지 50퍼센트만으로도 충분히 끔찍해서 '모든 비밀 법정은 참을 수 없는 악이며 문명인의 공동체에서 결코 용납할 수 없는 것'이라고 주장하는 사람들 말을 입증하고도 남는다.

헨리 찰스 리Henry Charles Lea는 종교재판이라는 주제를 육중한 여덟 권의 책으로 다루었다. 나는 이것을 두세 쪽으로 줄여서 말해야 하니, 이렇게 짧은 지면에 중세사에서 가장 복잡한 문제들 중 하나를 자세히 설명하기란 불가능할 것이다. 왜냐하면 종교재판소가 무슨 오늘날의 대법원이나 국제중재재판소처럼 뚜렷하게

---

13 폴란드의 고도시.

존재한 것이 아니기 때문이다.

각양각색의 나라에서 각양각색의 종교재판소들이 각양각색의 목적으로 활동했다.

그중 가장 유명한 재판소는 스페인의 왕실 종교재판소와 로마의 교황청 종교재판소였다. 전자는 이베리아 반도와 아메리카 식민지의 이교도를 감시하는 지역 업무를 보았다.

후자는 전 유럽에 지부를 두어, 대륙 북부에서는 잔다르크를 화형시키고 남부에서는 지오다노 브루노[14]를 화형시켰다.

종교재판소가 누구를 죽이지는 않았다는 주장은 엄밀히 따지자면 사실이다.

교회 재판관들이 판결을 선언하면, 유죄를 받은 이교도는 세속권력인 당국으로 넘겨졌고, 당국은 적합하다고 생각되는 형刑을 내렸다. 그러나 만약 당국이 사형 선고를 내리지 않으면, 관련 당국자는 수많은 불편함을 겪어야 했다. 심지어 파문을 당하거나 교황청의 후원을 받지 못하는 일이 생기기도 했다. 이따금 죄수가 사형의 운명을 모면하고 지방 행정관에게 넘겨지지 않을 때도 있었는데, 그래봤자 고통만 배가될 뿐이었다. 남은 생 동안 종교재판소 감옥의 독방에 감금당하는 고초를 겪어야 했기 때문이다.

석조로 지은 성의 캄캄한 독방에서 서서히 미쳐가는 공포보다는 차라리 화형이 나았기 때문에, 많은 죄수들은 자신이 짓지도 않은 온갖 종류의 죄를 자백했다. 이단으로 몰려서라도 독방의 불

---

14 본서 20장 〈브루노〉 참조.

행을 피하려고 말이다.

이러한 주제를 논하면서 어느 한쪽에 완전히 경도되지 않은 척 하기란 쉽지 않은 일이다.

거의 500년 이상 세계 각지에서 무수히 많은 무고한 사람들이 수다스러운 이웃들의 입소문만으로 한밤중에 침대에서 끌려나왔다는 것은 믿을 수 없는 일일 게다. 이들은 불결한 감방에 몇 달이고 몇 년이고 감금된 채 이름도 자격도 모르는 재판관 앞에 설 순간을 기다렸다. 자신들이 무슨 죄목으로 기소되었는지도 알지 못했다. 불리한 증언을 한 사람의 이름도 알 수 없었다. 친척과 대화하는 것도, 변호사와 상담하는 것도 허락되지 않았다. 계속 무죄를 주장하면 갈비뼈가 모두 부러질 때까지 고문을 받았다. 다른 이교도들은 피고에게 불리한 증언만 할 수 있었고, 만약 무언가 피고에게 유리한 증언을 하려고 하면 아무도 이를 들어주지 않았다. 그러다 끝내는, 이런 끔찍한 운명을 불러온 원인이 무엇인지 아무것도 알지 못한 채 죽음으로 내몰렸다.

50년이나 60년 동안 묻혀 있던 사람들의 시체가 무덤에서 끌려 나와 '궐석'재판으로 유죄를 선고받고, 죄를 지은 당사자들이 죽은 지 반세기가 지났는데 그 후손들의 소유 재산을 모두 박탈할 수 있었다는 사실은 더더욱 믿을 수 없는 일일 것이다.

그러나 실제로 그랬다. 심문관들이 몰수한 모든 물건을 자신들 마음대로 나누고 이것으로 생활했던 시대에, 이런 식의 부조리는 결코 특이한 사건이 아니었다. 2세대 전에 자신의 할아버지가 저질렀다는 일로 손자들은 종종 하루아침에 거지가 되어 길거리에 나앉곤 했다.

20년 전[15] 제정 러시아가 권력의 전성기를 누릴 당시 발간된 신문을 본 사람이라면, 공작원을 기억할 것이다. 대체로 이러한 공작원은 사람들에게 호감을 주는 성격에 뭔가 '불만'이 많은 전 직 강도거나 은퇴한 도박꾼이었다. 그는 자신이 슬픔을 참지 못해 혁명에 동참했음을 넌지시 알리고 다니면서 종종 제국 정부에 진 심으로 반대하는 사람들의 신뢰를 얻곤 했다. 그러다 새로운 벗들 의 기밀을 알게 되면 바로 경찰에 고발하고 보상금을 챙겨서 다음 도시로 떠났다. 그리고 그곳에서 다시 똑같은 방식으로 나쁜 짓을 반복했다.

13세기, 14세기, 15세기의 남부와 서부 유럽에는 이러한 악질 민간첩보원이 넘쳐났다.

이들은 교회를 비난했다고 여겨지거나 교리의 특정 부분에 의 혹을 표한 사람을 고발하는 것으로 먹고살았다. 이웃에 이교도가 없으면 이교도를 만드는 것이 공작원의 임무였다.

자신이 고발한 희생자가 아무리 죄가 없다 해도 고문을 하면 죄를 자백할 것이라 확신하고 안심할 수 있었기에, 공작원들은 아 무런 위험 부담 없이 그러한 작업을 계속할 수 있었다.

많은 나라에서, 영적으로 부족하다는 의심이 들면 누구나 익 명으로 고발할 수 있는 이 제도로 인해 진정한 공포 정치가 시작 되었다. 결국 사람들은 가장 가깝고 친한 친구마저도 믿을 수 없

---

15 이 책은 1925년에 출간됐다.

게 되었고, 가족끼리도 서로를 경계해야만 했다.

수많은 심문을 지휘하던 탁발수사들은 이런 방식으로 공포상태를 조장한 후, 이를 훌륭하게 이용하여 거의 200년 동안 호화로운 생활을 했다.

그렇다. 종교개혁의 주된 요인 중 하나는, 많은 사람들이 탁발수사라는 건방진 거지들에게 느꼈던 혐오감이라고 확실하게 말할 수 있다. 탁발수사들은 독실한 신앙심을 빙자하여 선량한 시민의 집에 함부로 들어와서 가장 안락한 침대에서 잤으며, 제일 좋은 음식을 주인과 겸상하며 먹고 명예로운 손님으로 대접받기를 고집했으며, 집주인의 귀중품을 자신의 정당한 몫이라 여기고 챙기다가 하나라도 못 받으면 이 은인을 종교재판소에 고발하겠다고 협박하는 것만으로도 편안하게 살 수 있었다.

교회는 물론 이 모든 것에 대해, 종교재판소는 영적 위생감시관의 역할을 했을 뿐이라고, 전염성 강한 오류가 대중에게 퍼지지 않도록 막는 것이 이들의 공적 의무였다고 대답할 수도 있다. 기독교를 몰랐던 이교도의 행동은 책임을 물을 수 없다고 했던 교회의 관대한 태도를 증거로 댈 수도 있다. 교회는 심지어, 이전의 잘못을 극구 부인한 후에 새로운 죄목으로 다시 잡혀온 사람이나 배교자를 제외하면, 사형당한 사람은 거의 없었다고 주장할 수도 있다.

그러나 그게 어쨌단 말인가?

무고한 사람을 자포자기한 범죄자로 만들어버릴 때나, 그가 잘못된 견해를 완전히 철회했다고 선심을 써서 바꿔줄 때나 계략을 쓰기는 마찬가지였다.

공작원과 위조꾼은 항상 가까운 친구들이었다.

밀정들끼리 서류 몇 장 위조한 일이 무슨 대수란 말인가?

8

...

진리가 궁금했던 사람들

고대 갈리아 지역에서 그랬듯이 근대의 불관용도 세 가지로 나누어볼 수 있다. 익숙함[1]의 불관용, 무지의 불관용, 이기심의 불관용.

이중에서 아마 첫 번째가 가장 일반적인 불관용일 것이다. 익숙함의 불관용은 모든 나라, 모든 사회 계층에서 볼 수 있다. 이는 작은 시골 마을이나 오래된 지방 도시에서 많이 나타나는데, 사람에게만 국한되지 않는다.

25년간 콜리 타운의 따뜻한 마구간에서 평온하게 살아온 우리 집 늙은 말은 웨스트포트의 헛간에 데려가면 콜리 타운의 헛간과 똑같이 따뜻한데도 화를 낸다. 자신이 늘 콜리 타운에 살았다는 이유 말고는 아무 다른 이유가 없다. 우리 집 말은 콜리 타운의 나뭇가지 하나, 돌멩이 하나까지 다 친숙하기에, 코네티컷 콜리 타

---

1 원문은 "the Intolerence of laziness"다. 새로운 견해나 지식, 변화하는 흐름을 익히는 것에 게으르다는 뜻으로 '게으름의 불관용'이라 나오는데, 우리말로 '게으름'이라 하면 문맥이 잘 전달되지 않는 듯하여 '익숙함(관성)의 불관용'으로 옮겼다.

운에서는 유쾌한 경치를 가로지르며 천천히 산책하다가 갑자기 새롭거나 익숙하지 않은 광경이 튀어나와 놀랄 일이 없는 것이다.

지금까지 우리의 과학 세계는 개와 고양이, 말과 당나귀의 언어는 무시하면서, 폴리네시아 제도의 소멸한 방언을 배우는 데에는 많은 시간을 쏟아부었다. 애석한 일이다. 만약 우리가 '듀드'라는 우리 집 말馬이 콜리 타운의 예전 이웃들에게 무어라 말하는지 알아들을 수 있다면, 아마도 가장 사나운 불관용이 폭발하는 말을 듣게 되지 않을까. 왜냐하면 듀드는 더 이상 젊지 않고, 그의 방식대로 '고정'되었기 때문이다. 듀드의 습관은 벌써 오래 전에 형성된 것이라 그에게는 콜리 타운의 예의와 관습과 습관이 모두 다 옳아 보인다. 듀드는 죽을 때까지 웨스트포트의 예의와 관습과 습관은 무엇이든 모두 틀렸다고 단언할 것이다.

익숙함의 불관용은 다음과 같이 나타난다. 부모가 자녀의 어리석은 행동거지를 보고 고개를 젓는 것, "옛날이 좋았다"는 모호한 신화를 일으키는 것, 야만인이나 문명인이나 서로를 보며 불쾌한 복장을 하고 다닌다고 생각하는 것. 이러한 불관용에 빠진 사람들은 세상이 불필요한 넌센스로 가득 차 있다고 느끼며, 새로운 생각을 가진 사람이 나타나면 누구든 인류의 가상의 적으로 만들어버린다.

하지만 익숙함의 불관용은 비교적 무해한 편이다.

이런 불관용은 살면서 누구나 겪는 일이다. 지난 시절, 수백만 명의 사람들이 익숙함의 불관용에 부딪혀 고향을 떠난 적이 있다. 광대한 신대륙에 사람들이 영구 정착하게 된 것은 이러한 불관용의 책임이 크다. 그 일이 아니었더라면, 아메리카 대륙은 여전히 야생으로 남아 있었을 것이다.

두 번째, 무지의 불관용은 훨씬 더 심각하다.

무지한 사람은 무지하다는 바로 그 사실 때문에 매우 위험한 사람이 된다.

자신의 인지 능력이 모자라는 것을 변명하려고 애쓰다 보면, 골칫거리가 되고 만다. 자신의 영혼 속에 독선이라는 대리석 성채를 쌓고 이 강력한 요새의 첨탑 꼭대기 위에서, 왜 너희를 살려줘야 하는지 그 이유를 대보라며 모든 적들(즉, 그의 편견을 공유하지 않는 사람들)과 대적하는 것이다.

이런 불행을 겪는 사람들은 무자비하고 비열해진다. 끊임없는 공포 속에서 살기 때문에 쉽게 잔혹해지며, 못마땅한 사람이 있으면 얼른 괴롭히려 한다. 바로 이런 부류의 사람들이 신으로부터 특별히 사랑받는 '선민들'이라는 이상한 개념을 처음 만들기 시작했다. 게다가 이러한 망상의 희생자들은 항상 보이지 않는 신과 자신 사이에 가상의 관계가 존재한다고 믿으며 용기를 얻으려 한다. 물론, 자신들의 불관용에 '영혼의 동의同議'라는 풍미를 더하기 위해서다.

이런 시민들은 결코 다음과 같이 말하지 않는다. "우리는 대니 디버가 우리 행복을 위협한다고 보기 때문에, 대니를 죽도록 미워하기 때문에, 그냥 대니를 목매다는 게 좋으니까 그를 목매달려고 하는 거야." 절대 안 될 말이다! 그들은 엄숙한 비밀회의를 열어 대니 디버를 어떻게 할 것인지를 두고 몇 시간이고, 며칠이고, 몇

주일이고 심사숙고한다. 마침내 판결이 내려지면, 가벼운 절도죄 정도 저질렀을 불쌍한 대니는 감히 신의 뜻(이는 하늘의 메시지를 해석할 수 있는 오직 한 사람에게 따로 은밀하게 전달된다)을 거역한 가장 끔찍한 인간으로 엄숙하게 유죄 선언된다. 이에 따라 대니의 사형 집행은 성스러운 의무가 되면서, 사탄의 협력자에게 유죄를 선언할 용기를 지닌 재판관들은 무한한 신뢰를 받게 된다.

선량하고 친절한 사람들이, 그들보다 잔혹하고 피에 굶주린 이웃들과 마찬가지로, 이러한 치명적인 망상의 마력에 쉽게 빠지는 경향이 있다는 것은 역사적으로나 심리학적으로나 일반적인 이야기다.

멍하니 입을 벌린 채, 수천 명의 가엾은 순교자들이 처한 통탄할 곤경을 보며 기뻐하는 군중은 결코 범죄자가 아니었다. 그들은 점잖고 신실한 사람들이었으며, 자신들의 신이 이를 보면 매우 칭찬하고 기뻐할 것이라고 확신했다.

만약 누군가가 이들에게 '관용'을 언급했다면, 이들은 관용을 도덕적 유약함을 드러내는 비천한 고백 정도로 여기고 거절했을 것이다. 사람들은 자신들이 관대하지 못한 것인지도 모르나, 적어도 이 경우만큼은 불관용이 옳다고 생각하며 자랑스러워했다. 이른 아침 차가운 습기가 가득한 저 바깥에서, 대니 디버는 노란 셔츠와 작은 악마들이 장식된 바지를 입고 서 있었다. 대니는 교수형을 받기 위해 느릿느릿 광장으로 걸어가고 있었다. 반면에 구경꾼들은 쇼가 끝나면 얼른 안락한 집으로 돌아와 베이컨과 콩을 듬뿍 담아 식사를 하곤 했다.

그들이 스스로의 생각과 행동에 자신이 있었다는 증거는 이것으로 충분하지 않을까?

그렇지 않았다면, 아무렇지 않게 구경꾼이 될 수 있었을까? 사형수 대니와 그들의 역할이 바뀌지는 않았을까?

내 논리가 좀 취약하긴 하다. 그러나 지극히 일반적인 논리라고 본다. 자신의 생각이 곧 하나님 생각이라 굳게 믿고 자신의 말을 못 알아듣는 이는 도무지 이해가 안 된다는 사람에게 무어라 답해줄 수 있을까.

세 번째 범주는 이기심으로 인한 불관용이다. 당연히 이는 일종의 질투로 홍역만큼이나 일반적이다.

예수가 예루살렘에 와서 전능하신 하느님의 은혜는 수소나 염소 열두 마리를 죽여서 살 수 있는 것이 아니라고 가르치자, 신전에서 예식용 제물을 팔아 먹고사는 이들은 모두 예수를 위험한 혁명분자라고 비방했으며, 자신들의 주된 수입원이 영원히 손상되기 전에 예수의 처형에 앞장섰다.

몇 년 후 성 바울이 에페소스에 와서, 그 지방의 여신 다이아나의 작은 성상을 팔아 많은 이익을 보던 보석 세공인들의 부를 위협하는 새로운 교의를 설파하자, 보석 세공인들의 길드는 이 반갑지 않은 침입자에게 폭력을 휘둘렀다.

이후에도 기존의 예배 형식 덕분에 생계를 꾸려가는 사람과 새로운 사상을 전파하여 군중이 기존 신전을 떠나도록 하는 사람 사이에서는 종종 대대적인 전쟁이 일어나곤 했다.

중세 시대의 불관용에 대해 토론할 경우, 아주 복잡한 문제를 다루게 된다는 사실을 항상 염두에 두어야 한다. 불관용의 세 가지 유형 중에서 하나만 따로 나타나는 경우는 매우 드물다. 여기서 살펴보는 '박해'의 경우, 세 가지 유형의 흔적이 한꺼번에 나타날 때가 훨씬 많다.

막대한 부를 누리고 수천 제곱미터의 땅을 관리하며 수많은 농노를 소유한 교회 조직이, 기존 교회를 따르지 않고 단순하고 겸손한 하나님의 나라를 땅 위에 다시 세우겠다는 농부들에게 퍼부은 극도의 분노는 어찌 보면 지극히 자연스러운 일이었다.

이단자를 몰살하는 일은 경제적 필요에 따른 문제였으니, 이 경우는 이기심의 불관용인 세 번째 그룹에 속했다.

그러나 강압적인 방법으로 공식적 비난을 당했을 과학자들을 생각해보면, 문제는 한없이 더 복잡해진다.

자연의 비밀을 밝히려고 노력하는 과학자들에게 교회 당국이 취한 심술궂은 태도를 이해하려면, 우리는 수세기 전으로 거슬러 올라가 기원 후 처음 600년 동안 유럽에서 실제로 무슨 일이 일어났는지 공부해야만 한다.

야만인들의 침략[2]은 유럽 대륙 전체를 무자비한 홍수처럼 철저하게 휩쓸었다. 사나운 홍수로 쓰러진 잔해 속에 고대 로마 국가의 성벽이 드문드문 남아 있었다. 그러나 이 성벽 안에 있던 사회는 완전히 멸망하고 말았다. 그들의 책은 파도가 멀리 싣고 가버렸다. 그들의 예술은 새로운 무지의 깊은 진흙 속에 잊힌 채 묻

---

2 훈족, 고트족 등의 침략을 말한다.

혀버렸다. 그들의 소장품, 박물관, 실험실, 차근차근 축적했던 과학적 사실 들, 이 모든 것을 아시아 한복판에서 온 난폭한 야만인들은 야영불을 지피는 데 써버렸다.

현재 몇 장 남아 있는 10세기의 도서 목록을 보면, 당시 서구 사람들은 그리스 시대의 책을 거의 아무것도 소장하고 있지 않았다.(콘스탄티노플은 예외였지만, 당시 유럽 중심부에서 볼 때 콘스탄티노플은 오늘날의 멜버른만큼이나 먼 곳이었다) 믿을 수 없겠지만, 완전히 사라졌다. 누군가 고대인의 사상이 궁금해서 자료를 찾아본다 해도, 아리스토텔레스와 플라톤의 저서에서 몇몇 장을 옮긴 서너 가지 번역본(그나마도 오역투성이)이 남아 있는 그 시대 학문의 전부였다. 그리스어를 공부하고 싶어도, 비잔티움의 신학 논쟁으로 거주지에서 쫓겨난 몇몇 그리스 수도승들이 임시 피난처를 찾아서 프랑스나 이탈리아로 오지 않는 다음에는, 가르쳐줄 사람이 아무도 없었다.

라틴어 책은 아주 많았으나, 대부분 4세기나 5세기에 나온 책이었다. 얼마 없는 고전 필사본은 그나마도 너무 자주 베껴지고 소홀하게 다뤄져서 고문서학을 필생의 업으로 삼은 사람들이나 겨우 판독할 수 있을 정도였다.

과학도서의 경우, 당시 접할 수 있었던 장서를 살펴보면 유클리드의 명제 중 가장 간단한 문제 몇 가지만 남아 있고 다른 책은 모두 사라지고 없었다. 더욱 유감스러운 일은 더 이상 이런 과학책이 필요하지 않았다는 점이다.

중세를 다스렸던 사람들은 과학을 적대적인 시선으로 보았고, 수학과 생물학, 동물학 분야의 모든 독자적 연구를 억압했기 때문이다. 의학과 천문학은 말할 것도 없었다. 이들은 더 이상 실용적 가치가 조금도 없는 학문으로 전락해서 방치되었다.

현대의 사고방식으로 이러한 정황을 이해하기란 정말 어려운 일이다.

20세기의 우리는 그게 맞든지 틀리든지, '진보'라는 개념을 깊이 믿고 있다. 과연 우리가 이 세상을 완벽하게 만들 수 있을지는 우리도 모른다. 그냥 이러는 동안에, 진보를 시도하는 것이 우리의 가장 성스러운 의무라고 느끼게 되었다.

그렇다. 때로 진보라는 피할 수 없는 운명에 대한 믿음이 한 나라 전체의 국가적 신앙이 되기도 한다.

그러나 중세 시대 사람들은 그러한 전망을 공유하지 못했고, 공유할 수도 없었다.

세상은 아름답고 흥미로운 것들로 가득하다는 그리스 시대의 꿈은 애석하게도 너무나 짧게 지나갔다! 정치적 격변이 불운한 나라를 덮치면서 아름답던 꿈을 거칠게 뒤흔든 이후로, 많은 그리스 작가들은 확고한 염세주의자가 되었다. 이들은 한때 행복했던 조국이 폐허가 된 것을 돌아보며 절망에 빠져, 현세의 노력은 모두 궁극적으로 무익하다고 믿는 무기력한 사람들이 되고 말았다.

반면에 로마의 작가들은 거의 1,000년 동안 이어진 로마의 역사를 통해 인류는 일정하게 상승하며 발전한다는 것을 발견했다. 로마의 철학자들(특히 에피쿠로스학파)은 보다 행복하고 좀 더 나은 미래를 위해 젊은 세대를 교육하는 임무를 기꺼이 즐겁게 수행했다.

그러다 기독교가 들어왔다.

사람들의 관심은 현세에서 내세로 이동했다. 사람들은 곧 절망적인 체념의 깊고 어두운 심연 속으로 빠져 들어갔다.

인간은 사악한 존재였다. 인간은 본능적으로 사악했으며, 후천적으로도 사악한 것을 더 빨리 배우는 존재였다. 인간은 죄로 잉태되어 죄 속에서 태어났고 죄를 지으며 살다가, 지은 죄를 후회하면서 죽었다.

그러나 기독교 이전의 절망과 이후의 절망은 차이가 있었다.

그리스 민족은 자신들이 이웃의 다른 민족보다 더 총명하고 더 많이 교육받았다고 확신했으며(사실 그랬을 것이다), 불운한 이웃 야만인들을 매우 딱하게 여겼다. 그러나 자신들이 제우스에게 선택받은 사람들이기 때문에 주변 다른 민족과 구분되는 종족이라고 생각했던 적은 한 번도 없었다.

반면에 기독교는 조상들의 선례에서 결코 벗어날 수 없었다. 기독교인들은 《구약성서》를 성경의 일부로 받아들이면서 믿기 어려운 유대교의 교리도 같이 물려받았다. 유대 민족은 다른 모든 민족과 '다르고', 공식적으로 정립된 유대교 교리를 믿는다고 고백한 사람들만 구원받을 수 있으며, 안 믿는 나머지는 모두 지옥에 떨어진다는 교리 말이다.

물론 이러한 생각은 수많은 동료 피조물 중에서 자신만 특별히 더 사랑받는 존재라고 믿으면서 영혼의 겸손함을 완전히 잃어가고 있던 이들에게 직접적이고 커다란 은혜였다. 이렇게 생각했기에 기독교인들은 여러 해 심한 핍박을 받으면서도 사랑으로 똘

똘 뭉친 자족적인 작은 공동체가 되어 우상 숭배의 거대한 대양을 태연하게 떠다닐 수 있었다.

동서남북으로 광활하게 펼쳐진 대양 저편 다른 곳에서 무슨 일이 일어나는지는, 초대 기독교 교부였던 테르툴리아누스나 성 아우구스티누스에게 있어 완전히 무관심한 주제였다. 교회의 사상을 책이라는 구체적 형태로 옮기는 일에 빠져서 눈코 뜰 새 없이 바빴던 다른 초대 기독교 저자들도 마찬가지였다. 이들은 안전한 다른 해안에 가 닿아서 하느님의 도시를 세우기만 소망했다. 그동안 다른 나라 사람들이 무엇을 이루고 무엇을 획득하고 싶어 하는지는 알 바 아니었다.

이 때문에 이들은 인간의 기원과 시공간의 한계에 대해서 스스로 완전히 새로운 개념을 만들어냈다. 과거에 이집트인과 바빌로니아인과 그리스인과 로마인 들이 이러한 신비에 대해서 무엇을 발견했는지는 전혀 관심이 없었다. 이들은 모든 과거의 가치가 그리스도의 탄생과 함께 무너졌다고 진심으로 확신했다.

예를 들면, 지구가 그랬다. 고대 과학자들은 지구란 무수히 많은 별들 중 하나라고 주장했다. 기독교인들은 이러한 생각을 단호하게 거절했다. 이들에게 있어, 자신이 살고 있는 작고 둥글고 평평한 원반은 우주의 중심이며 한복판이었다.

지구는 단일한 특정 집단 사람들에게 일시적인 안식처를 제공하려는 특별한 목적으로 지어진 것이었다. 지구의 탄생 방식은 아주 간단했다. 〈창세기〉 1장에 모두 묘사되어 있었다.

문제는, 이 선택받은 민족이 언제부터 이 땅에 살기 시작했는가에서 복잡해졌다. 사방에 고대 유물과 파묻힌 도시, 멸종한 괴물, 화석이 된 식물의 흔적이 있었다. 그러나 이들은 이 모든 것이 없었다고 추론하거나 간과하거나 부정하거나 존재하지 않는다고 외쳤다. 이런 후에, 태초의 시간이 시작된 날짜를 못 박는 것은 대단히 쉬운 일이었다.

그런 우주. 특정한 해, 특정한 날, 특정한 시간에 시작되어 특정한 해, 특정한 날, 특정한 다른 시간에 종말이 올 정적靜的인 우주. 오직 하나의 교단에 배타적으로 은혜를 베풀기 위해서 존재하는 우주. 그런 우주에는 수학자와 생물학자, 화학자의 못 말리는 호기심이 들어설 여지가 없었다. 보편적인 법칙만 신경 쓰고, 시간의 분야와 공간의 영역 양쪽에서 영원성과 무제한성에 대한 생각이 꼬리를 무는 사람들도 모두 마찬가지였다.

과학적인 사람들 중 많은 이들이 진실로 자신은 교회의 독실한 아들이라고 항변한 것은 사실이다. 그러나 진정한 기독교인들은 그렇게 생각하지 않았다. 사랑과 믿음에 대한 헌신을 진심으로 주장하는 사람이라면 지나치게 많이 알거나 너무 많은 책을 갖는 일 따위는 할 리 없었다.

책은 한 권이면 족했다.

그것은 성경이었고, 성경 안에 담긴 모든 글자, 모든 쉼표, 모든 세미콜론, 모든 감탄 부호 들은 하느님의 계시를 받은 사람들이 기록한 것이었다.

페리클레스 시대의 그리스 사람이라면, 제대로 소화되지 못한 민족사가 조각조각 나오고 의심스러운 연애시나, 반쯤 실성한 선지자들의 모호한 환상이 나오는 성스러운 책 한 권의 이야기가 그냥 조금 재밌는 정도였을 것이다. 성경의 모든 장章은 이런저런 이유로 아시아의 많은 부족신 중 하나인 야훼의 눈 밖에 나야 했던 사람들을 가장 비열하게 고발하는 데 바쳐졌던 것이다.

그러나 3세기의 야만인들은 '문자'를 매우 겸허한 마음으로 우러러보았다. 이들에게 문자는 문명의 위대한 신비 중 하나였던 것이다. 게다가 교회 위원회들이 계속 성경은 아무런 오류나 흠이나 실수가 없다고 주장하자, 이들은 흔쾌히 이 특별한 문서를, 사람이 이미 알고 있거나 알고 싶어 할 모든 것들의 총합계로 받아들였다. 이들은 모세나 이사야가 일러준 것을 넘어서서 자신의 연구를 확장시키며 하느님을 거역하는 자들을 고발하고 박해하는 데에 동참했다.

어느 시대나 자신의 원칙을 지키기 위해 목숨을 거는 사람들의 숫자는 필연적으로 한정되어 있기 마련이다.

동시에 일부 사람들은 지식에 대한 갈증을 도무지 참을 수 없어 갇힌 에너지를 배출할 곳을 찾아야만 했다. 호기심과 억압이 이렇게 충돌한 결과, '스콜라 철학'이라는 발육부진의 빈약한 지적知的 묘목이 자라났다.

8세기 중엽으로 거슬러 가보자. 프랑크 왕 페팽 3세의 아내 베르타가 아들을 낳았을 때였다. 페팽 3세의 아들은 루이 9세[3]보다 프랑스 민족의 수호성인으로서 훨씬 더 자격이 있는 사람이다. 루

---

3 Louis IX, 1214-1270. 프랑스 왕 중 유일하게 시성(諡聖)된 왕으로 7차, 8차 십자군을 주도했다.

이 9세로 말하자면, 그의 몸값으로 동포들이 터키 금화 80만 냥을 냈는데, 돌아와서는 몸값을 낸 국민들의 충성심에 프랑스만의 종교재판소를 세우는 것으로 보답한 왕이었다.

아이의 세례명은 카롤루스였는데, 오늘날에도 프랑스 왕실 고문서를 보면 아래쪽 서명란에 그의 이름이 나오는 문서가 많다. 서명은 좀 서툴러 보인다. 하지만 카롤루스가 직접 쓴 철자는 아니었다. 소년 시절 프랑크어와 라틴어 읽는 법을 배웠지만, 러시아인이나 무어인과 전쟁을 하면서 얻은 손가락의 관절염이 너무 심해서 글씨는 도저히 제대로 쓸 수가 없었다. 그래서 그는 당시 최고의 서기들을 비서로 고용해서 왕 대신 글씨를 쓰도록 했다.

50년 동안 '사복私服(로마 귀족의 토가)'을 딱 두 번밖에 입어보지 않았다는 사실을 자랑스러워한 이 야전野戰 노장은, 학문의 가치를 매우 높이 평가했다. 그래서 궁전을 개조해서 자신의 아이들과 관리의 자녀들을 위한 사립대학을 만들었다.

서구의 새로운 황제는 당대 가장 유명한 사람들이 다 모인 그 대학에서 여가 시간을 즐겼다. 또한 대학의 민주주의를 너무나 존중했기에, 모든 예법을 다 버리고 같은 공동체의 형제로서 대화에 적극 참여했으며, 교수들 중 가장 변변찮은 사람이 자신의 의견에 반박하더라도 이를 허용했다.

그러나 이 훌륭한 동아리가 관심을 가졌던 문제와 토론했던 논제들을 검토하다 보면, 꼭 테네시 주의 어느 시골 고등학교 토론팀이 고른 주제 목록을 보는 것 같다.

일단, 너무 순진했다. 이런 상태가 계속되어 서기 800년의 진리는 1400년에도 똑같이 통용되었다. 이는 중세 학자들의 잘못이 아니다. 중세학자들의 두뇌도 20세기의 후손들만큼이나 좋았다. 그러나 이들이 현대의 화학자나 의사 들처럼 완벽한 탐구의 자유를 누리려면 조건이 필요했다. 화학이 사실상 미지의 과목이었고 외과수술이 도살과 다름없던 1768년, 학자들이 탐구의 자유를 누리려면 누구도 그해의 브리태니커 백과사전 초판에 실린 화학, 의학 정보와 다른 것은 절대 말하거나 행동하지 않겠다는 조건을 따라야 했다.

결과적으로(내가 은유를 뒤섞으면서 글을 쓰고 있긴 한데), 중세 과학자들은 뛰어난 두뇌를 가졌지만 연구 범위가 너무 좁았다. 싸구려 차대 위에 올려놓은 롤스로이스 모터라고나 할까. 속력을 내려고 하면 천 가지 사고가 났다. 그러나 이 기묘한 기계를 교통법규와 도로규칙에 따라 안전하게 운전하다 보면, 살짝 우스꽝스러운 모양새가 됐다. 딱히 어디 도착하지도 못하면서 엄청나게 많은 에너지만 낭비했다.

당연히 뛰어난 학자들은 속도 제한을 준수해야만 한다는 사실에 절망했다. 이들은 교회 경찰의 끝없는 감시를 피하기 위해 가능한 모든 방법을 동원했다. 자신이 조금도 진실이라 여기지 않는 것을 교회의 뜻에 따라 사실이라고 증명하려 애쓰면서, 그 속에 스스로 가장 중요하다고 생각하는 진실을 암시하려다 보니 책은 점점 육중해졌다.

이들은 온갖 종류의 요술로 정체를 숨겼다. 이상한 옷을 입고, 박제한 악어들을 천장에 매달아놓고, 찬장 가득 병에 든 괴물들을 진열해놓았으며, 아궁이에 약초를 집어넣고 이상한 냄새를 피워 이웃들을 현관에서 쫓아냈다. 이렇게 하면, 일종의 무해한 미치광이로 소문이 나서 까다롭게 책임질 일 없이 아무 말이나 해도 됐다. 그러면서 차츰, 오늘날에도 무슨 뜻인지 알기 어려울 정도로 철저하게 위장된 이들만의 과학 체계를 발전시켜나갔다.

몇 세기 후에 등장한 프로테스탄트도 중세 시대 로마 가톨릭만큼이나 과학과 문학에 불관용적이었던 것은 사실이나, 이는 요점을 벗어난 이야기다.

위대한 종교개혁가들은 과학자들에게 마음껏 비난을 퍼부으며 말로 저주할 수는 있었으나, 유효한 법적인 억압 조치는 거의 할 수 없었다. 반면에 로마 가톨릭은 교회의 적을 섬멸할 수 있는 실제 권력을 가졌을 뿐만 아니라, 기회가 있을 때마다 이러한 권력을 활용했다.

관용과 불관용의 이론적 가치 기준을 두고 추상적 사유에 빠져드는 것을 좋아하는 이들에게는 둘 다 별 차이가 없어 보일 수도 있다.

그러나 악마로 몰린 가엾은 이들에게는 공개적으로 자신의 견해를 철회하느냐, 아니면 똑같이 공개적이더라도 태형을 당하느냐 하는 선택은 매우 현실적인 문제였다.

때때로 자신이 믿는 진실을 말할 용기가 부족하여 요한계시록에 나오는 동물들 이름으로 단어 퍼즐이나 맞추며 시간을 보냈다 해서, 이들을 너무 가혹하게 평가하지는 말자.

나 역시, 600년 전이었다면 절대로 이 책을 쓰지 않았을 테니.

9

...

출판물과의 전쟁

역사를 기록한다는 것은 결코 쉬운 일이 아니다. 나는 마치 어릴 때부터 바이올린을 배우다가 서른다섯 살에 갑자기 피아노 연주로 생계를 유지해야 하는 운명에 놓인 사람이 된 것 같다. '피아노나 바이올린이나 다 똑같은 음악인데 뭐 어때'라는 식으로 말이다. 하지만 간단한 문제가 아니다. 이미 터득한 기술을 전혀 다른 분야에서 활용해야 하는 셈이다. 나는 과거의 모든 사건을 완전하게 안정된 질서 체계에 비추어보도록 교육받은 세대다. 황제와 왕, 성직자와 수장들이 상·하원의원과 국무위원 등 의회와 내각제의 지원을 받으며 대체로 만족스럽게 운영하는 그런 세계. 게다가 내가 젊은 시절을 보낸 시기로 말하자면, 아직은 우리의 '좋으신 하느님'이 모든 일에 전지전능한 신이었고 존경과 경외심으로 보아야 하는 존재였다.

그러다 전쟁이 일어났다.[1]

---

1 제1차 세계대전을 말한다.

구시대의 질서가 완전히 뒤집혔다. 황제나 왕정은 무너졌고, 무책임한 비밀 위원회가 관련 대신들을 몰아냈다. 세계 곳곳에서 통치자의 긴급칙령으로 신이 공식적으로 사라졌고, 삼류 경제학자가 고대의 모든 신과 모든 예언자들의 후계자로 등장했다.

물론 이것이 오래가지는 못할 것이다. 하지만 문명세계가 다시 회복되려면 수세기는 걸릴 것이고 그때에 나는 세상에 없을 것이다.

현재로서는, 쉽지 않겠지만 그저 주어진 상황에 최선을 다해야지 어쩌겠는가.

러시아 문제만 해도 그렇다. 나는 20년 전 쯤에 그 '성스러운 땅' 러시아에서 얼마간 지낸 적이 있었는데, 당시 우리 외국인들에게 반입되는 외국 신문 지면의 4분의 1은 '캐비어'라는 별칭으로 불리는 시커멓고 기름 냄새나는 물질로 칠해져 있었다. 자상한 정부가 사랑하는 민중이 보아서는 안 될 것을 잘 가려준 것이다.

다른 나라들은 이러한 감시 체계를 중세 암흑기의 잔재라고 여기며 불쾌해했고, 우리 서구의 위대한 공화국들은 러시아에서 적절하게 '캐비어'를 칠한 미국의 만화 잡지들을 잘도 구해와서 자국민들에게 그 유명한 러시아가 사실은 얼마나 후진적인 야만인들의 나라인가를 선전했다.

그러다가 위대한 러시아 혁명이 일어났다.

지난 75년간 러시아의 혁명가들은, 자신들이 불쌍하고 박해받는 존재이며 '자유'라곤 아무것도 누리지 못한다고 울부짖었는데, 그들이 그 증거로 제시한 것은 사회주의 대의에 바쳐진 모든 잡지들이 받는 엄격한 감시였다. 하지만 1918년이 되자 가해자와 피해자의 상황은 역전되었다. 그리고 무슨 일이 일어났는가? 승리한 자유의 친구들이 언론의 검열을 없앴는가? 결코 아니었다. 그들은 새로운 주인에게 순종하지 않는 모든 신문과 잡지를 감시망 속에 가두었고, 많은 편집인을 시베리아나 아르한겔스크로 유배시켰다. 그들은 지난 제국의 흉악한 대신이나 경찰보다 백배는 더한 불관용을 저질렀다.

나는 매우 자유분방한 환경에서 자란 사람인지라, "알고, 말하고, 우리의 양심에 따라 자유롭게 비판하는 것이야말로 자유의 가장 숭고한 형태"라는 밀턴의 말을 진심으로 믿고 있다.

그런데 무슨 영화처럼 '전쟁이 일어났고', 나는 〈산상설교〉가 친독일 불온유인물이어서 일반 시민에게 자유롭게 회람되어서는 안 되며, 그것을 출판하는 편집자와 인쇄업자는 벌금이나 감옥행을 각오해야 한다는 고지가 내려오는 날을 목격하고야 말았다.

이 모든 일을 고려해보면, 앞으로는 역사 연구를 그만두고 단편소설을 쓰거나 부동산을 관리하는 편이 훨씬 현명한 선택이겠다는 생각을 떨쳐버릴 수가 없다.

하지만 이는 패배를 인정하는 고백이 되고 말 것이다. 따라서 나는, 제대로 된 국가에서는 모든 선량한 시민이 말하고 생각하고 자신의 소신을 밝힐 권리를 가진다는 점을 기억하면서 나의 소임을 다하고자 한다. 이웃의 행복과 평안을 방해하지 않으며, 사회의 관습과 교양에 벗어나는 행동을 하지 않고, 경찰이 정한 규칙을 위반하지 않는 한 모든 시민은 그럴 권리가 있는 것이다.

이 말은 곧, 내가 모든 공식적인 검열제도를 반대하는 사람이라는 뜻이다. 내가 볼 때, 경찰은 포르노를 실어 사적인 이익을 챙기는 신문이나 잡지만 잘 감시하면 된다. 그밖에는 어떤 것을 출판하건 참견할 필요가 없다.

이상주의자나 개혁주의자로서 이런 말을 하는 것이 아니다. 이는 헛수고를 가급적 피하고 싶은 실용주의자의 목소리이며, 지난 500년간의 역사를 잘 아는 사람의 의견일 뿐이다. 인쇄물이나 자유로운 발언에 대한 폭력적인 억압은 결코 무엇에도 도움이 되지 않는다는 것을 역사는 분명하게 보여주고 있다.

넌센스는 다이너마이트와 같아서, 폐쇄된 좁은 공간에 갇혀 있다가 외부로부터 강한 충격을 받을 때에만 위험하다. 미숙한 경제 원리로 무장한 가난한 악당이 있다고 하자. 그냥 내버려두면 그는 호기심 많은 일부 사람들의 관심을 끄는 데 그칠 것이고, 결국에 그의 시도는 웃음거리가 되고 말 것이다.

하지만 무식하고 거친 보안관에게 체포되어 감옥에 끌려간 후 35년의 고독한 세월을 보낸다면, 엄청난 동정의 대상이 될 수도 있고 결국 순교자로 존경받을 수도 있다.

주의해야 하는 것은 바로 이 점이다.

세상에는 훌륭한 대의명분만이 아니라 사악한 명분을 주장하다 탄생한 순교자의 예도 적지 않다. 이들의 수법은 매우 교묘해서, 다음번에 또 무슨 짓을 할지 예측하기 어렵다.

그래서 더욱, 나는 강조하고 싶다. 사람들이 마음대로 말하고 쓰게 내버려두라고. 만일 가치 있는 말이라면 들어야만 한다. 가치 없는 말이라면 금방 잊힐 것이다. 그리스인은 이를 잘 알고 있었던 것으로 보인다. 로마인도 어느 시기까지는 그랬다. 그러다 로마제국 군대의 최고 사령관이 황제로 등극하면서 반인반신의 존재이자 주피터의 육촌으로 평민과는 수천 킬로미터 동떨어진 존재가 되자마자, 상황은 곧 달라졌다.

'레사 마제스타스læsa majestas'라는 죄, 즉 '황제 모독'이라는 가공할 범죄가 고안됐다. 이는 순전히 정치적인 비행으로 간주되었으며, 아우구스투스부터 유스티니아누스[2] 시대까지, 수많은 사람들이 황제에 대해서 삼가야 할 약간의 자유로운 발언을 한 것 때문에 투옥이 되곤 했다. 그러나 황제 한 사람만 제외하면, 당시 로마인들이 그 밖에 조심해야 할 화제話題는 사실상 아무것도 없었다.

하지만 교회가 세계를 지배하게 되면서 이러한 자유로운 상황은 종말을 맞게 된다. 예수가 죽고 나서 몇 년 되지도 않았는데 이미 선과 악, 정통과 이단 사이에는 분명한 선이 그어져 있었다. 1세기 후반에 사도 바울은 수호신 장식이나 부적으로 유명한 소아시아의 에페소스 근방에서 제법 오랜 시간을 보낸 적이 있다. 그는 여기저기 다니면서 설교를 하고 악귀를 내쫓았는데, 이는 매우 성공적이어서 많은 사람이 자신의 이교도적 습관을 잘못이라 여기게 되었다. 회개의 표시로 그들은 어느 날 수만 달러가 넘는 자신들의 온갖 마술 서적을 가져다가 불태운 일도 있었는데, 이에

---

2 527-565 재위. 동로마제국의 황제.

대해서는 〈사도행전〉 19장에도 기록되어 있다.

하지만 이것은 회개한 사람들의 자발적인 행위였지, 바울이 에페소스 사람들에게 그러한 책을 보지 말라고 명령하거나 독서를 금지시켰다는 기록은 어디에도 없다.

금지 조치는 한 세기가 지나서야 나타났다.

그때 바로 이 도시, 에페소스에 소집된 많은 성직자들의 명령으로 성 바울의 일대기를 담은 책이 저주의 대상이 되었고 신자들은 그것을 읽지 말라는 지시를 받았다. 이후 200년 동안은 검열이 거의 존재하지 않았다. 책이라 할 것도 거의 없던 시기였다.

그러다 기독교가 제국의 공식 종교로 정해진 니케아 공의회 (325년) 이후로는 기록된 문자에 대한 감시가 성직자의 주요 일과 중 하나로 정착한다. 일부 책은 완전히 금지됐으며, 어떤 책은 '위험' 서적으로 분류되어 그 책을 접하려면 위험을 무릅써야만 했다. 저자들은 차츰 책을 출판하기 전에 당국의 허가를 받는 편이 안전하다고 생각하게 됐고, 결국 검인을 받기 위해 해당 지역 주교들에게 원고를 보내는 것이 관례가 됐다.

하지만 허가를 받아도, 작가는 자신의 책이 계속 존재할 거라고 확신할 수가 없었다. 이번 교황이 허락을 한 책이라 하더라도, 다음 교황이 유해한 책이라 판단할 수 있었기 때문이다.

그래도 이러한 검인 방법으로 인해, 필경사들이 자식 같은 양피지 사본과 함께 화형당하는 위험은 효과적으로 방지되었다고 볼 수 있다. 이러한 체제는 책이 필사로 베껴져서 세 권짜리 책을 출판하는데 만 5년이 걸리던 시기에는 잘 유지됐다.

그러나 원래 이름이 요한 겐스플라이쉬였던 요한 구텐베르크의 유명한 발명품이 등장하자, 이 모든 것은 변화를 맞게 된다.

15세기 중반 이후에는 인쇄업자가 2주일 동안 무려 400부에서 500부를 찍어낼 수 있었다. 1453년에서 1500년까지 비록 짧은 기간이기는 했지만, 서부 및 남부 유럽 사람들은 예전 같으면 보유 장서가 많은 도서관에서나 찾을 수 있었던 책을 4만 종 이상이나 접할 수 있었다.

교회는 이러한 서적의 대량 보급이 매우 위험하며 잘못된 행위라고 판단했다. 집에서 손으로 베낀 복음서를 한 권 갖고 있는 단 한 명의 이단자를 찾아내는 것도 쉬운 일이 아닌데, 각기 다른 판본으로 2,000만 권의 복음서를 소유한 2,000만 명의 이단을 어떻게 감시한단 말인가. 이는 교회의 권위를 직접적으로 위협하는 일로 간주됐으며, 모든 출판물과 출처를 감시하고 출판 가능 여부를 판단하는 특별 심사부를 설치할 필요성이 제기되었다.

특별 심사부는 '금지된 지식'이 담긴 원고라고 판정한 책의 목록을 이따금 출판하곤 했는데, 이것이 바로 그 유명한 '인덱스 Index, 금서 목록'의 기원이다. 인덱스는 후에 종교재판소 만큼이나 악명을 떨쳤다.

그러나 당시 이러한 출판물 감시가 로마 가톨릭 교회에만 있었던 것은 결코 아니다. 다른 여러 나라 당국도 갑작스러운 출판물의 홍수가 국내 질서를 위협하는 존재라고 여겼으며, 출판업자들로 하여금 검열당국에 출판물을 미리 제출하도록 했고 허가받지 못한 품목은 출판이 금지됐다.

하지만 현재까지 이 관례가 남아 있는 곳은 로마밖에 없다. 로마도 16세기 중반 이후로는 많이 완화됐다. 그럴 수밖에 없는 것이, 인쇄문화가 어마어마한 속도로 성장했기 때문에, 소위 '인덱스 위원회'라고 하는 교황청 검열 위원회가 아무리 부지런을 떨어도 모든 출판물을 다 볼 수가 없었으며, 금방 수년 분의 일거리가 밀렸던 것이다. 이제는 신문과 잡지, 소책자의 형태로 넘쳐나는 펄프 종이와 잉크의 홍수로 인해, 감시나 분류는커녕 모두 읽어보는 데만도 수천 년이 걸리게 생겼다.

이는 애꿎은 국민에게 '검열'이라는 불관용을 강요하면 결국 통치자 자신에게 큰 손해가 되어 돌아온다는 점을 설득력 있게 보여주는 좋은 예라 하겠다.

이미 로마제국 초기에, 역사가 타키투스[3]는 저자에 대한 탄압을 두고 '그냥 두면 아무 관심도 끌지 못할 것을 오히려 광고해서 널리 알려주는 어리석은 짓'이라며 반대 의견을 말한 바 있다.

'금서 목록(인덱스)'은 결국 이 말을 잘 증명해준 셈이다. 종교개혁 바람이 불기가 무섭게 당대의 중요 문헌에 관심이 있던 독자들은 모두 금서 목록을 참고하여 쉽게 서적을 찾아 읽었으니 말이다. 여기서 그치지 않는다. 17세기에 이르면, 독일과 북해연안 저지대 나라들[4]의 출판업자들은 '금서 목록'을 사전에 알아내는 특별 사무소를 로마에 따로 둘 정도였다. 이들은 금서 목록의 견본

---

3 약 55~120. 로마의 역사가. 《연대기》, 《역사》, 《게르마니아》 등을 남김.
4 현재의 네덜란드, 벨기에, 룩셈부르크.

을 손에 넣으면 바로 전령을 보냈다. 전령은 알프스를 넘고 라인 강 계곡을 타고 최대한 빨리 달려가서 본사에 귀중한 정보를 전달했다. 그러면 독일과 네덜란드의 인쇄소는 금서 인쇄에 착수하여 급조된 가제본판을 만들고, 이를 엄청난 이익을 남기며 팔았다. 가제본된 금서들은 전문 서적 밀수업자들이 금지된 지역으로 운반해 나르곤 했다.

그러나 국경을 넘어 금지된 지역으로 운반할 수 있는 부수는 한정되어 있었으니, 최근까지[5] 금서 목록 제도가 유효했던 이탈리아, 스페인, 포르투갈과 같은 곳에서 이러한 탄압 정책의 결과가 어땠을지는 쉽게 짐작하고도 남을 것이다.

만일 이 나라들이 진보의 경주에서 차츰차츰 뒤쳐진 부분이 있다면, 원인이 멀리 있는 게 아니다. 이 지역의 대학생들은 외국 서적을 접할 수 없었을 뿐만 아니라, 훨씬 질이 떨어지는 국내 서적을 사용하도록 강요받았다.

무엇보다 심각했던 문제는 그러한 금서 목록이 문학과 과학을 전공하려는 사람들의 의욕을 꺾어버리기 일쑤였다는 점이다. 제정신인 사람이라면 어느 누가 무능한 검열관에게 자신의 저작을 일일이 '정정'당하거나 검열심의위원회의 앞뒤 없는 서기관에게 알아보지 못할 만큼 교정받을 부담을 감수하면서까지 책을 쓰려고 하겠는가.

대신 그들은 낚시를 가거나 술집에서 도미노를 하면서 시간을

---

5 반 룬이 이 책을 쓴 1925년을 기준으로 말하는 것이다.

보냈다.

혹은 자신과 자신의 민족에 대해 절망하며 털썩 주저앉아《돈키호테》를 쓰기 시작했다.

10

. . .

역사 쓰기 일반과
이 책 쓰기의 특수함에 관하여

요즘 소설이 지루해서 읽고 싶지 않은 사람들을 위해 내가 기꺼이 추천하는 책은 바로 에라스무스의 《서간집》이다. 겁 많은 친구들이 학자 에라스무스에게 보낸 편지들을 보면, 틀에 박힌 경고 문구가 자주 등장한다.

X라는 학자는 이렇게 쓴다. "그대가 루터 논쟁에 관한 책자를 준비하고 있다고 들었네. 부디 조심스럽게 다루길 바라오. 교황은 그대를 좋게 생각하고 있는데 괜히 화나게 하지 말기를."

아니면, "바로 얼마 전 케임브리지에서 돌아온 친구 말이, 그대가 곧 짧은 에세이 모음집을 출판한다고 하더구먼. 부디 황제의 심기를 건드리는 일이 없기를 바라네. 경우에 따라서는 자네에게 큰 상처를 줄 수 있는 위치에 있는 사람이니 말일세."라는 글도 있다.

책을 한 권 쓰는 데 주의해야 할 대상이 한둘이 아니다. 루뱅의 주교, 영국 국왕, 소르본느의 대학 교수들, 케임브리지의 악명

높은 어느 신학 교수 등등. 이들을 조심하지 않으면 수입이 없어
질 수도 있고, 공식적인 보호를 받지 못하거나 검열관에게 걸려들
어 고생하거나, 수레바퀴에 깔려 죽는 형벌을 당할 수도 있는 것
이다.

요즘에야 그런 바퀴는 교통수단이 아닌 이상 골동품 박물관에
버려져 있을 테고, 종교재판소는 지난 100년간 문을 닫은 지 오래
라 문학하는 사람이 특별히 자신을 보호해야 할 만큼은 아니다.
역사가들이 모이는 장소에서 '수입'이라는 말을 들어본 기억도 거
의 없고 말이다.

하지만 그럼에도 불구하고, 내가 '관용의 역사'를 쓰려고 한다
는 소문이 돌기가 무섭게 각양각색의 경고와 충고의 편지가 나의
은둔지를 찾아들기 시작했다.

'최근 하버드가 기숙사에 흑인 입주를 거부했답니다. 너무도
유감스러운 이 사실을 귀하의 책에서 꼭 언급하셔야 합니다.'라고
쓴 사람은 아동학대방지협회 서기.

혹은 '매사추세츠 프래밍험 지역 흑인 탄압 단체(K.K.K.)가 독
실한 가톨릭 신자가 운영하는 식품점에 대한 보이콧 운동을 하기
시작했습니다. 당신이 쓰는 관용에 관한 이야기에서 이 문제를 언
급해주리라 믿습니다.'… 기타 등등.

이런 사건들이 어리석고 비난받아 마땅하다는 것은 두말할 나
위도 없다. 하지만 관용에 관한 책 한 권에 이 모든 것을 담을 수
는 없는 노릇이다. 이런 일들은 몰지각한 행동의 발현에 지나지
않으며, 공중도덕이 결여된 것으로 보아야 한다. 이는 교회나 국

가의 법률에 반영되어 선량한 시민의 신성한 의무를 처벌하곤 했던 공식적 형태의 불관용과는 매우 다른 것이다.

배저트[1]가 언급한 대로, 역사는 렘브란트의 에칭[2]과 같은 것이어야 한다. 역사는 일정하게 선택된 명분에 선명하게 초점을 맞추어야 하는데, 그 선택된 명분이란 명실상부 가장 중요한 문제여야 한다는 것이다. 나머지는 모두 그림자와 묘사되지 않은 것에 맡기면 된다.

신문을 통해 현대의 가장 한심한 불관용의 많은 예를 보면서도, 우리는 그 안에서 보다 희망적인 미래를 알리는 징후를 찾아낼 수 있다.

이전 세대에서는 "항상 그랬는데 뭘 새삼스럽게." 하면서 그냥 넘어갔거나 당연한 사항으로 받아들였던 것들이, 요즘에는 심각한 논쟁을 불러일으키는 예가 적지 않다. 이전의 우리 부모나 조부모 들이 보기에는 얼토당토않고 매우 비현실적인 생각을 아무렇지도 않게 옹호하는 우리의 이웃을 목격하는 것은 그리 어려운 일이 아니며, 이들은 유난히 공격적으로 드러나는 군중심리와 맞서 싸워 종종 승리하기도 한다.

이 책은 장황하게 긴 내용을 다루지는 않는다.

내가 모든 것을 다 다룰 수는 없지 않은가. 성공한 전당포 업자의 개인적인 속물주의나, 옛 영광도 한풀 죽은 북구인들의 패권

---

1 월터 배저트, 1826-1877. 영국의 경제학자, 저널리스트, 평론가.
2 약품으로 동판의 표면을 부식시켜 오목판을 만들어 제작하는 동판화.

주의, 깊은 숲 은둔 설교자들의 무지, 농촌 목사나 발칸 지방 랍비들의 옹고집. 선량한 인간의 나쁜 사고는 늘 우리와 함께 존재했던바 결코 새로운 것이 못된다.

국가 권력의 공식적인 지지를 받지 않는 한, 그들은 비교적 무해하다고 볼 수 있으며, 대부분의 문명국가에서 그런 일이 일어날 가능성은 거의 없다 하겠다.

사적인 불관용은 어느 사회에서나 불편을 끼치기 마련이고, 경우에 따라서는 기생충, 천연두, 험담을 일삼는 여자를 합친 것보다 더 큰 해를 끼치기도 한다. 그럼에도 불구하고 사적인 불관용은 교수대가 되지는 않는다. 만일 미국이나 다른 나라에서 가끔 그러듯이 사적인 불관용이 사형 집행인의 역할로 발전한다면, 이는 법을 이탈한 것이므로 경찰의 감독 범위 내에서 해결되어야 한다.

사적인 불관용이 감옥을 운영할 수는 없으며, 전 국민이 생각하고 말하고 먹고 마시는 것을 일괄적으로 통제할 수도 없다. 만일 그러한 시도를 한다면, 선량한 민중의 거센 반감으로 새로운 법안은 사문화되어서 수도인 워싱턴에서조차도 지켜지지 않을 것이다.

결국 사적인 불관용은, 자유국가라면 시민들의 방심과 무관심을 파고드는 것 이상으로는 진전될 수 없다. 반면에 공적인 불관용은 사실상 전지전능한 힘이 될 수 있다.

그러한 힘은 자신의 권위를 넘어서려는 어떠한 시도도 허락하지 않는다.

자신들의 행패와 분노에 희생되는 선량한 사람들에게 결코 구제의 기회를 주지 않으며, 시시비비를 가리려는 논쟁도 허락하지 않는다. 이들은 신성한 절대자의 이름을 들먹이며 자기 주장의 정당성을 강조하고, 최근 선거에서 승리한 자신들만이 존재의 신비를 풀 수 있는 해답을 가지고 있는 양, 하늘의 뜻을 설명하려고 나선다.

이 책에서 내가 관용이라는 단어를 이러한 '공적 관용'의 의미로 일관되게 사용했다 해도, 또 사적인 불관용에 대해서는 거의 언급하지 않았다 해도, 독자들께서는 너그러이 이해해주시길 바란다.

어쩌겠는가, 나는 한꺼번에 두 가지 일은 잘 못하니.

11
· · ·

르네상스

매우 지적인 만화 칼럼니스트가 한 분 있다. 그분이 던지는 질문은 가령 이런 식이다. 당구볼, 글자 맞추기 퍼즐, 콘트라베이스, 삶은 셔츠, 현관에 놓인 발판은 인간 세상에 대하여 무슨 생각을 하며 살고 있을까?

하지만 내가 더 궁금한 것은 그 거대한 현대식 공성포攻城砲를 다루도록 명령받은 사람들의 심리 상태가 과연 어떠했을까 하는 점이다. 전쟁 기간 중 수많은 사람들이 각양각색의 기묘한 임무를 수행했지만, '베르타'처럼 예쁜 이름을 가진 총을 쏘는 일만큼 황당한 임무가 과연 또 있었을까.[1]

다른 군인들은 모두 적어도 자신이 무엇을 하고 있는지는 알고 있었다.

하늘을 나는 공군은, 급속도로 펼쳐지는 붉은 화염으로 자신

---

1 제1차 세계대전 당시 독일군이 사용한 420밀리미터 공성포 이름이 '빅 베르타'였다. 벨기에전에서 요새 함락에 사용된 후, 서부전선 전역에서 독일군의 대표적 화력으로 활용됐다.

들이 가스 공장을 명중시켰는지 그 여부를 알 수 있었다.

해군 잠수함의 지휘자는, 약 두어 시간 후에 원위치로 돌아와서 둥둥 떠다니는 표류물 파편을 통해 공격 성과를 확인할 수 있었다.

참호에 죽치고 앉아 있는 불쌍한 육군 병사는, 그저 자리를 지키는 것만으로도 자신의 임무를 수행하고 있다고 여기며 만족할 수 있었다.

포병의 경우도, 비록 보이지 않는 목표물을 향해 포를 쏜다고는 해도, 맘만 먹으면 수화기를 집어 들고 멀리 11킬로미터 떨어진 곳에 숨어 있는 동료를 통해 그놈의 교회탑이 부수어졌는지 혹은 좀 다른 각도에서 몇 번 더 시도해야 하는지를 알아볼 수 있었다.

하지만 이 커다란 공성포를 다루는 군인들은 딱하게도 기괴하고도 비현실적인 자신들만의 세계 속에 존재하고 있었다. 훌륭한 탄도학彈道學 교수들이 아무리 조언을 한다 해도, 이들은 자신이 열심히 허공을 향해 쏜 탄환이 어떤 운명을 만나게 될지 아무런 예측을 할 수가 없었다. 물론 가야 할 곳에 가서 명중된 경우도 있을 것이다. 화약 공장 한가운데에 착탄할 수도 있고, 요새 한가운데에 떨어질 수도 있다. 하지만 잘 생각해보면, 탄환은 교회와 고아원에 떨어질 수도 있고, 아니면 아무런 해를 입히지 않은 채 조용히 강 속에 침잠하거나 자갈 구덩이에 박힐 수도 있다.

작가라는 직업은 공성포를 쏘는 군인과 다를 바 없다고 생각한다. 작가도 무거운 포를 다룬다. 그들의 문학적 미사일은 혁명을 촉발시킬 수도 있고, 전혀 예상치 못한 장소에 거대한 화재를 일으키기도 한다. 하지만 대부분 단지 가련한 불발탄의 신세일 때가 많고, 그저 들판에 조용히 누워 있다가 잘 풀리면 고철로 사용되거나 우산대 혹은 꽃병으로 사용되는 정도다.

인류 역사상 르네상스 시기만큼 엄청난 양의 종이 펄프가 소비된 적도 없었다. 이탈리아 반도의 모든 토마소, 리카르도, 엔리코 들과 위대한 튜튼 명가의 모든 토마시우스 박사, 리카르두스 교수, 도미누스 하인리히 들은, 최소한 12절지 인쇄기 10여 대를 동시에 돌려댔다. 비록 과작寡作이긴 했지만 그리스풍의 소네트를 썼던 토마시노들, 선조 로마인들의 형식을 따라 송가를 지었던 리카르디노들. 그리고 수많은 동전, 조각, 성상, 그림, 원고, 고대 투구 등을 모으던 수집가들은, 고대 유물 폐허에서 나온 이것들을 거의 3세기에 걸쳐 열심히 분류하고 정리하고 도표를 만들고 목록화하고 파일을 만들고 문서로 정리해, 구리 무늬나 판화 장식을 입힌 표지를 달아 수많은 책으로 출판했다.

이 시대의 방대한 지적 호기심은 프로벤, 알뒤스, 에티엔느가家를 비롯한 여러 신흥 인쇄업자에게 이득이 됐다. 이들은 구텐베르크가 발명한 인쇄기로 부를 일구고 있었다(정작 구텐베르크는 인쇄기를 발명하고 망했지만 말이다).[2] 그러나 르네상스 시대의 문헌 생산이

---

2 구텐베르크의 인쇄소에 투자했던 은행가 요한 푸스트는 인쇄소가 궤도에 오를 때쯤 소송을 제기한다. 소송에서 진 구텐베르크는 인쇄소를 빼앗기고, 구텐베르크의 조수로서 모든 기술을 배운 페터 셰퍼가 푸스트와 손잡고 인쇄소를 운영한다. 이후, 인쇄업자들이 모두 호황을 누리던 시기에 정작 인쇄술을 개발한 구텐베르크는 빚으로 감옥을 오가며 어렵게 지냈다.

아무리 활발했다 해도, 15세기나 16세기의 작가들은 자신이 사는 세상에 대단한 영향을 끼치지는 못했다. 무언가 새로운 것을 기여할 수 있는 능력은 소수의 뛰어난 문인에게 한정되어 있었고, 바로 그런 의미에서 당시의 문인은 앞서 언급한 공성포 군인과 비슷한 처지였다. 문인들은 자신들 생전에 그 작품이 얼마나 성공적이었는지, 또 얼마나 악영향을 끼쳤는지 알 수가 없었다. 그러나 대체로 문인들이 진보의 걸림돌이 되는 수많은 장애물을 없애주었던 것은 틀림없다. 그들이 아니었다면 많은 쓰레기가 우리의 지적知的 환경에 계속 불편을 주었을 것이다. 이를 치워준 그들의 철저한 노력에 우리는 영원토록 감사하는 마음을 가져 마땅하다.

그럼에도 불구하고, 엄격하게 말하자면 르네상스는 모든 면에서의 진보를 의미하지는 않는다. 바로 앞 시대에 대해서는 혐오스러워하며 등을 돌리고 그들의 작품을 '야만적'이라 불렀으며(고트족과 훈족을 동류로 여기는 지역에서는 '고딕적', 즉 '고트족 같다'고 부르기도 했다), 단지 '고전적 정신'이라고 알려진 애매한 내용으로 가득 차 있는 예술만을 집중적으로 중요시했다.

비록 르네상스가 양심의 자유, 관용, 그리고 일반적으로 이야기하는 보다 나은 세상을 위해 힘을 실어주었다 해도, 그것이 소위 새로운 운동의 지도자로 알려진 사람들의 의도와 반드시 일치하는 것은 아니었다.

이 시기 훨씬 이전에 이미, 로마 주교의 권리에 이의를 제기하는 사람들이 있었다. 보헤미아 지방의 농부나 영국의 자작농에게, 무슨 말로 기도를 해야 하며 어떤 태도로 예수의 말씀을 공부해야 하고 면죄부에 대하여 얼마를 지불해야 하고 무슨 책을 읽어야 하며 어떻게 아이들을 키워야 하는지 등에 대하여 로마 주교가 일일이 지시하고 관여할 권리가 과연 있는 것인지 이의를 제기했던 것이다. 이들 모두는 로마 교황청이라는 거대 국가의 힘에 짓눌려 있는 상태로 이에 저항하려 했지만, 민족적 명분을 대표하는 투사들답게 싸워도 결국엔 실패하고 말았다.

굴욕적으로 라인 강에 던져진 위대한 얀 후스Jan Hus[3]의 까맣게 탄 시체는 전 세계를 향해 교황의 군주정치가 아직도 건재함을 과시하는 경고였다.

공공 사형 집행인에게 화형당한 위클리프[4]의 시체는, 가톨릭 교회와 교황이 무덤까지도 지배할 수 있다고 리체스터셔의 선량한 농민들을 위협하고 있었다.

분명 정면으로 저항하는 것은 불가능했다.

무제한의 권력으로 지난 15세기 동안 서서히 그리고 면밀하게 구축된 전통의 군건한 요새는 어떠한 공격에도 흔들리지 않았다. 자신이 성 베드로의 유일한 정통 후계자라고 다투는 세 교황 간의 싸움, 이익을 위해서는 법을 어기는 것이 아무렇지도 않았던 로마와 아비뇽 궁정의 완연한 부패, 수도원의 타락, 사람들 사이에서 연옥煉獄에 대한 두려움이 커지는 것을 노려 가난한 부모로부터 죽은 아이를 위한 것이라며 고액의 돈을 갈취하는 무리의 탐욕.

---

3 1372?-1415. 보헤미아의 종교 지도자이자 철학자. 교회개혁을 주장했던 선각자로, 이단으로 몰려 화형당했다. 그가 당긴 불꽃은 사후 100년이 지나 종교개혁 운동으로 일어났다.
4 1320?-1384. 영국의 종교개혁가. 성서의 영어번역으로 유명하다.

이 모든 추문이 공공연하게 퍼져 있음에도 불구하고, 교회의 안전을 조금도 위협하지 못했다.

교회 일에는 아무 관심이 없었고, 교황이나 주교에게 특별히 불만이 있었던 것도 아닌 어떤 사람들이 우연히 아무렇게나 발사한 몇 발이, 마침내 오래된 교회의 붕괴를 초래한 것이다.

프라하 출신의 '가냘프고 창백한 남자'[5]가 기독교 정신의 높은 이상을 가지고 성취하려다 실패한 것을, 지극히 평범한 시민들이 이루어냈다. 이들은 그저, 이 세상에서 착한 일을 하면서 신앙심을 잃지 않고 살다가 가능한 명을 다하고 죽는 것 외에는 아무런 야망이 없는 사람들이었다.

이들은 유럽 각지에서 왔다. 직업도 각양각색이었는데, 만약 실제로 무슨 일에 종사했는지 역사가가 꼬치꼬치 기록했다면 매우 불쾌해했을 것이다.

마르코 폴로의 예를 들어보자. 우리는 그를 대단한 여행가로 알고 있다. 그가 본 세계는 너무나 신기한 것투성이라서 작은 규모의 서구 도시에만 익숙해 있던 그의 이웃들은 그를 '백만 불의 마르코'[6]라 불렀다고 한다. 그가 탑만큼이나 높은 황금 옥좌를 이야기하고 발트해에서 흑해까지 닿을 정도로 긴 화강암 벽[7]이 있다고 말하면, 모두 배꼽을 쥐고 웃어댔다.

그런데 바로 그 주름살투성이의 평범한 시민이 진보의 역사

---

5 보헤미아 종교개혁가인 '얀 후스'에 대한 비유다.
6 '동방에는 ○○이 백만 개나 있다'는 말을 자주 한다고 해서 붙은 별명이었다.
7 '만리장성'에 대한 비유다.

에 중대한 역할을 한 것이다. 마르코 폴로는 대단한 작가도 아니었다. 비슷한 계층과 연배의 다른 사람들처럼, 그도 작가라는 직업에 편견을 가지고 있었다. 신사라면 펜대가 아니라 칼을 써야 했다(복식 부기에 능했을 베네치아의 신사라 할지라도). 작가가 되려는 생각이 없었다고 해야겠다. 그런데 전쟁이라는 운명이 그를 제노바의 감옥으로 몰고 갔다. 바로 거기서, 마르코 폴로는 지루한 수감 생활을 소일하기 위해 마침 같은 방에 있던 가난한 삼류작가에게 자신의 기구한 인생을 들려주었다. 이러한 곡절로, 유럽 사람들은 그동안 전혀 몰랐던 새로운 세계에 눈을 뜨게 된다. 사실 마르코 폴로는 단순한 사람이었다. 자신이 소아시아에서 보았던 바로 그 산을 어느 경건한 성인이 이교도에게 '참된 믿음이 있으면 무엇을 할 수 있는지' 보여주기 위해서 몇 킬로미터 떨어진 곳에서 옮겨왔다고 해도 정말로 믿는 사람이었고, 그 시대에 매우 유행했던 머리 없는 사람이나 다리가 셋인 병아리 이야기도 그대로 믿는 사람이었다. 하지만 그의 보고는 지난 1,200년 동안 나왔던 그 어떤 것보다도 확실하게 교회의 지형학적 이론을 뒤엎어버렸다.

물론 폴로는 신실한 기독교인으로 살다가 죽었다. 누군가 그를, 거의 동시대인이었던 유명인 로저 베이컨Roger Bacon과 비교했다면 폴로는 매우 화를 냈을 것이다. 베이컨으로 말하자면, 골수 과학자였으며 지적 호기심 때문에 처벌을 받아 10년간 글을 발표할 수 없었고 14년간 감옥살이를 했던 사람이 아닌가.

그럼에도 둘을 비교한다면 사실은 마르코 폴로가 훨씬 더 위험한 사람이었다.

베이컨의 이상을 이해할 수 있는 이들은 얼마 없었다. 당시 성스럽게 여겨졌던 모든 생각을 뒤엎을 베이컨의 진화 이론을 훌륭하다 여기며 지지했을 사람은 수십만 명 중에서 기껏해야 한 명 정도였다. 반면에 마르코 폴로 이야기는 글자만 아는 시민이라면 누구나 다 읽을 수 있었다. 그리고 이 세계는 《구약》의 저자들이 상상도 못했던 존재로 가득 차 있다는 사실을 알 수 있었다.

물론 단 한 권의 책 때문에 성경의 권위에 도전하는 반란이 일어나 세계가 조금이나마 자유를 얻게 되었다고 말하는 것은 아니다. 대중적인 계몽은 수세기에 걸친 힘겨운 준비가 쌓여서 그 결과로 이뤄지는 것이기 때문이다. 하지만 누구나 이해할 수 있는 여행가와 항해자와 탐험가의 쉽고 직설적인 이야기는, 르네상스 후반을 특징짓는 회의주의 정신을 촉발시키고, 불과 몇 년 전이었다면 종교재판소의 검열관 앞에 끌려갔을 법한 내용을 말하고 쓸 수 있게 되는 데에 큰 역할을 했다.

보카치오의 친구들이 흑사병을 피해 피렌체에서 도피한 첫날, 서로 들려주었던 기묘한 이야기를 보자.[8] 이야기인즉, 모든 종교 제도는 결국 똑같이 옳거나 똑같이 거짓이라는 게다. 만일 이 것이 사실이라면, 정말로 모든 종교가 똑같이 옳거나 거짓이라면, 어찌하여 증명하거나 반박할 수 없는 사상으로 인해 사람들이 처형되어야 한단 말인가.

---

8 《데카메론》을 말한다.

로렌티우스 발렌시스[9]와 같은 유명한 학자의 더욱 기묘한 사연을 읽어보자. 그는 죽을 때까지 로마 가톨릭 교회의 매우 존경받는 구성원이었다. 하지만 그가 남긴 라틴어 문헌 연구는, 콘스탄티누스 대제가 '로마와 이탈리아와 서구의 다른 모든 지역'을 실베스터 교황의 교황청에 봉헌한 유명한 사건이, 대제가 죽은 지 수백 년이 지난 후에 정체불명의 교황청 관리가 저지른 어설픈 사기에 지나지 않는다는 것을 확고하게 증명했다. 이 봉헌은 이후 모든 교황이 자신을 전 유럽의 군림자라고 주장하는 근거였는데 말이다.

좀 더 실질적인 질문으로 넘어가보자. 성 아우구스티누스의 사상으로 양육받은 충실한 기독교인이란 어떤 사람들이었을까. 성 아우구스티누스는, 지구 반대편에 사는 사람들이 믿는 신앙은 혐오스럽고 이단적인데, 그 불쌍한 사람들은 예수의 재림을 볼 수 없을 것이니 존재할 이유가 없다고 가르쳤다. 1499년에 이 교리를 믿던 선량한 사람들은 대체 어떤 사람들이었을까. 때는 바스코 다 가마[10]가 첫 인도 여행에서 돌아와 지구 반대편에는 여러 왕국이 있는데 많은 사람들이 살고 있다고 이야기할 때였다.

우리의 세상은 평평한 곳이고, 예루살렘은 우주의 중심이라고 듣고 자랐던 이 평범한 사람들은 과연 누구였을까. 그들은 작은 '빅토리아' 호가 둥근 지구를 돌아 세계일주를 끝내고 돌아왔

---

9 1407-1457. 중세의 전통을 공격하고 종교개혁가들의 전망을 예상했던 이탈리아 인문주의자, 철학자, 문학비평가.
10 1460-1524. 포르투갈의 백작. 희망봉을 지나 인도로 가는 길을 열었던 항해자.

을 때,《구약》의 지형 묘사에 매우 심각한 오류가 있다는 것을 어떻게 받아들였을까.

앞서 했던 말을 다시 반복하겠다. 르네상스 시대는 의식적이고 과학적인 탐구의 시대가 아니었다. 매우 유감스럽지만, 영적인 면에 있어서는 종종 진지한 관심이 부족했다. 300년 동안 세상만사가 미와 오락을 향한 욕망의 지배를 받았다. 몇몇 신하의 부정한 교리에는 버럭 큰소리로 화를 내는 교황들조차도, 막상 흥미로운 대화 상대가 되거나 인쇄 혹은 건축에 대해 아는 사람이 있다 싶으면 기꺼이 초대하곤 했다. 사보나롤라[11]처럼 미덕을 숭상했던 열성신자들도, 시와 산문을 통해 폭력적으로 기독교 신앙의 근간을 공격했던 젊고 똑똑한 불가지론자들과 마찬가지로 목숨을 걸고 살아야 했다.

이렇듯 삶에 대한 새로운 관심이 여러 가지로 표현되며 나타나는 가운데, 전지전능의 권력을 휘두르는 교회가 인간 이성 발달에 가하는 제약과 현존하는 사회질서에 불만을 가진, 보이지 않는 흐름이 확연하게 용솟음치고 있었다.

보카치오 시대와 에라스무스 시대 사이에는 약 2세기의 간격이 놓여 있다. 바로 이 2세기 동안 필경사와 인쇄업자는 쉴 틈이 없었다. 교회 자체에서 발간하는 책자를 제외하면, 이 시기에 나온 중요한 문헌은 대부분 당시 세계가 처한 슬픈 현실을 간접적으로나마 언급하고 있었다. 그리스와 로마의 고대문명이 야만적 침

---

11 1452-1498. 이탈리아 도미니코 수도사. 종교개혁을 꾸민 이단자로 화형에 처해졌다.

입자들의 혼란으로 대체된 후, 서구 사회가 무지한 성직자의 감독 아래 놓이게 된 현실을 말이다.

마키아벨리나 로렌초 데 메디치[12]의 동시대인들은 윤리학에 특별한 관심이 없었다. 이들은 실용적인 세상을 상대하는 현실적인 사람들이었다. 교회는 자신에게 해를 입힐 수 있는 막강한 기관이었기에, 적어도 공적으로는 교회와의 충돌을 피했고, 당대의 제도에 문제를 제기하거나 개혁하려는 그 어떤 시도에도 의식적으로 참가하지는 않았다.

하지만 시간이 흘러도 변치 않는 사실에 대한 그들의 꺼지지 않는 호기심, 새로운 감성의 부단한 추구, 가만히 있지 못하는 바로 그 불안감이, 세상으로 하여금 지금까지 '우리는 알고 있다'고 믿었던 확신에서 벗어나 '정말 우리가 알고 있는가'라는 질문을 던지도록 했다.

바로 이 점이 미래의 세대가, 페트라르카의 소네트 전 작품이나 라파엘의 모든 작품보다도 더 감사해야 할 대상일 것이다.

---

12 1449-1492. 피렌체의 통치자. 문예, 미술의 후원자로 공헌했다.

12

. . .

종교개혁

현대 심리학은 우리 자신에 대하여 몇 가지 유용한 것들을 가르쳐주었다. 그중 하나는 단 한 가지 이유 때문에 어떤 행동을 하는 일은 거의 없다는 사실이다. 신설 대학교에 100만 달러를 기부하거나 배고픈 거지에게 동전 한 닢 주기를 거부하거나, 지적인 자유의 진정한 생명력은 외국에 나가 살 때만 얻을 수 있다고 선언하거나 미국 땅을 절대로 다시는 떠나지 않겠다고 맹세하거나, 검은 것을 희다고 하거나 흰 것을 검다고 주장하거나, 결정을 내리는 데에는 언제나 여러 가지 다양한 이유들이 있게 마련이고, 마음속 깊은 곳에서 우리는 이것이 진실이라는 것을 알고 있다. 그러나 우리 자신이나 이웃들에 대해서 감히 솔직하게 행동하려 한다면 세상에 대체로 민망한 모습을 보이게 될 것이므로, 우리는 본능적으로 여러 가지 동기 중에서 가장 존경받을 만하고 그럴싸한 것을 골라서, 대중 앞에 내놓기 전에 조금 손질을 한 다음에야 '이러저러한 행동을 한 이유'라고 만천하에 드러내는 것이다.

그러나 많은 경우 대부분의 사람들을 속일 수 있다는 사실은 반복적으로 실증된 반면, 보통 사람이 자기 자신을 몇 분 이상 속일 수 있는 방법은 아직 발견한 사람이 없다. 우리는 모두 이 가장 부끄러운 진실을 익히 알고 있으며 그러므로 문명이 시작된 이래 이 사실이 그 어떤 경우라도 공공연하게 언급되어서는 안 된다는 데 사람들 모두 서로 암묵적으로 동의해왔다.

우리가 개인적으로 무슨 생각을 하든 그건 자기가 알아서 할 일이다. 겉보기에 존경받을 만한 모습을 유지하기만 한다면 우리는 자기 자신에 대해 완벽하게 만족할 수 있으며 '당신이 내 겉꾸밈을 믿어주면 나도 당신 것을 믿어주지' 하는 원칙에 기꺼이 동의할 수 있다.

예의범절을 모르는 자연만이 이 관대한 행동 규범의 한 가지 위대한 예외다. 그 결과 자연은 문명 사회의 성스러운 관문을 통과하도록 허용되는 일이 거의 없게 되었다. 그리고 이제까지는 역사가 극소수 사람들만의 취미였기 때문에 클레이오Kleio[1]라고 알려진 불쌍한 뮤즈는 매우 지루하게 지내올 수밖에 없었는데, 특히 태고 이래 춤추고 노래하도록 허락받고 모든 파티에 초대받았던 그녀의 덜 존경스러운 자매들의 행적과 비교할 때 더더욱 그러하였다.[2] 이것은 물론 불쌍한 클레이오에게는 대단히 약 오르는 일

---

1 그리스 신화에서 아홉 뮤즈 중 역사의 여신. 리라 연주의 여신으로 언급되는 경우도 있다.

2 아홉 뮤즈는 지식과 예술의 의인화된 상징이다. 그리스 신화에서는 제우스와 기억의 여신 므네모쉬네 사이에서 태어난 아홉 딸들이며, 차례대로 칼리오페Kalliope(서사시), 클레이오(역사), 에우테르페Euterpe(음악), 에라토Erato(서정시), 멜포메네Melpomene(비극), 폴리휨니아 혹은 폴리힘니아Polyhymnia(찬가), 테르프시코레Terpsikhore(춤과 합창), 탈레이아Thaleia(희극과 목가), 우라니아Ourania(천문학)이다.

이었으며 그녀는 특유의 미묘한 방법으로 어떻게든 복수를 했다.

이것은 매우 인간적인 특성이지만, 매우 위험한 것이기도 하며 종종 인간의 목숨과 재산으로 비싼 대가를 치르게 하는 특성이기도 했다. 왜냐하면 이 나이든 여인이 우리가 몇 세기에 걸쳐 체계적으로 거짓말을 계속할 경우 결국 전 세계의 평화와 행복을 깨뜨리게 될 것이라는 사실을 보여주기로 결심하는 순간, 우리가 사는 세계는 즉각 수천 군대의 화염에 휩싸이기 때문이다. 기병 연대가 이쪽으로 몰려오고 보병들이 열을 지어 끝없이 지평선 너머에서 천천히 포복해오기 시작한다. 그리고 이 모든 사람들이 안전하게 각자의 집이나 공동묘지로 돌아가기 전에 나라 전체가 잿더미로 변하고 엄청난 재산이 마지막 한 방울까지 말라붙어버리는 것이다.

전에도 말했듯이 역사는 예술일 뿐 아니라 과학이기도 하며 그러므로 이제까지는 화학 실험실이나 천체관측소에서만 존중되었던 불변의 자연 법칙들이 역사에도 적용될 수 있다는 사실을 우리 인류 조합의 구성원들도 아주 천천히 깨닫기 시작했다. 그리고 그 결과 우리는 이제 앞으로 태어날 모든 세대에게 헤아릴 수 없는 혜택을 주게 될 매우 유용한 과학적 대청소를 하고 있다.

그리하여 마침내 이 장의 서두에 언급된 주제에 이르렀으니, 이름하여 종교개혁이다.

바로 얼마 전까지만 해도 이 위대한 사회적 영적 대변동에 대하여 오직 두 가지 의견만이 존재했다. 전적으로 좋거나 전적으로 나쁘다는 것이었다.

전자의 의견을 따르는 사람들에 의하면 종교개혁은 일부 고귀한 신학자들의 종교적 열정이 갑자기 터져 나온 결과로서, 이 신학자들은 사악하고 금전에 매수되기 쉬운 로마 교황의 초국가超國家에 깊이 충격을 받아서, 진정한 기독교도가 되기 위해 심각하게 노력하는 사람들에게 진정한 신앙을 가르치기 위해 자기들만의 교회를 따로 창시했다는 것이다.

로마에 계속 충성했던 사람들은 이보다 덜 열정적이었다. 알프스 너머의 학자들에 따르면 종교개혁이란 이혼도 하고 싶고 이전에는 성모이신 교회에 속해 있던 재산까지 손에 넣기를 원하는 일단의 비열한 왕자들이 꾸민 저주스럽고 가장 괘씸한 음모의 결과라는 것이다.

언제나 그렇듯이, 양쪽 다 옳고 양쪽 다 틀렸다.

종교개혁은 온갖 동기를 가진 온갖 종류 사람들의 작품이었다. 그리고 종교적인 불만은 이 위대한 격변에서 부수적인 역할만을 했다는 사실과, 실제로 종교개혁은 약간의 신학적 배경이 가미된 피할 수 없는 사회·경제적 혁명이었음을 우리가 깨달은 것은 아주 최근의 일이다.

물론 아이들에게는 착한 필립 왕자가 매우 계몽된 군주라서 개혁된 교리에 개인적으로 지대한 관심을 가졌다고 가르치는 편이 다른 그리스도 교도에 대항한 전쟁에서 이교도 터키인의 도움을 기꺼이 받아들였던 양심 없는 정치인의 복잡한 책략을 설명하는 것보다 쉽다. 그 결과 우리 개신교도는 자기 가문인 헤세 집안에서 그때까지 경쟁자였던 합스부르크 가문이 했던 역할을 맡게 되기를 원했던 젊고 야심만만한 영주를 수백 년 동안이나 대단한 영웅으로 만들어왔다.

다른 한편으로는 클레멘트 교황을 자신이 이끄는 양 떼가 거짓된 지도자를 따르는 것을 막기 위해 기울어가는 권력의 마지막 한 방울까지 낭비했던 사랑이 넘치는 목자로 둔갑시키는 쪽이 훨씬 간단하다. 종교개혁이란 술 취한 독일 수도승 사이의 꼴사나운 악다구니라고 생각하고 교회 권력을 자기 조국인 이탈리아의 이익을 위해서 이용했던 전형적인 메디치 가문의 왕자로 묘사하는 것보다는 말이다. 그 때문에, 대부분의 가톨릭 교리서 책장 속에서 이런 멋진 인물이 우리를 보며 미소 짓는다 해도 전혀 놀랄 일은 아닌 것이다.

그러나 이런 종류의 역사가 유럽에서는 필요할지 몰라도, 운좋게 신세계에 정착한 우리는 유럽 대륙의 조상들이 저지른 과오를 고집할 의무가 전혀 없으며 우리 나름대로 몇 가지 결론을 내릴 자유가 있다.

루터의 절친한 친구이자 후원자였던 혜세 집안의 필립이 거대한 정치적 야망에 사로잡힌 사나이였다 해서, 그의 종교적 신념도 꼭 거짓이었다는 결론이 따라오지는 않는 것이다.

절대로 그렇지 않다.

1529년에 그가 자신의 이름을 그 유명한 '반박문'에 올렸을 때, 그는 함께 이름을 올린 다른 사람들과 마찬가지로 자신이 이제 막 "격렬하고 끔찍한 폭풍의 한가운데 스스로 내놓으려" 하고 있으며 단두대에서 생을 마감할 수도 있다는 사실을 알고 있었다.

그가 비범한 용기의 소유자가 아니었다면 자신이 해냈던 역할을 애초에 맡을 생각조차 하지 못했을 것이다.

그러나 내가 말하고 싶은 요점은 이것이다. 역사 속의 인물(혹은 같은 문제로 우리의 가까운 이웃 누구라도)을 판단하는 것은, 그에게 영감을 불어넣어 그런 일을 하게 했던, 혹은 그가 빠뜨리고 하지 않았던 일을 하지 않게 했던 모든 원인에 대한 심오한 지식이 없이는 대단히 어려운 일이며, 거의 불가능하다는 것이다.

프랑스 속담에 "모든 것을 안다는 것은 모든 것을 용서한다는 것이다."라는 말이 있다. 이건 너무 쉬운 해결책 같아 보인다. 나는 이 말을 고쳐서 다음과 같이 바꾸고 싶다. "모든 것을 안다는 것은 모든 것을 이해한다는 것이다." 용서하는 작업은 옛날 옛적에 그 권리를 독점하신, 좋으신 하느님께 맡겨두어도 된다.

한편 우리는 스스로 겸손하게 "이해하려" 노력할 수 있을 뿐이고 그것만으로도 우리의 한정된 인간적 능력으로는 충분하고도 넘치는 일이다.

이제는 이 약간의 여담을 시작하는 계기가 되었던 종교개혁으로 돌아가도록 하자.

내가 "이해하는" 한, 그 사건은 무엇보다도 이전 300년 동안 쌓인 경제적이고 정치적인 발전의 결과로 태어난 새로운 정신의 발현으로서, 그 정신은 이후에 "민족주의"라는 이름으로 알려졌으며, 그러므로 이 새로운 정신은 이전 500년 동안 모든 유럽 국가들이 강제로 종속되어야 했던 그 이방의 초국가(교황청)에게는 불구대천의 원수였다.

이런 공통의 불만이라는 공통 분모가 없었더라면 독일인과 핀란드인과 덴마크인과 스웨덴인과 프랑스인과 영국인과 노르웨이인이 연합하여 그토록 오랫동안 그들을 가두었던 감옥의 벽을 때려 부술 만큼 강력하게 단결된 하나의 파벌을 이루는 일은 없었을 것이다.

　만약 이 모든 이질적이고 서로 시기하는 요소들이 자기들의 개인적인 원한과 야망을 훨씬 넘어서는 하나의 위대한 이상으로 일시적이나마 묶이지 않았다면 종교개혁은 절대로 성공할 수 없었을 것이다.

　그것은 조그만 지역적 봉기로 퇴보해서 용병 연대 하나와 기운찬 종교재판관 여섯 명 정도로 쉽사리 진압되었을 것이다.

　지도자들은 얀 후스와 같은 운명을 겪어야 했을 것이다. 추종자들은 발도파[3]와 알비파[4]의 작은 무리들이 이전에 학살되었던 것처럼 살해당했을 것이다. 교황청은 또 한번 손쉬운 승리를 거두었을 것이며, '교리에 거스른' 죄를 지은 자들에게는 참혹지세[5]가 뒤따랐을 것이다.

　그렇다고 하더라도 개혁을 위한 위대한 운동은 상상할 수 있는 가장 작은 확률로 성공했다. 그리고 승리를 거두자마자, 모든

3　1170년대 후반에 프랑스 리옹에서 시작된 종교운동의 일파. 12세기 말의 부유한 상인이었던 페터 발도(Peter Waldo)가 재산을 모두 가난한 사람들에게 나눠주고 종말론적 교리를 설파하면서 시작되었다. '리옹의 가난한 사람들'로도 알려진 발도파는 리옹에서 쫓겨났으나 프랑스와 이탈리아 일대까지 퍼져나갔다. 1215년 교황청에서 발도파를 이단으로 규정했으며 이후 14세기까지 많은 신자들이 처형당했다.
4　12-13세기 프랑스에서 일어났던 종교운동. 정신은 선하며 물질은 악하다는 이분법적 교리를 설파했다. 가톨릭 교회에서 이단으로 규정하여 박해하였다.

반역자들의 존재를 위협했던 위험이 사라지자마자, 개신교도 진영은 무한히 많은 작고 적대적인 무리로 갈라져서 적들이 승승장구하던 무렵에 저질렀던 온갖 잘못을 대단히 축소된 규모로 되풀이하려 했다.

어떤 프랑스인 수도원장(그 이름은 불행히도 잊어버렸지만 대단히 현명한 친구였다)은 언젠가 우리는, 그 자체에도 불구하고 인간성을 사랑하는 법을 배워야 한다고 말했다.

약 400년 후라는 안전한 거리에서 이 커다란 희망과 더 커다란 실망의 시대를 되돌아본다는 것은, 결코 이루어지지 않을 이상을 위하여 단두대와 전쟁터에서 목숨을 낭비했던 수많은 남자와 여자 들의 고귀한 용기를 생각한다는 것은, 자신들이 성스럽다고 믿었던 것을 위해 수백만의 이름 없는 시민들이 비쳤던 희생에 대해 깊이 생각하고 그 후에 더 자유롭고 지적인 세계를 향한 운동으로서 신교도의 반란이 완전히 실패했다는 사실을 기억한다는 것은, 사람의 자비심을 가장 혹독한 시험에 들게 하는 일이다.

왜냐하면 신교의 교리는, 진실을 말할수록 이 세상의 수많은 좋고 고귀하고 아름다운 것을 빼앗아가고 대신 편협하고 증오에 차 있고 품위 없는 다른 것들을 많이 더해주었기 때문이다. 그리고 인간의 역사를 좀더 단순하고 더 조화롭게 만드는 대신 더 복

---

5 원문은 "an era of Schrecklichkeit."이다. 'Schrecklichkeit'란 독일어로 '공포' 혹은 '두려움'을 뜻한다. 제1차 세계대전 당시 독일군이 점령한 지역에서 일반 시민의 저항을 막기 위해 게릴라나 저항군으로 알려진 시민들을 처형하고 집과 재산을 불태우는 등 일반인에게 자행했던 공포정책을 일컫는다.

잡하고 덜 정돈된 것으로 만들었기 때문이다. 그러나 이 모든 것은 종교개혁의 잘못이라기보다 대부분의 사람들이 가진 정신적인 버릇 자체의 결점 때문이다.

그들은 재촉받기를 거부한다.

자기 지도자들이 정해놓은 속도를 도저히 따라잡을 수가 없는 것이다.

착한 마음이 모자라서 그런 것이 아니다. 궁극적으로는 그들도 모두 새로 발견된 영토로 이어지는 다리를 건너게 될 것이다. 그러나 자기 나름대로 적당한 때가 와야만 그렇게 할 것이며 마음속에 조상들이 남긴 유품도 할 수 있는 한 많이 가지고 올 것이다.

위대한 개혁은 그리스도교를 믿는 개개의 인간과 그의 하느님 사이에 완전히 새로운 관계를 정립하고 지나간 시대의 모든 편견과 모든 부정부패를 없애버리려 했으나, 결과적으로 믿음직한 추종자들이 가져온 중세의 짐 더미로 너무나 꽉꽉 채워져서 앞으로도 뒤로도 옴짝달싹할 수 없었고, 곧 아무리 살펴보아도 그들이 그토록 엄청나게 혐오했던 가톨릭 교황 제도의 복사판으로 보이게 되었다.

그것이 신교도 반란의 커다란 비극인 것이다. 그 반란은 추종자들 대부분의 저열한 평균적 지성을 뛰어넘을 수 없었다.

그리고 그 결과 서부와 북부 유럽 사람들은 기대했던 것만큼 발전하지 못했다.

절대적으로 옳다고 생각되었던 단 한 사람 대신, 종교개혁은 절대적으로 옳다고 여겨지는 책 한 권을 세상에 가져다주었다.

최고 권위로 군림하는 한 명의 군주 대신 천 명과 또 한 명의 작은 군주들이 일어났고 그 하나하나가 자기 방식대로 최고 권위로 군림하려 했다.

모든 기독교계를 반으로 갈라 잘 규정된 두 부분, 즉 안에 있는 자와 밖에 있는 자, 믿는 자와 이교도로 나누는 대신, 종교개혁은 서로 공통점이라고는 하나도 없지만 자신과 같은 의견을 갖지 못한 사람들 모두에 대하여 가장 격렬한 증오감만 품은 반대자들의 작은 무리들만 끝없이 만들어냈다. 관용의 시대를 수립하는 대신, 그들은 초기 교회를 전례로 삼아 권력을 확고하게 잡자마자 수없이 많은 교리 문답과 강령, 고해 성사 뒤에 숨어서 자신들이 어쩌다 보니 살게 된 공동체에서 공식적으로 수립한 교리에 감히 동의하지 않는 사람들에 대해 원한에 찬 전쟁을 선포했다.

이 모든 일들은 의심할 바 없이 매우 유감스럽다.

그러나 그것은 16세기와 17세기의 정신적인 발달 과정의 관점에서 보면 피할 수 없는 일이었다.

루터나 칼뱅과 같은 지도자들의 용기를 묘사하는 데는 오로지 한 단어만이 존재하는데, 그것은 약간 두려운 단어로, '거대하다 colossal'는 것이다.

평범한 도미니크 수도회[6]의 수도사이고 독일 시골 벽지 어딘가의 작은 해안에 있는 대학의 교수로서, 로마 교황의 교서를 대

---

6 13세기 스페인의 신부였던 성 도미니크 데 구즈만(Saint Dominic de Guzman)이 설립한 가톨릭 수도회. 신학자와 철학자 등 학자를 배출하는 것으로 유명하다.

담하게 태워버리고 교회 문에 자신의 반역적인 의견을 못질해놓은 사람과, 병약한 프랑스인 학자로서 스위스의 작은 마을을 요새로 만들어 교황의 군대 전체를 성공적으로 패배시킨 사람, 이런 사람들은 너무나 독특한 불요불굴의 견본을 제시하기 때문에 현대의 세상에서는 적절하게 비교할 대상조차 찾을 수 없다.

이런 대단한 반역자들이 친구와 후원자 들을, 험한 세상에서 각자 원하는 결실을 거두려 했던 자기 나름의 목적을 가진 친구와 후원자 들을 금세 찾아냈다는 것, 이 모든 일도 전무후무했다.

이런 사람들이 양심을 위해 목숨을 걸고 도박을 시작했을 때, 그들은 이런 일이 일어날 줄은 몰랐고 북유럽의 거의 모든 나라들이 결국 그들의 깃발 아래 협력할 것이라고 예상도 하지 못했다.

그러나 스스로 만들어낸 소용돌이에 한번 던져지고 나자 그들은 흘러가는 대로 어디든 갈 수밖에 없었다.

목숨을 부지한다는 단순한 문제가 곧 모든 힘을 쏟아야 하는 중대사가 되었다. 멀리 로마에서 교황은 마침내 이 한심한 소동이 몇몇 도미니크 수도사와 아우구스틴회[7] 수도사 사이의 개인적인 다툼과 전직 예배당 목사 출신인 프랑스인이 꾸며낸 음모 정도가 아니라 더 심각한 일이라는 사실을 깨달았다. 수많은 채권자들로서는 매우 반갑게도 교황은 애완용 대성당 건축을 잠시 중단하고 전쟁 의회를 소집했다. 교황의 칙서와 파문이 미친 듯이 빠르게

---

7 성 아우구스틴(St. Augustine of Hippo, 354–430)이 남긴 종교생활 규범을 따르는 가톨릭 수도회. 명상과 교회 업무를 병행한다.

날아다녔다. 황제의 군대가 움직이기 시작했다. 그리고 반란의 지도자들은 막다른 구석에 몰린 채 버티며 싸워야 했다.

절박한 갈등 상황에서 위대한 사람들이 균형 감각을 잃은 것은 역사상 처음이 아니었다. 한때 "이교도들을 화형에 처하는 것은 성신聖神의 뜻에 어긋난다."라고 선언했던 바로 그 루터가, 몇 년 뒤에는 재침례교도[8]들의 발상에 기울어진 사악한 독일인과 네덜란드인을 생각만 해도 밉고 화가 치밀어올라 이성을 잃은 듯하다.

하느님에게 우리의 논리 체계를 강요해서는 안 된다고 주장하는 것으로 커리어를 시작했던 용맹한 개혁가는 논리력에 있어 자신보다 의심의 여지없이 월등한 적수를 화형에 처하는 것으로 그 궤적을 마감하였다.

오늘의 이교도는 내일 모든 반란군의 최대의 적이 된다.

그리고 칼뱅과 루터 모두, 어둠이 끝나고 마침내 새벽이 왔다는 그 새로운 시대에 대하여 그들이 했던 그 모든 이야기에도 불구하고, 살아 있는 내내 중세의 충실한 아들들이었다.

관용은 그들의 눈에 미덕으로 보이지 않았고 도무지 그렇게 보일 수도 없었다. 그들 자신이 사회에서 추방된 상태인 한, 그들은 기꺼이 신이 주신 권리인 양심의 자유를 발동하여 적에 대항하

---

8 본서 16장 〈재침례교도〉 참조.

는 논거로 사용하고 싶어 했다. 일단 전쟁에서 이기고 나면 이 믿음직한 무기는 비실용적이어서 버려진 다른 수많은 좋은 의도로 이미 가득 찬 신교도의 쓰레기 창고 구석에 조심스럽게 놓인다. 그렇게 그곳에 버려진 채 수많은 세월이 지나도록 잊었다가 설교문이 가득 든 짐 가방 뒤에서나 발견되는 것이다. 그러나 그것을 집어 들어 녹을 닦아내고 다시 한번 전쟁터에 들고 나간 사람들은 16세기 초에 열심히 싸웠던 사람들과는 본성이 달랐다.

그럼에도 불구하고 개신교 혁명은 관용이라는 대의에 커다란 공헌을 했다. 반란을 통해 직접적으로 얻어낸 성과를 통해서 공헌한 것이 아니다. 그 분야에서 얻어낸 것이란 정말 작았다. 그러나 간접적으로 종교개혁의 결과는 발전을 가져왔다.

우선 그 개혁으로 인해 사람들이 성경과 친숙해졌다. 로마 교회는 사람들이 성경을 읽는 것을 내놓고 금지한 적은 없었지만 평범한 보통 사람이 이 성스러운 책을 연구하는 것을 독려한 적도 없었다. 이제 마침내 모든 정직한 빵 장수와 양초 장인도 모두 이 성스러운 작품을 한 권씩 가질 수 있게 되었고 자기 작업실에서 호젓하게 읽을 수도 있고 말뚝에 묶여 화형당할 위험을 무릅쓰지 않아도 자기 나름의 결론을 내릴 수 있게 된 것이다.

친숙해지면 알지 못하는 것의 신비 앞에서 느끼던 경이감과 공포의 감정은 없어지게 마련이다. 종교개혁 직후 첫 200년 동안 독실한 신교도들은 발라암의 나귀[9]부터 요나의 고래[10]까지 《구약》에서 읽은 건 무엇이든 다 믿었다. 그리고 쉼표 하나라도(박식한 아브라함 콜로비우스의 '영감에 찬' 모음 부호!)[11] 감히 의문을 품었던 사람들은 자신들의 회의에 찬 소리 죽인 웃음이 공동체 전체에 들리게 할 만큼 어리석지는 않았다. 더 이상 종교재판은 두렵지 않았지만, 그보다 신교도 목사들은 경우에 따라 한 인간의 인생을 극도로 불유쾌하게 만들 수 있었으며, 대중 앞에서 성직자의 검열이 가져오는 경제적인 결과는 대재앙까지는 아니더라도 종종 매우 심각했기 때문이다.

그러나 점차적으로, 사실상 양치기와 무역상으로 이루어진 조그만 부족의 민족사에 지나지 않는 책[12]을 영원토록 되풀이하여 연구한 끝에 루터도 칼뱅도 다른 개혁자들도 전혀 예상하지 못했던 결과를 낳게 되었다.

만약에 예상했다면 그들도 히브리어와 그리스어를 싫어하는 교회의 태도에 동의했을 것이며 성경을 조심스럽게 초심자의 손이 닿지 않는 곳에 보관했을 것이라고 나는 확신한다. 왜냐하면 결국에는 점점 늘어나는 진지한 학생들이 《구약성서》는 보기 드물게 흥미진진하기는 하지만 너무나 무섭고 소름 끼치는 잔인함과 욕심과 살인에 대한 이야기들을 담고 있어서, 영감을 받아 집

---

9 〈민수기〉 22-24장 참조. 발라암은 이스라엘 민족이 이집트에서 탈출한 뒤 모압 평원에 도착했을 때 모압의 왕자 발락이 이스라엘을 저주하기 위해 고용한 주술사이다. 그가 발락의 부름을 받고 나귀를 타고 갈 때 나귀는 야훼의 사자를 보고 엎드렸다. 발라암이 채찍질을 하자 나귀는 "나는 네가 평생 타고 다닌 나귀인데 어째서 이렇게 때리느냐" 하고 말대꾸를 했다.

10 요나는 야훼의 명을 어기고 배를 타고 가다 풍랑을 만나서 고래에 삼켜졌다가 사흘 만에 고래가 토해내어 살아났다. 〈요나서〉 1-2장 참조.

11 아브라함 칼로비우스(Abraham Calovius 1612-1686). 17세기 루터교 신학자. 성경에 드러난 성스러운 진실을 전부 믿어야 한다고 주장했다.

12 《구약성서》를 말함.

필되었을 가능성은 도무지 없고, 그보다는 내용 자체로 보아 여전히 반쯤 야만적인 상태에서 살았던 사람들의 작품임에 틀림없다는 올바른 평가를 내리기 시작했기 때문이다.

그런 뒤에는 물론 많은 사람들이 성경을 진정한 지혜의 유일한 원천이라고 생각하기란 불가능해졌다. 그리고 일단 이렇게 자유로운 사색의 장애물이 사라지자, 거의 1,000년 동안 저주받았던 과학적인 연구의 물결이 자연스러운 물길을 따라 흘러가기 시작했고, 중간에 끊어졌던 옛 그리스와 로마 철학자들의 저작들이 2,000년 전에 버려졌던 그곳에서 다시 읽히기 시작했다.

그리고 두 번째로, 이것은 관용이라는 관점에서 보면 훨씬 더 중요한데, 종교개혁이 종교 기구의 가면 아래 사실상 로마제국의 영적이면서도 대단히 횡포한 연장선에 불과했던 권력의 독재로부터 북유럽과 서유럽을 해방시켰다는 것이다.

가톨릭 독자라면 이러한 진술에 동의하기 힘들 것이다. 그러나 이 움직임은 피할 수 없었을 뿐만 아니라 가톨릭 신앙에 대해서도 가장 반가워할 만한 기여를 해주었으므로 가톨릭 교도들도 감사할 이유가 있다. 왜냐하면 가톨릭 교회도 자기 힘으로 상황을 타개해야 할 처지가 되자, 한때 그 성스러운 이름을 탐욕과 독재의 동의어처럼 만들었던 폐해를 몰아내기 위해 영웅적으로 노력했기 때문이다.

그리고 가톨릭 교회는 가장 빛나는 승리를 거두었다.

16세기 중반이 지나고 나자 바티칸에서는 더 이상 보르지아

Borgia 가문[13]이 세력을 잡지 못했다. 교황은 이전에도 그랬듯이 계속 이탈리아인이었다. 이 규칙에서 벗어난다는 것은 사실상 불가능했는데, 새 교황을 뽑을 권리를 가진 추기경들이 독일인이나 프랑스인이나 혹은 다른 외국인을 선택했다면 로마의 무산 계급이 들고 일어나 도시를 홀랑 뒤집어놓았을 것이기 때문이다.

그러나 새 교황은 대단히 신중하게 선정되었고 가장 고결한 인품을 갖춘 후보만이 고려의 대상이 될 수 있었다. 그리고 헌신적인 예수회Jesuits[14] 보조자의 충실한 도움을 받는 이 새로운 주인들은 철저한 대청소를 시작했다.

방종을 판매하는 일은 끝났다.

수도회는 그 설립자들이 수립했던 규율을 연구할 것을 (그리고 앞으로 순종할 것을) 명령받았다.

탁발 수도사들은 문명화된 도시의 거리에서 사라졌다.

그리고 르네상스 시대의 일반적인 영적 무관심도 바뀌어, 존재의 짐을 스스로 지고 갈 만큼 강하지 못한 불행한 사람들에게 겸손하게 봉사하고 선행을 하는 데 바친 성스럽고 유용한 삶에 대한 간절한 열정으로 대체되었다.

그렇다고 하더라도 이 영토의 대부분은 일단 잃어버리자 다시는 되찾을 수 없었다. 지리학적으로 조금 뭉뚱그려 말한다면

---

13 스페인 발렌시아 지방에서 일어난 가문으로 15~16세기 가톨릭 교회와 정치권에서 세력을 잡았다.
14 1540년에 결성된 남성 가톨릭 신자들의 모임. 특히 교육에 힘쓰는 것으로 유명하여 세계 각국에 학교를 많이 설립했다. 한국에서는 서강대학교가 예수회에서 설립한 학교다.

유럽의 북쪽 반은 개신교를 지켰고 남쪽 반은 가톨릭으로 남아 있었다.

그러나 종교개혁의 결과를 그림이라는 언어로 번역한다면 유럽에서 일어난 실제적인 변화가 더 분명하게 드러날 것이다.

중세에는 세계 보편의 영적이고 지적인 감옥이 하나 있었다.

신교도 반란은 이 오래된 건물을 부수고 쓸 만한 재료들을 모아 자기들 나름의 교도소를 만들었다.

1517년 이후에는 그러므로 지하 감옥이 두 개가 되었는데, 하나는 가톨릭 교도만을 위한 것이었고 다른 하나는 개신교도만을 위한 것이었다.

최소한 원래의 계획은 그랬다.

그러나 개신교도들은 몇 세기나 이어진 핍박과 억압의 훈련을 쌓을 좋은 기회를 얻지 못했기 때문에, 반대자들이 뚫지 못하는 감방을 만드는 데 실패했다.

창문과 굴뚝과 지하실 문으로 수많은 어지러운 죄수들의 무리가 탈출했다.

오래지 않아 건물 전체가 망가졌다.

밤에 이단자들이 와서 돌과 대들보와 철근을 수레 가득 실어다가 다음날 아침에 자기들만의 조그만 요새를 지었다. 그러나 이것은 겉보기에 1,000년이나 전에 위대한 그레고리우스와 이노첸트 3세가 지었던 원래의 감옥처럼 보였지만 필요한 내구성을 갖추지 못했다.

죄수를 받을 준비가 되자마자, 정문 위에 새로운 규칙과 규율이 나붙자마자, 불만에 찬 수인들이 떼를 지어 걸어 나가기 시작했다. 이제 목사라고 불리게 된 간수들은 기강을 잡는 구식 방법(파문, 고문, 처형, 압류와 추방)을 빼앗겼기 때문에 이 결의에 찬 무리 앞에서 전적으로 무기력했으며, 반란자들이 그들 나름의 신학적인 취향에 맞는 울타리를 치고 자신들의 일시적인 신념에 그때그때 들어맞는 새 교리를 선언하는 것을 속수무책으로 바라볼 수밖에 없었다.

이런 과정이 너무나 자주 반복되어 결국에는 서로 다른 감옥들 사이에 일종의 영적인 무법 지대가 형성되었으며, 여기서 호기심 많은 사람들은 마음대로 배회하고 정직한 사람들은 아무런 방해나 괴롭힘을 당하지 않고 좋을 대로 어떤 생각이든 할 수 있었다.

그리고 이것이야말로 신교도의 교리가 관용이라는 대의에 가져온 위대한 공헌이다.

그것은 개인의 존엄성을 재정립해주었던 것이다.

13

...

에라스무스

모든 책은 집필 과정에서 위기를 겪는다. 때로 그 위기는 첫 50페이지를 쓰는 동안 찾아온다. 혹은 원고가 거의 완성될 때까지 모습을 드러내지 않는 경우도 있다. 위기를 겪지 않은 책이란 홍역을 한 번도 치르지 않은 아이와 같다. 틀림없이 뭔가 문제가 있는 것이다.

현재 이 책을 쓰는 동안의 위기는 바로 몇 분 전에 일어났는데, 왜냐하면 이 고상한 1925년에 관용이라는 주제로 집필을 한다는 생각이 상당히 비이성적으로 보이기 시작하는 시점, 그러니까 막 시작한 연구에 이제까지 쏟아온 모든 노력이 소중한 시간을 그저 낭비한 것으로 보이기 시작하고, 베리와 리키와 볼테르와 몽테뉴와 화이트로 화톳불을 지피고 바로 내 자신이 쓴 책의 인쇄본을 난로에 불붙이는 데 썼으면 가장 좋겠다는 생각이 드는 시점에 도달했기 때문이다.

이것을 무슨 수로 설명한단 말인가?

이유는 여러 가지가 있다. 우선 작가가 한 가지 주제와 아주

긴밀한 관계로 너무 오랫동안 지냈을 때 닥쳐오는 피할 수 없는 권태의 감정이다. 두 번째로, 이런 종류의 책은 실제적 가치라고는 전혀 없을 것이라는 의심이다. 그리고 세 번째로, 현재 이 책이 우리의 덜 관용적인 동료 시민들에게 그저 그들의 나쁜 대의명분을 뒷받침해줄 편리한 사실들을 몇 가지 파내는 원천으로 사용될 것이라는 두려움이다.

그러나 이런 (대부분의 진지한 책들에 해당하는) 논거를 떠나 지금의 경우에는 '체계'라는, 거의 극복할 수 없는 어려움이 있다.

어떤 이야기가 성공을 거두기 위해서는 시작과 끝이 있어야 한다. 이 책에는 시작이 있지만, 과연 끝이라는 게 있을까?

내 말은 이런 뜻이다.

나는 겉보기에는 공정함과 정의의 이름으로 저질러진, 그러나 사실은 불관용 때문에 발생한 끔찍한 범죄들을 보여줄 수 있다.

나는 불관용이 가장 중요한 미덕 중 하나의 반열에 올라섰을 때 인류에게 닥쳐왔던 불행한 날들을 묘사할 수 있다.

독자들이 입을 모아 "이 저주를 물리쳐라, 우리 모두 관용적이 되자!"라고 외칠 때까지 불관용을 비난하고 비웃을 수도 있다.

그러나 할 수 없는 일이 한 가지 있다. 나는 이 대단히 바람직한 목표를 어떻게 하면 달성할 수 있는지는 말할 수 없다. 저녁 식사 후의 사교 대화에서부터 복화술에 이르기까지 모든 일에 대해 방법을 제시해줄 수 있는 지침서들이 있다. 지난 일요일에 어떤 통신 교육 과정 광고에서 나는 아주 적은 비용만 내면 적어도 249가지 주제에 대해 완벽하게 익힐 수 있도록 가르쳐주겠다는 학원의 광고 문구를 읽었다. 그런데 이제까지 아무도 40회(혹은 4만 회) 짜리 강좌에서 '어떻게 하면 관용할 수 있는가'를 설명하겠다고 제안한 적은 없었다.

그리고 역사조차도 그토록 많은 비밀에 대한 열쇠를 쥐고 있다고 여겨지지만 이 비상사태에서는 아무런 소용도 되지 않으려 한다.

그렇다. 노예 제도나 자유 무역이나 사형 제도나 고딕 건축 양식의 성장과 발달 과정에 대해서 박식한 책들을 집필하는 것은 가능한 일이다. 왜냐하면 노예 제도와 자유 무역과 사형 제도와 고딕 건축은 매우 한정되고 구체적인 것들이기 때문이다. 다른 모든 자료가 부족하더라도 우리는 최소한 자유 무역과 노예 제도와 사형 제도와 고딕 건축의 옹호자였던 혹은 그것에 반대했던 남자와 여자의 일생을 연구할 수는 있다. 그리고 그런 훌륭한 사람들이 주제에 접근했던 방식을 통하여, 그들의 개인적인 버릇, 친구 관계, 음식과 담배 취향, 심지어 어릴 적에 입었던 반바지를 근거로, 그들이 그토록 정열적으로 신봉했던 혹은 그토록 원한에 차서 비난했던 이상에 대하여 어떤 결론을 내릴 수 있다.

그러나 관용에 대해서는 한 번도 전문적인 주창자가 없었다. 위대한 명분을 위해 가장 열정적으로 일했던 사람들은 부수적으로 관용에 일조했을 뿐이다. 그들의 관용이란 부산물이었다. 그들은 다른 것을 추구하는 데 열중해 있었다. 그들은 정치인이거나 작가거나 왕이거나 내과 의사거나 아니면 겸손한 수공업자였다. 왕의 업무나 환자 진료나 강철 조판을 하다가 도중에 시간을 내서

관용에 대하여 몇 마디 좋은 말을 할 수는 있었지만, 관용을 위한 싸움은 그들에게 경력의 전부가 아니었다. 그들은 체스를 하거나 바이올린을 켜는 데 관심을 가지는 정도로 관용에 관심을 가졌다. 그리고 그들은 이상하게 분류된 그룹(스피노자와 프리드리히 대왕과 토머스 제퍼슨과 몽테뉴가 술친구였다고 상상해보라!)에 속해 있었기 때문에, 군대 생활이건 배관 일이건 세상을 죄악에서 구하는 일이건 공통된 한 가지 임무에 종사하는 사람 모두에게서 대체로 찾을 수 있는 성격상의 공통점을 발견하기란 거의 불가능한 일이다.

그런 경우 작가는 격언에 의지하게 되어 있다. 이 세상 어딘가에는 모든 딜레마를 위한 격언이 있다. 그러나 이 특정한 주제에 대해서는, 성경과 셰익스피어와 아이작 월튼Izaak Walton[1]과 친애하는 벤담까지도 우리를 궁지에서 구해주지 못한다. 아마도 조나단 스위프트가 (내가 기억하는 대로 인용하자면) "대부분의 사람들은 자기 이웃을 싫어할 만큼의 신앙심은 가지고 있지만 그들을 사랑할 만큼 충분한 신앙심을 갖고 있지는 못하다."라고 했을 때 이 문제에 가장 근접했을 것이다. 하지만 불행히도 그 재치 있는 한마디는 우리가 현재 겪는 고충을 해결해주지 못한다. 한 개인이 안전하게 지닐 수 있는 최대한의 신앙심에 사로잡혀서도, 할 수 있는 한 가장 진심으로 이웃을 증오했던 사람도 있었다. 종교적인 본능이라고는 하나도 없었지만 기독교 국가의 모든 길 잃은 고양이와 개와 인간들에게 애정을 흩뿌렸던 사람도 있었다.

---

1 1593-1683. 17세기 영국의 작가. 예술과 낚시에 관한 책을 썼으며 전기 작가로도 유명했다.

안 되겠다. 스스로 대답을 찾아야겠다. 그리고 응당 해야 할 심사숙고를 한 끝에 (그러나 굉장히 불확실하다고 느끼며) 내가 진실이 아닐까 생각하는 것을 천명해야겠다.

관용을 위해 싸웠던 사람들은 개개의 차이점에도 불구하고 모두 한 가지 공통점을 가지고 있었다. 그들의 신념에는 의심이 적절히 섞여서 그 강도를 조절했다는 점이다. 그들은 자신이 옳다는 것을 마음속 깊이 믿었을지 몰라도 그런 생각이 굳어져 완전한 확신이 되는 시점에는 결코 도달하지 못했다.

이 특급 애국심의 시대에, 100퍼센트 이것과 100퍼센트 저것을 요구하는 우리의 열정적인 부르짖음을 들으며, 그런 획일적인 이상이라면 어느 것에나 타고난 혐오감을 가진 듯한 자연이 가르쳐준 교훈을 짚어봐도 좋을 것이다.

순종 고양이와 개들은 속담에도 나오는 천치들이며 빗속에서 그들은 아무도 구해주지 않으면 그대로 죽어버리기 쉽다. 100퍼센트 순수한 쇠는 강철이라는 합성 금속으로 대체되어 폐기처분된 지 오래다. 100퍼센트 순수한 금이나 은으로 뭔가 해보려고 시도한 보석 세공사는 없었다. 바이올린은 쓸모가 있으려면 여섯 가지나 일곱 가지 서로 다른 종류의 나무로 만들어져야 한다. 그리고 완벽하게 100퍼센트 옥수수 죽으로만 이루어진 식사라면 고맙지만 사양하겠다!

간단히 말해 세상에 있는 유용한 물건들은 모두 합성된 것이다. 나는 신념만 예외가 되어야 할 이유를 알지 못한다. '확신'이 그 기반에 적정량의 '의심'이라는 합금을 함유하지 않는 한, 신념은 순수한 은으로만 된 종처럼 덜 익은 소리, 혹은 순수한 동으로만 만든 나팔처럼 거친 소리를 낼 것이다.

관용의 영웅들이 나머지 세상과 다를 수 있었던 이유는 이런 사실을 깊이 인식하고 있었기 때문이다.

개인적으로 고결하고, 정직한 신념을 가지고 있고, 의무에 헌신적으로 충실하며 다른 모든 귀에 익은 미덕을 지니고 있다는 점에서라면 이 사람들 대부분은 청교도 종교재판위원회의 엄격한 기준이라도 통과할 수 있을 것이다. 나는 여기서 한 걸음 더 나아가 그들 중에서 적어도 절반은 지금쯤 성인으로 추앙받는 종류의 삶을 살다가 죽었을 것이라고 천명한다. 만약 그들의 특이한 양심적 경향 때문에 보통 사람을 무슨 천상의 고관대작으로 격상시킬 독점적인 권리를 스스로 떠맡은 종교제도의 공공연한 적이 되어버리지만 않았다면 말이다.

그러나 다행히 그들은 신성한 의심에 사로잡혀 있었다.

그들은 (이전에 로마와 그리스 사람들이 알고 있었듯이) 자신들이 직면한 문제가 너무나 방대하여 제정신이 박힌 사람이라면 아무도 그 문제가 해결될 거라고는 생각할 수 없다는 사실을 알고 있었다. 그리고 그들이 선택한 길이 궁극적으로 그들을 안전한 목적지로 데려다주기를 바라고 기도할 수는 있어도 그 길이 유일하게 옳은 길이라고, 다른 모든 길은 틀렸고 수많은 순진한 사람들의 마음을 즐겁게 해주었던 매혹적인 샛길들이 파멸로 이어지는 사악한 통로라고는 결코 확신할 수 없었던 것이다.

이 모든 것은 대부분의 교리 문답과 윤리 교과서에 표출된 의견과는 정반대로 보인다. 그런 책들은 절대적인 신념의 순수하고 하얀 불꽃으로 밝혀진 세상의 우월한 미덕을 설교한다. 어쩌면 사실일지도 모른다. 그러나 그 불꽃이 가장 밝게 불타던 것으로 생각되던 시대에 보통의 평범한 사람들 대부분은 특별히 행복하다고도 대단히 편안하다고도 말할 수 없었다. 나는 급진적인 개혁을 제안할 생각은 전혀 없지만, 그저 기분 전환을 위해서 관용 조합에 속한 형제들이 세상사를 비추는 데 습관적으로 사용했던 그 다른 빛을 써보면 어떨까 싶다. 그렇게 해서 성공하지 못한다면 우리는 언제든지 우리 아버지들의 체제로 돌아갈 수 있다. 그러나 그 다른 빛이 조금이라도 더 친절하고 참을성 있는 사회, 추악함과 욕심과 증오에 조금 덜 시달리는 공동체에 좀 더 보기 좋은 빛을 비춘다면, 우리는 많은 것을 얻을 것이며 그 대가는 꽤나 적을 것이라고 나는 확신한다.

그리고 그 나름 가치가 있는 일에 대한 충고 한마디를 이렇게 내놓고 나는 역사 이야기로 돌아가야겠다.

마지막 로마인이 땅에 묻혔을 때, 마지막 세계 시민(이 단어의 가장 좋고 가장 넓은 의미에서)이 사라졌다. 그리고 사회가 다시 안정된 기반 위에 놓여 고대 세계에서 가장 빛나는 지성인들의 특징이었던 모든 것을 포용하는 인류애의 오랜 정신이 안전하게 이 지구상에 돌아오기까지는 긴 시간이 지나야만 했다.

그것은 우리도 보았듯이 르네상스 시기에 일어났다.

국제 무역이 되살아나 가난에 찌든 서쪽 나라들에 신선한 자본을 가져다주었다. 새 도시가 생겨났다. 새로운 계급의 사람들이 예술을 후원하고, 책을 사는 데 돈을 쓰고, 사회가 번성하는 길목에서 막 생겨났던 대학들에 기부를 했다. 그리고 대담하게도 전인류를 실험 대상으로 삼은 '인문학'이라는 학문의 몇몇 헌신적인 지지자들이, 구식 학풍의 좁은 한계선에 대항하는 반란을 일으키고 고대인의 지혜와 문법에 대한 자신의 관심을 사악하고 불순한 호기심의 발현이라고 간주한 믿음 깊은 자의 무리로부터 탈선한 것은 바로 그 시기였다.

이런 개척자들로 이루어진 조그만 그룹에서 선봉에 서 있던 사람들의 인생 이야기로 이 책의 나머지 부분을 채우게 될 텐데, 그런 사람들 중에서 에라스무스라고 알려진 매우 소심한 사람보다 더 큰 공로를 인정받을 자격이 있는 사람은 거의 없을 것이다.

왜냐하면 그는 자기 시대의 위대한 언쟁에는 모두 참여했고 적들에게 무서운 상대가 되는 데 성공하기는 했지만, 소심했기 때문에 그는 모든 무기 중에서도 가장 치명적인 무기를 치밀하게 다루었으니, 그것은 '유머'라는 장거리포였다.

재치라는 겨자 가스를 담은 이 미사일은 적국 깊숙한 곳까지 멀리 날아갔다. 그리고 이 에라스무스 폭탄들은 매우 위험한 변종이었다. 첫눈에 보기에 그것은 전혀 해롭지 않아 보였다. 남의 비밀을 고자질하며 지글지글 타오르는 도화선 같은 건 없었다. 그 폭탄들은 새로운 종류의 재미있는 폭죽 같은 모습이었지만, 그것을 집으로 가져가서 아이들에게 갖고 놀게 하는 자, 신의 가호가 필요할 것이다. 그 독은 아이들의 조그만 마음속에 스며들 것이 확실했고, 본질적으로 너무나 끈질겼기 때문에 인류가 그 약물의 효력에 면역이 생기기까지는 400년의 세월도 충분하지 않았으니 말이다.

　북해의 동쪽 해안을 따라 펼쳐진 뻘밭에 자리 잡은 가장 단조롭고 지루한 마을에서 그런 사람이 태어났다는 것은 이상한 일이다. 15세기, 축축하게 젖은 그런 저지대는 아직 독립적이고 엄청나게 부유한 공화국의 영광을 입지 못했다. 그런 마을은 문명화된 사회 변두리 어딘가에서 작고 별로 중요하지 않은 공국公國의 무리를 형성했다. 그런 마을에서는 늘 주요 수출품인 청어의 비린내가 풍겼다. 찾아오는 방문객이란 그 음산한 해변에 침몰한 배의 불운한 선원뿐이었다.

　그러나 이렇게 재미없는 환경에서 보낸 끔찍한 어린 시절 덕분에 이 호기심 많은 아기는 자극을 받아서 정력적인 활동을 시작하여, 마침내 자유를 얻고 당대의 가장 잘 알려진 인사 중 한 명이 되었을 것이다.

　인생의 시작부터 모든 것이 그에게 적대적이었다. 그는 사생아였다. 중세 사람들은 신과 자연에 대하여 매우 친밀하고 정다운 관계에 있었으므로 그런 아이들에 관한 한 우리보다 훨씬 더 분별이 있었다. 그들은 유감스러워했다. 그런 일은 일어나지 말았어야 했다. 물론 절대로 사회적인 승인을 받지 못했다. 그러나 그 밖의 나머지에 관한 한, 아무 힘도 없이 요람에 누워 있는 아기를 분명 자기가 저지르지 않은 죄 때문에 벌하기에는 그들의 마음이 너무 착했다. 변칙적인 출생 증명 때문에 에라스무스가 겪어야 했던 불편이라면, 그의 아버지와 어머니 모두 대단히 얼빠진 시민들이라 상황을 감당할 능력이 전혀 없었기 때문에 얼뜨기나 불량배였던 친척들에게 아이를 돌보아달라고 맡겼다는 사실이었다.

이 숙부와 후원자들은 자기들이 떠맡은 두 명의 어린 피후견인을 어떻게 해야 할지 전혀 알지 못했다. 어머니가 죽은 후에 아이들은 한 번도 제대로 된 가정에서 양육을 받지 못했다. 우선 형제는 데벤터Deventer² 의 유명한 학교로 보내졌다. 그곳의 몇몇 선생들은 '공공 생활의 형제들 연합'에 속해 있었다. 에라스무스가 후일 쓴 편지들로 판단하건대 이 젊은 남성들의 '공공 생활'은 매우 공공연하게 '저속'했던 듯하다. 이후 두 형제는 다시 헤어진다. 어린 쪽은 하우다Gouda³ 로 보내져 라틴어 학교 교장한테 직접 지도를 받았다. 이 교장 또한 그의 얼마 되지 않는 유산을 관리하기 위해 지정된 세 명의 후원자 중 하나였다. 그곳이 에라스무스가 다니던 시절에도 내가 400년 후에 찾아갔을 때만큼 형편없는 학교였다면 그 불쌍한 아이가 그저 안됐을 따름이다. 그리고 상황은 더 나빠져서, 이때쯤 후원자들은 에라스무스의 유산을 마지막 한 푼까지 다 낭비했다. 이들은 기소당하는 것을 피하기 위해 (옛날 네덜란드 법정은 이런 문제에 매우 엄격했다) 서둘러 아이를 수도원으로 데려가 황급히 성직에 집어넣고 "이제 앞날이 보장되었으니" 행복해 하라고 명령했다.

---

2 네덜란드 서쪽에 있는 도시.
3 네덜란드 남부의 도시. 일명 '고다 치즈'의 원산지로 유명하다.

역사의 신비로운 풍차는 마침내 이 끔찍한 경험을 빻아서 대단한 문학적 가치가 있는 일로 승화시켰다. 그러나 중세가 끝날 무렵 모든 수도원 인구의 반 정도를 차지했을 무식한 얼간이와 손가락 굵은 촌뜨기들뿐인 배타적인 공동체에서, 이 감수성 예민한 소년이 보내야만 했을 끔찍한 날은 생각도 하기 싫다.

다행히 스테인Steyn 수도원은 규율이 느슨했기에, 에라스무스는 이전 수도원장이 모아두었지만 도서관에 잊혀버린 채 처박혀 있던 라틴어 원고에 파묻혀 대부분의 시간을 보낼 수 있었다. 그는 이런 책에 열중하여 마침내 고전 학문의 걸어 다니는 백과사전이 되었다. 이때의 독서는 그의 삶에 큰 도움이 되었다. 그는 끊임없이 옮겨 다녔기 때문에 참고 문헌이 있는 도서관에 쉽게 찾아갈 만한 여건이었던 적이 별로 없었다. 그러나 그런 도서관은 필요하지 않았다. 그는 외워서 인용할 수 있었다. 그의 저술을 모아 놓은 열 권짜리 거대한 전집을 본 사람이나 그중 일부라도 읽을 수 있었던 사람이라면 (요즘에는 인생이 너무 짧다) 15세기에 '고전에 대한 지식'이 무슨 뜻이었는지 진정으로 알게 될 것이다.

결국 에라스무스는 그 오래된 수도원을 떠날 수 있었다. 에라스무스 같은 사람들은 결코 환경의 영향을 받지 않는다. 그들은 스스로 환경을 만들어낼 수 있으며, 그것도 가장 뜻밖의 재료로 만들어낸다.

남은 일생 동안 에라스무스는 자유인으로서, 경탄하는 친구들의 무리로부터 방해받지 않고 일할 수 있는 장소를 찾아서 쉬지 않고 움직였다.

그러나 그가 어린 시절의 "사랑하는 하느님"에게 올리는 호소와 함께 자신의 영혼이 죽음의 잠 속으로 빠져들도록 허용하는 그 운명의 시간이 닥쳐오기까지, 소크라테스와 제논의 발자취를 따르는 사람들에게 최고의 선善으로 여겨졌던, 그러나 거의 아무도 찾아내지 못했던 '진정한 여가'를, 그는 한 순간도 즐기지 못했다.

이런 편력은 자주 묘사되었으며 여기에 다시 자세히 되풀이할 필요는 없다고 본다. 진실한 지혜의 이름으로 두 명 혹은 그 이상의 사람들이 모여 사는 곳이라면 어디든 에라스무스는 조만간 모습을 나타냈다.

그는 파리에서 공부했는데, 가난한 학자였기에 굶주림과 추위 때문에 거의 죽을 뻔했다. 그는 캠브리지Cambridge[4]에서 강의했다. 그는 바젤Basel[5]에서 책을 출간했다. 그는 완고하고 편협한 정통 신앙의 성채로 알려진 유명한 루뱅Louvain 대학[6]에 한 조각 개명의 빛을 전달하려고 (대체로 헛되이) 노력했다. 그는 대부분의 시간을 런던에서 보냈으며 토리노Torino[7] 대학교에서 신학 박사 학위를 받았다. 그는 베네치아의 대수로를 익숙하게 알고 있었으며 제일란트Zeeland[8]의 도로들만큼이나 상태가 끔찍한 롬바르디아Lombardia[9]

---

4 영국에 있는 대학. 800년의 역사를 자랑하며 유럽에서 가장 오래된 대학 중 하나다.
5 스위스의 도시. 이곳의 바젤 대학교는 스위스에서 가장 오래된 대학 중 하나다.
6 벨기에 중부의 도시 루뱅(혹은 플레망어로 뢰번Leuven)에 있는 대학. 정식 명칭은 루뱅 가톨릭 대학(Université catholique de Louvain)이다. 15세기에 설립된 벨기에 최초의 대학이다.
7 이탈리아 북서부의 산업도시. 예수의 시신을 감싸서 예수의 얼굴 형상이 나타난다고 하는 토리노의 수의가 유명하다. 토리노 대학교는 이탈리아 4대 대학 중 하나다.
8 네덜란드 남서쪽 지역.
9 이탈리아 북부의 주. 주도는 밀라노이다.

의 도로들을 역시나 익숙하게 알고 욕했다. 로마의 하늘과 공원과 산책로와 도서관에 너무나 깊은 감명을 받아서 레테의 강물조차 이 성스러운 도시의 기억을 지울 수는 없을 정도였다. 그는 베네치아로 이사 오기만 하면 후한 연금을 줄 것이며 새로 대학이 설립될 때마다 어떤 보직이든 원하는 대로 맡을 수 있으며 캠퍼스에 가끔 모습을 드러내는 은혜를 베풀어주신다면 보직 따위 전혀 맡지 않아도 상관없다는 제안도 받았다.

그러나 그는 이런 초대를 줄기차게 거절했다. 왜냐하면 거기에는 영속성과 의존성이라는 위협이 담겨 있는 것처럼 보였기 때문이었다. 세상 무엇보다도 그는 자유를 원했다. 그는 남루한 방보다는 편안한 방을 좋아했고 지루한 사람들보다는 즐거운 사람들 곁에 있는 쪽을 좋아했으며 부르고뉴라는 이름의 지역에서 생산되는 사치스러운 고급 포도주와 아펜니노 지방에서 나는 흐릿한 붉은 잉크의 차이점을 알고 있었지만, 그는 인생을 자기 방식대로 살고 싶어 했으며 그것은 누군가를 '주군'이라 불러야 한다면 불가능한 일이었다.

그가 스스로 선택한 역할은 사실상 지적인 탐조등이었다. 당대의 사건이라는 지평선 위에 그 어떤 물체가 나타나든 에라스무스는 즉각 그 지성의 환한 빛을 쏘아 보냈고, 이웃들이 그 물체의 실상을 있는 그대로 볼 수 있도록 최선을 다했으며, 모든 장식을 떨궈내고 그가 그렇게도 철저하게 증오했던 그 "어리석음[10]", 그 무지를 벗겨냈다.

역사상 가장 격동적이었던 시기에 이렇게 할 수 있었다는 것, 종교재판관 친구들의 무리로부터 멀리 떨어져 있으면서 동시에 신교도 광신자들의 격노를 피할 수 있었다는 것, 이것이 그가 가장 자주 비난받는 지점이며 행적의 한 가지 오점이다.

후손들은 조상들한테만 해당되는 한은 순교에 대해서 진정한 열정을 가진 듯하다.

"이 네덜란드인은 왜 용감히 루터를 지지하고 다른 개혁자들과 함께 위험을 무릅쓰지 않았을까?"라는 물음에 그로부터 적어도 12세대 뒤의 시대에 속하는, 다른 측면에서는 똑똑한 시민들은 대답을 찾아내지 못했던 것 같다.

대답은, "왜 그래야 하지?"다.

폭력적인 일은 그의 본성에 맞지 않았고 그는 자신을 어떤 운동의 지도자로도 생각해본 적이 없었다. 천년 왕국을 어떤 방식으로 이 땅에 불러와야 옳은지 세상에 가르치려 했던 사람들의 너무나 뚜렷한 특성인 독선적인 확신을 그는 전혀 갖고 있지 않았다. 더구나 그는 우리가 주거 지역을 재정비할 필요성을 느낄 때마다 매번 오래된 집을 철거해야 한다고는 믿지 않았다. 물론 그 땅은 보기에도 딱할 만큼 절실하게 보수공사가 필요했다. 배수구는 구식이었다. 정원에는 흙이 쌓였고 오래전에 이사 간 사람들이 남기고 간 잡동사니가 가득했다. 그러나 집주인이 약속을 지켜서 당장

---

10 에라스무스가 1511년 출간한 대표작 《어리석음의 찬미》를 말한다. 《어리석음의 찬미》는 국내에 '우신예찬(愚神禮讚)'이라는 제목으로도 번역되었다. 풍자의 형식을 빌려 종교의 폐해와 당대의 악습을 비판했으며 출간되자마자 유럽 전체에 열풍을 불러 일으켰다.

수리해야 하는 데에만 돈을 좀 쓴다면 이 모든 것은 변할 수 있었다. 게다가 에라스무스는 떠나고 싶어 하지 않았다. 그리고 그는 적들의 비웃음 섞인 표현대로 '온건파'였지만, 이전에 한 명의 독재자만 있던 세상에 독재자를 둘로 만들었던 그 철저한 '급진주의자들'만큼 (혹은 더 많은) 성취를 거둔 것은 사실이었다.

진정 위대한 사람들이 모두 그렇듯이, 그는 제도에 전혀 우호적이지 않았다. 그는 세상의 구원은 우리 개인의 노력에 달려 있다고 믿었다. 한 명의 개인을 새롭게 바꾸면 세상 전체를 새롭게 고친 것과 같다!

그리하여 그는 일반 시민에게 직접 호소하는 방식으로 기존의 악습을 공격했다. 그리고 매우 영리한 방식으로 이것을 해냈다.

우선 그는 엄청난 분량의 편지를 썼다. 왕과 황제와 교황과 수도원장과 기사와 시종 들에게 편지를 썼다. 누구든 공들여 굳이 그에게 가까이 오는 사람에게 편지를 썼고 (우표가 붙은 반송용 봉투가 없었던 시절이다) 펜을 손에 들기만 하면 최소한 여덟 장은 너끈히 써냈다.

둘째로, 너무나 자주 그리고 지나치게 엉성하게 필사되어 더 이상 무슨 말인지 알 수가 없게 되었던 고전을 그는 대량으로 편집했다. 그러기 위해서는 그리스어를 배워야 했다. 이 금지된 언어의 문법을 어떻게든 배워보려고 수없이 노력했다는 이유로, 수많은 독실한 가톨릭 신자들이 그가 마음속으로는 정말 이교도에 버금갈 것이라고 주장했다. 이것은 물론 황당하게 들리지만 사실이다. 15세기에는, 존경받을 만한 기독교 신자라면 이 금지된 언어를 배우려는 생각은 꿈에도 해보지 못했을 것이다. 이것은 현대의 러시아어처럼 사악한 것으로 알려진 언어였다. 그리스어를 아는 사람은 온갖 종류의 고난에 부닥칠 수 있었다. 원전을 그대로 재생산한 것이라는 확신과 함께 주어졌던 복음서의 원본과 번역본을 비교해보고 싶은 유혹에 빠질 수도 있었다. 그리고 그것은 시작일 뿐이었다. 그런 사람은 곧 히브리어 문법을 배우기 위해 게토로 내려가게 될 것이었다. 거기서부터는 한 걸음만 더 가면 가톨릭 교회의 권위에 내놓고 반기를 드는 것이었고, 오랫동안 기이한 이국풍 글자들이 적힌 책을 갖고 있다는 사실은 그 자체로 비밀리에 반역적인 경향이 있다는 증거로 여겨졌다.

교회 당국에서는 매우 자주 이 금서들을 찾아내기 위해 방을 습격해서 뒤졌고, 자신들의 모국어를 가르치는 것으로 생계를 꾸려나가려 했던 비잔틴 망명자들은 피난처로 여겼던 바로 그 도시에서 추방당하는 일이 드물지 않게 벌어졌다.

이 모든 수많은 장애물에도 불구하고 에라스무스는 그리스어를 배웠다. 그는 키프리아누스와 흐리조스토모스와 다른 초기 교회 교부敎父[11]들에 관한 책에 덧붙인 주석에다가, 당시의 시사 문제에 대해서 독립된 논문의 주제로 다루었다면 절대로 출판될 수 없었을 소견들을 남몰래 숨겨놓았다.

그러나 이렇게 달아놓은 주석에 숨겨진 장난스러운 태도는 그

---

11 교부(敎父)는 초기 교회의 교리를 가르쳤던 선생, 주교들, 그 외 영향력 있는 초기 교회의 대표 인물들이다. 키프리아누스(Thascius Caecilius Cyprianus, 약 200~258)는 카르타고의 주교, 이오아누스 흐리조스토모스(Ioanuus Khrisostomos, 349~407)는 콘스탄티노플의 대주교다.

자체로 완전히 다른 종류의 문학에 모습을 나타냈고 그는 그 창시자가 되었다. 내 말이 무슨 뜻이냐 하면 그가 당대의 어린이들이 적절히 우아하게 고전 언어를 쓰는 법을 배우게 하기 위해 수집한 유명한 그리스와 라틴어 격언집을 말하는 것이다. 이른바《아다지아Adagia》라 불리는 이 책은 교묘한 논평으로 가득한데, 보수적인 이웃들의 눈으로 봤을 때 교황과 친구 관계로 지내는 사람에게 기대할 만한 종류의 논평은 절대로 아니었다.

그리고 마침내 그는 그 시대정신의 산물로 태어난 조그만 책, 사실은 몇몇 친구들을 위해 생각해낸 농담이었을 뿐인데 불쌍한 작가가 자기가 무슨 짓을 한 건지 깨닫기도 전에 위대한 문학의 고전으로서 품격을 갖추게 되어버린, 그 작고 기묘한 책의 저자가 되었다. 그 제목은《어리석음의 찬미》다. 공교롭게도 우리는 그 책이 어떻게 쓰였는지를 알고 있다.

너무나 교묘하게 쓰여서 수도승을 공격하자는 것인지 수도원 생활을 옹호하자는 것인지 구분할 수 없었던 이 작은 책자가 세상을 놀라게 했던 것은 1515년이었다. 표지에는 아무런 이름도 드러나지 않았지만 학계가 어떻게 돌아가는지 물정을 아는 사람들은 울리히 폰 후튼Ulrich von Hutten이라는 사람의 다소 불안정한 필치를 알아보았다. 그리고 그들의 추측은 옳았다. 계관 시인이며 특출한 동네 불량배였던 그 재주 있는 젊은이는 이 조잡하지만 쓸모 있는 익살을 창조하는 데 적지 않은 몫을 했으며 그것을 자랑스러워했기 때문이다. 영국 학예 부흥New Learning[12]의 유명한 투사였던 다름 아닌 그 토머스 모어Sir Thomas More[13]가 자기 작품을 칭찬

했다는 이야기를 듣고 그는 에라스무스에게 편지를 써서 자초지
종을 물어보았다.

에라스무스는 결코 폰 후튼의 친구가 아니었다. 에라스무스는
질서정연한 사고방식을 가진 사람으로 (이 사고방식은 질서정연한 생활
방식에 반영되었다) 아침과 오후 내내 계몽주의라는 대의 명분을 위
해 펜과 칼을 용맹하게 휘두르다가 일을 마치면 당대의 부정부패
를 잊기 위해 가장 가까운 술집에서 시큼한 맥주를 끝없이 들이키
는 이 지저분한 튜튼족 기사들을 곱게 보지 않았다.

그러나 폰 후튼은 자기 나름대로 진정 천재적인 사람이었고
에라스무스는 충분히 정중하게 답변해주었다. 그가 쓴 바에 따르
면, 그는 런던에서 온 친구 토머스 모어 경의 미덕을 유창한 달변
으로 칭송했으며 가정의 행복이라는 장면을 너무나 매력적으로
묘사하여 토머스 경의 가정이 다른 가족들에게 영원불변토록 귀
감이 되게 하였다는 것이다. 바로 이 편지에서 그는, 역시 대단한
해학가였던 모어가 어떻게 하여 《어리석음의 찬미》의 원안을 암
시해주었는지 언급하고 있으며, 그러므로 그의 이름에 영원히 연
결될 그 유쾌한 헛소리를 쓸 영감을 불어넣어준 것은 틀림없이 모
어 가문의 선의의 야단법석(아들들과 며느리들과 딸들과 사위들과 새와
개와 개인 동물원과 개인 극장과 아마추어 바이올리니스트들의 악단으로 이루어
진 진정한 노아의 방주)이었을 것이다.

---

12 16세기 영국에서 성서나 고전 연구를 중심으로 부흥한 신학문을 말함.
13 1478-1535. 영국의 법률가, 정치가, 사회사상가, 작가. 이상사회를 뜻하는 단어 '유토피아'를 만
들어냈으며 같은 제목의 책 《유토피아(Utopia)》(1516)로 유명하다.

어째서인지 그 책을 보면 나는 몇 세기 동안 네덜란드 어린이들의 유일한 즐거움이었던 〈펀치와 주디〉라는 쇼가 떠오른다. 〈펀치와 주디〉 극은 대사가 온통 조잡하고 천박하기는 했지만 고매하게 도덕적으로 진지한 논조를 반드시 유지하고 있었다. 공허한 목소리를 내는 인물인 죽음이 무대를 지배했다. 다른 배우들은 하나씩 하나씩 이 남루한 주인공 앞에 나타나서 자기에 대해 설명을 늘어놓아야 했다. 그리고 하나씩 하나씩, 어린 관중에게 끝없는 즐거움을 주면서, 그들은 거대한 몽둥이로 머리를 얻어맞고 가상의 쓰레기더미에 던져졌다.

《어리석음의 찬미》에서 당대의 전체적인 사회 구조는 조심스럽게 해체되고, 그러면서 "어리석음"은 일종의 영감에 찬 검시관이 되어 자기 소견을 밝히며 일반 대중의 편에 서서 그들을 옹호해준다. 예외는 없다. 중세의 중심가를 전부 샅샅이 뒤져서 적당한 인물들을 찾아낸다. 그리고 물론 그 시대의 수완가였던, 돌아다니면서 구원을 파는 수도승들은 그 모든 성스러운 척하는 상술, 조잡한 무지와 쓸데없이 거드름 피우는 주장과 함께 결코 잊히지도 않고 용서받지도 못했던 몽둥이질을 당했다.

그러나 갈릴리 땅에서 온 가난에 찌든 어부와 목수들의 후계자로 어울리지 않는 교황과 추기경과 주교들도 역시 목록에 있었고, 몇 챕터 정도 무대를 차지했다.

그런데 에라스무스의 "어리석음"은 보통 해학 작품에 깜짝 상자처럼 느닷없이 등장하는 인물들보다 훨씬 더 내실 있는 인물이었다. 이 작은 책에서 처음부터 끝까지 (실로 그가 썼던 모든 것에서 처음부터 끝까지 그러했듯이) 에라스무스는 관용의 철학이라고 할 수 있을 만한 자기 나름의 복음서를 설교했다.

그것은 공존공생의 의지, 신성한 율법의 원본에 있는 쉼표와 구두점보다는 신성한 율법의 정신을 따르려는 고집, 종교를 정부의 한 형태가 아니라 윤리 체제로 받아들이려는 진정 인간적인 자세였으며, 이 때문에 진지한 가톨릭 교도와 개신교도들은 에라스무스를 "불경스러운 악한"이며 "예수를 중상모략"하면서도 진짜 의견은 교활한 작은 책의 웃기는 문장들 뒤에 숨겨놓은, 모든 진정한 종교의 적이라고 통렬히 비난했던 것이다.

이런 욕설들은 아무런 효력도 없었다(그리고 이것은 그가 죽는 날까지 계속되었다). 길고 뾰족한 코를 가진 이 조그만 남자, 성스럽다고 칭송받는 책에 단 한 단어라도 빠뜨리거나 덧붙이면 교수형을 당할 수도 있었던 시절에 일흔까지 살았던 이 남자는 대중의 영웅이 되는 것을 전혀 좋아하지 않았고 자기 입으로 그렇게 말했다. 그는 칼과 화승총에 호소하는 일에는 아무런 기대도 걸지 않았고, 작은 신학적 논쟁이 국제적인 종교 전쟁으로 퇴보하는 일이 허락되면 세상이 어떤 위험에 처하는지 너무나 잘 알고 있었다.

그리하여 그는 점점 밀려오는 무지와 불관용의 밀물을 혹시나 막을 수 있지 않을까 막연히 바라면서, 마치 거대한 수달처럼 그 유명한 이성과 상식의 댐을 완공하기 위해 밤낮으로 일했다.

물론 그는 실패했다. 독일과 알프스의 산맥 밑바닥에서부터 휩쓸고 올라오던 악의와 증오의 물결을 멈추기란 불가능했으며, 그가 죽은 뒤 몇 년이 지나자 그의 업적은 흔적도 없이 씻겨 내려가버렸다.

그러나 그가 너무나 공들여 일해놓았기 때문에, 언젠가는 우리도 실제로 내구성 있는 제방을 갖게 되리라고 믿는 억누를 수 없는 낙관주의자들에게는, 후대의 해안에 던져진 잔해의 파편만으로도 대단히 좋은 재료가 되었다.

에라스무스는 1536년 7월에 세상을 떠났다.

유머 감각은 결코 그를 떠나지 않았다. 그는 자기 출판업자의 집에서 죽었다.

14

...

라블레

사회 대변혁의 시기에는 싫어도 협력해야 하는 동료들이 생기기 마 t'이다.

에라스무스는 가족이 함께 읽는 양서에 저자명으로 인쇄되어도 괜찮은 이름이다. 그러나 프랑수아 라블레를 공개적으로 언급하는 것은 거의 예의범절에 어긋나는 일로 여겨진다.[1] 사실 라블레는 너무 위험해서, 미국에서는 순진한 어린이들의 손에 그의 사악한 작품이 들어가는 것을 막기 위해 금지법령을 제정했고, 많은 주州에서 라블레의 책을 구하려면 금서 서적상 중 남달리 대담한 이들을 통해서만 겨우 복사본을 구할 수 있을 정도다.

이는 물론 싸구려 귀족 공포정치가 우리에게 강요했던 많은 부조리 중 하나에 불과하다.

우선, 라블레의 작품은 20세기의 보통 사람에게는 헨리 필딩의

---

1 원서의 개정판이 나온 1940년대의 미국 상황을 말한다. 물론, 오늘날 《라블레》를 금서로 간주하는 나라는 거의 없다.

《톰 존스》나 찰스 디킨스의 《일곱 박공의 집》만큼이나 지루하다. 대부분의 사람들은 지루하고도 길고 긴 1장을 다 읽지도 못한다.

두 번째, 라블레는 외설을 암시하는 특정 표현을 의도적으로 쓰지는 않았다. 단지 그 시대의 일상 어휘를 사용했을 뿐이다. 물론 그 어휘가 우리 시대의 일상적 속어가 된 것이 우연만은 아닐 것이다. 그러나 인류의 90퍼센트가 토양과 친밀하게 살았던 목가적 애수의 시대에 단어는 그 말 그대로였지 오늘날처럼 '암캐 lady-digs'라는 단어에 '창녀'란 뜻이 들어 있지는 않았다.

요즘 사람들이 이 출중한 의사 라블레의 작품을 반대하는 것은, 단순히 그 풍부하지만 좀 노골적인 표현 때문만은 아니다. 그보다 더 깊은 이유가 있다. 이는 다수의 뛰어난 사람들이, 단호한 태도로 현실에 꺾이지 않는 어떤 사람의 관점과 일대일로 맞닥뜨렸을 때 겪는 공포 때문이다.

내가 아는 한, 인류는 두 부류로 나누어진다. 삶에 긍정하는 사람과 부정하는 사람. 전자는 삶을 받아들이고 어떠한 운명이 주어지건 용감하게 최선을 다하려고 노력한다.

후자도 삶을 받아들이긴 한다(안 받아들이면 어쩌겠는가?). 그러나 불만에 가득 차서, 마치 강아지나 장난감 기차를 선물로 간절히 바랐는데 엉뚱하게 동생이 생겨버린 아이들처럼 삶이라는 선물을 손에 쥐고는 징징댄다.

그러나 '긍정'교파의 명랑한 형제들은 우울한 이웃을 보면 기꺼이 이웃의 고유한 가치에 맞추어 그들을 받아들이고 관용한다. 또한 이웃이 절망에 빠져서 한없이 탄식하며 끔찍한 비석으로 주위 경관을 채워도 그냥 내버려둔다. 반면 '부정'교파의 형제들은 첫 번째 부류에게 똑같이 정중하게 대하는 일이 거의 없다.

사실 '부정'교파 형제들은 자신들 마음대로 할 수만 있다면, '긍정'교파 형제들을 즉시 이 별에서 쓸어버리고 싶을 것이다.

하지만 그러기가 쉽지 않기 때문에 이들은, 세상은 죽은 자가 아니라 산 자의 것이라고 주장하는 사람들을 끊임없이 박해함으로써 질투심에 사로잡힌 자신들 영혼의 요구를 충족시킨다.

의사 라블레는 전자에 속했다. 환자든 사상이든 묘지로 보내는 일이 거의 없었다. 당시로서는 물론 애석한 일이었겠지만, 모두가 무덤 파는 사람이 될 수는 없는 법이다. 햄릿으로만 이루어진 세상은 머물기에 끔찍한 곳일 게다. 폴로니우스[2]도 몇 명은 있어야 하는 것이다.

라블레의 일대기에는 모호한 대목이 하나도 없다. 그의 벗들이 쓴 책에 빠져 있는 약간의 세부사항은 그의 적들이 쓴 책에 고스란히 나온다. 덕분에 우리는 그의 경력을 상당히 정확하게 추적할 수 있다.

라블레는 에라스무스 바로 다음 세대였으나, 여전히 수도사와 수녀, 집사, 무수한 탁발 수사가 지배하는 세상에서 태어났다. 시농Chinon[3]에서 태어났던 것이다. 그의 아버지는 약제사면서 동시에 영혼을 다루는 장사꾼(15세기에 이르면 둘은 서로 다른 직업군으로 분

---

2 오필리아의 아버지, 소심하나 현실적이고 이해타산이 빠른 사람이다.
3 투르 남서쪽의 비엔 강기슭에 있다. 1429년 이 성에서 잔 다르크와 프랑스 왕 샤를 7세가 최초로 회담을 가졌다. 지금은 프랑수아 라벨레의 동상이 있다.

화된다)이었다. 아버지는 아들을 좋은 학교에 보낼 만큼 충분히 넉넉했다. 학교에서 어린 프랑수아 라블레는 지역의 명문가 뒤 벨레-랑쥐 집안의 자제들과 친해졌다. 뒤 벨레-랑쥐 가의 소년들은 아버지를 닮아 대단히 총명했으며 작문 실력이 뛰어났다. 필요할 때는 싸움도 잘했다. 이들은 종종 오해받던 라블레의 표현을 잘 이해하는 부류의 사람들이었다. 또한 군주의 충성스러운 종으로 쉼 없이 공무를 수행하며 주교와 추기경, 대사가 되었다. 이들은 고전을 번역했고 보병 전술과 탄도학 교본을 편집했다. 귀족이라는 지위가 의무와 책임은 많고 기쁨은 적은 삶을 강요받던 시대에 태어나, 귀족에게 요구되던 모든 유용한 직무를 훌륭히 수행했다.

뒤 벨레 가문이 후에 라블레에게 보였던 우정을 생각해보면, 라블레는 분명 이들에게 재미있는 학교 친구 이상이었다. 여러 번 삶의 굴곡을 겪을 때마다 라블레는 옛 동급생들의 지지와 후원에 의지할 수 있었다. 고위 사제들과 갈등이 생기면 친구들의 성문이 활짝 열렸고, 프랑스의 토양이 윤리에 둔감한 이 젊은 학자에게 너무 뜨겁다 싶으면, 뒤 벨레 형제 중 누군가가 외교 업무로 외국에 나갈 일이 생겼다. 그때마다 세련된 라틴어 학자이면서 내과 의사 역할도 할 수 있는 라블레 같은 비서가 꼭 필요했다.

이런 사실은 하찮은 세부 사항이 아니다. 우리의 학식 있는 의사 라블레의 생애에 갑작스럽고 고통스러운 종말이 닥치려 할 때마다, 옛 친구들은 영향력을 발휘하여 소르본 대학의 진노나 실망한 칼뱅 교도들의 분노로부터 라블레를 구출해냈다. 처음에 칼뱅 교도들은 라블레가 자신들의 동지인 줄 알았다. 그러다 라블레가 퐁테네와 멜레제에서 술독에 빠진 옛 동료들[4]을 세병일체three-bot-tle sanctity[5]라고 비웃었듯이, 제네바에 있는 이들의 스승 칼뱅의 비뚤어진 열정도 가차 없이 웃음거리로 만들어버리자 매우 화가 났던 것이다.

소르본 대학과 칼뱅교, 둘 중에서 물론 전자인 소르본 대학이 훨씬 더 위험한 적敵이었다. 칼뱅은 마음껏 호통칠 수 있었지만, 스위스의 작은 군郡이라는 좁은 범위를 벗어나면 그의 번개 같은 호통은 무해한 폭죽 정도에 불과한 것이었다.

반면에 소르본 대학은 옥스퍼드 대학과 함께 확고한 정통성을 대표했고, 노학자들은 권위가 도전받는다 싶으면 무자비해졌으며, 언제든 프랑스 국왕과 교수형 집행인들의 따뜻한 협력을 기대할 수 있었다.

슬프게도 라블레는 학교를 졸업하자마자 저명인사가 되어버렸다. 그가 고급 포도주를 좋아하고 동료 수도사들에 대한 농담을 즐겼기 때문이 아니다. 그보다 더한 나쁜 짓을 저질렀는데, 사악한 그리스어의 유혹에 굴복한 것이다.

라블레가 있던 수도원의 수도원장은 이 소문을 처음 접하고 라블레의 독방을 수색하기로 결정했다. 라블레의 작은 방은 호메로스와 신약성서, 헤로도투스의 복사본 등 문학의 밀수품으로 가득 차 있었다.

---

4 가톨릭 사제를 뜻한다.
5 삼위일체에 빗대어 한 말이다.

끔찍한 발견이었다. 영향력 있는 친구들은 라블레를 곤경에서 구하기 위해 여러가지 이면공작을 폈다.

당시는 교회사로 볼 때 좀 이상한 시기였다. 앞서 말한 대로 원래 수도원은 문명화의 전초 기지였으며, 수도사와 수녀는 교회의 이익을 높이기 위해 모든 노력을 다했다. 그렇지만 여러 교황은 수도원 단체가 너무 강력하게 발전하면 위험해질 수 있다고 내다보았다. 그러나 흔히 그렇듯이, 수도원을 그냥 내버려두면 안 된다는 사실을 모두가 알고 있었기 때문에 결국 아무 일도 시행되지 않았다.

신교도들은 가톨릭교회가 평온한 단체라고 생각하는 듯하다. 소수의 오만한 독재자들에 의해 조용히, 거의 자동적으로 운영되며, 평범한 사람들이 모인 다른 모든 조직에서 필연적으로 일어나는 내적 격변의 어려움은 결코 일어나지 않는 조직으로 생각한다.

그러나 이는 전혀 사실이 아니다.

종종 그렇듯, 아마도 단어 하나를 잘못 이해하면서 그런 견해가 생겨났을 것이다.

민주주의 이상에 중독된 세상에 사는 우리는 한 인간이 '절대 무오류'[6]하다는 생각에 금세 경악하기 마련이다.

그래서 곧잘 이런 논쟁으로 이어진다. "이 큰 단체를 관리하는 것은 쉬운 일임에 틀림없다. 한 사람이 '이건 이렇다'라고 말만 하면, 나머지 사람들은 모두 다 무릎을 꿇고 아멘을 외치며 그에게

---

6 교황에 대한 가톨릭 교리.

순종하니 말이다."

프로테스탄트 국가에서 교육받은 사람이 이 복잡한 주제를 공정하고 올바른 관점으로 보기란 대단히 어려운 일이다. 그러나 내 생각이 틀리지 않았다면, 로마 교황의 말씀이 '절대 무오류'하다는 것은 미합중국의 헌법 수정 조항이 '절대 무오류'하다는 것과 비슷한 말이다.

게다가 그런 중요한 결정은 해당 주제가 철저하게 토론되고 나서야 내릴 수 있는 법인데, 최종 판결 전에 벌어지는 토론에서 사람들은 종종 교회 조직 그 자체를 돌로 쳐버린다. 그러므로 교황의 선언은 우리의 헌법 수정조항들이 절대 무오류라는 의미에서 '절대 무오류'한 것이다. 이들은 '최종적'이며, 모든 심화토론은 지상의 최고 상위법과 명확하게 통합될 때에 비로소 종결된다. 그런 뜻에서 무오류한 것이다.

미국 국민들은 비상시에 헌법을 중심으로 뭉칠 테니 미합중국 통치는 쉬운 일이라고 누군가 주장한다면, 얼마나 우스운 말이겠는가. 모든 가톨릭교도는 신앙의 본질적인 문제를 교황에게 맡기고 교황의 절대 권위를 인정하는 온순한 양 떼이며, 이들은 모든 권리를 포기하고 교황의 견해를 자신의 생각으로 여기고 따른다는 말도 마찬가지로 틀린 것이다.

만약 이것이 사실이라면, 라테란과 바티칸 궁의 거주자들은 편안한 삶을 살아야 했을 것이다. 그러나 지난 1,500년을 대강 훑어만 보아도 이들의 삶이 편안하기는커녕 정반대였음을 알 수 있다. 그리고 이따금 루터와 칼뱅, 츠빙글리가 그토록 열심히 고발했던 교계의 수많은 죄악을 로마의 가톨릭 지도층은 모르고 있었다고 글을 쓰는 개혁 신앙의 옹호자들 역시, 사실을 모르거나 선한 목적을 향한 자신들의 열정에 빠져서 공정함을 잃고 있었다.

아드리안 6세나 클레멘트 7세 교황은 가톨릭 교회에 무언가 대단히 심각한 문제가 있다는 점을 아주 잘 알고 있었다. 그러나 덴마크 국가가 부패했다는 견해를 표명하는 것과 이를 개혁하는 것은 별개의 일이다. 가엾은 햄릿조차 배웠듯이, 사악함을 정화하는 일은 완전히 다른 문제인 것이다.

게다가 정직한 한 사람의 이타적인 노력으로 수백 년 동안 누적되어온 잘못된 통치를 하루아침에 무너뜨릴 수 있다는 즐거운 환상에 바쳐진 제물은 불운한 왕자 햄릿만이 아니었다.

많은 러시아 인텔리겐치아는 그들의 제국을 지배하는 낡은 관료 구조가 부패하고 비효율적이며 국가의 안전을 위협하고 있다는 점을 알았다.

그들은 러시아를 개혁하기 위해 초인적인 노력을 했으나 실패했다.

이 문제에 대해 한 시간 이상 생각해본 적이 있다는 미국 시민들도 대의민주정부(미국 건국의 아버지들이 의도했던) 대신에 직접민주정부(공화국 설립자들이 의도했던 대로)를 세우면 결과적으로 제도화된 왕정이 되고 만다는 것을 대부분 알아차리지 못한다.

알아차린다 해도 뭘 어쩔 수 있겠는가?

이러한 문제들은 대중의 관심을 끌기 시작할 때쯤이면 가망 없이 복잡해져서, 사회적 대변혁이 일어나지 않는 한 해결될 수 없는 상태가 된다. 그런데 사회적 대변혁은 대부분의 사람들이 겁을 내며 도망치는 끔찍한 일이다. 사람들은 그렇게 극단으로 가기보다는 낡고 노쇠한 조직 기구를 임시로 고치려고 애쓰면서 그저 기적이라도 일어나 이 조직이 제대로 굴러가기를 기도한다.

많은 종교적 훈령으로 구성되고 유지되던 거만한 종교적, 사회적 독재는 중세말엽의 가장 극악한 죄악 중 하나였다.

역사를 보면 수 없이 여러 번, 군대가 사령관과 함께 도망치려고 했다. 쉽게 말하자면, 교황이 전혀 통제할 수 없는 상황이 되고 말았다는 뜻이다. 교황이 할 수 있는 일이라고는 그저 가만히 자리를 지키고 앉아서 자기편 조직을 강화하는 한편, 수도사들의 노여움을 산 자들이 겪게 될 운명을 경감하려 애쓰는 것이 전부였다. 수도사들은 교황의 적이기도 했으니까 말이다.

에라스무스는 자주 교황의 보호를 받았던 여러 학자 중 한 명이었다. 루뱅이 돌격하고 도미니카회 수도사들이 격노하도록 두어라. 로마는 견고할 것이며, "노학자를 내버려 두라!"는 교황청의 명령을 거역한 이에게 화 있을 진저.

이런 사례가 이미 여러 번 있었던 지라, 영혼은 불안하지만 정신은 총명했던 라블레가 직속상관들이 그를 처벌하려 들면 종종 교황청의 보호에 의지했던 것이나, 끊임없는 학업 방해를 더 이상 참을 수 없게 되자 교황청에 말해서 수도원을 떠나도 좋다는 허락을 쉽게 받았던 것은 그리 놀랄 일이 아니다.

라블레는 안도의 숨을 내쉬면서, 멜레제의 먼지를 박차고 일어나 몽펠리에와 리옹으로 가서 의학 수업을 받았다.

분명 라블레는 남다른 재능이 있었다! 이 전직 베네딕트 수도사는 2년 만에 리옹 시립병원의 내과과장이 되었다. 그러나 새로운 명예를 얻자마자, 지칠 줄 모르는 그의 영혼은 또 다른 장場을 찾기 시작했다. 그는 가루약과 알약을 포기하지 않은 채, 해부학 연구(당시로서는 거의 그리스어만큼이나 위험했던 새로운 학문)에 문학 활동을 더했다.

론 언덕 중앙에 위치한 리옹은 순문학belles lettres을 사랑하는 사람에게 이상적인 도시였다. 가까이에 이탈리아가 있었던 것이다. 며칠만 여행하면 쉽게 프로방스에 도착할 수 있었다. 음유시인 Troubadour들[7]의 고대 낙원이었던 로마는 종교재판소의 손아귀에서 극심한 고통을 받고 있었지만, 그래도 위대한 고문학의 전통이 완전히 사라진 것은 아니었다. 게다가 리옹의 인쇄소는 책을 잘 만들기로 유명했으며 리옹의 서점은 모든 최신 출판물을 잘 갖춰두고 있었다.

세바스티안 그리피우스[8]라는 뛰어난 인쇄업자가 중세 고전 선집을 편집할 누군가를 찾다가 학자로도 유명한 이 신예 의사를 떠올린 것은 당연한 일이었다. 그리피우스는 당장 라블레를 고용해서 편집에 착수하도록 했다. 라블레는 갈레노스[9]와 히포크라테

---

7 프로방스 방언으로 시를 짓던 서정시인들을 일컫는다. 11세기 후반부터 13세기 후반까지 프랑스 남부, 이베리아 반도 북부, 이탈리아 북부에서 활발하게 활동했다.

8 Sebastian Gryphius, 1492-1556. 독일 인쇄업자이자 인문주의자.

9 Claudios Galenos, 129-216경. 고대 의학의 완성자. 이후 1,400년에 걸쳐 유럽의학에 절대적 영향을 끼쳤다. 갈레노스는 인간의 몸에 네 가지 체액이 있는데, 이들이 균형을 이루어야 건강할 수 있다고 주장했다. 이러한 4체액설은 라블레의 소설 《가르강튀아》와 《팡타그뤼엘》에도 반영되어 나타난다.

스의 학술 논문 선집을 내더니 바로 이어서 유럽 왕가의 계도감系
圖監과 싸구려 이야기책 들을 냈다. 처음에는 이렇듯 소리 없이 시
작하다가, 차츰 자신을 당대 최고 인기 작가로 만든 그 이상한 책
《가르강튀아》와 《팡타그뤼엘》을 쓰기 시작했다.

새로움을 추구하는 라블레의 재능은 탁월했다. 그는 개업의로
변신해서 성공한 것처럼 소설가로도 성공을 거두었다. 라블레 이
전까지는 대부분이 감히 할 수 없었던 일을 해냈는데 바로, 민족
어인 프랑스어로 글을 쓰기 시작한 것이다. 라블레는 학식 있는
자라면 당연히 저속한 다수가 알지 못하는 언어, 즉 라틴어로 글
을 써야 한다는 천년의 전통을 깨뜨렸다. 그는 프랑스어로 글을
썼을 뿐만 아니라 한술 더 떠서 1532년의 꾸밈없는 방언을 그대
로 사용했다.

라블레가 언제 어디서 어떻게, 가르강튀아와 팡타그뤼엘이라
는 총애하는 두 주인공을 발견했는지는 문학 교수들의 몫으로 기
꺼이 넘기겠다. 어쩌면 두 주인공은 1,500년 동안 그 존재성 때문
에 기독교의 박해와 부정을 겪으면서 간신히 살아남은 오래된 이
교도의 신일지도 모른다.

아니면, 그냥 한바탕 거대한 유쾌함을 터트리면서 라블레가
지어낸 주인공일 수도 있다.

어쨌든 라블레는 전 인류의 유쾌함에 커다란 공헌을 했으며,
인간 웃음의 전체 합계에 무언가를 더했다는 점에서 가장 큰 칭송
을 받을 만한 작가다. 그러나 그의 작품이 요즘 말로 그냥 재미있
는 책인 것만은 아니었다. 거기에는 심각한 내용이 담겨 있었다.

라블레는 '관용'이라는 대의명분을 들고 16세기 전반의 50년 동안 전대미문의 참상을 야기했던 교회의 공포정치에 책임 있는 자들을 희화화하면서 대담하게 타격했다.

라블레는 신학 공부로 다져진 덕분에 곤경에 빠질 수 있는 직설화법은 모조리 피해갈 수 있었다. 그리고 "감옥 바깥에 있는 명랑한 유머리스트 한 명이 창살 안에 갇힌 열두 명의 우울한 개혁가들보다 더 낫다"는 원칙에 따라 행동하면서, 지극히 이단적인 자신의 견해를 너무 노골적으로 드러내는 일은 자제했다.

그러나 적들은 그가 무엇을 하려고 하는지 매우 잘 알고 있었다. 소르본 대학은 단호한 어조로 그의 책을 비난했고, 파리 고등법원은 라블레의 이름을 금서목록에 올리고 관할 구역에 있는 그의 책을 모조리 찾아서 압수하고 불에 태웠다. 그러나 교수형 집행인(당시에는 공식적인 문서 파괴자 노릇도 했다)의 활약에도 불구하고, 《가르강튀아와 그의 아들 팡타그뤼엘의 영웅적인 언행무훈록言行武勳錄》은 인기 있는 고전으로 남았다. 지난 4세기 동안, 해학(선량한 웃음)과 풍자(조롱하는 지혜)가 영리하게 조합된 글을 보면서 즐거워할 줄 아는 사람들은 이 책을 읽으며 덕성을 함양했다. 그리고 앞으로도, 진실의 여신 알레테이아를 보고 입술에 미소를 머금은 걸 보니 고결한 여성일 리가 없다고 확신하는 경직된 사람들은 라블레의 책을 보면 짜증이 날 것이다.

작가에 대해 말하자면, 그는 '한 권의 명작을 남긴 작가'였고 지금도 그러하다. 뒤 벨레 형제는 죽는 날까지 진실한 친구였으나, 라블레는 사리 분별의 미덕을 발휘하여 친구들이 자신의 사악한 작품을 출판할 수 있도록 '특권'을 주고 도왔다는 소문이 날까 봐 뒤 벨레 가문과 항상 정중하게 거리를 두었다.

말년에 라블레는 위험을 무릅쓰고 로마 방문을 감행했는데, 고난을 겪기는커녕 오히려 극진하고 따뜻한 환영을 받았다. 이후, 1550년 프랑스로 돌아온 라블레는 뫼동Meudon에서 살다가 3년 후에 죽었다.

그가 끼쳤을 긍정적인 영향을 정확하게 측정하는 것은, 그가 전류나 휘발유 통이 아니라 사람인 이상, 당연히 불가능하다.

라블레는 단지 파괴적이었을 뿐이라고 말하는 사람도 있다.

어쩌면 그랬을지도 모른다.

그러나 그는 에라스무스와 함께 제일 앞줄에 서서, 사회적으로 난파된 패거리가 간절하게 필요했던 그 시대의 요구에 걸맞게 파괴적이었다.

낡은 건물을 새 건물로 대체해도 많은 새 건물 역시 옛 건물과 다름없이 불편하고 추악해질 거라는 점은, 당시로서는 아무도 예견할 수 없는 일이었다.

어쨌든 그것은 라블레 다음 세대의 실수였다.

우리가 비난해야 할 사람들은 그들이다.

그들은 이전 사람들이 누려보지 못했던, 완전히 새롭게 출발할 수 있는 기회를 얻었는데도 그렇게밖에 하지 못했다.

주여, 그 좋은 기회를 걷어찼던 그들의 영혼에 자비를 베푸소서!

15

...

옛 표지판 대신 새 것으로

　현대의 위대한 시인들은 이 세상을 많은 배가 떠 있는 거대한 대양으로 생각했다. 이런 조그만 배들이 서로 부딪칠 때마다 '아름다운 음악'이 울려 퍼졌는데 사람들은 그것을 역사라고 불렀다.

　나도 하이네의 대양을 빌려오고 싶지만 내 나름의 목적을 위해 나만의 비유를 사용하겠다. 우리가 어렸을 때는 연못에 조약돌을 던지는 것이 재미있었다. 조약돌은 멋지게 물을 튀겼고 그러면 작고 예쁜 물결이 계속 커지는 원을 줄줄이 만들어냈으며 그것도 아주 멋있었다. 벽돌이 가까이 있다면 (그런 경우도 가끔 있었으니까) 땅콩 껍질과 성냥으로 군함을 만들어 이 연약한 함대를 멋진 인공 폭풍에 휘말리게 할 수도 있었는데, 그런 경우에는 이 무거운 발사물이 치명적으로 균형을 잃어 물가에서 너무 가까이 놀고 있던 어린 아이들이 흠뻑 젖어서, 벌로 저녁을 굶은 채 침대에 들어가는 일이 일어나지 않게 조심해야 했다.

　어른들만을 위한 특별한 세계에도 똑같은 소일거리가 아주 없는 것은 아니지만 결과는 대개 훨씬 더 피해가 막심하게 마련이다.

만사가 평온하고 해가 빛나고 장구벌레는 즐겁게 물 위를 미끄러지고 있는데, 갑자기 뻔뻔스럽고 나쁜 아이가 맷돌(그것을 어디서 찾아냈는지는 하늘만이 아실 것이다!)을 들고 나타나서 누가 말리기도 전에 오래된 연못 한가운데 던져 넣어버리고, 그러면 누가 그런 짓을 했으며 어떻게 엉덩이를 때려주어야 하는지 커다란 야단법석이 벌어지는데, 누군가는 "아, 그냥 내버려 뒤!"라고 하고, 다른 누군가는 그저 모두의 관심을 받는 그 아이가 샘이 나서 마침 주변에 있던 낡은 물건을 아무 거나 주워서 물에 던져버리고, 그러면 모든 사람이 물을 뒤집어쓰고 그렇게 줄줄이 사건이 벌어지면 대체로 결과는 아무나 끼어들 수 있는 싸움과 수백만의 잘린 머리통이다.

알렉산더는 그렇게 뻔뻔스럽고 나쁜 아이였다. 그리고 트로이의 헬렌도 그 나름의 매혹적인 방식으로 그렇게 뻔뻔스럽고 나쁜 아이였으며, 역사는 그런 사람들로 가득한 것이다.

그러나 뭐니 뭐니 해도 가장 질 나쁜 범죄자는 작정을 하고 이런 사상적 놀이를 하면서 인간의 영적인 무관심이라는 정체된 웅덩이를 놀이터로 이용하는 사악한 시민들이다. 그리고 나는 개인적으로 그들이 운이 없어서 붙잡히기만 한다면 생각이 제대로 박힌 시민들은 모두 그들을 싫어할 것이며 대단히 엄하게 처벌하리라고 믿어 의심치 않는다.

지난 400년 동안 그들이 끼친 피해를 생각해보라.

그들은 고대 세계를 되살아나게 했던 주동자들이었다. 중세의 위풍당당한 해자moat, 垓字들은 그 색채와 짜임새 양쪽에서 조화로운 사회의 이미지를 반영했다. 그것은 완벽하지 않았다. 그러나 사람들은 그것을 좋아했다. 그들은 빨간 벽돌로 쌓은 제 작은 집의 벽이 그들의 영혼을 내려다보는 높은 교회 첨탑의 엄숙한 회색과 섞이는 것을 보는 게 너무나 좋았다.

르네상스라는 끔찍한 물결이 덮쳐와서 하룻밤 사이에 모든 것이 바뀌었다. 그러나 그건 그저 시작일 뿐이었다. 왜냐하면 불쌍한 도시민들이 충격에서 거의 회복될 무렵에 저 끔찍한 독일인 수도승이 수레에 하나 가득 특별히 준비한 벽돌을 싣고 나타나 교황의 연못 한가운데에 곧장 던져 넣었기 때문이다.[1] 정말 그건 너무했다. 세상이 그 충격에서 회복되는 데 300년이나 걸렸다는 건 놀랄 일도 아니다.

이 시기를 연구했던 옛날 역사가들은 종종 약간의 오류에 빠졌다. 그들은 소란이 일어나는 것을 보았고 그 물결들이 공통된 원인 때문에 생겨났을 것이라고 결론을 내렸으며, 그 물살을 각각 르네상스와 종교개혁이라고 이름 붙였다.

오늘날 우리는 좀 더 현명하다.

르네상스와 종교개혁은 공통의 목적을 위해서 일어났다고 스스로 천명했던 움직임들이었다. 그러나 그 두 운동이 궁극적인 목표를 성취하기 위해서 사용했던 방법이 전혀 달랐기 때문에 인본주의자와 개신교도들은 서로 원한과 적의에 가득 차서 노려보게

---

1 마틴 루터와 95개조 반박문을 뜻한다.

되는 일이 드물지 않았다.

그들은 모두 인간의 지고한 권리를 신봉했다. 중세에 개인은 공동체에 완전히 병합되었다. 그는 자기 마음대로 오가고 원하는 대로 사고팔고 열두 개의 교회 중에서 아무 데나 선택해서 다닐 수 있는 (혹은 취향과 편견에 맞게 아무 데도 안 다닐 수도 있는) 똑똑한 시민 아무개로서 존재하지 않았다. 태어났을 때부터 죽는 순간까지 그의 인생은 경제적이고 영적인 예의범절의 엄격한 지침서에 맞추어 살아야 했다. 이 지침서는 그에게 육신이란 어머니 자연에게서 우연히 빌린 남루한 옷에 불과하며 불멸의 영혼을 담는 일시적인 그릇 이외의 가치는 전혀 없다고 가르쳤다.

그 지침서는 이 세상이란 미래의 영광으로 가는 여인숙이며 대도시 뉴욕으로 가는 여행객들이 퀸즈타운이나 핼리팩스의 시골마을을 볼 때와 같은 심오한 경멸을 담아서 대해야 한다고 믿도록 훈련시켰다.

그리고 이제 가능한 세상들 중에서 최고로 좋은 세상(왜냐하면 이게 그가 아는 유일한 세상이니까)에서 행복하게 살고 있는 훌륭한 시민 아무개에게, 르네상스와 종교개혁이라는 두 요정이 찾아와서 이렇게 말한다. "일어나라, 고귀한 시민이여, 이제부터 너는 자유이니라."

그러나 아무개 시민이 "뭘 할 수 있는 자유인데요?"라고 물었을 때 돌아오는 대답은 매우 달랐다.

"아름다움을 추구할 자유다." 르네상스가 대답했다.

"진리를 추구할 자유이지." 종교개혁이 타일렀다.

"세상이 진실로 인간의 왕국이었던 과거의 기록을 탐구할 자유이다. 한때 시인과 화가와 조각가와 건축가의 가슴을 채웠던 그 이상을 실현할 자유이다. 우주를 그대의 영원한 실험실로 바꾸어 그 모든 비밀을 알 수 있는 자유이다." 이것이 르네상스의 약속이었다.

"신의 말씀을 연구하여 영혼의 구원을 얻고 지은 죄에 사함을 받을 자유이다." 이것이 종교개혁의 경고였다.

그리고 이전의 속박보다 훨씬 더 끝없이 난감한 새로운 자유를 소유한 가엾은 시민 아무개를 남겨두고 이 둘은 돌아서서 떠나버렸다.

다행인지 불행인지 르네상스는 곧 기존에 정립된 세상의 질서와 화해하였다. 피디아스Phidias[2]와 호라티우스Quintus Horatius Flaccus[3]의 후계자들은 기존에 정립된 신을 믿는 것과 교회의 법칙에 표면적으로 순응하는 것은 전혀 다른 일이며 헤라클레스를 세례 요한으로, 헤라를 성모 마리아로 부르는 예방 조치만 취한다면 이교도의 그림을 그리고 비기독교적인 시를 짓더라도 완벽하게 처벌을 면할 수 있다는 사실을 깨달았다.

그들은 마치 인도에 가서 사원에 들어가기 위해 자신에게는 전혀 아무 의미도 없는 규율을 따르면서 그 나라의 평화를 어지럽히지 않고 자유롭게 여행하는 관광객과 비슷했다.

---

2 기원전 480~기원전 430. 고대 그리스의 조각가.
3 기원전 65~기원전 8. 고대 로마의 시인. 우아한 찬가를 지은 것으로 유명하다.

그러나 루터를 진심으로 따르는 추종자의 눈에는 가장 사소하고 지엽적인 일도 즉각 굉장한 중요성을 띠었다. 〈신명기〉에 쉼표를 하나 잘못 찍는 일로 추방을 당할 수도 있었다. 〈계시록〉에 잘못 찍힌 마침표라면 당장 죽음을 당해야 마땅했다.

자기가 종교적 신념이라고 믿는 것을 가혹하도록 진지하게 받아들인 이런 사람들에게, 르네상스의 즐거운 타협은 비겁함에서 나온 비열한 행위로 보였다.

결과적으로 르네상스와 종교개혁은 헤어졌으며 이후 다시는 만나지 않았다.

그런 뒤에 종교개혁은 홀로 온 세상에 대항하여 정의의 갑옷을 떨쳐입고 자기의 가장 성스러운 소유물을 보호할 준비를 했다.

반란을 일으킨 군대는 처음에는 거의 전적으로 독일인으로만 구성되어 있었다. 그들은 극도로 용감하게 싸우며 고생을 감내했지만, 모든 북쪽 나라들이 파멸하게 된 원인이며 저주인 서로 간의 질투심 때문에 그런 노력도 끝장이 나서 어쩔 수 없이 휴전을 받아들여야만 했다. 궁극적인 승리를 가져온 전략을 제공한 사람은 전혀 다른 종류의 천재였다. 루터는 옆으로 비켜서서 칼뱅에게 자리를 내주었던 것이다.

충분히 그럴 때도 되었다.

에라스무스가 파리에서 그렇게나 많은 불행한 나날을 보냈던 프랑스의 바로 그 대학에서, 검은 턱수염을 기르고 다리를 절름거리는 (프랑스인의 총에 맞은 결과였다) 스페인 젊은이가 언젠가 세상에서 마지막 이교도 하나까지 몰아내기 위해 새로운 하나님의 군대의 선두에 서서 진군하는 날을 꿈꾸고 있었다.

광신자와 싸우려면 광신자가 필요한 법이다.

그리고 칼뱅처럼 화강암같이 단단한 사람만이 로욜라의 계획을 타파할 수 있었을 것이다.

개인적으로 나는 16세기 제네바에서 살아야만 하는 운명이 아니라서 기쁘다. 그리고 동시에 나는 16세기 제네바가 존재했다는 사실에 깊이 감사하고 있다.

그렇지 않았더라면 20세기의 세상은 훨씬 더 엄청나게 불편했을 것이며 나라는 사람은 아마도 감옥에 있을 것이다.

이 영광스러운 전투의 영웅, 그 유명한 석사碩士 요하네스 칼비누스(혹은 장 칼비니 혹은 존 캘빈)는 루터보다 몇 살 어렸다.

생년월일: 1509년 7월 10일. 출생지: 북 프랑스의 누아용 시. 배경: 프랑스 중산층. 아버지: 하급 사무원. 어머니: 여관 주인의 딸. 가족: 5남 2녀. 유아기 교육의 특징: 절약, 검소, 그리고 모든 일을 질서 정연하게, 인색하지 않지만 꼼꼼하고 효율적으로 주의 깊게 하는 성벽.

둘째 아들인 존은 성직자가 될 모든 조건을 갖추고 있었다. 아버지에게는 영향력 있는 친구들이 있었고 마침내 그를 좋은 교구에 넣어줄 수 있었다. 열세 살이 되기도 전에 그는 이미 고향의 대성당에 조그만 사무실을 갖고 있었다. 여기서 적지만 고정적인 수입을 얻을 수 있었다. 그 돈으로 그는 파리의 좋은 학교에 갔다. 비범한 소년이다. 누구든 그와 접촉해본 사람이면 "저 젊은이를 조심해!"라고 말했다.

16세기 프랑스 교육 제도로는 이런 아이를 충분히 잘 돌보고 여러 가지 재능을 최대한 살려줄 수 있었다. 열아홉의 나이에 존은 설교를 할 수 있게 되었다. 적절하게 안정된 사제로서의 앞날이 보장된 것처럼 보였다.

그러나 그에게는 형제가 다섯, 누이가 둘 있었다. 교회에서는 승진이 느렸다. 법률이 더 많은 기회를 제공했다. 게다가 때는 엄청난 종교적 격변의 시기였고 미래는 불투명했다. 먼 친척인 피에르 올리베탕Pierre Olivétan이라는 사람이 그때 막 성경을 프랑스어로 번역했다. 존은 파리에 있는 동안 이 사촌과 많은 시간을 함께 보냈다. 한 가족에 이교도가 둘이나 있으면 절대로 안 될 노릇이었다. 존은 짐을 싸서 오를레앙으로 보내졌고, 변론하고 논쟁하고 서류를 작성하는 일을 배우도록 늙은 변호사의 도제로 들어갔다.

여기서 파리에서 일어난 것과 같은 일이 벌어졌다. 그해가 끝나기도 전에 도제는 선생으로 변해서 덜 부지런한 동료 학생들에게 법학의 원칙을 지도하고 있었다. 그리고 곧 그는 알아야 할 것은 모두 알았고, 아버지가 목매어 바라던 대로 언젠가는 그를 단한가지 의견만 내고도 금화 100닢을 받고 멀리 콩피엔뉴에 있는 왕에게 부름을 받아 갈 때는 사두마차를 타고 가는 저 유명한 법률가들의 경쟁자로 만들어줄 행로를 시작할 준비가 되어 있었다.

그러나 이 꿈은 전혀 이루어지지 않았다. 존 캘빈은 한 번도 변호사로 일하지 않았다.

대신 그는 첫사랑에게 돌아와서 법령 요약집과 법전을 팔고 그렇게 얻은 돈을 신학 전집을 사는 데 바쳤으며, 그를 지난 2,000

년 동안의 가장 중요한 역사적인 인물 중 하나로 만들어줄 과업을 매우 진지하게 시작했다.

그러나 로마법의 원리를 공부하면서 보낸 세월은 이후 그의 모든 활동에 흔적을 남겼다. 어떤 문제에 감정적으로 접근한다는 것은 그에게는 불가능했다. 물론 그도 사물을 느꼈고 그것도 아주 깊이 느꼈다. 가톨릭 교도들의 손아귀에 떨어져서 천천히 타오르는 석탄불에 구워져 죽음을 맞이하는 형벌을 선고받은 추종자들에게 보낸 편지를 읽어보라. 그 어쩔 수 없는 고통을 표현하는 편지들은 우리가 가진 어떤 기록에 못지않게 훌륭한 글이다. 그리고 이 편지들은 인간의 심리에 대한 너무나 섬세한 이해가 나타나 있어서, 가엾은 희생자들은 그 가르침으로 자신들을 그런 곤경에 빠뜨린 사람의 이름을 축복하면서 죽음을 향해 나아갔다.

아니다, 칼뱅은 수많은 적들이 말했듯이 동정심이라고는 없는 사람이 아니었다. 그러나 삶은 그에게 성스러운 임무였다.

그는 자기 자신과 자신의 하나님에게 정직하기 위해 너무나 절박하게 열심히 노력했기 때문에, 모든 질문을 인간의 감정이라는 시금석에 감히 노출시키기 전에 우선 신앙과 교리의 몇 가지 근본 원칙으로 축약해야 했던 것이다.

교황 비오 4세Pius IV[4]는 그가 죽었다는 소식을 들었을 때 "그 이교도의 강점은 돈에 무관심했다는 것이었다"고 평했다. 교황께서 당신의 적이 개인적으로 완벽하게 사심이 없었다는 점을 칭찬

---

4 1499-1565. 제224대 교황. 메디치 가문 출신이며 트리엔트 공의회의 마지막 회의를 주관했다.

하려 하신 것이라면, 그 말은 옳았다. 칼뱅은 살아 있을 때나 죽은 뒤에나 가난했고 '병 때문에 해야 할 일을 응당 하고 돈을 버는 것이 불가능하게 되었다'는 이유로 일 년에 네 번 받는 봉급 중에서 마지막 금액을 받기를 거부했다.

그러나 그의 강점은 다른 데 있었다.

그는 한 가지 신념만을 가진 사람이었고, 삶의 중심에는 오직 하나, 모든 것을 압도하는 추진력만이 자리 잡고 있었다. 그것은 성경에 드러난 대로 하나님의 진리를 찾으려는 열망이었다. 마침내 모든 가능한 형태의 논쟁이나 반대를 물리칠 수 있을 법한 결론에 도달했을 때에야 비로소 그는 그것을 자기 인생의 규범에 포함시켰다. 그리고 그런 결정의 현실적인 결과는 완벽하게 무시한 채로 이후의 인생을 살아갔기 때문에 그는 불굴이면서 동시에 저항할 수 없는 인물이 되었다.

그러나 이러한 품성은 많은 세월이 지난 후에야 드러나게 되었다. 개종 이후 첫 10년 동안 그는 살아남는다는 매우 진부한 문제에 모든 에너지를 쏟아야 했다.

파리 대학에서의 '신학문'과 그리스어 격변화, 히브리어 불규칙 동사와 다른 금지된 지식의 열매에 미친 듯이 열중하여 잠시 승리를 거둔 뒤에 예상했던 반작용이 뒤따랐다. 그 유명한 학문의 중심지의 학장까지도 치명적인 새 독일식 교리에 감염되었다는 사실이 밝혀졌을 때, 우리의 현대 의학 용어로 하자면 '사상思想 보균자'라고 이름 붙일 만한 사람들은 모두 학교에서 숙청하기 위한 조치가 취해지기 시작했다. 들리는 소문에 따르자면 칼뱅은 학장의 가장 불쾌한 연설 몇 가지를 준비하기 위해 자료를 준 인물로 서 용의자 명단 꼭대기에 올라 있는 사람 중 하나였다. 그의 방은 수색을 당했다. 논문은 압수당했고 체포 영장이 발부되었다.

그는 이 소식을 듣고 친구의 집에 몸을 숨겼다.

그러나 학계라는 찻잔 속에서 일어난 폭풍은 결코 오래가지 않는 법이다. 어찌 되었든 로마 교회에 자리를 얻는 것은 불가능 한 일이 되었다. 명확한 선택을 해야 할 때가 왔다.

1534년에 칼뱅은 이전의 신앙을 버렸다. 그리고 거의 같은 시 기에, 프랑스의 수도 위로 높이 솟은 몽마르트르 언덕에서, 로욜 라와 얼마 안 되는 동료 학생들은 얼마 안 가 예수회라는 조직으 로 합병될 그 엄숙한 서약을 하고 있었다.

그런 뒤에 그들은 둘 다 파리를 떠났다.

이그나티우스Ignatius of Antioch[5]는 동방으로 관심을 돌렸지만, 성스러운 땅을 처음 급습했을 때의 불행한 결과를 기억하고 자 신의 발자취를 거슬러 올라가 로마로 가서 그곳에서 그의 명성 (혹은 그 반대)을 우리 행성의 구석구석까지 떨치게 된 활동을 시작 하였다.

존은 품성이 전혀 달랐다. 그가 생각하는 하나님의 왕국은 시 간에도 장소에도 구애받지 않는 것이었으며 그는 혹시나 남은 일 생을 독서와 묵상과 평화롭게 자신의 사상을 저술하는 작업에 바

---

5 안티오크의 성 이그나티우스. 35? 50-98? 117. 초기 교회의 교부이자 안티오크의 세 번째 주 교. 사도 요한의 제자로 알려져 있다. 로마로 가는 길에 남긴 편지는 초기 기독교 신학 교리의 예시로 남아 있다. 로마에서 들짐승들에게 잡아먹히는 형벌을 받아 순교한 뒤에 성자로 추대되었다.

칠 수 있지 않을까 하여 조용한 장소를 찾아 돌아다녔다.

카를로스 5세와 프랑수아 1세 사이에 전쟁[6]이 벌어졌을 때 그는 공교롭게도 스트라스부르로 향하고 있었으나 전쟁 때문에 어쩔 수 없이 서부 스위스로 돌아가야 했다. 제네바에서 그는 프랑스 종교개혁의 선동가들 중 하나이며 모든 교회와 종교재판관의 지하 감옥에서 빠져나온 특출한 탈주자였던 기욤 파렐Guillaume Farel[7]의 환영을 받았다. 파렐은 두 팔 벌려 그를 환영했고 이 조그만 스위스 공국에서 이루어질지도 모르는 놀라운 일들을 이야기해주었으며 그곳에 머무르라고 했다. 칼뱅은 생각할 시간을 달라고 했다. 그리고 그는 머물렀다.

이리하여 전쟁 때문에 우연하게도 새로운 시온이 알프스 산기슭에 세워지게 되었다.

세상은 이상한 곳이다.

콜럼버스는 인도를 발견하기 위해 출발했다가 우연히 신대륙에 도착했다.

칼뱅은 여생을 연구와 성스러운 묵상에 바칠 수 있을 조용한 장소를 찾다가 스위스의 삼류 시골 마을에 흘러들어와, 골수 가톨릭 폐하들의 영지를 곧 거대한 신교도 제국으로 바꾸어놓게 될 사람들의 영적인 수도로 만들었다.

---

6 1536년부터 1538년까지 일어난 일명 '이탈리아 전쟁'. 스페인의 왕이자 신성로마제국의 황제였던 카를로스 5세와 프랑스 왕 프랑수아 1세 사이에서 북부 이탈리아, 특히 밀라노 공국의 지배권을 놓고 벌어진 전쟁.

7 1489–1565. 프랑스의 선교사이며 스위스의 노이샤텔, 베른, 제네바 등지에 개혁 교회를 세운 개신교 전도사. 칼뱅을 설득하여 제네바에 머무르게 한 인물로 가장 널리 알려져 있다.

역사에 모든 것이 다 있는데 뭐 하러 소설을 읽는단 말인가?

칼뱅 집안의 성경이 아직도 보존되어 있는지는 모르겠다. 그러나 아직도 존재한다면 〈다니엘서〉의 제6장 부분만 눈에 띄게 닳아 있을 것이다. 이 프랑스 종교개혁가는 겸손한 사람이었지만, 사자 굴에 떨어졌다가 그 순수함과 완전함으로 인해 끔찍하고 때 이른 죽음에서 구해졌던, 살아 계시는 하나님의 또 다른 신념 확고한 종의 이야기를 읽으면서 자주 위안을 얻었을 것이다.

제네바는 바빌론이 아니었다. 그곳은 점잖은 스위스 양재사들이 사는 점잖고 조그만 도시였다. 그들은 삶을 진지하게 받아들였지만, 지금 그들의 성 베드로 설교단에서 설교하는 새 지도자만큼 진지하지는 않았다.

더구나 그곳에는 느부가네살 왕[8]이 사보이[9]의 공작이라는 탈을 쓰고 존재했다. 카이사르가 말한 알로브로주Allobroges[10]의 후손들이 다른 스위스의 주와 제휴하여 종교개혁에 동참하기로 했던 것이 바로 사보이 집안과 끝없는 언쟁을 벌이던 도중이었다. 그러므로 제네바와 비텐베르크 사이의 동맹[11]은 정략결혼이었으며, 서로간의 사랑이라기보다는 공동의 이해관계에 기반한 혼담이었던

---

8 기원전 634~기원전 562. 혹은 네부카드네자르 2세. 신바빌로니아 칼데아 왕조의 2대 왕. 성경에 따르면 유대와 예루살렘을 정복하고 유명한 바빌론의 공중 정원을 세웠다.
9 프랑스 남동부의 공국.
10 기원전 1~2세기경 존재했던 프랑스의 고대 종족. 현재 오스트리아의 비엔나 지역을 중심지로 삼고 현재 프랑스 남부에서 스위스 국경에 이르는 지역에서 살았다. 알로브로주 족의 존재에 대해서는 그리스와 로마 등의 문헌에 나타나는 간접적 언급으로 추정만 할 수 있는데 그중 하나가 바로 로마의 율리우스 카이사르가 "알로브로주에서 출발하여 행군했다."라는 언급이다.
11 1517년 마르틴 루터가 95개조 반박문을 못 박았던 교회가 바로 비텐베르크에 있다. 제네바에서는 칼뱅, 비텐베르크에서는 루터가 종교개혁을 주도했기 때문에 저자가 이렇게 표현한 것이다.

것이다.

그러나 '제네바가 개신교가 됐다'는 소문이 외국으로 퍼지자마자 쉰 개쯤 되는 신흥 미치광이 종파의 열정적인 사도들이 전부 레만 호숫가로 모여들었다. 그들은 산 사람이 생각해낼 수 있는 가장 괴상한 교리를 엄청난 기세로 설교하기 시작했다.

칼뱅은 이 아마추어 예언자들을 지독하게 미워했다. 그들이 열정적으로, 그러나 방향을 완전히 잘못 잡고 옹호하는 그 대의명분에 그들 스스로가 얼마나 커다란 위협이 될 것인지 잘 알고 있었기 때문이다. 그래서 몇 달간 여유를 즐긴 끝에 그가 당장 착수한 첫 번째 일은, 새 교구민들에게 자신이 어떤 것을 참으로 받아들이고 어떤 것을 거짓으로 받아들이기를 기대하는지 가능한 한 정확하고 간명하게 쓰는 것이었다. 그리고 "난 법을 몰랐어요."라는 오래 되고 낡아빠진 변명을 아무도 하지 못하게 하기 위하여 그는 친구 파렐과 함께 제네바 시민을 전부 열 명 단위로 직접 심문하여 이 생소한 종교적 율령에 충성을 다하겠다고 서약한 사람에게만 시민으로서의 완전한 권리를 허락하였다.

다음으로 그는 자라나는 어린 세대를 위하여 무시무시한 교리 문답을 작성하였다.

다음으로 그는 시의회를 설득하여 여전히 이전의 잘못된 견해를 버리지 않는 사람들을 모두 추방하도록 했다.

이렇게 이후의 활동을 위한 터를 닦은 뒤에 그는 〈출애굽기〉와 〈신명기〉의 정치경제학자들이 그어놓은 선을 따라 정부를 세우기 시작했다. 다른 수많은 위대한 종교개혁가들이 그러했듯이,

칼뱅도 현대적인 기독교도라기보다는 고대 유대인에 훨씬 가까웠다. 입술은 예수의 하나님에게 경배하기는 했지만 가슴은 모세의 야훼를 향하고 있었던 것이다.

이것은 물론 엄청난 감정적 압박을 받는 시기에 종종 관찰할 수 있는 현상이다. 증오와 전쟁이라는 주제에 대한 나사렛 목수의 소박한 의견은 너무나 명확하고 딱 잘라 분명해서 그 사이에서는 어떠한 타협도 가능하지 않았으며 지난 2,000년 동안 국가와 개인은 그런 폭력적인 방법으로 목적을 달성하려 했다.

그리하여 관련자 모두의 암묵적인 동의하에 전쟁이 터지자마자, 우리는 복음서의 책장을 일단 덮고 《구약성서》의 피와 천둥과 '눈에는 눈' 철학을 즐겁게 탐닉하는 것이다.

종교개혁은 사실상 전쟁이었다. 그것도 매우 잔학한 전쟁이었으며 목숨을 살려준다거나 자비를 베푸는 일은 거의 일어나지 않았다. 칼뱅의 주canton[12]는 사실상 개인의 자유 비슷한 것은 모두 점차적으로 억압받게 되는 병영이라 해도 놀랄 필요는 없을 것이다.

물론 이 모든 일이 달성되기까지 엄청난 반대가 없지 않았으며, 1538년이 되자 공동체의 좀더 자유주의적인 사람들의 태도가 너무나 위협적으로 변해서 칼뱅은 도시를 떠나지 않을 수 없었다. 그러나 1541년 그의 추종자들은 다시 권력을 잡았다. 종이 울리고 집사들이 큰 소리로 호산나를 부르는 가운데 지배자 요하네스

---

12 스위스의 행정구역 단위.

는 론Rhone 강가의 성채로 돌아왔다.[13] 그때부터 그는 제네바의 왕관 없는 왕으로서 이후 23년 동안 신정新政 정부를 건설하고 완성하는 데 헌신했는데, 그런 형태의 정부는 에스겔과 에즈라[14]의 시대 이후 세상에 나타난 적이 없는 종류였다.

'훈육하다discipline'라는 말은 옥스퍼드 사전에 따르면 "억제하고, 순종하고 질서에 따르도록 훈련하며, 교련하다"라는 뜻이다. 이것은 칼뱅이 꿈꾸던 정치적-신학적 체제 전체에 퍼져 있던 정신을 가장 잘 표현하는 말이다.

루터는 대부분의 독일인 본성을 이어받아 상당한 감상주의자였다. 그는 하나님의 말씀만으로도 인간에게 영생으로 가는 길을 보여줄 수 있다고 생각했다.

위대한 프랑스인 종교개혁가의 취향에 이것은 너무 모호했다. 하나님의 말씀은 희망의 횃불이 돼줄 수는 있을지 몰라도, 길은 너무 멀고 어두웠으며 진정한 목적지를 잊게 만드는 유혹은 도처에 널려 있었다.

그러나 목자는 길을 잃어서는 안 되었다. 그는 홀로 특별한 사람이었다. 그는 함정을 모두 알고 있었다. 그는 불멸이었다. 그리고 혹시라도 곧은길에서 벗어나고 싶은 충동을 느끼면, 매주 있는 성직자들의 모임, 이 덕망 있는 신사들이 자유롭게 서로를 비판하도록 초청받은 그 모임에서, 곧 자기 의무를 다시 깨닫도록 해줄

13　프랑스 동부에서 지중해로 흐르는 강. '요하네스'는 칼뱅의 이름 '장(Jean)'을 라틴식으로 읽은 것이다.

14　에스겔 혹은 에제키엘과 에즈라는 모두 《구약》의 예언자들이다.

것이었다. 그러므로 그는 진정 구원을 열망하는 모든 사람의 앞에 내놓을 만한 귀감이었다.

산을 한 번이라도 올라본 사람이라면 전문적인 안내자들이 가끔 진짜 독재자가 되기도 한다는 사실을 알 것이다. 그들은 낙석의 공포와 깨끗해 보이는 눈밭의 숨은 위험을 알고 있다. 그렇기 때문에 그들은 자신의 보호하에 맡겨진 일행을 완전히 통제할 수 있다고 믿으며, 감히 자기 명령을 어기는 멍청한 관광객의 머리 위로는 신성 모독의 불경죄가 떨어지는 것이다.

칼뱅의 이상 국가의 목사들도 자기 임무에 대하여 비슷한 생각을 갖고 있었다. 그들은 넘어지려는 사람에게 도움의 손길을 뻗는 데서 한없는 기쁨을 느꼈으며 부축받을 것을 권했다. 그러나 고집 센 사람들이 기존에 다져진 길을 일부러 벗어나서 무리에서 떨어져 돌아다니면, 그 도움의 손길은 어느새 빠르고도 끔찍한 처벌을 내리는 주먹으로 변하는 것이었다.

다른 많은 공동체에서도 목사들이 이와 비슷한 권력을 휘두를 수 있게 되었다면 기뻐했을 것이다. 그러나 시 당국은 자신의 특권을 지키는 데 혈안이 되어, 성직자에게 사법부나 행정부와 경쟁하도록 허락하는 일이 거의 없었다. 칼뱅은 이것을 알고 있어서 자기의 전문 분야 안에서 실제로 국가의 법을 대신하는 일종의 교회 강령을 수립했다.

제1차 세계대전 이후로 굉장한 인기를 얻은 기묘한 역사적 오해 중에서도 가장 놀라운 것은 프랑스인이 (튜튼 족 이웃들과 대조하여) 자유를 사랑하는 민족이며 모든 종류의 조직화를 혐오한다는 민음이다. 프랑스인들도 몇 세기 동안 전쟁 전 프로이센에 존재했던 것만큼 복잡하고 그것보다 무한히 덜 효율적인 관료주의 체제에 복종해왔다. 관료들은 집무 시간을 지키는 일이나 옷깃을 깨끗이 하는 일에 신경을 조금 덜 쓰고 특별히 고약한 냄새를 풍기는 담배를 빨아대는 경향이 있었다. 다른 면에서 그들은 동쪽 공화국의 관료들만큼 지겨운 참견꾼이고 그만큼 못됐으며, 대중은 혁명에 중독된 인종 치고는 놀랄 만큼 양순하게 그들의 무례함을 받아들였다.

칼뱅은 중앙 집권을 사랑했다는 점에서 이상적인 프랑스인이었다. 몇 가지 세부 항목에서 그는 나폴레옹의 성공 비결이었던 완벽한 치밀함에 거의 근접했다. 그러나 이 위대한 황제와는 달리 그는 개인적인 야망이 전혀 없었다. 그저 위장이 약하고 유머 감각이라고는 하나도 없는 무시무시하게 진지한 사람이었을 뿐이다.

그는 자신의 특별한 야훼에 적합할 만한 것을 찾아 《구약성서》를 샅샅이 뒤졌다. 그리고는 제네바 시민들에게 이런 식으로 해석한 유대인 연대기를 신의 뜻을 직접 계시하는 것으로 받아들이라고 요구했다. 거의 하룻밤 사이에 론 호반의 활기찬 도시는 회개하는 죄인들의 공동체가 되었다. 여섯 명의 목사와 열두 명의 원로로 구성된 시립 종교 심문단이 모든 시민의 개인적인 의견을 밤낮으로 감시했다. '금지된 이단'적 성향이 있다는 의심을 받으면 누구든 종교 법정에 출두하도록 소환되어 교리에 대해 면밀히 심문을 받고 어디서 어떻게 무슨 경로로 그를 타락의 길로 이끈 치명적인 사상을 담은 책을 입수하게 되었는지 설명해야 했다. 죄인이 회개하는 심정을 보이면 주일 학교에 강제로 참석하라는 형을 받고 풀려날 수도 있었다. 그러나 만약 완강한 태도를 보일 경우에는 스물네 시간 이내에 도시를 떠나서 다시는 제네바 공화국 관할권 안에 모습을 보여서는 안 되었다.

정통적 신앙을 가지고 있지 않다는 것이 이른바 종교 법정에 불려가서 고생하게 되는 유일한 이유는 아니었다. 가까운 동네 볼링장에서 오후를 보냈다는 것도, 제대로 신고하기만 하면 (그런 일들이 으레 그렇듯이) 충분히 엄격한 징계를 받을 이유가 될 수 있었다. 장난이나 농담은 가장 바람직하지 못한 태도로 여겨졌다. 결혼식장에서 재치를 좀 부리려 했다는 것만으로도 감옥행을 선고받을 충분한 이유가 되었다.

새로운 시온은 점차 율법, 칙령, 규율, 포고령, 강령에 온통 짓눌려서 삶은 대단히 복잡한 일거리가 되어버렸고 예전의 운치는 대부분 사라졌다.

춤은 금지되었다. 노래도 금지되었다. 카드놀이도 금지되었다. 도박도 물론 금지되었다. 생일잔치도 금지되었다. 마을 장터도 금지되었다. 비단과 공단과 모든 외적인 사치의 표현도 전부 금지되었다. 금지되지 않은 것은 교회에 가는 일과 학교에 가는 일이었다. 칼뱅은 긍정적인 사고를 가진 사람이었기 때문이다.

금지 표지는 죄악을 몰아낼 수 있었지만, 사람에게 미덕을 사랑하라고 강요할 수는 없었다. 그것은 내면의 설득을 통해 우러나는 것이었다. 그리하여 훌륭한 학교와 일류 대학을 짓고 모든 종류의 학문을 장려했던 것이다. 그리고 공동체의 남아도는 기력을 대부분 흡수하고 보통 사람으로 하여금 그가 처한 여러 어려움과 제약을 잊어버리게 해주는 상당히 흥미로운 형태의 공동 생활을 설립했다. 여기에 인간적인 속성이 전혀 없었다면 칼뱅이 세운 체제는 결코 살아남지 못했을 것이며 지난 300년의 역사에서 그토록 대단히 결정적인 역할도 하지 못했을 것이다. 그러나 이 모든 일은 정치 사상의 발달사를 다루는 책에나 어울릴 만한 주제이다. 지금 우리는 제네바가 관용을 위해 무엇을 했는가 하는 문제에 관심이 있으며 우리가 도달한 결론은 이 개신교 로마가 가톨릭 로마보다 나은 점이 하나도 없다는 것이다.

참작할 만한 정황은 이미 몇 페이지 전에 열거했다. 성 바르톨로뮤의 학살[15]과 수십 개의 네덜란드 도시에서의 신교도 대량 살육 등등 흉포한 사건들을 곁에서 지켜보아야만 했던 세상에서 한쪽만 (그것도 약한 쪽에서) 스스로 사형 선고를 내리는 것과 다를 바 없는 미덕을 실천하리라고 기대하는 것은 사리에 맞지 않는 일이다.

그러나 그렇다고 해서 그뤼에Jacques Gruet와 세르베투스를 합법적으로 살해하는 일을 선동하고 도왔던 칼뱅의 죄를 씻어줄 수 있는 것은 아니다.

자크 그뤼에의 경우, 칼뱅은 그가 동료 시민들을 선동하여 폭

---

15 1572년 성 바르톨로뮤의 날인 8월 24일 프랑스에서 가톨릭 교도들이 칼뱅파 개신교도인 '위그노'들을 학살한 사건. 나바르의 앙리 3세와 마르고 발루아 공주의 결혼식을 축하하기 위해 많은 개신교도들이 파리에 모였을 때 일어났다.

동을 일으키게 한 혐의가 매우 짙으며 칼뱅주의자들의 파멸을 기도하는 정당에 속해 있었다는 구실을 들고 나올 수도 있다. 그러나 세르베투스는 제네바에 관한 한 절대로 공동체의 안전에 위협이 된다고 할 수 없었다.

그는 현대의 여권 심사 규정에 따르자면 '단기 체류자'였다. 스물네 시간만 더 주었더라면 그는 떠났을 것이다. 그러나 그는 배를 놓쳤다. 그리고 그 때문에 목숨을 잃게 되었으니, 꽤 무시무시한 이야기다.

미겔 세르베토Miguel Serveto 혹은 미카엘 세르베투스Michael Serve-tus로 더 잘 알려진 이 사람은 스페인 출신이었다. 그의 아버지는 훌륭한 공증인이었고 (유럽에서 공증인은 절반 정도 법조인의 신분이었으며 그저 고객이 서명하는 데 증인이나 서주고 25센트를 요구하는, 도장 찍는 기계를 가진 젊은 남자는 아니었다) 미겔도 법조인이 될 예정이었다. 그는 툴루즈 대학Université de Toulouse[16]으로 보내졌다. 모든 강의가 라틴어로 진행되던 그 좋던 시절에 학업이란 국제적이었고 다섯 가지 격변화와 몇 십 가지 불규칙 동사를 터득한 사람이라면 누구에게나 온 세상의 지혜가 열려 있었기 때문이다.

이 프랑스 대학에서 세르베투스는 얼마 후에 카를로스 5세 황제의 고해 신부가 된 후안 데 퀸타나Juan de Quintana라는 사람과 알게 되었다.

---

16 툴루즈는 프랑스 남서부의 도시이며, 툴루즈 대학은 1229년에 세워진, 유럽에서 가장 오래된 대학 중 하나이다.

중세에 황제의 대관식이란 현대의 국제 박람회와 매우 비슷했다. 카를로스가 1530년 볼로냐에서 왕위에 올랐을 때, 퀸타나는 친구 미카엘을 비서로 데리고 갔고, 이 똑똑한 스페인 젊은이는 그곳에서 보아야 할 것을 모두 보았다. 당대의 수많은 사람들이 그랬듯이, 그도 만족할 줄 모르는 호기심의 소유자였으므로 이후 10년 동안 취미 삼아 끝없이 많은 분야를 섭렵했는데, 여기에는 의학, 천문학, 점성술, 히브리어, 그리스어, 그리고 가장 치명적으로, 신학이 있었다. 그는 매우 능력 있는 의사였고 신학을 연구하던 도중에 혈액 순환이라는 착상을 떠올렸다. 그것은 삼위일체의 교리에 반대하는 그의 첫 번째 책 15장에 나와 있다. 세르베투스의 저작물을 조사했던 사람들 중 그 누구도 이 사람이 역사상 가장 위대한 발견을 했다는 사실을 알아채지 못했다는 데서 16세기 신학자들의 편협성을 볼 수 있다.

세르베투스가 의학에만 충실했더라면! 천수를 다하고 자기 침대에서 평화롭게 죽을 수 있었을 것이다.

그러나 그는 그저 당대의 불타는 질문에서 관심을 놓을 수가 없었을 뿐이고, 리옹의 인쇄소에 드나들 수 있었으므로, 갖가지 주제에 대한 의견을 분출하기 시작했던 것이다.

요즘이라면 관대한 백만장자가 대학을 설득하여 삼위일체 대학이라는 이름을 인기 있는 담배 상표 이름으로 바꾸게 할 수 있고, 설령 그래도 아무 일도 일어나지 않는다. 신문은 "딩거스 씨가 그렇게 관대하게 돈을 쓰시다니 좋은 일 아닌가!"라고 말하고 일반 대중은 "아멘!" 하고 소리친다.

그러니까 우리는 신성모독에 대한 개념이 전부 사라진 것 같은 세상에 살고 있다. 이런 시대에 동료 시민 한 명이 삼위일체를 깔보는 듯한 말을 했다는 의심만으로 공동체 전체가 패닉에 빠지던 시절에 대해 쓴다는 것은 쉬운 일이 아니다. 이 점을 충분히 이해하지 않는 한, 16세기 초반에 모든 선량한 기독교인들이 세르베투스를 얼마나 공포에 질려 지켜보았는지 절대로 이해할 수 없을 것이다.

그는 결코 급진주의자는 아니었다. 그는 요즘 말로 하자면 자유주의자였다.

그는 개신교도와 가톨릭 양쪽에서 믿는 삼위일체에 대한 오랜 신앙을 거부했지만, 자기 관점이 옳다는 것을 너무나 진심으로 (그보다는 '순진하게'라고 말하고 싶다) 믿었기 때문에 칼뱅에게 개인적으로 면담을 하고 전반적인 문제에 대하여 충분히 토의할 수 있도록 제네바를 방문하는 것을 허락해달라고 편지를 쓰는 중대한 실수를 범했다.

그는 초대받지 못했다.

초대장이 날아왔다 해도 받아들일 수 없었을 것이다. 리옹의 종교재판 소장이 이미 이 문제에 손을 써서 세르베투스는 감옥에 있었기 때문이다. 이 재판소장은 (호기심 많은 독자들이라면 라블레의 저술에서 그에 관한 묘사를 찾아낼 수 있을 것이다. 라블레는 그를 도리부스Doribus라고 언급했는데, 원래 이름인 오리Ory로 말장난을 한 것이다) 제네바의 한 시민이 개인적으로, 칼뱅의 묵인하에, 리옹에 사는 친척에게 보낸 편지를 통해 이 스페인 사람의 신성모독을 눈치챘던 것이다.

세르베투스의 육필 원고 몇 장이 증거로 제시되어 곧 혐의는 더더욱 그를 조여들어왔는데, 이 원고 또한 칼뱅이 남모르게 제공한 것이었다. 칼뱅은 누가 교수형을 선고하든 이 불쌍한 친구가 목 매달리기만 한다면 정말로 신경 쓰지 않을 것처럼 보였지만, 종교재판관들은 신성한 임무를 게을리했고 세르베투스는 도망칠 수 있었다.

처음에 그는 스페인 국경으로 가려고 했던 듯하다. 그러나 그처럼 잘 알려진 사람에게 남부 프랑스를 횡단하는 긴 여행은 매우 위험했을 것이다. 그래서 그는 제네바, 밀라노, 나폴리와 지중해를 거쳐 조금 우회해 가기로 결정했다.

1553년 8월 어느 토요일 늦은 오후, 그는 제네바에 도착했다. 서둘러 호수를 건너갈 배를 찾아보려 했지만 안식일 직전에는 배를 띄우는 것이 금지되어 있었고 그는 월요일까지 기다리라는 말을 들었다.

다음날은 일요일이었다. 예배에 참석하지 않는 것은 그곳 주민에게나 외지인에게나 경범죄에 속했으므로 세르베투스는 교회에 갔다. 그는 거기서 발각되어 체포되었다. 무슨 권리로 그를 감옥에 집어넣었는지 아무도 설명해주지 않았다. 세르베투스는 스페인 국민이었고 제네바 법에 위반되는 범죄를 저질러 고발당한 것도 아니었다. 그러나 그는 교리에 관한 한 자유주의자였고, 삼위일체라는 주제에 감히 자기 나름의 의견을 펼쳤던 신성모독적이고 불경한 사람이었다. 그런 사람이 법의 보호를 호소하다니 말도 안 되는 일이었다. 평범한 범죄자라면 그럴 수도 있었다. 그러나 이단자라니, 절대 안 된다! 더 이상 수고할 것도 없이 그는 더럽고 축축한 지하 감방에 갇혔고 돈과 개인 소지품은 몰수당했으며 이틀 후에 법정으로 불려가서 서른여덟 가지 항목을 나열한 질의서에 대답할 것을 요구받았다.

심문은 두 달 하고도 12일 동안 지속되었다.

결국 그는 "기독교의 근본에 위배되는 이단"으로 유죄 판결을 받았다. 그의 의견을 논하는 과정에서 그가 내놓은 대답에 판사들은 격분했다. 이와 같은 사건에서 보통 처벌은, 특히 피고인이 외국인일 경우, 제네바 시의 영토에서 영구히 추방하는 것이었다. 세르베투스의 경우는 예외였다. 그는 화형을 선고받았다.

그동안 프랑스 법정이 다시 열려 이 도망자의 사건을 다루었고 종교재판관들은 개신교 동료들과 같은 결론을 내렸다. 그들 또한 세르베투스에게 사형을 선고했고 제네바로 전령을 보내 범죄자를 인도하여 프랑스로 다시 데려오게 해줄 것을 요청했다.

요청은 거부당했다.

칼뱅은 직접 화형을 집행할 수 있었다.

말다툼하며 떠들어대는 목사 대표단이 마지막 여행을 하는 이단자를 둘러싸고 화형장까지 걸어가는 그 끔찍한 길, 30분이 넘게 이어지다가 불쌍한 순교자를 가엾게 여긴 군중이 새로 장작더미를 불길에 던져 주고서야 완전히 끝났던 그 고통, 이 모두 이런 종류의 일을 좋아하는 사람들에게는 흥미로운 읽을거리겠지만 여기서는 생략하는 편이 낫겠다. 한 번쯤 화형을 더 하고 덜 한다 해서 고삐 풀린 종교적 광기의 시대에 뭐가 달라졌겠는가?

그러나 세르베투스 사건은 그 자체로 정말 중요하다. 그 결과는 끔찍했다. 왜냐하면 이제 드러난 것은, 그것도 끔찍하도록 분명하게 드러난 것은, 그토록 시끄럽고 끈질기게 '자기 나름의 의견을 가질 권리'를 주장하며 그토록 아우성쳤던 그 개신교도들은 그저 가면을 쓴 가톨릭이었으며, 자기들의 관점을 공유하지 않는 사람을 적으로 돌릴 만큼 편협하고 잔인했고 자기들 나름의 공포 정치를 수립할 기회만 노리고 있었다는 사실이다.

이런 죄상은 매우 심각한 것이다. 그저 어깨나 한번 으쓱하고 "그래, 뭘 바라겠어?" 하고 넘어갈 일이 아니다.

우리는 이 재판에 대하여 대단히 많은 정보를 갖고 있으며 세상의 나머지 부분이 이 처형을 어떻게 생각했는지 세세히 알고 있다. 그것은 소름끼치는 이야기다. 칼뱅이 갑자기 관대함이 넘쳐서 세르베투스를 화형에 처하는 대신 목을 자르자고 제안했다는 것은 사실이다. 세르베투스는 친절에 감사했지만 여전히 다른 해결책을 제시했다. 그는 자유롭게 풀려나고 싶어했다. 그는 (완전히 자기 관점에서만 논지를 펼쳐) 법정이 그에 대하여 아무런 사법권도 갖지 못하며, 자신은 진실을 탐구하는 정직한 사람일 뿐이므로 "반대자들과 공개 토론을 할 권리가 있습니다, 칼뱅 박사님." 하고 주장했다.

그러나 칼뱅은 이런 주장을 들어주지 않았다.

그는 이 이교도가 일단 손아귀에 들어온 이상 절대로 목숨이 붙은 채 도망치게 할 수 없다고 맹세했고 그 맹세를 지킬 작정이었다. 철천지원수인 종교재판과 협력하지 않고서는 유죄 판결을 받아낼 수 없다는 점에도 개의치 않았다. 이 불운한 스페인 젊은 이에게 혐의를 더욱 덧씌울 수 있는 서류 증거만 가지고 있었다면 교황과도 타협했을 것이다.

그러나 더 나쁜 일이 뒤따랐다.

사형당하던 날 아침, 세르베투스는 칼뱅을 만나고 싶다고 청했고 칼뱅은 적을 가두어놓은, 어둡고 더러운 지하 감방으로 찾아갔다.

이런 상황에서 최소한 그는 자비로울 수 있었을 것이다. 혹은 한 걸음 더 나아가 인간적일 수 있었을 것이다.

양쪽 다 아니었다.

그는 한 시간만 지나면 하나님의 성좌 앞에서 자기 사건을 변호할 수 있게 될 사람 앞에 서서 논쟁을 했다. 침을 튀기며 토론을 하다가 얼굴이 시뻘개져서 이성을 잃었다. 그러나 연민이나 동정, 친절한 말은 한 마디도 없었다. 한 마디도. 오로지 원한과 증오, 그리고 "마땅한 응보다, 이 고집불통 불한당아. 불타고 저주받아라!" 뿐이었다.

• • •

이 모든 일은 아주, 아주 오래전에 일어났다.

세르베투스는 죽었다.

우리가 세우는 모든 동상과 기념비를 합쳐도 그를 다시 살릴 수는 없다.

칼뱅도 죽었다.

욕설을 수천 권 쓴다 해도 알려지지 않은 그의 무덤의 재를 어지럽힐 수는 없을 것이다.

재판을 하는 동안 그 불경한 악당이 도망치도록 허용되지 않을까 공포에 떨었던 열정적인 개혁가들, 처형이 끝난 후 찬송가를 불러대며 서로 "제네바 만세! 정의가 이루어졌도다!"라고 편지를 썼던 교회의 굳건한 기둥들은 모두 죽었다.

그들은 모두 죽었고, 또한 잊혀버리는 편이 아마 가장 좋을 것이다.

다만 우리는 조심하도록 하자.

관용은 자유와 같다.

그저 요구하기만 해서는 절대로 주어지지 않는다. 영원히 불침번을 서며 돌보지 않으면 지킬 수 없다.

바로 우리의 아이들 중에 있을 미래의 세르베투스를 위하여, 이 점을 기억해야 할 것이다.

16

· · ·

재침례교도

모든 세대에는 그 나름대로의 골칫거리가 있다.

우리에게는 '빨갱이'가 있다.

우리 아버지들에게는 사회주의자가 있었다.

우리 할아버지들에게는 몰리 매과이어Molly Maguire[1]가 있었다.

우리 고조할아버지들에게는 자코뱅이 있었다.

그리고 300년 전 우리 조상이라고 상황이 더 나았던 건 아니었다.

그들에게는 재침례교도가 있었다.

16세기에 가장 인기 있었던 역사책은 일명 《세계서World Book》라는 연대기였는데, 1534년에 이 책을 출간한 제바스티안 프랑크

---

1 1862년부터 1876년까지 활동한 미국 펜실베니아와 웨스트버지니아 지역 석탄 광부들의 비밀조직. 조직 이름인 '몰리 매과이어'는 1840년대 아일랜드에서 반지주 활동가 그룹을 이끌었던 과부의 이름을 따서 지었다고 한다. 이들은 당시 광산지역에 퍼지던 테러리즘에 책임이 있다고 하여 탄압받았다. 조직 와해 직후인 1877년 미국 펜실베니아 북동부 석탄 광산에서 아일랜드 출신 광부 네 명이 노동환경 개선을 요구하다 십장 두 명을 살해하고 사형당한 사건이 있었다. 몰리 매과이어 조직과 이 사건은 미국 노동조합 운동의 효시로 알려져 있다.

Sebastian Frank는 비누 제조자였고 주류 양조판매 금지론자였으며 작가였고 울름Ulm[2]이라는 멋진 도시에 살고 있었다.

제바스티안은 재침례교도들과 알고 지냈다. 그는 재침례교도 집안에 장가를 들었다. 그는 확고한 자유사상가였기 때문에 재침례교도의 관점에 공감하지는 않았다. 그러나 그는 재침례교도들에 대하여 이렇게 썼다.

"그들은 사랑과 신앙과 그리스도의 육신이 십자가에 못 박혔음을 가르칠 뿐이며 모든 고통 앞에서 참을성과 겸손함을 보였고 진심으로 서로를 도우며 서로 형제라 불렀고 모든 재산은 공유해야 한다고 믿었다."

진심으로 이런 칭찬을 들었던 사람들이 거의 100년 동안이나 야생 짐승처럼 쫓겨 다니며 가장 피에 목마른 시대에 가장 잔인한 처벌을 빠짐없이 당해야 했다는 것은 매우 이상한 일이다.

그러나 여기에는 이유가 있었고 그 이유를 이해하기 위해서는 종교개혁에 대해 몇 가지 사실들을 기억해야만 한다.

종교개혁은 아무것도 해결하지 못했다.

종교개혁은 세상에 감옥을 하나 대신 두 개 만들었고 한 사람 대신 한 권의 책을 절대적인 위상에 올려놓았으며 흰 옷을 입은 사제들 대신 검은 옷을 입은 목사들의 치세를 수립했다(혹은 수립하려고 노력했다).

50년 동안 투쟁하고 희생한 끝에 얻어낸 이 빈약한 결과 때문

---

2 독일 서남부의 도시.

에 수백만 사람들의 가슴은 극도의 절망으로 가득 찼다. 그들은 사회적 종교적으로 정의로운 천년왕국을 기대했으며 처형과 경제적 예속뿐인 새로운 고난의 땅을 맞이할 준비는 전혀 되어 있지 않았다.

그들은 위대한 모험을 할 참이었다. 그때 뭔가 일이 생겼다. 그들은 제방과 배 사이로 미끄러져 떨어진 것이다. 그리고 상황을 스스로 헤쳐나가며 최대한 가라앉지 않게 알아서 노력해야 했다.

그들은 끔찍한 처지에 놓였다. 옛 교회는 이미 버렸다. 그러나 양심상 새로운 신앙을 받아들일 수 없었다. 그러므로 그들은 공식적으로 이미 존재하지 않았다. 그러나 그들은 살아 있었다. 숨 쉬고 있었다. 그들은 자신이 하나님의 사랑스러운 자녀들이라는 사실을 확신했다. 그러므로 계속 숨 쉬며 살아가는 것이 그들의 의무였다. 사악한 세상을 그 자체의 어리석음으로부터 구해낼 날이 올지도 모르기 때문이었다.

결국 그들은 살아남았지만, 어떻게 살아남았는지는 묻지 마시길!

예전의 교분이 모두 끊어졌으므로 그들은 자기들끼리 무리를 형성하고 새로운 지도자를 찾아야 했다.

하지만 제정신 박힌 사람이라면 대체 누가 이 불쌍한 광신자들을 떠맡겠는가?

결국 혜안을 가진 신기료 장수와 선견지명이 있고 환각을 보는 제정신 아닌 산파들이 예언자 노릇을 맡았다. 이들은 신앙심 깊은 사람들의 호산나 소리에 때 묻은 집회실 서까래가 흔들릴 때까지 기도하고 설교하고 절규했으며 마을 보안관들은 이 꼴사나운 소동을 알아차리지 않을 수 없었다.

그래서 대여섯 명 정도가 감옥에 갔고 높으신 시의원 나으리들이 좋은 말로 '조사'라고 하는 것에 착수했다.

이 사람들은 가톨릭 성당에 나가지 않았다. 개신교 교회에서 예배를 드리지도 않았다. 그럼 이 사람들이 대체 누구이며 무엇을 믿는지, 부디 아무나 설명 좀 해주지 않겠는가?

불쌍한 시의원들은 공평하게도 난감한 처지에 놓여 있었다. 그들이 감옥에 가둔 죄수들은 모든 이단자 중에서도 가장 불편한 부류, 즉 자기들의 종교적 신념을 절대적으로 진지하게 받아들이는 사람들이었던 것이다. 가장 훌륭한 종교개혁가들 중 많은 사람들이 세속에 물들어 그 악취가 코를 찔렀고 평온하고 존경받을 만한 생활을 이어나가려면 꼭 필요한 이런 저런 작은 타협들을 기꺼이 해나갔다.

우리의 진실한 재침례교도는 전혀 달랐다. 그들은 어중간한 태도에 얼굴을 찌푸렸다. 예수께서는 제자들에게 적이 뺨을 때리거든 다른 한쪽 뺨도 내밀라고 했으며, 칼로 흥한 자는 칼로 망할 것이라고 가르치셨다. 재침례교도들에게 이 말은, 절대 폭력을 쓰지 말라는 확고한 법령이었다. 그들은 이랬다 저랬다 말을 바꾸면서 상황에 따라 경우가 달라지는 법이다, 물론 전쟁에는 반대하지만 이건 종류가 다른 전쟁이니까 폭탄 몇 개 던지고 가끔 어뢰를 발사하더라도 하나님께서 개의치 않으실 거라고 중얼거리는 태도를 좋아하지 않았다.

하나님의 명령은 하나님의 명령이고, 그걸로 끝이었다.

그래서 그들은 군에 입대하기를 거부했고 무기를 드는 것도 거부했으며 이런 평화주의(적들은 이런 종류의 응용 기독교를 그렇게 불렀으므로) 때문에 체포되면 기꺼이 운명을 맞이하러 나아갔고 죽음이 고통을 끝내줄 때까지 〈마태복음〉 26장 52절[3]을 되뇌었다.

그러나 반反 군국주의는 그들의 기묘한 강령의 작은 일부분일 뿐이었다. 예수께서는 하나님의 왕국과 카이사르의 왕국은 두 개의 전혀 다른 존재이며 화합할 수도 없고 화합해서도 안 된다고 설교하셨다. 좋다. 이 말씀의 뜻은 분명했다. 하여 차후로 모든 선량한 재침례교도들은 조심스럽게 자기 나라 정부의 관직을 그만두고 공무원직을 거부했으며 다른 사람들이 정치에 낭비하는 시간을 성경을 읽고 공부하는 데 바쳤다.

예수께서는 제자들에게 부적절한 다툼을 피하라고 경고하셨으므로 재침례교도들은 법원에 이의 신청을 제출하느니 정당한 소유물을 잃는 편을 택했다. 이 특이한 사람들을 세상의 나머지 부분으로부터 갈라놓는 특성이 몇 가지 더 있었지만, 그들의 괴상한 행태를 보여주는 이런 몇 안 되는 예시만으로도, 언제나 공생공존이라는 안락한 교리를 신앙심과 적당히 섞는 뚱뚱하고 행복한 이웃들이 그들에게 가졌던 의심과 혐오감을 설명할 수 있을 것이다.

그렇다 하더라도 재침례교도들도 침례교도나 다른 많은 국교

---

3 "이에 예수께서 이르시되 네 검을 도로 집에 꽂으라. 검을 가지는 자는 다 검으로 망하느니라."

반대자들처럼 정부 당국을 달랠 방법을 결국은 찾아냈을지도 모른다. 친구들로부터 자신들을 보호할 수만 있었다면 말이다.

동료 무산계급을 진심으로 사랑하며 깨어 있는 시간 동안 세상을 더 좋고 더 행복한 곳으로 만들기 위해 노력하는 정직한 공산주의자도 틀림없이 많이 있다. 그러나 보통 사람이 "공산주의자"라는 말을 들으면, 모스크바, 학자인 척하는 몇몇 살인자들이 수립한 공포 정치, 무고한 사람들로 가득한 감옥, 그리고 희생자들을 비웃으며 총을 쏘아대는 군대를 떠올린다. 이런 연상은 조금 불공평할지도 모르지만, 지난 7년 동안[4] 러시아에서 말로는 표현할 수 없는 일들이 일어난 뒤에 일반적으로 이런 통념을 갖게 된 것은 그저 자연스러운 일이다.

16세기의 정말 선량하고 평화로운 재침례교도들도 비슷하게 불리한 처지에서 고난을 겪었다. 하나의 종파로서 그들은 여러 가지 이상한 범죄를 저지른 것으로 의심받았고, 여기에는 그럴 만한 이유가 없지 않았다. 우선 그들은 상습적으로 성경을 읽었다. 물론 이것은 전혀 범죄가 아니지만, 내 말을 끝까지 들어주기 바란다. 재침례교도들은 성경의 모든 부분을 아무 차별 없이 연구했는데, 이것은 〈요한계시록〉을 대단히 편애하는 사람에게는 매우 위험한 일이었다.

이미 5세기에 '위조 문서'로 거부당했던 이 기묘한 작품은 격

---

4 반 룬이 이 책을 처음 출간한 것은 1925년이고, 러시아에서 공산혁명이 일어난 것이 1918년이므로 집필 당시 반 룬의 관점에서는 7년 전이었다.

렬한 감정적 열정의 시기에 살았던 사람들에게 호소력을 가질 만한 딱 적당한 종류의 물건이었다. 파트모스의 추방[5]은 이 가난하고 쫓기는 사람들이 공감할 만한 이야기였다. 무기력한 분노에 휩싸여 그가 현대의 바빌론에 관한 정신 나간 예언을 시작했을 때, 모든 재침례교도들은 '아멘'을 외치며 새로운 천국과 새로운 지상이 빨리 도래하기를 기도했다.

거대한 흥분이 주는 압박에 못 이겨 마음 약한 사람들이 제정신을 잃은 경우가 처음은 아니었다. 그리고 재침례교도들이 당했던 박해에는 대부분 폭력적인 종교적 광기의 폭발이 뒤따랐다. 남자와 여자 들이 발가벗고 거리로 뛰어나와 세계 종말을 선언하며 하나님의 분노를 잠재우기 위한 기묘한 희생에 탐닉하려 했다. 늙은 노파들이 다른 종파의 예배에 끼어들어서 사탄이 닥쳐온다는 헛소리를 귀에 거슬리게 고함쳐대며 집회를 중단시키곤 했다.

물론 이런 종류의 불행은 (온건한 정도로) 언제나 일어나는 일이다. 일간 신문을 읽어보면 오하이오나 아이오와나 플로리다의 작은 마을에서 천사의 목소리로 '그렇게 하라는 계시를 받고' 고기 써는 식칼로 남편을 난자해 죽인 여자의 이야기를 읽을 수 있을 것이다. 혹은 다른 때는 분별 있는 사람이었다가 일곱 나팔의 음악 소리를 예견하며 아내와 여덟 아이들을 죽인 아버지의 이야기

---

5 〈요한계시록〉의 저자는 일반적으로 요한서신의 저자 사도 요한으로 알려져 있다. 그러나 일부에서는 사도 요한이 아닌 다른 '요한'이라는 이름의 저자가 계시록을 썼을 수도 있다고 여겨진다. 이 정체 불명의 저자는 그리스의 파트모스 섬에 사는 '요한'으로 알려졌는데, 그는 초기 기독교 시대에 로마 황제의 박해를 받아 파트모스 섬으로 추방당한 것으로 여겨진다.

를 읽을 수 있을 것이다. 물론 이런 경우는 드물다. 이런 사람들은 지역 경찰에서 손쉽게 감당할 수 있으며 나라의 안전이나 시민의 생명에 정말 막대한 영향을 끼치지는 못한다.

그러나 1534년 평화로운 뮌스터Münster[6] 시에서 일어났던 일은 매우 달랐다. 거기서는 새로운 시온이, 엄격하게 재침례교도적인 교리에 따라 실제로 공표되었던 것이다.

북유럽의 모든 사람들은 그 끔찍한 겨울과 봄을 생각할 때마다 몸서리를 쳤다.

이 사건의 원흉은 얀 보이켈스존Jan Beukelszoon이라는 이름의 잘생긴 젊은 재단사였다. 역사적으로 그는 레이덴Leiden[7]의 존John of Leiden으로 알려져 있다. 그는 그 작은 공업 도시 태생이었고 느릿느릿 흘러가는 오래된 라인강의 강둑에서 어린 시절을 보냈기 때문이다. 그 시절 도제들이 다 그러했듯이 그도 널리 여행을 해보았고 자신이 종사하는 사업 분야의 비결을 배우기 위해 먼 곳까지 돌아다녔다.

그는 글을 읽고 쓸 줄 알아서 가끔 연극대본을 쓰고 연출을 할수 있을 정도였지만 제대로 교육을 받은 적은 없었다. 사회적으로 낮은 지위와 지식의 결핍을 스스로 의식하는 사람들에게서 흔히 볼 수 있는 겸손한 마음가짐도 없었다. 그는 한없이 뻔뻔하고 허

---

6 독일 북서부의 도시.
7 네덜란드 서쪽의 도시. 레이덴 대학이 유명하다.

영심이 무척 많은, 매우 잘 생긴 젊은이였다.

영국과 독일에서 오랫동안 지낸 후에 그는 고국으로 돌아가서 외투와 양복을 만드는 사업을 시작했다. 동시에 그는 종교에 심취했는데 그것이 그 특출한 경력의 시작이었다. 왜냐하면 그는 토마스 뮌쩌Thomas Münzer의 제자가 되었기 때문이다.

이 뮌쩌라는 사람은 본업이 빵 장수였는데 유명한 인물이었다. 그는 1521년 루터에게 구원으로 가는 진정한 길을 보여주기 위해 갑자기 비텐베르크에 모습을 나타냈던 세 명의 재침례교도 예언자 중 하나였다. 그들은 최고의 선의에서 행동했지만 그 노력을 인정받지 못했고, 작센 공작의 영토에 다시는 그 달갑지 않은 모습을 나타내지 말라는 요청과 함께 이 개신교 요새에서 쫓겨났다.

1534년이 다가왔고 재침례교도들은 너무 많은 패배를 겪어 한 번의 과감하고 커다란 반란에 모든 것을 걸기로 했다.

그들이 베스트팔렌의 뮌스터를 마지막 실험 장소로 택했다는 사실에는 아무도 놀라지 않았다. 그 도시의 공자公子이며 주교이던 프란츠 폰 발덱Franz von Waldeck은 주정뱅이 불량배로 몇 년이나 공공연하게 수십 명의 여자와 함께 살았고 열 여섯 살 이래 말도 못하게 문란한 사생활로 점잖은 사람들을 모두 화나게 했던 인물이었기 때문이다. 자기 도시가 개신교로 변하자 그는 타협했다. 그러나 공자는 거짓말쟁이에 사기꾼으로 널리 알려져 있었으므로 그가 맺은 평화 조약은 개신교 백성들에게 신변의 안전감을 주지 못했는데, 이런 안전감이 없으면 산다는 것은 매우 불편한 경험이 되게 마련이다. 그 결과 뮌스터 거주자들은 다음 선거까지 대단히 동요된 상태로 지냈다. 이 때문에 놀라운 일이 벌어졌다. 시 정부가 재침례교도들 손에 넘어간 것이다. 의장 자리에 오른 베르나르트 크니페르돌링크Bernard Knipperdollinck는 낮에는 포목 상인이었고 어두워진 후에는 예언자였다.

주교는 새 시의원들을 보자마자 도망쳤다.

바로 이때 레이덴의 존이 무대에 등장했다. 그는 얀 마티쉬Jan Matthysz라는 사람의 사도로서 뮌스터에 왔는데, 마티쉬는 하를렘Haarlem[8]의 빵 장수로서 자기 나름의 새 종파를 창시했으며 매우 성스러운 인물로 여겨졌다. 레이덴의 존은 정당한 대의를 위해 일어난 위대한 봉기의 소식을 듣자 승리를 축하하고 천주교의 모든 오염으로부터 교구를 깨끗이 청소하는 일을 돕기 위해 머물렀다. 재침례교도들은 모든 면에서 철저한 사람들이었다. 그들은 교회를 돌더미로 만들었다. 수녀원은 집 없는 사람들을 위해서 몰수했다. 성경을 제외한 모든 책은 공개적으로 불태워졌다. 그리고 합당한 절정으로서 재침례교도 방식으로 다시 세례받기를 거부한 사람들은 주교의 진영으로 쫓겨났는데, 그곳에서 주교는 그들이 이단자이며 없어져도 공동체에 손해가 되지 않는다는 일반 원칙 아래 그들의 목을 베거나 익사시켰다.

이것이 서막이었다.

본론 자체도 이에 못지않게 끔찍했다.

---

8 네덜란드의 도시. 북 홀란드 주의 주도이다.

멀리 곳곳에서 쉰 개쯤 되는 신흥 종파의 고매하신 목사님들이 이 새로운 예루살렘으로 서둘러 찾아왔다. 그곳에는 위대한 휴거의 부르심을 받았다고 믿는 사람들이 모두 모여들었는데, 이들은 정직하고 신실한 시민들이기는 했지만 정치나 국정에 관한 한 갓난아기만큼 무지했다.

뮌스터 점거는 5개월간 지속되었고, 그동안 사회적이고 영적인 재건을 위한 모든 계획과 체계와 과정이 시도되었다. 신흥 예언자들은 모두 한 번씩 법정에서 떵떵거려 보았다.

그러나 물론 도망자와 질병과 굶주림으로 가득한 조그만 마을은 사회학적 실험실로서는 적당하지 못했고 서로 다른 분파 간의 갈등과 마찰이 군사 지도자들의 모든 노력을 갉아먹었다. 이 위기 상황에서 재단사 존이 앞에 나섰다.

그의 짧은 영광의 시간이 왔다.

굶주리는 사람들과 고통받는 아이들의 공동체에서는 모든 일이 가능했다. 존은 《구약》에서 읽은 옛날식 신정神政주의 정부 형태의 완벽한 복사판을 제시하면서 치세를 시작하였다. 뮌스터 시민들은 이스라엘의 열두 부족으로 나누어졌고 존 자신이 그들의 왕으로 선택되었다. 그는 이미 한 선지자, 크니페르돌링크의 딸과 결혼한 상태였다. 이제 그는 또 다른 선지자의 과부, 한때 그의 스승이었던 얀 마티쉬의 아내와 결혼했다. 다음으로 그는 솔로몬을 기억해내고는 몇몇 첩을 더 거느렸다. 그 후에 무시무시한 광대극이 시작되었다.

하루 종일 존은 장터에 세운 다비드의 왕좌에 앉아 있었고 왕

궁의 목사가 가장 최근의 포고령을 읽는 동안 사람들은 하루 종일 그 옆에 서 있었다. 이 포고령은 미친 듯이 빨리 내려왔는데, 왜냐하면 시의 운명이 날마다 더 절망적으로 변해가고 사람들은 비참한 궁핍에 처해 있었기 때문이다.

그러나 존은 낙관주의자였으며 종이에 적힌 포고령이 전지전능하다고 진심으로 믿고 있었다.

사람들은 배가 고프다고 불평했다. 존은 해결해주겠다고 약속했다. 그리고 곧 폐하께서 정식으로 서명한 국왕의 칙령이 내려와서 도시의 모든 재화는 부자와 가난한 사람에게 균등하게 분배할 것이며 길을 뒤엎어 채소밭으로 쓸 것이고 모든 식사는 공동으로 할 것을 명하였다.

여기까지는 좋았다. 그러나 몇몇 부자들이 재산을 숨겼다고 말하는 사람들이 있었다. 존은 백성들에게 걱정하지 말라고 명했다. 두 번째 칙령이 내려와서 공동체의 법을 한 가지라도 어기는 사람은 모두 즉각 목을 베겠다고 선포했다. 그리고 기억하시라, 이런 경고는 빈말이 아니었다. 왜냐하면 이 국왕 재단사는 가위만큼이나 칼도 능숙하게 다루었으며 직접 사형 집행인 노릇을 하는 일도 종종 있었기 때문이다.

그 후에 시민들이 여러 가지 종교적 광신자들에게 시달리는 환각의 시기, 수천 명의 남녀가 천사 가브리엘의 나팔 소리를 기다리며 밤낮으로 장터를 가득 메우는 시기가 왔다.

그 후에 선지자가 지속적인 피의 축제로 신봉자 무리의 용기를 북돋우며 자기 왕비들 중 한 명의 목을 베는 공포의 시기가 왔다.

그리고 그 후에 처절한 응징의 날이 찾아왔다. 절망에 빠진 시민 두 명이 주교의 군인들에게 성문을 열어주었고, 선지자는 쇠로 만든 우리에 갇혀 베스트팔렌의 모든 장터에 전시되었다가 마침내 고문당해 죽었다.

기괴한 일화이지만, 하나님을 두려워하는 수많은 마음씨 착한 사람들에게는 끔찍한 결과를 가져온 사건이다.

이 순간부터 모든 재침례교도들은 사회에서 매장되었다. 뮌스터의 대학살을 피해 도망쳤던 지도자들은 사냥당하는 토끼처럼 쫓기다가 잡히면 그 자리에서 살해당했다. 모든 설교단에서 목사와 신부들은 큰 소리로 재침례교도들을 규탄하며 욕설과 저주를 퍼부어 그들은 기존 질서를 뒤엎으려는 공산주의자이고 반역자이고 반란자이며 늑대나 미친개만큼의 동정을 받을 자격도 없다고 비난했다.

이단 사냥이 이렇게 성공했던 적은 거의 없었다. 종파로서 재침례교도는 사라졌다. 그러나 이상한 일이 벌어졌다. 그들의 사상 중에서 많은 부분이 계속 살아남아 다른 종파에 채택되어 온갖 종교적이고 철학적인 체계에 포함되었으며, 존경받기 시작했고, 오늘날에는 모든 사람이 물려받은 영적이고 지적인 유산의 일부로 남아 있는 것이다.

이런 사실을 말하기는 쉽다. 실제로 어떻게 해서 그런 일이 생겼는지 설명하는 것은 전혀 다른 일이다.

재침례교도들은 거의 예외 없이 잉크병을 불필요한 사치로 여기는 사회 계급에 속했다.

그러므로 재침례교도의 역사는 이 교파를 종파적 급진주의 중에서도 특별히 악독한 형태로 규정하는 사람들의 손으로 기록되었다. 그리고 100년이나 연구한 끝에 지금에야, 우리는 더 이성적이고 더 관용적인 형태의 기독교가 더욱 발전하는 데에 이 소박한 농부와 직공들의 사상이 얼마나 위대한 역할을 했는지 이해하기 시작했다.

그러나 사상이란 벼락과 같다. 다음번에 어디에 떨어질지 아무도 모르는 것이다. 그리고 시에나에서 폭풍이 몰아치기 시작했을 때 뮌스터에 있는 피뢰침이 무슨 소용이 있겠는가?

17

...

소치니 가문

이탈리아에서 종교개혁은 한 번도 성공하지 못했다. 그럴 수가 없었다. 첫째, 남쪽 사람들은 종교를 위해서 싸울 만큼 신앙을 진지하게 받아들이지 않았으며, 둘째, 시설이 특별히 잘 갖추어진 종교재판의 중심이 로마와 거리가 가까운 관계로, 개인 의견에 너무 깊이 빠져드는 것은 위험하고 비싼 대가를 치러야만 하는 취미가 되었기 때문이다.

하지만 이 반도에 거주하는 수천 명의 인문학자 중에서는 성 흐리조스토모스보다 아리스토텔레스의 좋은 의견에 훨씬 더 관심을 보이는 이단자들이 몇몇 있게 마련이었다. 그러나 이런 선량한 사람들에게는 지나친 정신적 에너지를 없앨 수 있는 기회가 많이 주어졌다. 클럽과 찻집과 점잖은 살롱이 있어 남녀가 모여들어 지적인 열정을 발산하면서도 황제들을 화나게 하지 않을 수 있었기 때문이다. 이 모든 것은 매우 유쾌하고 편안했다. 그리고 더군다나, 삶이란 전부 타협 아닌가? 언제나 타협이 아니었던가? 십중팔구는 앞으로도 영원토록 타협 아니겠는가?

개인의 신앙, 따위 아주 사소한 문제에 왜 흥분하는가?

도입부의 이런 논평을 몇 가지 듣고 나면 독자는 다음의 두 주인공이 모습을 드러냈을 때 커다란 팡파르가 울려 퍼지거나 총소리를 듣게 되는 것을 기대하지 않을 게 분명하다. 왜냐하면 이들은 상냥한 신사들이며 위엄 있고 우아한 방식으로 자기 할 일을 해나갔기 때문이다.

결국 이들은 세상을 그토록 오랫동안 괴롭혔던 종교적 독재를 뒤엎는 데 있어 시끄러운 개혁가들의 무리보다 더 많은 일을 하게 된다. 그러나 그것은 아무도 예상할 수 없었던 기묘한 일이었다. 그런 일도 일어난다. 우리는 감사해 마지않는다. 그러나 그것이 어떻게 해서 일어나게 되었는지는 유감스럽게도 완전히 이해할 수 없는 것이다.

이성의 포도밭에서 일했던 이 조용한 일꾼 두 명의 이름은 소치니였다.

그들은 삼촌과 조카였다.

무엇 때문인지는 몰라도 삼촌 쪽인 렐리오 프란체스코Lelio Francesco는 자기 성에 'z'를 하나만 썼고 조카인 파우스토 파올로Fausto Paolo는 'z'를 두 개 썼다. 그러나 그들은 둘 다 이탈리아식 소치니Sozzini보다 라틴어식 성 소치니우스Socinius로 훨씬 더 잘 알려져 있으므로, 자세한 일은 문법학자와 어원학자에게 미뤄두면 될 것이다.

영향력에 관한 한 삼촌은 조카보다 훨씬 덜 중요했다. 그러므로 우리는 먼저 삼촌부터 다루고 조카에 대해서는 나중에 이야기하겠다.

렐리오 소치니는 시에나[1] 사람으로 은행가와 판사 종족의 후예였으며 그 자신도 볼로냐 대학교를 거쳐 법관으로 경력을 쌓을 예정이었다. 그러나 동시대의 수많은 사람들이 그랬듯이 그도 신학 쪽으로 살짝 미끄러졌다가 법학 공부를 그만두었고, 그리스어와 히브리어와 아랍어를 가지고 놀다가 마침내 (그런 류의 사람들에게 종종 일어나는 일이지만) 합리적 신비주의자, 그러니까 상당히 세속적이면서도 동시에 속세와 전혀 관련이 없는 사람이 되어버렸다. 이것은 꽤 복잡해 보인다. 그러나 내 말이 무슨 뜻인지 알아듣는 사람은 더 설명하지 않아도 이해할 것이고, 이해하지 못하는 사람은 내가 무슨 말을 해도 못 알아들을 것이다.

그러나 그의 아버지는 아들이 학문의 세계에서 상당한 경지에 오를지도 모른다는 직감을 가지고 있었던 것 같다. 그는 아들에게 수표를 끊어주고는 계속 나아가서 보고 배울 수 있는 것은 뭐든 보고 배우라고 명했다.

그래서 렐리오는 시에나를 떠났고 이후 10년간 베네치아에서 제네바로 그리고 제네바에서 취리히로 그리고 취리히에서 비텐베르크로 그리고 런던으로 프라하로 비엔나로 크라쿠프로, 흥미 있는 사람들을 만나고 새롭고 흥미로운 것을 배울 수 있을 만한 도시와 마을에서 몇 달 혹은 몇 년씩 지내며 여행을 다녔다. 이때는 사람들이 요즘 사업에 대해서 이야기하듯이 끊임없이 종교에 대

---

1 이탈리아 중부의 도시.

해서 이야기할 때였다. 렐리오는 아마도 이상한 사상들을 잡다하게 주워 모았던 듯하며, 계속 귀를 열어놓음으로써 곧 지중해와 발트해 사이의 모든 이교異敎를 알게 되었다.

그러나 그가 이 지적인 짐꾸러미와 함께 제네바에 도착했을 때, 그는 예의 바르지만 결코 따뜻하지는 않은 대우를 받았다. 칼뱅의 차가운 눈은 심상치 않은 의심의 빛을 띤 채로 이 이탈리아인 방문객을 바라보았다. 그는 훌륭한 가문 출신의 뛰어난 젊은이였고 세르베투스처럼 가난하고 친구도 없는 방랑자는 아니었다. 그러나 그는 세르베투스와 비슷한 성향을 가졌다고 했다. 그리고 그 점이 가장 마음에 걸렸다. 삼위일체에 찬성인가 반대인가 하는 사건은 칼뱅의 생각에는 그 스페인 이단자가 화형에 처해졌을 때 명확하게 결론이 났다. 사실은 그 반대였다! 세르베투스의 운명은 마드리드에서 스톡홀름에 이르기까지 이야깃거리가 되었으며 세계 만방에서 생각 깊은 사람들은 반反 삼위일체론자의 편을 들기 시작했다. 그러나 그게 다가 아니었다. 그들은 구텐베르크의 흉악한 발명품을 이용하여 자신들의 관점을 널리 뿌렸으며, 제네바에서 안전한 거리에 있는 관계로 그 논평이란 종종 칭찬과는 거리가 멀었다.

바로 얼마 전에 초기 교회의 교부들이 이단자를 박해하거나 처형하는 주제에 대하여 말하거나 쓴 것을 전부 모아놓은 매우 학구적인 소책자가 나타났다. 칼뱅식으로 말하자면 '하나님을 증오하는' 사람들, 혹은 그들 자신의 주장에 따르면 '칼뱅을 증오하는' 사람들 사이에서 그 책은 즉각 엄청나게 팔려나갔다. 칼뱅은 이 귀중한 소책자의 저자와 개인적으로 면담을 하고 싶다는 의견을 밝혔다. 그러나 그 저자는 이런 요청이 있을 것을 예견하고 현명하게도 표지에서 자기 이름을 빼놓았다.

들리는 말에 따르면 그 저자의 이름은 세바스티안 카스텔리오 Sebastian Castellio라고 하며, 제네바 고등학교의 선생이었고 방대한 신학적 범죄 행위에 관한 겸손한 관점 때문에 칼뱅의 미움과 몽테뉴의 호감을 샀다고 전해진다. 그러나 아무도 이것을 증명할 수 없었다. 그것은 그냥 소문이었다. 그러나 한 사람이 간 적 있는 곳에는 다른 사람들도 따라가게 마련이다.

칼뱅은 그리하여 소치니에게 거리를 두고 예의 바르게 대했지만, 시에나에서 오신 이 친구분께 사보이의 습한 기후보다는 바젤의 부드러운 공기가 더 알맞을 것이라 제안했고, 그가 그 유명하고 오래된 에라스무스의 성채를 향해 출발했을 때는 열심히 성공을 빌어주었다.

칼뱅으로서는 다행스럽게도, 소치니 가문은 얼마 안 가 종교재판소의 의심을 샀고, 렐리오는 자금을 몰수당하고 열병에 걸려 앓아누웠다가 취리히에서 겨우 서른일곱 살의 나이에 사망했다.

그의 요절 소식에 칼뱅이 제네바에서 얼마나 즐거워했는지는 알 수 없지만, 그 기쁨은 오래가지 못했다.

왜냐하면 렐리오는 과부가 된 아내와 트렁크 몇 개에 가득한 유고와 함께 조카도 한 명 남겼는데, 이 조카는 삼촌의 출판되지 못한 유고를 상속한 것은 물론 곧 그 자신이 삼촌보다도 더한 세르베투스 광狂이라는 평을 얻게 되었기 때문이다.

파우스투스 소치니우스Faustus Socinius는 젊은 시절에 거의 삼촌 렐리오만큼 널리 여행을 다녔다. 할아버지가 그에게 작은 사유지를 남겨주었는데, 거의 쉰 살이 될 때까지 결혼을 하지 않았기 때문에 그는 모든 시간을 가장 좋아하는 주제인 신학에 바칠 수 있었다.

그는 잠시 리옹에서 사업을 했던 것 같다. 사업가로서 그가 어땠는지 나는 알지 못하지만 영적인 가치가 아니라 구체적인 물품을 사고팔고 거래하는 경험을 통해 그는 상대가 유리한 위치에 있을 때는 경쟁자를 죽이거나 이성을 잃고 화를 내봤자 얻을 수 있는 게 거의 없다는 확신을 굳힌 것 같다. 그리고 살아 있는 동안 그는 경리과 사무실에서는 종종 볼 수 있지만 신학교 교과 과정에는 포함되는 일이 별로 없는 이런 온건한 상식에 집착하는 모습을 보여주었다.

1563년 파우스투스는 이탈리아로 돌아갔다. 집으로 가는 길에 그는 제네바에 들렀다. 그가 이 지역 장로에게 한 번이라도 경의를 표했다는 증거는 나타나지 않는다. 게다가 칼뱅은 그때 심하게 앓고 있었다. 소치니 가문 사람의 방문은 그를 더 심란하게만 했을 것이다.

이후 12년 동안 젊은 소치니는 이사벨라 데 메디치Isabella Romola de' Medici[2]를 섬겼다. 그러나 1576년에 이 귀부인은 결혼의 축복 속에서 며칠을 지낸 뒤에 남편인 바오로 오르시니Paolo Orsini에게 살해당했다. 그 직후 소치니우스는 사임하고 이탈리아를 영원히 떠났으며 〈시편〉을 이탈리아어 구어로 번역하고 예수에 관한 책을 쓰기 위해 바젤로 갔다.

파우스투스는 그가 남긴 글로 보아 주의 깊은 사람이었다. 우선 그는 귀가 굉장히 안 들렸는데 이런 사람들은 천성적으로 조심스러운 법이다.

둘째로 그는 알프스 반대편에 자리 잡은 어떤 사유지에서 수입을 얻었으며 이탈리아의 투스카니 당국에서는 '루터교 학문'을 한다는 의심을 받는 사람으로서 종교재판소에서 좋아하지 않는 주제를 다룰 때는 너무 대담하게 굴지 않는 편이 좋을 것이라고 암시했다. 그래서 그는 여러 개의 가명을 썼고 책을 낼 때 원고를 여러 친구들에게 돌려서 충분히 안전하다는 선언을 듣기 전에는 절대로 출판하지 않았다.

이리하여 그의 책들은 금서 목록에 들지 않을 수 있었다. 예수의 생애에 관한 그의 책 한 권은 멀리 트란실바니아Transylvania[3]까지 전해졌고 그곳에서 자유주의 사상을 가진 또 다른 이탈리아 사람의 손에 들어갔다. 그는 밀라노와 피렌체 출신 귀부인들의 개인 주치의였으며 폴란드와 트란실바니아 귀족 집안과 결혼한 사람이었다.

그 시절 트란실바니아는 유럽의 '극동'이었다. 20세기 초까지

---

2 1542-1576. 이탈리아 투스카니 지역의 첫 대공 코시모 1세 데 메디치(Cosimo I de Medici)의 딸. 중세 이탈리아와 르네상스 시기 로마에서 가장 강력한 집안이었던 오르시니(Orsini)집안의 바오로 조르다노 1세(Paolo Giordano I)와 16세에 정략 결혼했다. 결혼한 뒤에도 아버지의 집에서 살았기 때문에 당대 여성으로서는 드물게 자유로운 생활을 누렸다. 그러나 남편의 친척인 트로일로 오르시니(Troilo Orsini)와의 염문설 등으로 인해 아버지가 죽은 뒤에 남편 바오로 오르시니와 그 형제들에게 살해당했다.
3 현재 루마니아 중부 지역.

도 황무지로 남아 있었던 이 지역은 독일 잉여 인구에게 편리한 보금자리로 이용되었다. 근면한 색슨족 농부들은 이 비옥한 땅을 도시와 학교와 가끔가다 대학까지 있는 부유하고 잘 정비된 작은 나라로 바꾸어놓았다. 그러나 그곳은 여전히 여행과 무역의 본선에서 멀리 떨어져 있었다. 그러므로 어떤 이유로든 종교재판소의 측근들로부터 늪지와 산을 사이에 두고 얼마쯤 떨어져 있고 싶어 하는 사람들에게는 언제나 가장 좋은 주거지였다.

폴란드로 말하자면, 이 불행한 나라는 몇 세기 동안이나 뒤떨어진 반동성과 강경한 애국주의라는 통념을 연상시켰기 때문에 16세기 초반까지 이곳이 유럽의 다른 지역에서 종교적 신념 때문에 고생했던 모든 사람들에게 진정한 안식처였다고 한다면 많은 독자에게 기쁘고도 놀라운 사실이 될 것이다.

이 예기치 못했던 상황은 전형적인 폴란드식으로 이루어졌다.

이 공화국이 상당히 오랫동안 유럽 전체에서 가장 수치스러울 만큼 국정이 잘못된 나라라는 것은 그때부터도 이미 일반적으로 알려진 사실이었다. 그러나 방탕한 주교와 술 취한 마을 목사가 모든 서유럽 국가들의 공통된 골칫거리이던 시절이라 고위 성직자들이 어느 정도로 심각하게 의무를 게을리했는지 분명하게 평가되지 않았다.

15세기 후반, 독일의 여러 대학에서 폴란드인 학생 수가 빠르게 늘어나서 비텐베르크와 라이프치히의 관계 당국을 대단히 걱정시킬 정도라는 사실이 알려졌다. 당국에서는 질문을 하기 시작했다. 그리고 폴란드 가톨릭 교회에서 관장하는 크라쿠프의 오래된 폴란드 신학교가 관리가 소홀해진 채 너무나 완전히 타락해버려서 불쌍한 폴란드인들은 교육을 받기 위해 외국으로 나가거나 아니면 교육받기를 포기해야만 하게 되었다는 것이 밝혀졌다. 얼마 후 독일 대학들이 새 교리의 마력에 걸려들었을 때, 바르샤바와 라돔Radom[4]과 쳉스토호바Częstochowa[5]에서 온 똑똑한 젊은이들도 자연스럽게 그 뒤를 따랐다. 그리고 그들은 고향으로 돌아와 충실한 루터교인답게 행동했다.

종교개혁 초기에 왕과 귀족과 성직자에게 이 잘못된 의견들이 전염병처럼 퍼지는 것을 진압하기란 꽤 쉬운 일이었을 것이다. 그러나 그런 조치를 취하려면 공화국의 지도자들은 명확히 공동의 정책에 합의해야 했을 것인데, 물론 그것은 국회 다른 모든 구성원들의 지지를 받은 법안을 단 하나의 반대표[6]로 뒤엎어버릴 수 있는 이 이상한 나라의 가장 존경받는 전통에 정면으로 위배되는 것이었다.

그리고 (얼마 후에 벌어진 대로) 유명한 비텐베르크 교수의 종교에 경제학적 성격을 띤 부산물, 즉 모든 가톨릭 교회 재산을 몰수해야 한다는 내용이 들어 있다는 사실이 밝혀졌을 때, 볼레슬라프 집안과 블라디슬라프 집안과 발트해와 흑해 사이의 비옥한 평야

---

4 폴란드 중부의 도시.
5 폴란드 남부의 도시.
6 리베룸 베토(Liberum veto)를 말한다. 16세기부터 18세기까지 폴란드는 리투아니아와 함께 폴란드-리투아니아 공화국을 형성했으며 귀족들이 선출한 왕이 지배하는 입헌공화정의 성격을 띠었다. "리베룸 베토"는 라틴어로 '반대할 자유'라는 뜻인데, 저자가 설명했듯이 귀족들은 국회에서 당해 회기에 통과된 법안에 '반대할 자유'를 가졌으며 단 한 명이라도 이 리베룸 베토를 행사하면 당해 회기에 통과된 모든 법안이 무효화되었다. 국정 운영에 비효율적으로 여겨져 1791년에 폐지되었다.

에 사는 다른 기사와 백작과 남작과 공자와 공작들은 그들의 주머
니에 돈을 넣어주는 신앙 쪽을 확고하게 옹호하기 시작했다.

이 발견에 뒤이어 수도권 부동산을 놓고 성스럽지 못한 아귀
다툼이 벌어졌고 이 때문에 폴란드인들이 태고 이래로 심판의 날
을 피하기 위해 써먹었던 그 유명한 '휴지기'가 왔다. 이 기간 동
안 모든 정부 당국은 답보 상태에 빠지는데 개신교도들은 이 기회
를 너무나 잘 활용하여 1년도 지나기 전에 그들은 왕국 곳곳에 자
신들만의 교회를 설립했다.

새 개신교 목사들의 끝없는 신학적 입씨름에 지쳐서 농부들은
다시 가톨릭 교회의 품으로 돌아갔고 폴란드는 다시 한번 가장 강
경한 형태의 가톨릭을 옹호하는 성채가 되었다. 그러나 16세기 후
반 동안 이 나라에서는 완전한 종교의 자유를 누릴 수 있었다. 서
유럽 가톨릭교도와 개신교도들이 재침례교도들을 근절하는 전쟁
을 시작했을 때, 살아남은 사람들은 동쪽으로 도망쳐 결국은 비수
와Wisła 강[7]가에 정착해야 하리라는 것은 이미 결정된 사실이었으
며, 의사 블란드라타 씨가 예수에 관한 소치니우스의 책을 입수하
여 이 저자를 만나보고 싶다고 했던 것이 바로 이때였다.

조르지오 블란드라타Giorgio Blandrata는 이탈리아인으로, 의사이
며 유능한 사람이었다. 그는 몽펠리에 대학을 졸업했고 부인과 전
문의로 특출한 성공을 거두었다. 대체로 그는 상당한 불량배였지
만 똑똑한 불량배였다. 당대의 많은 의사들이 그러했듯이 (라블레

---

7 폴란드를 동서로 가로지르는 강. 폴란드의 대표적인 강이다.

와 세르베투스를 생각해보라) 그는 신경학자이면서 신학자였고 종종 두 가지 역할을 서로 어긋나게 해냈다. 예를 들어 그는 폴란드의 황태후 보나 스포르차Bona Sforza[8]가 삼위일체를 의심하는 사람들은 틀렸다고 믿는 고집을 너무나 성공적으로 치유하여, 그녀는 자신의 잘못을 뉘우치며 이후로는 삼위일체의 교리를 진리라고 믿는 사람들만 처형했다.

이 선량한 왕비는 유감스럽게도 사망했지만 (애인들 중 한 명에게 살해당했다) 그녀의 딸들 중 두 명이 지역의 귀족과 결혼했으며 그들의 의학자문으로서 블란드라타는 제2의 조국에서 정치적으로 굉장한 영향력을 발휘했다. 그는 이 나라가 내전 직전에 있으며 지속적인 종교적 다툼을 어떻게든 끝낼 조치를 취하지 않으면 조만간 내전이 벌어지리라는 것을 알고 있었다. 그래서 서로 반목하는 종파 사이에 휴전을 성사시키려고 시도하기 시작했다. 그러나 이 목적을 달성하기 위해서는 복잡하게 얽힌 종교적 논쟁에서 자신보다 더 노련한 사람이 필요했다. 그때 그는 영감을 얻었다. 예수의 생애에 대해 책을 쓴 저자야말로 안성맞춤이었다.

그는 소치니우스에게 편지를 보내 동쪽으로 와달라고 부탁했다. 불행히도 소치니우스가 트란실바니아에 도착했을 때 블란드라타는 사생활 때문에 공식적으로 중대한 추문에 휘말려 강제로

---

8 1494-1557. 폴란드의 왕 시기스문드 1세의 두 번째 왕비. 밀라노 공국을 지배했던 스포르차 집안 출신이며 시기스문드 왕이 사망할 때까지 30년간 결혼생활을 했다. 경제적, 산업적인 개혁 정책을 시도하여 리투아니아 공국에서 가장 부유한 지주가 되기도 했다. 외교적으로는 합스부르크 왕조와 대립했다.

퇴임하고 알려지지 않은 외국으로 떠나야만 했다. 그러나 소치니우스는 이 멀고 먼 땅에 남아 폴란드 아가씨와 결혼했고 1604년 제2의 조국에서 죽었다.

그의 인생에서 이 마지막 20년은 경력상 가장 흥미로운 시기였다. '관용'이라는 주제에 관하여 자신의 생각을 구체적으로 표현한 것이 바로 이때였기 때문이다.

관용에 관한 그의 생각은 이른바 〈라코프의 교리 문답〉에서 찾을 수 있는데, 이 문서는 이 세상에 선의를 가지고 있으며 미래의 교파적 투쟁을 끝내고 싶어하는 모든 사람을 위해 소치니우스가 작성한 일종의 일반 헌법이다.

16세기 후반은 교리 문답, 신앙 고백, 신조와 강령의 시대였다. 사람들은 독일, 스위스, 프랑스, 네덜란드, 덴마크에서 이런 글을 써댔다. 그러나 사방에서 아무렇게나 써댄 이런 소책자들은 무시무시한 믿음을 표현하고 있었다. 그 믿음이란, 그 책들이 (그리고 그 책들만이) 커다랗고 위대한 대문자로 시작하는 진짜 진리를 담고 있으며 고집스럽게도 다른 종류의 (소문자만으로 시작하며 그러므로 품질이 떨어지는) 진리에 계속 충성하는 사람들을 칼과 교수대와 화형대의 말뚝으로 벌하는 것이 이 위대하고 커다란 대문자로 시작하는 특별한 형태의 진리를 받들겠다고 엄숙하게 서약한 관계 당국 모두의 의무라는 것이었다.

소치니우스의 신앙 고백은 완전히 다른 정신을 나타내고 있었다. 그것은 다른 사람들과 싸우는 것은 이 서류에 서명한 사람들의 의도가 아니라는 단호한 선언으로 시작했다.

그리고 계속하여, "이제까지 출판되었고 여러 교회들이 지금도 출판하고 있는 다양한 간증과 교리 문답은 모두 사람들의 양심에 특정한 원칙을 강요하고 그것에 동의하지 않는 사람은 이단자로 간주하려 하기 때문에 기독교도 사이에 불화의 씨앗이 된다고, 신앙심 깊은 많은 사람들이 이유 있는 불만을 말하고 있다."라고 하였다.

그는 이 글에서 소치니우스파의 의도가 특정인을 종교적 신념 때문에 배척하거나 억압하려는 게 아님을 가장 공식적인 태도로 천명했다. 그는 인류 전체를 향해 다음과 같이 호소했다.

"각자가 자유롭게 자기 종교를 판단하게 하라. 왜냐하면 이것이 《신약성서》와 초기 교회의 본보기로 설립한 규칙이기 때문이다. 대체 우리가 누구이건대, 가련한 인간들이여, 하나님께서 사람의 내면에 켜놓으신 신성한 정신의 불꽃을 덮어 가리고 불어 끄려 하는가? 우리 중 누구 한 사람이 성경의 지식에 대한 독점권이라도 가지고 있단 말인가? 우리의 유일한 주님은 예수 그리스도뿐이며 우리는 모두 형제이고 다른 사람의 영혼을 지배할 힘은 그 누구에게도 주어지지 않았다는 것을 왜 기억하지 못하는가? 우리 형제 중 한 명이 다른 사람들보다 더 많이 배웠을 수는 있지만, 자유와 그리스도와의 관계에 있어서라면 우리는 모두 평등하다."

이 모든 것은 매우 멋있고 매우 훌륭하지만 시대를 300년이나 앞서서 쓰였다. 소치니우스파도 혹은 다른 어떤 개신교 종파도 궁극적으로 이 험한 세상에 굴복하지 않으리라고 바랄 수는 없었다. 반反종교개혁이 본격적으로 시작되었다.

예수회 신부들이 거의 떼를 지어 버려진 시골 땅에 들어가기 시작했다. 그들이 일하는 동안 개신교도들은 다투었다. 동쪽 변경의 사람들은 로마의 울타리 안에 돌아와 있었다. 오늘날 문명화된 유럽의 멀고 먼 지방을 여행하는 사람이라면 옛날 옛적에는 그곳이 당대의 가장 진보적이고 자유주의적인 사상의 성채였다는 사실을 상상하기 힘들 것이다. 또한 그 음울한 리투아니아 언덕 어느 곳엔가 실제적인 관용의 체계를 위한 확정적인 계획을 이 세상에 처음으로 선보였던 마을이 있다는 사실도 생각할 수 없을 것이다.

나는 쓸데없는 호기심이 일어나서 얼마 전에 일을 쉬고 도서관으로 가서 미국의 청소년들이 과거에 일어났던 이야기를 배우는 가장 인기 있는 교과서 목록을 모두 읽어보았다. 그중 소치니우스파 혹은 소치니 가문을 언급한 것은 한 권도 없었다. 모두 사회주의적 민주주의자에서 하노버의 소피아로, 그리고 사라센에서 소련인으로 건너뛰었다. 에콜람파디우스와 그보다 못한 사람들까지 포함하여 위대한 종교적 혁명의 흔한 지도자들은 모두 나와 있었다.

오직 한 권만이 이 위대한 시에나 출신 인문학자 두 명에 대한 언급을 담고 있었으나, 루터나 칼뱅의 말이나 행동에 대한 희미한 부속물로 나타나 있을 뿐이었다.

예언을 한다는 것은 위험한 일이지만, 내 직감에는 지금부터 300년 뒤에 대중적인 역사책에는 모든 것이 바뀌어 있을 것이다. 소치니 가문 사람들도 자기만의 조그만 챕터를 할당받는 사치를

즐길 것이고, 종교개혁의 전통적인 영웅들은 책장 맨 아래로 쫓겨
나 있을 것이다.

그들의 이름은 각주에나 넣으면 엄청나게 훌륭해 보일 테니까.

18
· · ·
몽테뉴

중세에는 도시의 공기가 자유를 불러온다고 말하곤 했다.

그것은 사실이었다.

돌로 지은 높은 성벽 뒤에 있는 사람은 안전하게 남작이나 목사를 놀려댈 수 있었다.

얼마 뒤에 유럽 대륙의 상황이 많이 나아져서 국제 무역이 다시 한번 가능하게 되었을 때, 또 다른 역사적인 현상이 나타나기 시작했다.

세 어절로 요약하자면 다음과 같다. "사업이 관용을 불러온다."

이 명제는 일주일 중 아무 날에나 증명할 수 있으며 특히 일요일에는 우리 미국 어디서나 확인할 수 있다.

오하이오의 와인즈버그 시는 큐클럭스클랜Ku Klux Klan[1]을 지원할 수 있지만 뉴욕은 그럴 수 없다. 만에 하나라도 뉴욕 사람들이

---

1 흑인과 유색인종을 상대로 폭력을 자행하는 미국의 백인우월주의 테러 단체. 본문에 나온 오하이오 주와 인근의 인디애나 주 등 주로 농업 중심의 낙후된 지역을 근거지로 하여 아직도 존재한다.

모든 유대인과 모든 가톨릭 교도와 모든 외국인들을 전부 배제하는 운동을 시작한다면 월스트리트에 거대한 패닉이 일어나고 노동운동계에서 엄청나게 반발해서 도시는 완전히 무너져 다시는 재건할 수 없게 될 것이다.

중세 후반기에도 같은 이치가 적용되었다. 대공인 척하는 백작이 지배하는 조그만 도시 모스크바는 이교도를 몰아내려고 날뛸 수 있을지 몰라도 국제 무역의 거점인 노브고로드Novgorod[2]에서는 행여 시장에 찾아오는 스웨덴 사람과 노르웨이 사람과 독일 사람과 플랑드르Flandre[3] 무역상의 비위를 건드려 이들을 비스뷔Wisby[4]로 쫓아버리는 결과를 낳지는 않을까 두려워서 조심해야 했다.

순수한 농업 국가라면 일련의 축제와도 같은 화형식으로 농부들을 즐겁게 해주고도 아무런 응징도 당하지 않을 것이다. 그러나 베네치아 혹은 제노바 혹은 브뤼주Bruges[5] 사람들이 성벽 안에서 이방인 학살을 시작한다면 외국 무역 회사 관련자들은 즉시 도망쳐버릴 것이고 뒤따라 자본도 빠져나가서 도시는 파산해버릴 것이다.

경험에서 배우는 것이 태생적으로 불가능한 몇몇 국가(예를 들면 스페인과 교황령과 합스부르크 가문의 몇몇 영토)에서는 그들이 자랑스

---

2 모스크바 동쪽에 있는 러시아의 오래된 무역 도시.
3 벨기에 북부 지역을 말한다.
4 스웨덴의 고틀란드 주에 있는 중세 도시. 고틀란트 주는 발트해 한가운데 떠 있는 섬이라서 비즈뷔는 스칸디나비아 반도와 북유럽의 육지를 잇는 정확히 중간 지점에 있다.
5 벨기에 북서부 플랑드르 지역의 주도이며 최대 도시.

럽게 "신념에 대한 충실성"이라고 부르는 감정으로 인하여 진실한 신앙의 적들을 무자비하게 추방해버렸다. 그 결과 그들은 전혀 존재하지 않게 되어버렸거나 아니면 7류쯤 되는 기사 국가의 지위로 점차 굴러떨어졌다.

그러나 상업적인 국가와 도시는 대체로 기존에 정립된 사실들을 깊이 존중하는 사람들, 그러니까 자기 밥그릇을 누가 채워주는지를 알고 있고 그러므로 종교적으로 완전한 중립성을 유지하여 가톨릭과 개신교도와 유대인과 중국인 고객들이 하던 대로 계속 사업을 하면서도 자기들이 믿는 종교도 계속 믿을 수 있게 해주는 사람들이 통치해왔다.

남들 눈에 체면을 세우기 위해 베네치아에서 칼뱅주의자 금지법안을 통과시킬지 몰라도, 10인 위원회는 헌병들에게 이 포고령을 너무 진지하게 받아들이지 말 것이며 이교도들이 실제로 산 마르코를 점거하여 자기들만의 예배당으로 개종시키려 하지 않는 한 내버려둘 것이며 마음대로 예배드리게 내버려둬야 한다고 주의 깊게 설명했던 것이다.

암스테르담에 있는 좋은 친구들도 똑같이 했다. 일요일마다 그곳에서 목사님들은 '붉은 여인Scarlet Woman'[6]의 죄악에 대해 열을 내며 설교했다. 그러나 옆 동네에서는 그 끔찍하다는 가톨릭 교도들이 별로 눈에 띄지 않는 집에서 조용히 미사를 드리고 있었고, 그 바깥에서는 개신교를 믿는 경찰서장이 지키고 서서 혹시나

---

6 세속화한 로마 가톨릭 교회를 비난하는 표현이다.

제네바 교리를 지나치게 믿는 열성분자가 이 금지된 모임을 중지시키고 돈 잘 쓰는 프랑스와 이탈리아 고객들을 겁주어 쫓아버릴까 둘러보고 있었다.

그렇다고 베네치아나 암스테르담에 사는 많은 사람들이 전부 자기 교회의 신앙심 깊은 아들딸들이 아니게 되었다는 뜻은 절대 아니다. 그들은 언제나 그랬듯이 선량한 가톨릭 혹은 개신교 신자였다. 그러나 그들은 함부르크Hamburg[7]나 뤼벡Lübeck[8]이나 리스본Lisbon에서 온 열두 명의 돈 많은 이교도들의 호의가 제네바나 로마에서 온 열두 명의 남루한 성직자들의 승인보다 가치 있다는 사실을 기억했으며 여기에 걸맞게 행동했다.

몽테뉴의 계몽주의적이고 자유주의적인 (그 두 가지가 언제나 같지는 않다) 의견들과, 그의 아버지와 할아버지가 청어 무역에 종사했으며 어머니는 스페인 유대계 혈통이라는 사실을 연관시키는 것은 조금 무리가 있어 보일지도 모른다. 그러나 내가 보기에 이런 상업적 배경은 몽테뉴의 전반적인 관점과 상당한 관련이 있으며, 군인이자 정치가로서의 이력에 있어 광신과 편협함에 대한 격렬한 혐오는 보르도Bordeaux[9]의 주 항구에서 멀리 떨어진 어딘가에 자리 잡은 조그만 생선 가게에서 비롯된 것이다.

몽테뉴 자신은 내가 그의 얼굴에 대고 직접 이런 말을 했다면 별로 고마워하지 않았을 것이다. 왜냐하면 그가 태어났을 때, 고

---

7 독일 북부의 도시. 독일에서 두 번째로 큰 도시이며 유럽 연합 전체에서 여덟 번째로 큰 도시이다.
8 독일 북부의 도시. 트라베 강 연안에 있어서 독일의 주요 항구 도시 중 하나이다.
9 프랑스 남서부의 항구 도시. 포도주의 생산지로 유명하다.

작 '장사'를 했던 흔적은 눈부시게 찬란한 가문의 문장紋章에서 주의 깊게 닦여버렸기 때문이다.

그의 아버지는 몽테뉴Montaigne라는 이름의 땅을 조금 얻었고 아들을 신사답게 키우기 위해 돈을 아끼지 않았다. 몽테뉴가 제대로 걸을 수 있게 되기도 전에, 가정교사들이 그의 불쌍한 작은 머리를 라틴어와 그리스어로 채웠다. 여섯 살 나이에 그는 고등학교에 보내졌다. 열세 살에 그는 법률을 공부하기 시작했다. 그리고 스무 살이 되기 전에 그는 보르도 시 의회의 정식 의원이 되었다.

그런 뒤에는 군대에서의 경력이 뒤따랐고 법정에 잠시 몸담은 적도 있었다. 그러다가 아버지가 사망한 뒤 서른여덟 나이에, 그는 모든 활동을 중단하고 인생의 남은 21년을 (마지못해 정치 쪽으로 몇 번 발을 디뎠던 것을 제외하면) 말과 개와 책 사이에서 보냈고 은퇴하기 전 만큼이나 은퇴한 후에도 많이 배웠다.

몽테뉴는 여러 가지로 시대의 영향을 많이 받은 사람이었고 몇 가지 약점도 있었다. 이런저런 겉치레와 버릇에서 평생 벗어나지 못했던 것이다. 생선 장수의 손자인 그는 그런 것을 진정한 신사도라고 믿었다. 생이 끝나는 날까지 그는 자신이 절대로 진짜 작가는 아니며 그저 약간 철학적인 성격을 띠는 주제에 대하여 아무 생각이나 떠오르는 대로 쓰면서 지루한 겨울날에 소일하곤 하는 시골 신사라고 주장했다. 이건 모두 그냥 허튼소리다. 마음과 영혼과 장점과 단점과 갖고 있는 모든 것을 자기 책에 쏟아부은 사람이 있다면, 불멸의 달타냥의 명랑한 이웃이었던 바로 이 사람일 것이다.

그의 마음과 영혼과 장점과 단점 들은 근본적으로 관대하여 교육을 잘 받은 상냥한 사람의 마음과 영혼과 장점과 단점이었으므로 몽테뉴 업적의 총계는 단순한 저작물을 뛰어넘었다. 그것은 일반적인 상식과 평범하고 실용적인 종류의 품위에 기반을 둔 확고한 인생 철학으로 발전했다.

몽테뉴는 태어날 때부터 가톨릭이었다. 그는 가톨릭으로 죽었으며 젊었을 때는 프랑스 귀족들이 칼뱅주의를 프랑스에서 몰아내기 위해서 조직했던 가톨릭 귀족 동맹League of Catholic Noblemen[10]의 회원으로 활동하기도 했다.

그러나 1572년 8월 그 운명의 날에 그레고리우스 13세 교황이 3만 명의 프랑스 개신교도들을 학살한 것을 기뻐하며 축전을 거행했다는 소식을 들은 후, 그는 영원히 가톨릭 교회에 등을 돌렸다. 하지만 그는 반대편으로 넘어갈 정도로 지나치지는 않았다. 이웃들의 입방아를 방지하기 위해서 형식적인 겉치레는 지켰지만, 성 바르톨로뮤 학살의 밤 이후 그가 쓴 원고들은 마르쿠스 아우렐리우스Marcus Aurelius[11]나 에픽테토스Epictetus[12] 혹은 어떤 그리스나 로마 철학자라도 쓸 만한 것이었다. 그리고 〈양심의 자유에

---

10 가톨릭 동맹 혹은 '성스러운 동맹'으로 불리기도 한다. 칼뱅주의와 프랑스 개신교도를 뜻하는 '위그노(Huguenots)'를 몰아내기 위해 1576년에 기즈(Guise)의 공작 앙리 1세가 결성했다. 이후 종교 개혁 시기에 활동하다가 1598년 앙리 4세가 낭트 칙령을 발표하여 종교적 관용을 공식적으로 선포하면서 차차 기세가 수그러들어 해체되었다.
11 121-180. 고대 로마의 황제. 아우렐리우스가 쓴 《명상록》은 170년부터 180년까지 그리스에서 정복 전쟁을 하는 동안 쓴 것이며 전투 상황에서 평정과 균형을 유지하기 위한 내용을 담은 철학서로 유명하다.

관하여〉라는 잊을 수 없는 어느 수필에서 그는 카트린 드 메디치 Catherine de' Medici[13] 왕비 전하의 종복이라기보다는 페리클레스의 동시대인인 것처럼 말했으며 변절자 줄리안[14]의 행적을 진정 관용적인 정치인이라면 귀감으로 삼아야 할 본보기로 사용했다.

그 부분의 길이는 매우 짧다. 고작 다섯 쪽밖에 안 되며 제2권의 19부에서 찾을 수 있다.

몽테뉴는 개신교와 가톨릭 양쪽의 꺾을 수 없는 고집을 너무 많이 보았기 때문에 (기존의 상황에서라면) 새로운 내전만 일으키게 될 절대적인 자유의 체제를 지지하지는 않았다. 그러나 상황이 허락한다면, 개신교와 가톨릭 교도들이 더 이상 베개 밑에 단검과 권총을 몇 개씩 깔고 잠들어야 하지 않게 된다면, 현명한 정부는 다른 사람들의 양심에 간섭하는 일을 되도록 멀리할 것이며 국민들에게는 각자 자기 영혼의 행복을 위해서 가장 적합한 형태로 하나님을 사랑하도록 허락해야 할 것이었다.

몽테뉴는 프랑스에서 이런 사상을 혼자 생각해낸 유일한 사람도 아니었고 감히 대중 앞에서 처음으로 발표한 사람도 아니었다.

---

12 약 55–135. 그리스의 스토아학파 철학자. 철학은 그저 이론이 아니라 삶의 지표라고 믿었다. 외부의 사건은 모두 운명으로 정해졌으므로 감정적으로 대응하지 말고 평온하게 받아들여야 하지만 개인의 행동은 그 자신의 책임이므로 끊임없는 자기 수양을 통해 스스로 자신의 행동을 되돌아보고 절제해야 한다고 주장했다.

13 1519–1589. 프랑스 앙리 2세의 왕비. 남편이 죽은 뒤에 아들 셋이 모두 차례로 왕위에 올랐으며 그 때문에 16세기 프랑스에서 정치적으로 대단한 권력을 행사했다.

14 331/332–363. 본명 플라비우스 클라우디우스 율리아누스(Flavius Claudius Iulianus). 로마의 황제. 콘스탄티누스 왕가의 마지막 자손이며 마지막 비기독교인 로마 황제이기도 했다. 쓰러져가는 로마제국을 살리기 위해서는 기독교 이전 로마 본래의 가치를 되살려야 한다고 믿었기 때문에 이후 기독교된 서구 세계에서 '변절자(Apostate)'라는 별칭을 얻었다. Apostate는 종교(기독교)를 버렸다는 뜻이다. 철학자이자 사회개혁가이고 학자이기도 했다.

이미 1560년에, 카트린 드 메디치의 대법관 출신이며 이탈리아 대학들을 대여섯 개는 졸업한 (그리고 덧붙이자면 재침례교도 사상에 살짝 젖어 있는 것으로 의심받았던) 미셸 드 로피탈Michel de L'Hôpital[15]이 이단자들은 오로지 언쟁으로만 공격해야 한다고 제안했다. 이 약간 놀라운 의견을 제시한 근거는 양심이란 본래 그런 것이라 힘으로 강요해서 바꿀 수 없다는 것이었고, 2년 뒤에 그는 국왕이 신교 자유 칙령Edict of Saint-Germain[16]을 선포하여 위그노들이 마음대로 모임을 갖고 자기들 교회의 일을 의논하기 위해 장로회의를 소집하고 마치 자유롭고 독립적인 종파이며 그저 관대하게 용인된 작은 분파가 아닌 것처럼 행동할 권리를 주는 데 큰 역할을 했다.

장 보댕Jean Bodin[17]은 파리의 변호사였고 대단히 존경받을 만한 시민이었는데(토머스 모어의 《유토피아》에 나타난 공산주의적인 경향에 대항하여 사유재산권을 옹호했던 사람이다), 그는 국왕이 자기 신민들을 이쪽 혹은 저쪽 교회로 몰아갈 때 폭력을 사용할 권리를 부정하면서 이와 비슷한 맥락에서 이야기했다.

그러나 대법관의 연설이나 정치철학자들이 라틴어로 쓴 논문은 베스트셀러가 되는 일이 별로 없다. 반면에 몽테뉴에 대해서는 문명화된 사람들이 지적인 모임과 품위 있는 대화의 이름으로 모여드는 곳이라면 어디서든 널리 읽히고 번역되고 논의되었으며,

---

15 1507?-1573. 프랑스의 정치가.
16 샤를르 9세의 섭정이었던 카트린 드 메디치가 공표한 칙령. 제한적으로 종교의 자유를 허락해서 가톨릭 교도가 아닌 사람들(주로 위그노)에 대한 박해를 끝내려 했다.
17 1530-1596. 프랑스의 법률가이자 정치철학자. 파리의 국회의원이었으며 툴루즈 대학교 법학 교수였다.

300년이 넘은 지금도 계속해서 읽히고 번역되고 논의되고 있다.

그는 매우 아마추어처럼 행동했기 때문에, 그저 재미로 썼을 뿐이며 다른 속셈은 없었다고 고집스럽게 주장했으며, 다른 때라면 공식적으로 '철학'으로 분류된 책을 살 (혹은 빌릴) 꿈도 꾸지 않았을 수많은 사람들에게 인기가 있었다.

19

...

아르미니우스

관용을 위한 싸움은 사실 '전체'의 지속적인 안전을 다른 모든 사항 앞에 놓는 '조직적인 사회'와, 이제까지 일어난 세상의 발전이란 예외 없이 개인이 노력한 덕분이었지 집단(천성적으로 집단은 모든 개혁을 믿지 않으므로)의 노력 덕분은 아니었으며 그러므로 개인의 권리가 집단의 권리보다 훨씬 더 중요하다고 믿는, 특출하게 총명하거나 에너지가 넘치는 '개인 시민' 간의 오랜 갈등의 일부였다.

개인의 권리에 대한 이 전제를 옳다고 받아들이는 데 동의한다면 이에 따라 한 국가에서 관용의 분량은 그 국민 대다수가 누리는 개인적 자유의 정도와 정확히 비례해야 한다.

옛날에는 가끔씩 특별히 계몽된 지도자가 백성들에게 "나는 공존공생의 원칙을 확고하게 믿는다. 내 사랑하는 백성들이 이웃에게 모두 관용을 실천하든지 아니면 기꺼이 처벌을 받기 바란다."라고 말하는 일이 벌어지곤 했다. 이런 경우 열성적인 시민들은 물론 서둘러 '관용 실천'이라고 자랑스럽게 새긴 공식 배지를 신청하러 가게 마련이었다.

그러나 국왕 폐하의 교수형 집행인이 무서워서 일어난 이런 갑작스러운 변화는 오래 지속되는 일이 거의 없었고, 국왕이 위협과 함께 실제적인 일상의 정책에 따라 점진적인 교육이라는 잘 짜인 체계를 세울 때만 결실을 볼 수 있었다.

이처럼 상황이 운 좋게 맞물리는 일이 16세기 후반 네덜란드 공화국에서 일어났다.

우선 이 나라는 반쯤 독립적인 수천 개의 도시와 마을로 이루어졌다. 여기에는 대부분 어부, 선원, 무역상들이 살고 있었는데, 이 세 계급 사람들은 어느 정도 독립적으로 행동하는 데 익숙해져 있었다. 이들은 직업의 특성상 결정을 빨리 내려야만 하며, 하루 일과 중에 일어나는 우연한 사건들을 자기 재량껏 판단해야 하는 사람들이었다.

이 사람들이 세상의 다른 부분에 사는 이웃들보다 조금이라도 더 똑똑하거나 마음이 넓다고는 결코 주장하지 않겠다. 그러나 열심히 일하고 끈기 있게 목적을 추구한 끝에 그들은 북부와 서부 유럽 전체에 곡식과 물고기를 팔게 되었다. 그들은 가톨릭 교도의 돈도 개신교도의 돈만큼 가치 있다는 것을 알고 있었다. 6개월 지불 유예를 요구하는 장로교 신자보다는 현금을 내는 터키 사람을 더 좋아했다. 그러므로 관용에 관한 조그만 실험을 하기에는 이상적인 국가였을 뿐더러 게다가 알맞은 사람이 알맞은 장소에 있었고 엄청나게 더 중요한 사실은 알맞은 사람이 알맞은 장소에 때맞춰 있었다는 점이다.

침묵의 윌리엄William the Silent[1]은 '세상을 지배하려는 사람은 세상을 알아야 한다'는 오랜 격언의 빛나는 본보기였다. 그는 매우 멋지고 부유한 젊은이로서 당대의 가장 위대한 군주의 심복 비서라는 탐나는 사회적 지위를 누리며 세상살이를 시작했다. 저녁식사를 하고 춤을 추는 데 돈을 물 쓰듯 낭비했고 당대의 잘 알려진 상속녀 몇 명과 결혼했으며, 내일을 걱정할 필요도 없이 즐겁게 살았다. 그는 특별히 학구적인 사람이 아니었으며 종교 관련 논문보다는 경마의 기수 목록에 훨씬 더 관심이 있었다.

종교개혁 직후에 따라온 사회적 불안정은 처음에 그에게 별다른 인상을 남기지 못해서, 그는 이것 또한 그저 자본과 노동 사이의 또 다른 다툼일 뿐이며 약간 요령을 쓰고 힘세 보이는 경찰관 몇 명을 내보이면 해결될 수 있는 종류라고 생각했다.

그러나 군주와 백성 사이에서 일어난 문제의 진짜 본질을 이해하고 나자 이 상냥한 귀족 나리는 의도와 목적의 모든 측면에서 당대 최고의 희망 없는 대의명분을 대표하는 대단히 뛰어난 지도자로 갑자기 탈바꿈했다. 궁궐 같은 집과 타고 다니던 말, 금 접시와 시골 영지는 급하게 팔렸고 (혹은 더 급하게 몰수되었고) 브뤼셀 출신의 운동을 좋아하는 젊은이는 합스부르크 가문의 가장 고집스럽고도 성공적인 원수가 되었다.

그러나 이러한 운명의 변화는 그의 개인적인 성격에 영향을

---

1 1533~1584. 정식으로는 오랑주의 윌리엄 공(William of Orange, Prince of Orange). 오랑주는 현재 프랑스 남부에 있었던 공국의 이름이다. 스페인 합스부르크 가문에 대항하여 네덜란드 봉기를 일으켰고 80년 전쟁을 시작했으며 그 결과 네덜란드 왕가의 조상이 되었다.

미치지 못했다. 윌리엄은 풍족한 시절을 산 철학자였다. 그는 가구 딸린 셋방에서 살면서 토요일에 세탁비를 어떻게 지불해야 할지 알지 못할 때에도 여전히 철학자였다. 그리고 지나간 시절에 모든 개신교도를 수용할 만큼 충분히 많은 단두대를 지으려는 의도를 표명했던 주교의 계획을 좌절시키기 위해 열심히 일했듯이, 그는 이제 모든 가톨릭 교도들을 목매달려는 열성적인 칼뱅주의자들을 막아내는 데 힘을 쏟았다.

그가 맡은 과업은 거의 희망이 없었다.

2만 명에서 3만 명 정도가 이미 살해당했다. 종교재판소의 감옥은 새로운 순교자 후보들로 가득했으며, 멀리 스페인에서는 반란이 제국의 다른 곳으로 퍼져나가기 전에 때려잡기 위해서 새로 군대를 징집하고 있었다.

목숨을 건지기 위해서 싸우는 사람들에게 방금 그들의 아들과 형제와 삼촌과 할아버지를 매단 사람들을 사랑하라고 하는 건 불가능했다. 그러나 윌리엄은 개인적으로 귀감이 되어 자기에게 반대하는 사람들에게 회유적인 태도를 취함으로써 추종자들에게 인격자는 언제나 "눈에는 눈, 이에는 이"라는 오래된 모세 시대의 법률 위로 우뚝 설 수 있음을 보여주었다.

대중적인 품위를 위한 이 캠페인에서 그는 운 좋게도 매우 특별한 사람의 지원을 받을 수 있었다. 하우다Gouda의 교회에서는 오늘날까지도 그곳에 묻혀 있는 디르크 코온헤르트Dirck Coonhert[2]라는 사람의 미덕을 열거하는 기묘한 단음절의 비문을 볼 수 있다. 코온헤르트는 흥미로운 친구였다. 그는 부유한 가문의 자식이었으며 어렸을 때 오랫동안 외국을 여행하고 독일과 스페인과 프랑스에 대해 직접 경험해서 얻은 정보를 가지고 있었다. 이 여행에서 집에 돌아오자마자 그는 한 푼도 없는 아가씨와 사랑에 빠졌다. 조심스러운 네덜란드인이었던 그의 아버지는 이 결혼을 반대했다. 아들이 어쨌든 그 아가씨와 결혼하자 아버지는 이런 상황에서 조상 대대로 가부장들이 그랬던 것처럼, 불효자란 무엇인지 이야기해주고 아들과 의절했다.

이것은 꽤 불편한 상황이었다. 젊은 코온헤르트는 이제 먹고 살기 위해 직접 나서서 일을 해야만 했다. 그러나 그는 재능 있는 젊은이였으므로, 기술을 배워서 동판 조판공으로 금세 일을 시작했다.

하지만 유감스럽게도, 한번 네덜란드인으로 태어난 사람은 영원히 목사이자 선생이다. 저녁이 되면 그는 서둘러 조각칼을 던져버리고 거위털 펜을 집어 들고 그날의 사건들에 대해서 글을 썼다. 그의 문체는 엄밀히 말해 요즘 사람들이 '재미있다'고 할 만한 것은 아니었다. 그러나 그의 책에는 에라스무스의 작품을 유명하게 만들었던 바로 그 온화한 상식이 대단히 풍부하게 들어 있었으며 그 덕분에 그는 많은 친구를 사귀었고 그러다가 '침묵의 윌리엄'과도 알게 되었다. 윌리엄은 코온헤르트의 능력을 매우 높이 평가해서 그를 심복 자문으로 고용했다.

---

2 1522-1590. 네덜란드의 작가, 철학자, 번역가, 정치가, 신학자. 네덜란드 르네상스 학문의 아버지로 여겨진다.

당시 윌리엄은 이상한 종류의 논쟁에 휘말려 있었다. 펠리페 2세Felipe II 왕[3]은 교황의 도움과 부추김을 받아서 인류의 적(즉 그 자신의 적인 윌리엄)을 세상에서 없애려 했다. 누구든 네덜란드로 가서 이 이교도의 우두머리를 죽이는 자에게는 금 2만 5,000다카트ducats[4]와 귀족 신분을 내리고 모든 죄를 사면해주겠다는 제안을 무기한으로 내놓은 것이다. 윌리엄은 이미 암살 시도를 다섯 번이나 이겨냈기 때문에 좋으신 펠리페 2세 왕의 주장에 반박을 하는 것이 자신의 의무라고 생각해서 일련의 책자를 발행했고 코온헤르트가 그를 도왔다.

이런 반박의 표적이 된 합스부르크 가문이 그렇다고 마음을 돌려 관용의 편으로 전향할지도 모른다는 것은 물론 부질없는 희망이었다. 그러나 온 세상이 윌리엄과 펠리페 2세의 결투를 지켜보고 있었으므로 그의 소책자들은 번역되어 사방에서 읽혔고, 그 결과 사람들이 이전에는 속삭이는 목소리가 아니면 언급할 엄두조차 내지 못했던 많은 주제들에 대한 건강한 논의를 불러일으켰다.

---

3 1527-1598. 1556년부터 1598년까지 스페인의 왕. 1581년부터 1598년까지 포르투갈의 왕. 1554년부터 밀라노와 시실리의 통치자 작위도 얻었고 같은 해부터 1558년까지 영국의 매리 1세와 결혼했을 동안은 영국과 아일랜드의 왕이기도 했다. 또한 1555년부터 네덜란드 17개 주의 영주였다. 펠리페 2세는 이처럼 유럽 전체에 이르는 지배권을 가지고 있어 대단히 커다란 영향력을 발휘했다. '해가 지지 않는 제국'이라는 표현은 사실 펠리페 2세 재위 기간에 나온 표현이다. 그러나 펠리페 2세는 재위 기간 동안 다섯 번의 국가 부도를 겪었으며 이 때문에 네덜란드 봉기가 일어나서 결국 네덜란드가 1581년 네덜란드 공화국으로 독립하는 계기가 되었다. 펠리페 2세는 또한 독실한 가톨릭으로서 신교(성공회)를 믿는 영국을 정벌하기 위해 대규모의 함대를 조직했는데 이것이 바로 스페인의 아르마다(무적함대)이다. 그러나 영국 정벌은 기상 조건 등의 이유로 실패했다.
4 중세 유럽의 여러 나라에서 발행했던 금화 혹은 은화의 이름.

불행히도 그 논의들은 별로 오래가지 못했다. 1584년 7월 9일 어느 젊은 프랑스 가톨릭 교도가 2만 5,000다카트의 상금을 탔으며 6년 뒤에 코온헤르트는 에라스무스의 저작을 자국어인 네덜란드어로 옮기는 작업을 다 마치기 전에 죽었다.

이후 25년 동안은 전투의 소음이 너무나 시끄러웠기에 여러 신학자들이 분노로 부르짖는 소리조차 들리지 않았다. 그리고 새로운 공화국의 영토에서 마침내 적들이 모두 쫓겨 나갔을 때 그곳에는 내정을 맡을 윌리엄이 더 이상 없었고, 스페인 용병들의 대규모 군단 앞에서 일시적이지만 부자연스러운 친구 관계를 강요당했던 서른여섯 개의 분파와 종파 들이 서로 목을 따려고 달려들었다.

물론 그들도 싸울 구실이 있었겠지만, 불평거리 한 가지쯤 없는 신학자가 어디 있겠는가?

레이덴 대학에서는 교수 두 명이 서로 합의를 보지 못했다. 그 자체로는 새로운 일도 보기 드문 일도 아니었다. 그러나 이 두 명의 교수들은 '자유의지'라는 문제에 대해서 의견이 일치하지 않았는데 이것은 대단히 심각한 문제였다. 이런 일을 즐거워하는 군중이 즉시 이 논쟁에 끼어들었고 한 달도 지나기 전에 나라 전체가 서로 적대하는 두 개의 진영으로 나누어졌다.

한쪽은 아르미니우스Jacobus Arminius[5]의 친구들이었다.

---

5 1560-1609. 네덜란드식으로는 야콥 헤르만스조온(Jakob Hermanszoon). 네덜란드의 신학자. 1603년부터 1609년까지 레이덴 대학에 재직했다.

다른 쪽은 고마루스Franciscus Gomarus[6]의 추종자들이었다.

고마루스는 네덜란드인 부모에게서 태어나기는 했지만 평생을 독일에서 살았으며 독일 교육 제도의 찬란한 산물이었다. 그는 대단한 학자적 지식을 보유했으며 동시에 보통 일반 상식이라곤 하나도 없었다. 머리는 히브리어 운율학의 신비에 정통해 있었지만 심장은 아람어Aramaic[7] 구문론 법칙에 따라 뛰고 있었던 것이다.

반면에 그의 적수인 아르미니우스는 매우 다른 종류의 인간이었다. 그는 에라스무스가 어린 시절의 불행한 날들을 보냈던 스테인 수도원에서 멀지 않은 조그만 도시 아우더바터Oudewater[8]에서 태어났다. 어렸을 때 그는 유명한 수학자이며 마르부르크Marburg 대학[9]의 천문학 교수인 이웃과 친하게 되었다. 루돌프 스넬리우스Rudolph Snellius[10]라는 이 남자는 독일로 돌아가면서 아르미니우스를 데리고 가서 제대로 교육을 받게 했다. 그러나 소년이 첫 번째 방학을 맞아 집에 돌아와보니 고향은 스페인 군인에게 짓밟혔고 가족은 전부 살해당했다.

---

6 1563-1641. 프란치스쿠스 고마루스 혹은 프랑수아 고매르(François Gomaer). 네덜란드의 신학자. 엄격한 칼뱅주의자였으며 아르미니우스와의 신학 논쟁을 일으켜 결국 도르트 회의에서 그의 의견들이 논의되었다.

7 예수가 살았던 시대에 실제로 말했을 것으로 여겨지는 고대 언어로 현대 아람어는 아라비아 동쪽에서 사용된다. 본문에서 히브리어와 아람어의 대비로 《신약》과 《구약》의 대비로 고마루스가 《구약성서》 방식의 엄격한 율법주의를 고수하는 인물이었음을 강조한 것이다.

8 네덜란드 서부의 위트레흐트(Utrecht) 주에 있는 도시.

9 1527년 독일 중부의 대학 도시 마르부르크에 세워진 대학. 오늘날까지도 마르부르크 대학은 마르부르크의 중심이라고 한다.

10 1546-1613. 네덜란드식 본명은 루돌프 슈넬 반 로옌(Rudolph Snel van Royen). 네덜란드의 언어학자이자 수학자. 독일의 마르부르크 대학과 네덜란드 레이덴 대학에 재직했다. 네덜란드 황금시대의 정치인과 학자들에게 큰 영향을 미친 것으로 평가된다.

여기서 그의 인생은 끝날 뻔했지만 다행히도 마음씨 착한 부자 몇 명이 이 어린 고아의 슬픈 운명에 대한 이야기를 듣고 지갑을 열어서 그를 레이덴으로 보내 신학을 공부시켰다. 그는 열심히 공부해서 6년 만에 배울 것은 모두 배웠으며 신선한 학문의 풀을 뜯을 새로운 풀밭을 찾고 있었다.

그 시절에는 뛰어난 학생들은 언제든지 그 미래에 몇 달러쯤 투자할 후원자를 찾을 수 있었다. 곧 아르미니우스도 암스테르담 어느 조합들에서 발행한 신용장을 들고 미래의 교육적 기회를 찾기 위해 즐겁게 남쪽으로 걸어가고 있었다.

훌륭한 신학자 후보생으로서 의무를 다하여 그는 다른 곳보다 먼저 제네바로 갔다. 칼뱅은 죽었지만 그의 충직한 심복인 박식한 테오도르 베자Theodore Beza[11]가 거룩한 양 떼의 목자 자리를 이어받았다. 이 늙은 이단자 사냥꾼의 날카로운 코는 즉각 네덜란드 젊은이의 사상에서 살짝 라메주의 냄새가 나는 것을 감지했고 아르미니우스의 제네바 방문 일정은 예상보다 짧아졌다.

현대 독자에게 라메주의라는 말은 아무 의미도 없을 것이다. 그러나 300년 전에 이것은 가장 위험한 신흥 종교 사상으로 여겨졌는데, 밀튼 작품 선집에 익숙한 독자라면 알 것이다. 그것을 고안 혹은 창시한 (혹은 원하는 대로 달리 말해도 좋다) 사람은 피에르 드 라 라메Pierre de la Ramée라는 프랑스인이었다. 학생이었을 때 드 라

---

11 1519-1605. 프랑스의 개신교 신학자. 종교개혁에 중요한 역할을 했다. 칼뱅의 충실한 제자로서 절대군주제에 반대했으며 생의 대부분을 스위스에서 살았다.

라메는 완전히 구식이 되어버린 교수들의 교육방식에 너무나 격분한 나머지 박사 논문의 주제를 다소 놀랍게도 "아리스토텔레스의 가르침은 전부 절대적으로 틀렸다"로 잡았다.

말할 필요도 없이 이런 주제로는 선생들의 호감을 얻을 수 없었다. 몇 년 뒤에 그가 자기 생각을 몇 권의 학술 서적에 펼쳐 보였을 때 그의 죽음은 기정사실이 되었다. 그는 성 바르톨로뮤 학살의 첫 번째 희생자들 중 하나가 되었다.

그러나 그의 책들, 저자와 함께 암살당하지 않은 고집스러운 그 책은 살아남았고 라메의 기묘한 논리 체계는 유럽의 북부와 서부 지역에서 대단한 인기를 얻었다. 그러나 진실로 독실한 사람들은 라메주의가 지옥으로 가는 통행증이라 여겼고, 아르미니우스는 바젤로 가보라는 충고를 들었는데, 그 불행한 도시는 수수께끼 같은 에라스무스라는 사람의 마법에 걸려든 이래로 '자유사상가'(16세기 구어 표현으로 '자유주의자'이라는 뜻)들이 보기 좋다고 여겨졌기 때문이다.

아르미니우스는 이렇게 미리 경고를 받고 북쪽으로 여행하면서 상당히 특이한 결정을 내렸다. 그는 대담하게도 적의 영토에 침범하여 파도바Padova 대학[12]에서 몇 학기 공부하고 로마를 방문했다. 이 때문에 1587년 고국에 돌아왔을 때 그는 동포들의 눈에 위험 인물로 보였다. 그러나 뿔도 꼬리도 생겨나지 않았으므로 그

---

12 이탈리아 동북부. 베네치아 인근의 도시 파도바에 1222년에 설립된 대학. 본래 법학 대학으로 설립되었으며 유럽에서 가장 오래된 대학 중 하나이고 이탈리아에서는 두 번째로 오래된 대학이다.

는 점차 다시 호감을 사게 되어 암스테르담에서 목사직을 맡는 것이 허용되었다.

그곳에서 그는 유능했고 게다가 역병이 여러 번 돌았을 때 영웅이라는 평판을 얻게 되었다. 곧 그는 진심으로 존경을 받아서 그 커다란 도시의 공교육 체계를 재조직하는 임무를 맡았으며 1603년에 그가 레이덴 대학 신학 교수로 정식 임용되어 수도를 떠나게 되었을 때는 시민 전체가 진정으로 아쉬워했다.

레이덴에서 아르미니우스를 기다리는 것이 무엇인지 미리 알았다면 그가 절대 가지 않았을 것이라고 나는 확신한다. 그는 후정론자와 선정론자 사이의 전쟁이 마침 최고조에 달했을 때 도착했던 것이다.

아르미니우스는 성격상으로나 받은 교육상으로나 후정론자였다. 그는 동료인 선정론자 고마루스를 공평하게 대하려고 노력했다. 그러나 유감스럽게도 후정론자와 선정론자 사이의 차이는 너무나 커서 타협이란 있을 수 없었다. 결국 아르미니우스는 강요에 못 이겨 자신이 철저한 후정론자라고 선언해야만 했다.

물론 독자 여러분은 선정론자나 후정론자가 뭔지 내게 물을 것이다. 하지만 나 역시 알지도 못할 뿐더러 그런 것은 배워도 알아들을 수가 없는 것 같다. 그러나 내가 이해할 수 있는 한 그것은 (아르미니우스처럼) 인간은 어느 정도 자유의지를 가지고 있으며 자기 운명을 스스로 만들 수 있다고 믿는 사람과, 소포클레스Sophocles[13]나 칼뱅이나 고마루스처럼 우리 삶의 모든 것은 우리가 태어나기 훨씬 전부터 이미 결정되어 있었고 그러므로 우리 운명은 창조의 순간에 신의 주사위가 어느 쪽으로 던져지느냐에 달려 있다고 가르치는 사람 사이의 매우 오래된 논쟁이었다.

1600년에 유럽 북부 사람들은 거의 대부분이 선정론자였다. 그들은 이웃의 대부분이 영원한 파멸의 구덩이에 떨어질 것이라 저주하는 설교를 듣는 것을 무척 좋아했으며, 감히 선의와 자비의 복음을 전도하는 소수의 목사들은 즉각 범죄 성향을 의심받았고, 환자들에게 냄새 고약한 약을 차마 처방하지 못해서 결국 선의 때문에 죽게 만드는 마음 약한 의사들에 걸맞은 경쟁자라고 여겨졌다.

입방아 찧기를 좋아하는 레이덴의 노파들이 아르미니우스가 후정론자라는 사실을 알게 되자마자 그의 유능함은 끝났다. 이 불쌍한 사람은 이전에 그의 친구이며 지지자였던 사람들이 마구 쏟아낸 험담의 격류에 휘말린 채로 죽었다. 그런 뒤 17세기에 (불가피한 일이었던 것으로 보이지만) 후정론과 선정론은 정치판에 진출했고, 선정론자들은 선거에서 이겼으며 후정론자들은 공공질서의 적이자 국가의 반역자로 선포되었다.

이 황당한 싸움이 끝나기 전에, 침묵의 윌리엄 곁에서 네덜란드 공화국을 설립하는 데 일조했던 사람인 올든바르너벌트Johan van Oldenbarnevelt[14]는 발 사이에 잘린 목을 놓고 죽어 있었다. 중용을 지켜서 처음으로 공정한 국제법 체계의 위대한 지지자로 알려

---

13 기원전 약 496 - 기원전 406. 고대 그리스의 비극 작가.
14 1547-1619. 네덜란드의 정치가. 네덜란드가 스페인과 싸워 독립하는 데 큰 공헌을 했다.

진 그로티우스Hugo Grotius[15]는 스웨덴 여왕의 궁정에서 구걸해 얻은 빵을 먹고 있었다. 그리고 침묵의 윌리엄이 이룬 업적은 완전히 무너졌다.

그러나 칼뱅주의는 바라던 승리를 얻지 못했다.

네덜란드 공화국은 이름만 공화국이었다. 그것은 사실상 무역상과 은행가들의 클럽이었으며 몇백 개의 영향력 있는 가문들이 지배하고 있었다. 이 신사분들은 평등과 박애에는 전혀 관심이 없었지만 법과 질서는 믿었다. 그들은 기성 교회를 인정하고 지지했다. 일요일에 그들은 굉장한 종교적 열정을 보이며 이전에는 가톨릭 성당이었고 지금은 개신교 예배당이 된, 하얗게 회칠한 커다란 지하 묘지[16]로 나아갔다. 그러나 월요일에, 성직자들이 존경하올 시장님과 시의회 의원님들께 경의를 표하며 이것도 저것도 이 사람도 저 사람도 마음에 안 든다는 불만사항을 적은 기다란 목록을 들고 오면, 높으신 분들은 '회의중'이라서 존경하는 성직자 여러분을 만날 수가 없었다. 성직자 여러분이 고집을 부리면, 그리고 (종종 그랬듯이) 충실한 교구민들 몇 천 명쯤 설득해서 시청 앞에서 '시위'를 하게 하면, 그제야 높으신 나리들은 황공하옵게도 성직자 여러분의 불만과 제안을 깔끔하게 나열한 목록을 우아하게 받아들이시곤 했다. 그러나 검은 옷을 입은 마지막 청원인 앞에서 문이 닫히자마자 높으신 나리들은 이 문서를 담뱃불 붙이는 데 써

---

15 1583-1645. 네덜란드의 법률가. 국제법의 창시자이다.
16 '위선자'라는 뜻이 있다. 〈마태복음〉 23장 27절 참조. "외식하는 서기관들과 바리새인들이여, 회칠한 무덤 같으니 겉으로는 아름답게 보이나 그 안에는 죽은 사람의 뼈와 모든 더러운 것이 가득하도다."

버렸다.

　왜냐하면 그들은 유용하고도 현실적인 격언 "한 번으로도 충분하고 너무 많다"를 받아들였고 위대한 선정론자들의 내전이 벌어졌던 끔찍한 세월의 일들에 너무나 겁을 먹어서, 더 이상의 종교적 광기는 전부 타협의 여지없이 억압했기 때문이다.

　후손들은 돈으로 신분을 상승한 이른바 '재벌 귀족'에게 언제나 친절하지는 않다. 확실히 그들은 국가를 사유 재산으로 생각했고 조국의 이해관계와 자기 회사의 이해관계를 언제나 충분히 세밀하게 구별하지는 않았다. 그들은 제국에 어울리는 폭 넓은 전망을 갖지 못했고 거의 예외 없이 푼돈을 아끼다가 천 냥을 잃은 어리석음을 범했다. 그러나 그들은 우리가 진심으로 칭찬해줄 만한 일을 했다. 자기 나라를, 모든 종류의 사상을 가진 모든 종류의 사람들에게 뭐든 원하는 대로 말하고 생각하고 글 쓰고 출판할 수 있는 최대한의 자유가 주어진 국제적인 유통 센터로 만든 것이다.

　나는 이 광경을 지나치게 장밋빛으로 묘사하고 싶지는 않다. 여기저기서 성직자의 반대라는 위협을 받아서 시의회는 가끔 어쩔 수 없이 가톨릭 비밀 결사를 진압하거나 특별히 시끄러운 이단자가 출판한 책자들을 몰수해야만 했다. 그러나 대체적으로 말해서, 장터 한가운데에서 비누 상자 위에 기어올라 예정설을 비난하거나 북적거리는 식당에 커다란 묵주를 들고 들어가거나 하를렘의 남부 감리교회에서 하나님의 존재를 부인하지만 않는다면 개인은 상당한 정도의 면책권을 누릴 수 있었고 이 덕분에 거의 200년 동안 네덜란드 공화국은 세상 다른 곳에서 자기 의견 때문에 박해받았던 모든 사람들에게 휴식을 취할 수 있는 진정한 안식처가 되었다.

이 되찾은 낙원에 대한 소문이 금세 외국으로 퍼졌다. 그리고 이후 200년 동안 네덜란드의 인쇄소와 카페 들은 어중이떠중이 광신자와 영적 해방을 찾는 기묘한 새 군대의 지도자들로 가득 찼다.

20
...
브루노

제1차 세계대전은 부사관들의 전쟁이었다는 (상당히 타당한) 이야기가 있다. 장군과 대령과 3성 장군 전략가들이 어느 인적 없는 성의 외따로 떨어진 화려한 응접실에 모여 앉아 반 제곱 킬로미터의 영토를 얻을 수 있는 (그리고 군인을 3만 명쯤 잃을 수 있는) 새로운 전략을 짜내며 지도를 넓게 펼쳐놓고 생각에 잠겨 있는 동안, 부사관과 병장과 상병들은 수많은 똑똑한 일병들의 도움과 격려를 얻어 이른바 '더러운 일'을 떠맡았고, 마침내 독일군 방어선을 무너뜨렸다는 것이다.

영적인 독립을 위한 성스럽고 위대한 전쟁도 비슷한 맥락에서 전개되었다.

여기에는 50만 명쯤 되는 군인들이 출동하는 정면 공격이 없었다. 적군 저격수에게 손쉽고 적절한 목표를 제공해주는 절박한 돌격도 없었다.

한발 더 나아가면 심지어 거의 대부분의 사람들이 전쟁이 벌어지고 있다는 사실조차 몰랐다고 할 수 있다. 가끔씩 사람들은 호기심이 일어나서 그날 아침에 누가 화형을 당하는지 아니면 내일 오후에 누가 교수형을 당할지 물어볼 수는 있었다. 아마 그제야 그들은 몇몇 절박한 사람들이 가톨릭과 개신교 양쪽에서 진정으로 싫어하는 어떤 자유의 원칙을 위하여 계속 싸우고 있다는 사실을 알게 될지도 모른다. 그러나 그렇다고 해도 그들이 약간 안됐다고 느끼며 삼촌이 저렇게 끔찍한 최후를 맞이하다니 불쌍한 친척들이 참 슬퍼서 견디기 힘들겠다고 한마디 하는 것 이상으로 영향을 받았으리라고는 생각하지 않는다.

어쩔 수 없었을 것이다. 순교자들이 목숨을 바쳐 지켜낸 명분을 위해서 실제로 무엇을 성취했는지, 그 결과물은 수학 공식으로 압축하거나 암페어나 마력으로 환산할 수 없기 때문이다.

박사 학위를 얻고자 하는 근면한 젊은이라면 누구든지 조르다노 브루노Giordano Bruno의 전집을 주의 깊게 읽은 후 인내심을 가지고 "국가는 국민에게 사고방식을 강요할 권리가 없다."라든가 "사회는 일반적으로 승인된 의견을 달리 하는 사람들을 칼로 처벌해서는 안 된다."라는 내용의 문장만 전부 모아도 '조르다노 브루노와 종교적 자유의 원칙'에 대하여 괜찮은 논문을 쓸 수 있을 것이다.

그러나 이 치명적인 글들을 더 이상 찾지 않는 독자들은 이 주제를 다른 각도에서 접근해야 한다.

우리의 최종 분석에서 내린 결론에 따르면, 몇몇 믿음 깊은 사람들이 당대의 광신과 모든 나라에서 사람들이 강제로 짊어져야 했던 굴레에 너무나 깊이 충격을 받아서 궐기했다고 했다. 불쌍한 사람들이었다. 그들은 몸에 걸친 외투 말고는 다른 것을 더 소유해본 적이 거의 없었으며 당장 밤에 어디서 자게 될지도 확실히 알지 못했다. 그러나 그들은 신성한 불길로 타오르고 있었다. 그들은 말하고 글을 쓰고 박식한 대학의 박식한 교수님들을 박식한 논쟁에 끌어들였고 소박한 시골 여관에서 소박한 시골 사람들과 소박하게 논쟁했으며 선의와 이해심과 타인에 대한 자비의 복음을 끝없이 전도하며 방방곡곡을 여행했다. 그들은 남루한 옷을 입고 책과 소책자를 싼 조그만 보따리를 들고 방방곡곡을 여행했고 그러다가 포메라니아Pomerania[1] 시골의 초라한 마을에서 폐렴으로 죽거나 스코틀랜드 촌락의 술 취한 농부에게 몰매를 맞거나 프랑스의 시골 도시에서 마차에 치여 죽어갔다.

그리고 내가 조르다노 브루노의 이름을 언급하는 것은 그가 그런 사람들 중에서 유일무이한 인물이었다는 뜻이 아니다. 그러나 그의 삶, 그의 사상, 그가 진실하며 바람직하다고 생각했던 것에 대한 끊임없는 열정은 그런 선구자 전체에 해당되는 너무나 전형적인 사례라서 브루노를 좋은 본보기로 삼을 수 있을 것이다.

브루노의 부모는 가난한 사람들이었다. 그 아들은 특별히 장래성이 보이지 않는 평범한 이탈리아 소년으로 일반적인 과정을 따라서 수도원에 들어갔다. 후에 그는 도미니크회 수도승이 되었다. 그는 이 수도회하고 전혀 맞지 않았는데 왜냐하면 도미니크회는 모든 종류의 박해를 가장 열렬하게 지지해서 동시대 사람들에

---

1 중부 유럽 북쪽, 발트해 연안에 자리한 지역. 현재 폴란드 북부와 독일 일부 지역을 포함한다.

게 "신앙의 경찰견"이라 불렸기 때문이다. 그리고 그들은 똑똑했다. 이단자가 꼭 자기 사상을 인쇄해서 출판해야만 이 열렬한 형사들이 냄새를 맡을 수 있는 것은 아니었다. 한 번의 눈짓, 한 번의 손짓, 한 번 움찔하는 어깻짓만으로도 눈치를 채고 종교재판소에 연락하기엔 충분했다.

이렇게 아무 의문 없이 복종하는 분위기에서 성장한 브루노가 어떻게 해서 반란을 일으켜 성경을 버리고 제논Zenon[2]과 아낙사고라스Anaxagoras[3]의 저작을 파고들게 되었는지 나는 알지 못한다. 그러나 이 기묘한 초짜 수도사는 정해진 과정대로 공부를 다 마치기도 전에 도미니크회에서 쫓겨났고 그 뒤로 지구상을 떠돌아다니며 살았다.

그는 알프스를 넘었다. 많은 젊은이들이 이전에도 론Rhone 강과 아르브Arve 강[4]의 합류점에 세워진 새 신앙의 강력한 요새에서 자유를 찾기 위해 그 태고의 산길에서 위험을 감내했을 것인가!

그리고 그곳에서도 인간의 마음을 인도하는 것은 내적인 정신이며, 교리가 바뀌었다고 해서 반드시 마음과 생각도 함께 바뀌지

---

2 그리스의 철학자 중에서 '제논'이라는 이름의 유명한 철학자가 두 명 있다. 한 명은 키티움의 제논(기원전 약 335‒기원전 약 263)으로 스토아학파의 시조이다. 다른 한 명은 엘레아의 제논(기원전 약 490‒기원전 430)은 변증법의 시조로 알려져 있으며 '제논의 파라독스'로 유명하다. 스토아학파는 정해진 규범에 따른 미덕의 삶을 살면 마음의 평화가 온다고 믿었다. 그러므로 본문에서 아낙사고라스와 함께 자연과학적이고 수학적인 사고방식을 주창했던 제논은 엘레아의 제논으로 보인다. 수학자 버트런드 러셀(Bertrand Russell)은 엘레아의 제논의 파라독스에 대하여 "말로 할 수 없이 섬세하고 심오하다."라고 평했다.
3 기원전 510‒기원전 428. 고대 그리스의 철학자. 아테네에 처음으로 철학을 발전시킨 것으로 알려졌으며 불변의 원소를 찾으려 시도하여 처음으로 자연과학적인 관점을 발달시키기도 했다.
4 론 강은 스위스에서 시작하여 프랑스 남부로 흐르며, 아르브 강은 프랑스에서 스위스로 흐른다.

는 않는다는 것을 깨달았을 때, 얼마나 많은 젊은이들이 실망을 안고 돌아섰는가.

브루노의 제네바 체류는 석 달도 가지 못했다. 도시는 이탈리아 망명자로 가득했다. 이들은 동포에게 새 옷 한 벌을 마련해주고 원고 교정 보는 일자리를 찾아주었다. 저녁이 되면 그는 책을 읽고 글을 썼다. 그는 드 라 라메의 책 한 권을 손에 넣었다. 마침내 자신과 같은 생각을 가진 사람을 만난 것이다. 드 라 라메도 또한 중세 경전의 독재가 무너지지 않는 한 세상은 발전하지 못할 것이라고 믿었다. 브루노는 이 유명한 프랑스인 스승만큼 정도가 심하지 않았고 그리스인들의 가르침이 처음부터 끝까지 전부 틀렸다고 믿지도 않았다.

그러나 어째서 16세기를 살아가는 사람들이 기원전 4세기에, 그리스도가 태어나기도 전에 쓰인 단어와 문장들에 묶여 살아야 하는가? 정말로, 어째서?

"왜냐하면 항상 그러했기 때문이다."라고 정통 신앙을 수호하는 사람들이 그에게 대답했다.

"우리가 우리의 할아버지들과 무슨 상관이며 그들은 또 우리와 무슨 상관인가? 지나간 것은 죽은 사람들과 함께 묻히게 하라." 젊은 우상 파괴자가 대답했다.

그리고 얼마 안 되어 경찰이 그를 찾아왔고, 가방을 싸서 다른 데로 가서 운을 시험해보라고 제안했다.

그 이후 브루노의 인생은 어느 정도만이라도 자유롭고 안정되게 살면서 작업할 수 있는 장소를 찾는, 끝없는 편력이 되었다. 그는 그런 곳을 찾아내지 못했다. 그는 제네바에서 리옹으로 갔고 거기서 툴루즈로 갔다. 그때쯤에 그는 천문학 공부를 시작했고 코페르니쿠스 사상의 열렬한 지지자가 되었는데, 그것은 동시대 평범한 사람들이 모두 "지구가 태양 둘레를 돈다고! 세상이 해 주위를 도는 조그맣고 평범한 행성일 뿐이란 말이야! 호호! 히히! 그런 헛소리 들어본 적 있어?" 하고 떠들썩하게 외치던 시절에 매우 위험한 행보였다.

툴루즈는 불편해졌다. 그는 프랑스를 가로질러 파리까지 걸어갔다. 그리고 그다음에는 프랑스 대사의 개인 비서로서 영국으로 갔다. 그러나 그곳에서는 또 한 번의 실망이 기다리고 있었다. 영국 신학자들도 대륙 사람들보다 나을 것이 없었다. 약간 더 실용적인 것 같기는 했다. 예를 들어 옥스퍼드에서는 학생이 아리스토텔레스의 가르침에 어긋나는 잘못을 저질렀을 때 벌을 주지 않았다. 대신 벌금 10실링을 매겼다.

브루노는 냉소적이 되었다. 그는 뛰어나게 위험한 산문을 쓰기 시작했는데, 그것은 종교적이고 철학적이고 정치적인 내용의 대화 형식으로 세상의 기존 질서 전체를 뒤집고, 세세하지만 결코 긍정적이지는 않은 방식으로 모든 것을 재검토했다.

그리고 그는 제일 좋아하는 주제인 천문학에 대해서 강의도 좀 했다.

그러나 대학 당국에서는 학생들의 마음을 기쁘게 하는 교수들에 대해 미소 짓는 일이 별로 없다. 브루노는 또 다시 떠나라는 제안을 받았다. 그래서 다시 프랑스로 갔고 거기서 마르부르크로 갔는데, 그곳은 바로 얼마 전에 루터와 츠빙글리Ulrich Zwingli[5]가 믿음 깊은 헝가리의 엘리자베스 공주Elizabeth of Hungary[6]의 성에서 성체 변화transubstantiation[7]의 진정한 본질에 대해 논쟁했던 곳이었다.

오호 통재라! 그가 도착하기 전에 '자유사상가'라는 그의 평판이 앞질러 퍼져 있었다. 그는 강의하는 것조차 허락받지 못했다. 비텐베르크가 조금 더 호의적이었다. 그러나 루터 신앙의 오래된 성채인 그곳에서는 칼뱅 박사의 교리가 끓어오르기 시작하고 있었다. 그 뒤에는 더 이상 브루노처럼 자유주의적 경향을 가진 사람이 설 자리가 없었다.

그는 남쪽으로 발길을 돌려 얀 후스의 땅에서 운을 시험해보기로 했다. 하지만 더 큰 실망이 기다리고 있었다. 프라하는 합스부르크 가문의 수도가 되었고 합스부르크 집안이 들어오는 곳에서 자유는 성문 밖으로 쫓겨났다. 그는 다시 여로에 올라 취리히로 오래오래 걸어갔다.

그곳에서 그는 지오반니 모체니고라는 이탈리아 젊은이로부터 베네치아로 와달라는 편지를 받았다. 브루노가 왜 승낙했는지 나는 모른다. 아마 그의 내면에 자리 잡은 이탈리아 농부 기질 때문에 오랜 귀족의 이름이 비추는 후광에 감격해, 초대받았다는 사실에 우쭐해졌을지도 모른다.

---

5 1484-1531. 스위스의 목사, 신학자, 종교개혁 지도자.
6 1207-1231. 헝가리의 공주. 독실한 가톨릭 교도였으며 남편이 죽은 뒤에 지참금을 되찾아서 병원을 지어 자신이 직접 환자들을 돌보았다. 사망한 직후에 성녀로 추대되었다.
7 가톨릭 교리에서 영성체와 포도주가 상징뿐만 아니라 실제로도 그리스도의 육신과 피로 변화한다는 가르침.

그러나 지오반니 모체니고는 그의 조상들이 술탄과 교황 모두
에게 도전할 수 있게 했던 그 기질을 물려받지 못했다. 그는 약골
에 겁쟁이라서 종교재판소의 공무원들이 나타나 자기 손님을 로
마로 잡아갔을 때 손가락 하나 까딱하지 않았다.

　　언제나 그렇듯이 베네치아 정부는 자기 권리를 지독히도 애써
지키려 했다. 만약 브루노가 독일 상인이거나 네덜란드 선장이었
다면 베네치아 정부에서는 세차게 항의했을 것이며 자기 관할권
안에 있는 사람을 감히 체포해간 외부 세력과 전쟁이라도 벌였을
것이다. 그러나 도시에 사상 말고는 아무것도 가져오지 않은 떠돌
이를 위해서 교황의 미움을 살 필요가 어디 있겠는가?

　　그가 학자라고 자칭하는 것은 사실이었다. 공화국으로서는 매
우 영광스러운 일이지만 여기에도 학자는 충분히 있었다. 그러니
브루노에게 작별을 고하고 산 마르코가 그의 영혼에 자비를 베풀
기를 빌겠다.

　　브루노는 7년이라는 긴 세월 동안 종교재판소의 감옥에 갇혀
있었다. 1600년 2월 17일, 그는 화형을 당했고 그 재는 바람에 멀
리 날려갔다.

　　그는 캄포 데이 피오리Campo dei Fiori[8]에서 처형당했다. 이탈리
아어를 아는 사람들은 여기서 작은 알레고리의 영감을 얻을 수 있
을 것이다.

8　이탈리아어로 '꽃의 벌판'이라는 뜻.

21

· · ·

스피노자

역사에서 내가 절대로 이해할 수 없는 일이 몇 가지 있는데 그중 하나가 지나간 옛 시절에 예술가와 문학가들이 생산해낸 업적의 양이다.

현대에 우리 작가 조합 구성원들은 타자기와 녹음기와 비서와 만년필을 가지고도 하루에 3,000에서 4,000 단어 정도만을 써낼 수 있다. 대체 셰익스피어는 정신 산란하게 하는 다른 일들이 여섯 가지쯤 더 있었는데도, 마누라 바가지 속에서 어색한 거위털 펜으로 어떻게 희곡을 서른일곱 편이나 썼을까?

로페 데 베가Félix Lope de Vega y Carpio[1] 역시 무적함대 아르마다의 베테랑 군인이었고 평생을 바쁘게 살았는데 대체 1,800편의 희곡과 500편의 수필을 쓰는 데 필요한 잉크와 종이를 어디서 찾아냈을까?

실내악의 거장 요한 세바스티안 바흐는 대체 어떤 사람이었기

---

1 1562–1635. 스페인의 극작가.

에 스무 명의 아이들이 떠드는 소리로 가득한 조그만 집에서 오라토리오 다섯 곡, 교회 칸타타 190곡, 결혼 칸타타 세 곡, 무반주 다성가[2] 열두 곡, 장엄미사 여섯 곡, 바이올린 콘체르토 세 곡, 그리고 그의 이름을 영원불멸하게 남기기에 이것 하나로 충분한 두 대의 바이올린을 위한 콘체르토, 피아노와 오케스트라를 위한 콘체르토 일곱 곡, 두 대의 피아노를 위한 콘체르토 세 곡, 세 대의 피아노를 위한 콘체르토 두 곡, 교향악 악보 서른 장, 그리고 평범한 음악도가 평생을 연습하기에 충분한 분량의 플루트, 하프시코드, 오르간, 콘트라베이스, 프렌치 호른 곡을 남긴 것일까?

렘브란트Rembrandt Harmenszoon van Rijn[3]나 루벤스Peter Paul Rubens[4] 같은 화가들은 도대체 얼마나 열심히 작업에 몰두했기에 30년이 넘도록 거의 한 달에 네 점씩 그림 혹은 판화를 만들어낼 수 있었던 것일까? 안토니오 스트라디바리우스Antonio Stradivari[5] 같은 소박한 시민이 어떻게 일생 동안 540대의 바이올린, 쉰 대의 첼로와 열두 대의 비올라를 만들어낼 수 있었을까?

나는 지금 이 줄거리를 전부 구상해내고, 이 선율을 전부 듣고, 이런 색과 선의 다양한 조합을 전부 보고, 목재를 전부 골라내는 두뇌의 능력을 말하는 것이 아니다. 그저 물리적인 부분에 놀라고 있을 뿐이다. 도대체 어떻게 한 것일까? 잠도 안 잤나? 당구 한 판

---

2 악기 반주 없이 여러 사람이 파트를 나누어 노래하는 형식의 가곡.
3 1606-1669. 네덜란드의 바로크 시대 화가.
4 1577-1640. 독일 태생의 벨기에 화가. 17세기 바로크 시기의 대표 화가 중 한 명이다.
5 약 1644-1737. 이탈리아의 현악기 장인. 이탈리아식 본명은 '스트라디바리(Stradivari)'이며 '스트라디바리우스'는 라틴어식 이름이다.

치기 위해 몇 시간 쉬지도 않았나? 피곤하지도 않았나? 신경이라는 말을 들어본 적이나 있을까?

17세기도 18세기도 이런 사람들로 가득했다. 그들은 위생 규범을 전부 무시하고 몸에 나쁜 건 전부 먹고 마셨으며 영광스러운 인류의 일원으로서 자기들의 고매한 운명에 대해서는 전혀 알지 못했지만 대단히 즐겁게 살았고 그들의 예술적이고 지적인 성과물은 엄청나게 훌륭한 것이었다.

그리고 예술과 학문에 적용되는 진리는 신학이라는 까다로운 주제에도 똑같이 적용된다.

200년 이상 된 도서관 아무 곳에라도 가보면 지하실과 다락방을 가득 채운 12절판과 18절판과 8절판의 가죽과 양피지와 종이로 장정된 논문과 설교집과 논고와 반박문과 요약집과 주석집을 볼 수 있을 것이다. 전부 먼지에 뒤덮여 잊혀버렸지만, 예외 없이 엄청난 분량의, 쓸모는 별로 없는 학식을 담고 있다.

그들이 다루었던 주제와 사용했던 단어들은 우리의 현대적인 귀에는 아무런 의미도 없다. 그러나 어찌 됐든 이 곰팡이 낀 출판물들은 매우 쓸모 있는 일을 해냈다. 다른 것을 전혀 성취하지 못했다 하더라도 최소한 그들은 의혹을 일소했다. 왜냐하면 자신들이 논의하던 문제를 관련자 모두 대체로 만족할 정도로 해결했거나, 아니면 이 특정한 문제는 논리나 논쟁에 의존해서는 도무지 결론이 날 수 없으며 그러므로 이쯤에서 그냥 포기해버리는 편이 낫겠다는 것을 독자들에게 확신시켜 주었기 때문이다.

이것은 칭찬을 가장한 뒤통수치기로 들릴지도 모르겠다. 그러나 나는 30세기의 비평가들이 그때에도 남아 있는 우리 시대의 문학적인 저작과 과업적인 업적 사이를 헤쳐나갈 때, 딱 이 정도만 자비로운 태도를 보였으면 좋겠다.

· · ·

이번 장의 주인공인 바뤼흐 데 스피노자는 양적인 면에서는 자기 시대의 방식을 따르지 않았다. 그의 저작은 고작 서너 권의 얇은 책과 편지 몇 뭉치뿐이다.

그러나 윤리학과 철학에 관한 그의 추상적인 문제들에 올바른 수학적 답을 내기 위해 필요한 공부의 양은 정상적으로 건강한 사람이라면 비틀거릴 만하다. 그 때문에 구구단 표를 통해 하나님께 닿으려 했던 그 가엾은 폐병 환자는 죽어버렸다.

스피노자는 유대인이었다. 그러나 그의 친척들은 게토Ghetto[6]라는 모욕적인 대우를 한 번도 겪지 않았다. 그 집안 선조들은 스페인이 무어인[7]의 지역이었을 때 스페인 반도에 정착했다. 재정복 Reconquista[8] 이후 결국은 나라를 파산으로 몰고 간 "스페인은 스페

---

6 16세기부터 유럽에서 시작된 유대인 강제 거주 지역. 19세기 이후 거의 소멸했다가 히틀러가 부활시켰다. 현재는 '빈민가' 혹은 '낙후된 지역'과 동의어로 쓰인다.
7 본래 아프리카 북쪽, 현재 이디오피아와 모로코, 알제리 등 지역을 중심으로 거주했으며 이슬람교를 믿는 흑인들을 폭넓게 통칭했다. 이들은 8세기부터 유럽에 진출하여 중세 시대 유럽의 이베리아 반도(스페인), 시칠리아, 몰타 지역을 지배했다. '무어'라는 단어는 현재 많은 유럽 언어에서 다양하게 사용되는데, 무슬림을 통칭하거나 흑인을 통칭하기도 하며 혹은 경멸의 뜻을 담아 쓰이기도 한다.
8 무어인이 정복한 이베리아 반도를 유럽인들이 '재정복'한 사건. 8세기 말부터 진행되어 1492년 마지막 이슬람 국가였던 그라나다(Granada)가 함락되면서 완료되었다.

인 사람에게"라는 정책이 들어오자 스피노자 가족은 오랜 고향을 떠나야만 했다. 그들은 네덜란드로 항해해 가서 암스테르담에 작은 집을 샀고 열심히 일해서 돈을 모아 곧 '포르투갈 식민지'에서 가장 존경받을 만한 집안으로 알려졌다.

그럼에도 만일 그들의 아들 바뤼흐가 조금이라도 자신의 유대인 혈통을 의식하고 있었다면 그것은 속 좁은 이웃들의 조롱 때문이라기보다는 탈무드 학교의 교육 때문이었을 것이다. 왜냐하면 네덜란드 공화국은 계급적 편견으로 꽉꽉 막혀 있어서 단순한 인종 편견이 들어설 자리는 거의 없었고, 그러므로 북해와 자위더르 Zuiderzee해[9]의 방파제를 따라 안식처를 찾았던 모든 외국 인종과 완벽하게 평화롭고 조화롭게 살았기 때문이다. 그리고 이것이야말로 네덜란드 생활에서 가장 특징적인 일면 중 하나이며 동시대 여행자들은 이 이야기를 '여행기'[10]에서 절대로 빼놓지 않는데 여기에는 그럴 만한 이유가 있다.

유럽의 다른 부분에서 대체로 유대인과 비유대인 간의 관계는 만족스러운 것과는 거리가 멀었다. 두 인종 간의 다툼이 그렇게 절망적으로 변해버린 이유는 양쪽 다 똑같이 옳고 똑같이 틀렸으며 양쪽 다 반대편의 불관용과 편견에 희생되었다고 정당하게 주장할 수 있었기 때문이다. 이 책에서 주장하는 '불관용이란 그

---

9 네덜란드 북쪽 해안의 얕은 만. 지금은 둑이 생겨 바다와 차단되었다.
10 16–17세기부터 제국주의가 꽃피었던 19세기까지 '이국적'인 나라에 여행을 하고 과장과 판타지를 섞어 모험 이야기를 기술한 '여행기'가 문학 장르로서 커다란 인기를 끌었다. 한 예로 네덜란드 선원이 처음 한국의 존재를 알린 《하멜 표류기》에는 한국에 악어와 코끼리, 낙타가 자생한다고 기록되어 있다.

저 폭도들의 자기보호의 한 형태일 뿐'이라는 관점에서 볼 때, 기독교도와 유대인들이 각자 자기의 종교에 충실한 이상 서로를 적으로 대했으리라는 것은 명백하다. 우선 그들은 양쪽 다 자기들의 하나님이 유일하고 진정한 하나님이며 모든 다른 민족들의 모든 다른 하나님들은 거짓이라는 주장을 견지했다. 두 번째로 그들은 서로 상대방에게 가장 위험한 상업적 경쟁자였다. 유대인들은 애초에 팔레스타인에 찾아왔을 때와 마찬가지로 이민자로서 새 보금자리를 찾기 위해 서유럽에 찾아왔다. 당시의 노동조합이었던 길드Guild에서는 유대인들이 수공업 분야를 배우는 것을 불가능하게 만들었다. 그들은 그러므로 전당포업이나 은행업 등 경제적인 임시방편에 종사하는 것으로 만족해야 했다. 중세 시대에 이 두 가지 직업은 서로 아주 비슷했으며 점잖은 시민에게 어울리는 직업으로 여겨지지 않았다. 캘빈의 시대가 오기 전까지 가톨릭 교회에서 왜 그토록 돈을 (세금이라는 형태만 빼고) 혐오했는지 그리고 어째서 이자를 받는 행위를 범죄로 여겼는지는 이해하기 힘들다. 고리대금업은 물론 그 어떤 정부에서도 관용하지 않았으며 이미 약 4,000년 전에 바빌로니아 사람들은 다른 사람의 돈으로 이익을 보려는 금융업자들을 억압하는 강력한 법을 통과시켰다. 이보다 2,000년 뒤에 집필된 《구약성서》의 몇몇 장에서 우리는 모세 또한 자기 추종자들에게 외국인을 제외하고는 그 누구에게도 엄청난 이자를 받고 돈을 빌려주지 못하도록 명확하게 금지한 것을 읽을 수 있다. 그보다 더 시간이 지난 뒤에 플라톤과 아리스토텔레스를 포함한 위대한 그리스 철학자들은 다른 돈을 바탕으로 태어난 돈에 대하여 대단한 불쾌감을 표출했다. 초대 기독교의 교부들은 이 주제에 대하여 더욱 더 명확하게 의견을 표출했다. 중세 시대 내내 사채업자들은 심오한 경멸을 받았다. 심지어 단테는 《신곡》의 〈지옥편〉에서 은행가 친구들만을 위한 조그만 구석자리를 특별히 마련해주기까지 했다.

이론적으로는 전당포 주인과 그의 동료인 은행 '카운터' 뒤에 앉아 있는 사람들이 바람직하지 못한 시민들이며 그들이 없는 세상은 훨씬 나을 것이라고 증명할 수 있을지도 모른다. 동시에, 세상이 완전히 농업에만 의지하던 시대를 벗어나자마자 신용에 의지하지 않고는 가장 간단한 사업 거래조차 할 수 없다는 사실이 알려졌다. 대부업자는 그러므로 필요악이었고 유대인은 (기독교인들의 관점에 따르면) 어찌 됐든 영원히 저주받은 몸이었으므로, 필요하기는 하지만 존경받을 만한 사람이면 아무도 건드리려고 하지 않는 분야에 종사하도록 강요당했다.

이리하여 이 불행한 망명객들은 불쾌한 특정 사업을 강요당해 부자와 가난한 자 모두의 천적이 되었다. 그런 뒤에는 그들이 자리를 잡자마자 바로 그 적들이 공격을 시작하여, 그들에게 욕을 하고 도시에서 가장 더러운 지역에 그들을 가두고, 감정적으로 매우 스트레스를 받을 때면 그들을 사악한 불신자라고 목 매달거나 변절자 기독교도라고 화형에 처했다.

모두 끔찍하게 정신 나간 짓이었다. 게다가 너무나 멍청하기도 했다. 이처럼 끝없이 괴롭히고 박해한다고 해서 유대인들이 기독교도 이웃들을 조금이라도 더 좋아하게 되는 것은 아니었다. 그리고 그 직접적인 결과로 일류 지성이 공적인 순환에서 대거 빠져나가서, 상업과 과학과 예술을 발전시킬 수 있었을 수천 명의 똑똑한 젊은이들이 난해한 수수께끼와 사소한 일까지 따지는 삼단논법으로 가득한 낡은 책들을 쓸데없이 공부하느라 지능과 에너지를 낭비했고, 수백만의 무기력한 소년 소녀들이 한편에서는 우리는 하나님의 선택받은 민족이며 이 땅과 그 모든 부를 상속받으리라는 늙은이들의 말을 듣고 다른 한편으로는 이웃들이 너희는 돼지이고 단두대나 형차形車[11]에나 알맞은 놈들이라고 끊임없이 욕하는 소리에 죽도록 겁에 질린 채 냄새나는 골방에서 꽉 막힌 인생을 살도록 운명 지어졌다.

이런 적대적인 환경에서 살아야만 하는 사람들(어느 사람들이든지)에게 정상적인 인생관을 유지하라는 것은 불가능한 요구이다.

유대인들은 몇 번이고 기독교인 동포 때문에 필사적인 행동을 해야만 하는 처지에 몰렸으며, 분노를 견디다 못해 압제자들에게 대항하면 "반역자", "은혜도 모르는 악당"이라 불리고 더 많은 모욕과 속박을 당해야 했다. 그러나 이런 속박의 결과는 오직 한 가지였다. 불만에 찬 유대인의 숫자가 늘어났으며, 그렇지 않은 사람들은 겁에 질린 폐인이 되었고 전반적으로 게토는 좌절된 야망과 억압된 증오가 들끓는 끔찍한 거주지가 되었다.

스피노자는 암스테르담에서 태어났기 때문에 그의 친척들이

---

11 거대한 바퀴 모양의 형틀에 죄수의 팔다리를 묶어서 사지를 찢어 처형하는 중세 시대의 고문 기구.

대부분 타고난 권리인 이런 비참한 삶을 탈출했다. 그는 우선 자기 시나고그synagogue[12]에서 운영하는 (적절하게도 "생명의 나무"라는 이름을 가진) 학교에 갔고 히브리어 동사 변화를 익히자마자 박식한 프란치스쿠스 아피니우스 반 덴 엔데Franciscus Appiniuns van den Ende[13] 박사에게 보내져서 라틴어와 다른 학문을 익히게 되었다.

프란치스쿠스 박사는 그 이름에서 알 수 있듯이 본래 가톨릭 교도였다. 소문에 따르면 그는 루뱅 대학교 졸업생이라고 했고, 마을에서 가장 뒷이야기에 밝은 집사의 말에 따르면 사실은 위장한 예수회의 일원이며 매우 위험한 사람이라고도 했다. 그러나 이것은 헛소문이었다. 반 덴 엔데는 어렸을 때 가톨릭 수도원에서 몇 년 지내기는 했다. 그러나 마음은 수도원에 머무르지 않았고 그는 고향 앤트워프를 떠나 암스테르담으로 와서 사립 학교를 세웠다.

그는 학생들이 고전 수업을 좋아하게 만드는 교육방식을 선택하는 데 굉장히 뛰어난 직감을 가지고 있었으므로, 가톨릭이라는 출신에 상관없이 암스테르담의 칼뱅주의자 시민들은 기꺼이 그에게 자식들을 맡겼고 그의 학교에 다니는 학생들은 예외 없이 그 지역 다른 모든 학교의 어린 소년들보다 6보격 운율도 더 잘 외우고 격변화도 더 잘 한다는 사실을 매우 자랑스럽게 여겼다.

반 덴 엔데는 어린 바뤼흐에게 라틴어를 가르쳐주었는데, 그

---

12 보통 유대교의 예배당을 말하지만 그 지역의 유대인들이 모인 일종의 자치회를 가리키기도 한다.
13 1602-1674. 벨기에 출신의 의학자, 철학자, 예수회 회원, 시인. 말년에 프랑스 파리로 이주했다가 당시 프랑스 왕 루이 14세에 저항하는 귀족들의 음모에 연루되어 사형당했다.

는 또한 학계의 가장 최신 학문을 열광적으로 신봉하는 사람이면서 조르다노 브루노의 열렬한 추종자이기도 했으므로, 정통 유대교 집안에서는 대체로 언급되지 않는 몇 가지 일들도 함께 가르쳐 주었다.

어린 스피노자는 당시의 관습과는 반대로 다른 학생들과 기숙사 생활을 하지 않고 집에서 살았다. 그리고 심오한 학식으로 가족을 모두 감동시켰기 때문에 친척들은 모두 그를 자랑스럽게 "작은 교수님"이라고 불렀고 용돈도 듬뿍 주었다. 그는 그 돈을 담배 사는 데 낭비하지 않았다. 그 돈으로 철학책을 샀다.

한 작가가 특별히 그를 매료시켰다.

바로 데카르트였다.

르네 데카르트René Descartes는 천 년 전 샤를마뉴Charlesmagne[14]의 할아버지가 이슬람교도들이 유럽을 정복하는 것을 막았던 투르와 푸와티에Battle of Tours-Poitiers[15] 사이의 지역에서 태어난 프랑스 귀족이었다. 그는 열 살도 되기 전에 예수회에 보내져 교육을 받았는데 이후 10년 동안 골칫거리가 되었다. 왜냐하면 이 소년은 자기 나름의 사고방식을 가지고 있었고 '보여주지' 않으면 아무것도 받아들이려 하지 않았기 때문이다. 예수회는 아마도 세상에서 유일하게 이런 다루기 힘든 아이를 감당하는 법을 알고 그 기를 꺾

---

14 약 742-814. 프랑크족의 왕. 샤를 대왕, 샤를 1세 혹은 라틴어식으로 카롤루스 마그누스(Carolus Magnus)라고도 한다. 중세에 서유럽 대부분을 통일했고 현대 프랑스와 독일의 국가적 바탕을 건립했다.

15 732년에 현재 북부 프랑스에 있는 투르와 푸와티에 인근 지역에서 프랑크족 지도자 샤를 마르텔(Charles Martel)이 이끄는 프랑크족과 부르군드족 군대가 이슬람 군대를 격파한 전투.

지 않고도 성공적으로 훈육할 수 있는 사람들일 것이다. 그 교육
적 효과는 산 증거에 나타나 있다. 현대 교육학자들이 로욜라 경
Ignatius of Loyola[16]의 방법을 공부한다면 우리 세대에도 데카르트가
몇 명 나올지도 모른다.

스무 살이 되자 르네 데카르트는 군에 들어가서 네덜란드로
갔다. 그곳은 오렌지공 마우리츠Maurits van Oranje[17]가 너무나 완벽
한 군 체계를 세워놓은 관계로 마우리츠의 군대는 장군이 되고 싶
은 모든 야심만만한 젊은이들을 위한 대학원처럼 되어 있었기 때
문이다. 마우리츠 공자의 사령부로 데카르트가 찾아간 것은 좀
이례적인 일일지도 모르겠다. 독실한 가톨릭 신자가 개신교 우두
머리 밑에서 복무하다니! 대역죄처럼 들린다. 그러나 데카르트는
수학과 포병 병과에 관심이 있었지 종교나 정치 쪽은 아니었다.
그리하여 그는 네덜란드가 스페인과 휴전 협정을 맺자마자 사임
하고 뮌헨으로 가서 바이에른의 가톨릭 공작[18]의 깃발 아래 잠시
싸웠다.

그러나 전쟁은 오래 가지 않았다. 당시에도 계속되고 있던 전
투 중에서 조금이라도 의미 있는 전투라면 라 로셸La Rochelle[19] 근

---

16 1491-1556. 스페인의 수도승, 사제, 신학자이며 예수회의 창립자.
17 1567-1625. 네덜란드의 정치가, 군사 전략가. 큰형인 오렌지공 필립과 함께 스페인에 대항하
여 네덜란드 독립을 이루는 데 큰 공을 세웠다. 현대적인 개념의 무기와 군사 훈련을 도입한 뛰어난
군 전문가로 유명하다.
18 바이에른 공작 빌헬름 5세(Wilhelm V, 1548-1626). 매우 신앙심 깊은 가톨릭이라서 "독실한
빌헬름"이라는 별명으로도 불린다. 종교개혁에 대항하여 가톨릭 학교와 성당을 짓고 자기 영지 바깥
의 가톨릭 선교사들도 지원했다. 그 때문에 국가 예산이 휘청거릴 정도였다고 한다. 개신교도들을 모
두 자기 영지에서 내쫓았으며 마녀 사냥으로도 유명하다.
19 프랑스 서부에 있는 항구 도시.

방의 전투뿐이었는데, 위그노들이 리슐리외[20]에 대항하여 그 도시를 방어하고 있었다. 그래서 데카르트는 포위전술이라는 고매한 기술을 배워볼까 하여 프랑스로 돌아갔다. 그러나 병영 생활이 지겨워지기 시작했다. 그는 군인으로서의 미래를 포기하고 철학과 과학에 정진하기로 했다.

그는 적은 수입이지만 자기 돈이 있었다. 결혼할 생각은 없었다. 바라는 것도 별로 없었다. 그는 조용하고 행복한 삶을 예상했고 그렇게 살았다.

그가 왜 거주지로 네덜란드를 선택했는지 나는 모른다. 그러나 그곳은 인쇄소와 출판사와 책방으로 가득한 나라였고 기존의 정부나 종교를 공개적으로 공격하지만 않으면 검열에 관한 법은 존재하기는 해도 그저 죽은 글자에 불과한 곳이었다. 게다가 두 번째 조국으로 삼은 곳의 언어를 한 글자도 배우지 않기 때문에 (진정한 프랑스인이라면 어렵지 않은 속임수였을 것이다) 데카르트는 반갑지 않은 친구들과 쓸데없는 수다를 피해서 자기 시간을 전부(하루에 스무 시간 정도) 하고 싶은 일에 쏟아부을 수 있었다.

전직 군인이었던 사람에게 이것은 지루한 삶처럼 보일지도 모른다. 그러나 데카르트는 삶에 목적이 있었고 스스로 부과한 망명 생활에 완벽하게 만족했던 것 같다. 몇 년이 지나면서 그는 세

---

20 본명 아르망 장 뒤 플레시(Armand Jean du Plessis, 1585-1642). 프랑스의 가톨릭 사제, 정치인. 1622년 추기경이 된 이후로 리슐리외 추기경(Cardinal de Richelieu)이 되었다. 당시 국왕 루이 13세의 "제1총리"로 알려져 있으며 왕권 강화, 중앙 집권화, 국내 분파 척결에 앞장섰다. 종교 지도자였으나 정치적 영향력으로 더 유명했으며 예술 분야를 후원한 것으로도 유명하다.

상이 아직도 한없는 무지의 검은 나락에 깊이 빠져 있으며 당시에 과학이라 하던 것은 진짜 과학과 전혀 비슷하지도 않고, 낡아빠진 오류의 거짓의 체계를 남김없이 무너뜨리지 않는 한 인류 전체의 발전이란 절대 불가능하다고 확신하게 되었다. 이것은 쉬운 요구는 아니다. 그러나 데카르트는 끝없는 인내심의 소유자였으므로 나이 서른에 완전히 새로운 철학 체계를 선보이기 위한 작업을 시작하였다. 그는 준비 운동 삼아 원래의 계획표에 기하학과 천문학과 물리학을 추가했다. 저술을 하면서 그는 너무나 고귀할 정도로 공명정대한 태도를 유지했기 때문에 가톨릭에서는 그를 칼뱅주의자라 비난했고 칼뱅주의자들은 그를 무신론자라고 욕했다.

이런 아우성은 설령 그의 귀에 들어갔다고 하더라도 손톱만큼도 방해가 되지 않았다. 그는 조용히 연구를 계속했고, 스웨덴 여왕과 철학을 논의하기 위해 스톡홀름에 찾아갔다가 그곳에서 평화롭게 죽었다.

17세기 사람들 사이에서 데카르트주의자Cartesianism(그의 철학은 이런 이름으로 알려졌다)는 다윈주의가 빅토리아 여왕 시대에 사람들에게 일으켰던 것만큼 큰 파장을 일으켰다. 1680년에 데카르트주의자라는 것은 뭔가 끔찍하고 거의 추잡하다고 할 만한 일이었다. 그것은 그 사람이 사회 기존 질서의 적이며 소치니주의자이고 존경받을 만한 이웃들과의 교제에서 떨어져 나온 비천한 인간이라는 자기 고백이고 선언이었다. 이런 편견도 우리 할아버지들이 다원주의를 받아들인 것처럼 지식인층 대부분이 그렇게 열광적으로 쾌히 데카르트를 받아들이는 것을 막지는 못했다. 그러나 암스테르담의 정통 유대교 신자 사이에서 이런 주제는 절대로 언급조차 되지 않았다. 데카르트주의는 《탈무드》에도 《토라》[21]에도 나오지 않았다. 그러므로 그것은 존재하지 않았다. 그리고 그것이 바뤼흐 데 스피노자라는 어떤 사람의 마음속에 어쨌든 존재한다는 사실이 명백해지자, 이 바뤼흐 데 스피노자라는 사람이 시나고그 당국에서 사건 수사를 시작하여 공식적인 조치를 취하는 순간 존재하지 않게 되리라는 것은 말할 필요도 없는 결론이었다.

암스테르담 시나고그는 그 당시에 심각한 위기를 막 넘긴 참이었다. 어린 바뤼흐가 열다섯 살이었을 때 우리엘 아코스타Uriel da Costa[22]라는 이름의 또 다른 포르투갈인 망명자가 암스테르담에 도착하여 자신이 죽음의 위협 아래 받아들여야 했던 가톨릭 신앙을 부정하고 조상들의 신앙으로 되돌아가겠다고 선언했다. 그러나 이 아코스타라는 친구는 보통의 유대인이 아니었다. 그는 모자에는 펜을, 허리띠에는 칼을 꽂고 다니는 데 익숙한 신사였다. 독일과 폴란드의 학교에서 훈련된 네덜란드 랍비들의 오만함은 그에게 너무나 불쾌하고 놀라운 것이었으며, 그는 자기 의견을 숨기기에는 너무 오만하고 너무 무성의했다.

이런 조그만 공동체에서 그렇게 공개적인 반항은 참아줄 수 없었다. 지독한 싸움이 뒤따랐다. 한쪽은 절반이 스페인의 하급 귀족이고 절반은 예언자인 외로운 몽상가. 상대는 무자비한 법의

---

21 유대교의 율법서 혹은 경전을 말함.
22 약 1585-1640. 포르투갈 출신의 철학자, 회의주의자. 우리엘 다 코스타가 본래 포르투갈식 이름이며 본문의 우리엘 아코스타는 라틴어식 이름이다.

수호자.

그것은 비극으로 끝났다.

우선 아코스타는 불멸의 영혼을 부정하는 어떤 신성모독적인 소책자들의 저자로서 지역 경찰에 고발당했다. 이 때문에 그는 칼뱅주의 목사들과 문제가 생겼다. 그러나 이 문제는 해결되었고 기소는 취하되었다. 그 이후로 시나고그는 이 건방진 반항자를 파문하고 생계 수단을 빼앗아버렸다.

이후 몇 달 동안 이 불쌍한 남자는 암스테르담 거리를 떠돌아다니다가 궁핍과 외로움에 몰려 원래 자신의 종족에게로 되돌아갔다. 그러나 그는 우선 사악한 행동을 공개적으로 사과한 후에 교민 전체에게 매질과 발길질을 당한 후에야 다시 받아들여졌다. 이런 모욕 때문에 그는 정신이 이상해졌다. 권총을 사서 제 머리를 날려버린 것이다.

이 자살 사건은 암스테르담의 주요 시민 사이에 엄청난 이야깃거리가 되었다. 유대 공동체에서는 또 다른 공공연한 추문의 위험을 무릅쓸 수는 없다고 생각했다. "생명의 나무" 학교에서 가장 뛰어난 학생이 데카르트의 새로운 이단설에 오염되어 있다는 사실이 명백해지자 쉬쉬하면서 일을 조용히 처리하려는 직접적인 조치가 취해졌다. 그들이 바뤼흐에게 접근해서 착하게 행동하고 계속 유대 교회에 나타나며 율법에 어긋나는 것은 말하지도 않고 출판하지도 않겠다고 약속하면 고정된 연수입을 주겠다고 제안한 것이다.

스피노자로 말하자면 이런 타협에 절대로 응할 사람이 아니었다. 그는 그런 종류의 일을 전부 딱 잘라 거절해버렸다. 결과적으로 그는 상상의 여지는 거의 없으며 충분한 숫자의 욕설과 저주를 찾기 위해 여리고 시절까지 거슬러 올라가는 그 유명하고 오래된 저주의 제문祭文에 따라 자기 교단에서 정식으로 파문당했다.

이 가지각색 저주의 희생자로서 그는 조용히 자기 방에 머무르며 무슨 일이 일어났는지를 다음 날 신문에서 읽었다. 열성이 지나친 율법 추종자가 암살을 시도했을 때조차 그는 도시에서 떠나기를 거부했다.

랍비들은 이런 태도에 대하여 여호수아와 엘리야의 이름을 일컬은 것이 헛수고였고 아코스타 사건 이후 5, 6년도 지나지 않아서 두 번째로 공적인 모욕을 당했다고 생각하여 명성에 대한 커다란 타격으로 받아들였다. 그들은 근심에 휩싸여 시청에 청원하기까지 했다. 시장과의 면담을 요청하여 방금 유대회에서 파문한 이 바뤼흐 데 스피노자라는 사람은 사실 가장 위험한 인물이며 하나님을 믿으려 하지 않는 불가지론자이고 그러므로 암스테르담처럼 점잖은 기독교 공동체에서 용인되어서는 안 된다고 설명했다.

높으신 나리들은 그 유쾌한 버릇에 따라 이 문제에서 완전히 손을 떼고 성직자들의 하급 위원회에 맡겼다. 하급 위원회에서는 문제를 조사하여, 바뤼흐 데 스피노자가 도시의 법령을 어긴 것으로 해석될 만한 일은 아무것도 하지 않았다는 사실을 발견했으며 높으신 나리들께도 그렇게 보고했다. 동시에 그들은 공직자끼리 뭉치는 것이 좋은 정책이라 생각해서, 매우 독립적으로 보이는 이 젊은이에게 몇 달 동안 암스테르담을 떠나 만사가 잠잠해질 때까지 돌아오지 않는 것이 어떠냐고 물어봐달라고 시장에게 제안했다.

그 순간부터 스피노자의 삶은 그의 방 창문 밖으로 보이는 풍경처럼 매우 조용하고 평온했다. 그는 암스테르담을 떠나서 레이덴 인근의 마을인 라인스부르크Rijnsburg[23]에 조그만 집을 빌렸다. 그는 낮에는 광학 기계에 쓰는 렌즈를 닦으며 지냈고 밤에는 파이프 담배를 피우고 마음이 내키는 대로 책을 읽거나 글을 썼다. 그는 결혼하지 않았다. 하지만 그의 은사인 라틴어 선생 반 덴 엔데의 딸과 연애를 했다는 소문은 있었다. 그러나 스피노자가 암스테르담을 떠났을 때 꼬마 아가씨는 열 살이었으므로 그런 일은 별로 타당성이 없어 보인다.

그에게는 매우 충실한 친구들이 몇 명 있었으며, 그 친구들은 그가 모든 시간을 연구에만 몰두할 수 있도록 최소한 일년에 두 번 연금을 주겠다고 제안했다. 그는 좋은 의도는 감사하지만 자신은 독립적으로 사는 쪽이 더 좋다고 대답했고, 어떤 젊고 부유한 데카르트주의자가 주는 연 80달러의 용돈을 제외하면 단 한 푼도 받지 않고, 진정한 철학자답게 존경할 만한 가난 속에서 여생을 보냈다.

그는 독일에서 교수가 될 기회가 있었지만 거절했다. 그는 저명한 프러시아의 왕이 그의 보호자이며 후원자가 되고 싶어 한다

---

23 네덜란드 남서부의 도시. 스피노자가 당시 살았던 집을 박물관으로 개조한 스피노자 박물관으로 유명하다.

는 연락도 받았으나 그는 거절의 답변을 보내고 즐거운 망명 생활의 조용한 일과에만 충실했다.

라인스부르크에서 몇 년 지낸 후에 그는 헤이그로 옮겨갔다. 그는 몸이 특별히 강건했던 적이 한 번도 없었고, 그가 작업하던 반쯤 완성된 렌즈의 유리 파편 때문에 폐가 나빠졌다.

그는 1677년에 갑작스럽게 혼자 죽음을 맞이했다.

현지 성직자들은 매우 싫어할 일이었겠지만, 법정의 유력한 인사들이 탄 개인 마차가 여섯 대가 넘게 이 '무신론자'를 무덤까지 따라갔다. 그리고 200년 후 그를 기념하는 동상의 제막식이 열렸을 때, 열성적인 칼뱅주의자들의 시끄러운 무리가 격노하여 이 장엄한 축전의 참가자들을 공격하지 않도록 경찰 지원단이 동원되어야 했다.

스피노자라는 사람에 대해서는 이쯤 해두겠다. 그의 영향은 어떠한가? 그도 마찬가지로 그저 끝없이 많은 책을 끝없이 많은 이론으로 채우면서 오마르 카이얌Omar Khayyám[24]조차 격노를 표하게 했을 이상한 말을 떠드는 부지런한 철학자 중 하나였는가?

아니다, 그는 그렇지 않았다.

그의 업적은 빛나는 재치나 그럴듯한 진리를 담은 이론으로 성취한 것이 아니었다. 스피노자가 위대했던 이유는 주로 그 용기 때문이었다. 그는 오로지 한 가지 율법, 오랫동안 잊혀버린 과거의 희미한 세월 속에서도 언제나 깔려 있던 굳고 단단한 규칙,

---

24 1048-1131. 페르시아의 수학자, 천문학자, 철학자, 시인.

이 신성한 암호를 해독하는 임무를 스스로 떠맡은 직업적인 사제 계급을 위해 태어난 영적 독재의 체제만을 아는 민족에 속해 있었다.

그는 지적인 자유라는 개념이 정치적 무정부주의와 거의 동의어이던 세상에서 살았다.

그는 자신의 논리 체계가 유대인과 비유대인 모두를 성나게 하리라는 것을 알고 있었다.

그러나 그는 흔들리지 않았다.

그는 모든 문제를 보편적인 문제로 보고 접근했다. 그는 이런 문제들을 예외 없이 무소부재한 의지의 현현으로 간주했으며, 창조의 순간에 그러했듯이 심판의 날에도 그 효력이 지속될 궁극적인 진실의 표현이라 믿었다.

그리고 이렇게 해서 그는 인류의 관용이라는 대의에 커다란 기여를 했다.

이전에 데카르트가 그랬듯이, 스피노자도 낡은 종교가 정해 놓은 좁은 울타리를 헤치고 수백만 개의 별들이라는 바위 위에 자기만의 새로운 사고 체계를 지어 올렸다.

이렇게 해서 그는 고대 그리스와 로마 시대 이후 인간이 잃어버렸던 자격인 우주의 진정한 시민권을 되찾아주었다.

22

. . .

새로운 시온

스피노자의 책이 혹시라도 인기가 있을까 두려워할 이유는 없었다. 그 책들은 삼각법 교과서만큼 재미있어서 어느 장을 펼치든 첫 두세 문장 이상을 읽는 사람이 거의 없었다.

새로운 사상을 군중 사이에 퍼뜨리기 위해서는 전혀 다른 종류의 사람이 필요했다.

프랑스에서는 절대군주제가 들어서자마자 개인적인 성찰이나 연구에 대한 열정도 함께 끝나버렸다.

독일에서는 30년 전쟁 이후에 뒤따른 궁핍과 끔찍한 상황들 때문에 이후 최소 200년간 모든 개인적인 행동 의지들이 말살되었다.

그러므로 17세기 후반 동안 유럽 강대국 중에서 오직 영국에서만 독립적인 생각과 이에 따른 발전이 가능했고, 왕실과 국회 사이에 오랫동안 논쟁이 이어지면서 약간의 불안정함이라는 요소를 가미했는데 이것은 '개인의 자유'라는 대의를 위해서 대단히 도움이 되었다.

우선 영국 군주들부터 생각해보자. 오랜 세월 동안 이 불운한 군주들은 가톨릭이라는 악마와 청교도주의의 깊은 바다 사이에서 헤매고 있었다.

가톨릭을 믿는 그들의 신민들은 (비밀리에 로마 쪽으로 기울어진 독실한 영국 성공회 신도들을 대거 포함했는데) 영국 국왕이 교황의 가신이 었던 그 행복했던 시절로 되돌아가자고 끊임없이 아우성을 쳤다.

한편 청교도 백성들은 한쪽 눈으로는 제네바라는 본보기를 뚫어져라 쳐다보면서 왕이 아예 없어지고 영국이 스위스 산자락 한 구석에 박힌 그 행복한 공화국의 복사판이 될 날을 꿈꾸었다.

그러나 그게 전부가 아니었다.

영국을 지배하는 사람들은 스코틀랜드의 왕이기도 했으며 스코틀랜드 신민들은 종교에 관한 한 자기들이 뭘 원하는지 정확히 알고 있었다. 그리고 그들은 자기들이 옳다고 너무나 굳게 확신한 나머지 양심의 자유라는 발상에 단호하게 반대했다. 그들은 다른 종파가 존재하고 자기들의 개신교 영토의 국경 안에서 마음대로 예배드리는 걸 참아줘야 한다는 사실이 사악하다고 생각했다. 그리고 그들은 모든 가톨릭과 재침례교도들을 대영제국 영토에서 추방시켜야 할 뿐만 아니라 소치니주의자, 아르미니우스 주의자, 데카르트 주의자들도, 즉 살아 있는 하나님의 존재에 대한 자기들의 관점에 동의하지 않는 사람들은 모두 교수형에 처해야 한다고 주장했다.

그러나 이 갈등의 삼각관계에서 뜻밖의 결과가 나왔다. 서로 적대적인 이런 교파들 사이에서 평화를 지켜야 했던 사람들은 다른 상황에서보다 훨씬 더 관용적일 수 있었던 것이다.

스튜어트The Stuarts 가문[1]도 크롬웰Oliver Cromwell[2]도, 모든 종파가 평등한 권리를 가져야 한다고 각각 다른 시기에 주장했다는 것은 역사적으로 증명된 사실인데, 그 이유는 스튜어트 가문에서 장로교도를 사랑하거나 크롬웰이 가톨릭 고위 성직자를 좋아했기 때문은 아니고, 그 반대도 아닐 것이다. 그들은 그저 아주 어려운 거래를 최대한 잘 성사시키려고 했을 뿐이다. 하나의 종파가 마침내 모든 권력을 움켜쥔 매사추세츠 만의 식민지에서 벌어진 끔찍한 일들[3] 때문에 그들은 영국에서도 서로 경쟁하는 분파들 중에서 어느 한쪽이 절대적인 독재 권력으로 국가 전체를 지배하면 영국의 운명이 어떻게 될지 볼 수 있었기 때문이다.

크롬웰은 물론 뭐든 자기 마음대로 할 수 있는 지위까지 올라가 있었다. 그러나 영연방의 수장은 매우 현명한 사람이었다. 그는 자신이 이끄는 강철 여단 덕분에 지배할 수 있다는 것을 알고 있었고 자기 반대파들이 하나의 명분으로 단결하게 할 만한 극단적인 행동이나 입법은 조심스럽게 피했다. 그러나 관용에 대한 그

---

1 1371년부터 1807년까지 존재했던 영국의 왕가. 14세기 스코틀랜드의 지배 가문으로 시작해서 17세기에 영국과 아일랜드까지 지배하게 되었다. 18세기에 통합된 대영제국의 첫 군주였던 앤 여왕이 스튜어트 가문에서 배출한 마지막 왕이며 이후 하노버 가문이 왕위를 이어받았다. 스코틀랜드는 전통적으로 가톨릭을 믿으며 스튜어트 가문의 군주들도 대부분 가톨릭이다.
2 1599-1658. 영국의 군인, 정치가. 1653년부터 1658년까지 영연방의 수장이었다. 크롬웰은 청교도였다.
3 1643년 플리무스, 뉴헤이븐, 코네티컷, 매사추세츠 등 청교도들로 이루어진 미국 동부의 첫 영국 식민 정착지들이 연합하여 뉴잉글랜드 동맹New England Confederation을 형성한 사건을 말한다. 뉴잉글랜드 동맹은 기본적으로 군사적, 행정적 동맹이었으나 종교도 중요한 기준이 되어 청교도가 아닌 다른 주들은 이 연합에서 제외되었다.

의 생각은 그 이상 나아가지 못했다.

혐오스러운 '무신론자'의 경우, 그러니까 앞서 말한 소치니 주의자와 아르미니우스 주의자와 데카르트 주의자와 기타 등등 개인의 신성한 권리를 주장하는 다른 사도로 말하자면, 그들의 삶은 예전과 똑같이 힘들었다.

물론 영국의 '자유사상가'는 한 가지 대단한 이점을 누릴 수 있었다. 그들은 바다 가까이에 살았다. 서른여섯 시간의 뱃멀미만 참아내면 네덜란드 도시에서 안전한 은신처를 얻을 수 있었다. 이 도시의 인쇄소에서 유럽 남부와 서부에서 금지된 책의 대부분을 찍어냈기 때문에 북해로 여행을 간다는 것은 사실상 출판사를 만나러 간다는 뜻이었으며 진취적인 여행가에게는 인세를 받고 학문적 저항의 서적 목록에 무엇이 더 추가됐는지 보러 간다는 뜻이었다.

조용한 연구와 평화로운 명상을 위한 이 편리한 기회를 언제든 한 번쯤 이용했던 사람들 중에서 존 로크John Locke[4]만큼 마땅하게 명성을 얻은 사람도 없을 것이다.

그는 스피노자와 같은 해에 태어났다. 스피노자처럼 (그리고 대부분의 독립적인 사상가처럼) 그는 본질적으로 독실한 집안 태생이었다. 바뤼흐의 부모는 정통 유대교인이었고 존의 부모는 정통 기독교인이었다. 이 부모들이 자기 신념의 엄격한 규범에 따라 아이들

---

4 1632-1704. 영국의 철학자, 의사. 계몽주의 시대의 가장 뛰어난 사상가들 중 한 명으로 알려져 있다.

을 훈육할 때, 의심의 여지없이 그 의도는 좋았을 것이다. 그러나 그런 식으로 교육하면 아이의 기를 꺾거나 아이를 반항아로 만든다. 바뤼흐와 존은 둘 다 항복을 모르는 성격이었으므로 이를 갈며 집을 떠나 자기들 나름대로 세상을 헤쳐나갔다.

스무 살 나이에 로크는 옥스퍼드에 갔고 그곳에서 처음으로 데카르트에 대해서 알게 되었다. 그러나 성 캐더린 거리의 먼지투성이 책방에서 그는 훨씬 더 자기 취향에 맞는 다른 책들을 찾아냈다. 예를 들어 그곳에는 토머스 홉스Thomas Hobbes[5]의 저작들이 있었다.

전직 모들린 칼리지Magdalene college 학생이었던 이 흥미로운 인물은 활동적인 사람으로 이탈리아에 찾아가 갈릴레오와 대화를 나누기도 했고 데카르트 본인과 편지를 주고받기도 했으며 청교도의 분노를 피해서 일생을 대부분 대륙에서 보냈다. 이런 일을 하는 사이사이에 그는 생각할 수 있는 모든 주제에 대한 자기 생각을 전부 담아서《리바이어던, 혹은 교회 공화국과 시민 공화국의 본질, 형태와 권력Leviathan, or the Matter, Form and Power of a Common-wealth, Ecclesiastical and Civil》이라는 재미있어 보이는 제목을 단 거대한 책을 써냈다.

이 학구적인 서적은 로크가 2학년 때 모습을 나타냈다. 이 책은 왕자들의 천성과 권리와 특히 그들의 의무에 대해서 너무나 솔

---

5 1588-1679. 영국의 철학자. 《리바이어던》에서 사회계약 사상을 처음으로 설파했으며 이는 이후에 서유럽 대부분의 국가에서 정치 철학의 근본이 되었다.

직했기 때문에 가장 철저한 크롬웰 주의자조차 승인해야 했고, 본인이 철저한 왕정파이면서도 최소한 2킬로그램이 넘는 이 무거운 책에 왕정파의 허식을 폭로해버린 이 의심 많은 토머스[6]에 대해서 크롬웰의 일당 중 대부분이 용서해주고 싶은 기분을 느꼈다. 물론 홉스는 분류하기가 결코 쉽지 않은 종류에 속하는 인간이었다. 동시대인들은 그를 관용주의자라고 불렀다. 이는 그가 기독교 교회의 교리와 강령보다는 기독교라는 종교의 윤리에 더 관심이 많았고, 중요하지 않은 것으로 여겨지는 문제에 대해서는 사람들에게 태도의 자유를 어느 정도 허용해야 한다고 믿는다는 뜻이었다.

로크도 홉스와 같은 기질을 가졌다. 그도 또한 평생 교회에 충실했으나 삶과 신앙에 관한 가장 관대한 해석을 지지했다. (황금 왕관을 쓴) 독재자 한 명을 몰아내더라도 뒤이어 다른 (검은 모자를 눌러쓴) 독재자가 새로이 나타나 권력을 남용한다면 무슨 소용이 있겠는가, 하고 로크와 그의 친구들은 주장했다. 어째서 특정한 성직자 한 무리에게 충성하겠다는 맹세를 끊어버리고는 그다음날 선임자만큼 충분히 횡포하고 거만한 다른 성직자 무리의 지배를 받아들이는가? 논리적으로는 그들의 말이 틀림없이 옳았지만 '관용맨'들이 성공하여 완고한 사회 체제를 윤리적으로 논쟁하는 사회로 바꾸었다면 생계 수단을 잃게 될 사람들 사이에서 이런 관점은

---

6 예수가 부활했을 때 사도 중에서 도마(토머스)가 부활을 의심하여 예수의 손에 남은 못자국 구멍에 손가락을 넣어 확인해본 데서 생긴 표현이다.

인기를 얻기 힘들지 않겠는가?

그리고 로크는 개인적으로 매우 매력적인 사람이었고 보안관의 호기심으로부터 그를 보호해줄 영향력 있는 친구들도 있었지만, 무신론자라는 의심을 더 이상 피할 수 없게 되는 날이 곧 닥쳐오고야 말았다.

그것은 1683년 가을에 일어났고, 로크는 그 뒤로 암스테르담으로 갔다. 스피노자는 이미 6년 전에 죽었지만 네덜란드 수도의 지적인 분위기는 예전과 똑같이 자유로웠고 로크는 당국의 어떤 간섭도 받지 않고 연구하고 글을 쓸 기회를 얻었다. 그는 부지런한 친구라서 4년 동안 망명 생활을 하면서 그 유명한 〈관용에 대한 편지〉를 썼는데 이 덕분에 그는 이 작은 책의 주인공 중 하나가 될 수 있었던 것이다. 이 편지에서 (반대자들의 비판 덕분에 편지는 세 통으로 불었다) 그는 국가가 종교에 간섭할 권리가 있다는 것을 단호하게 부정한다. 로크의 관점에 따르면 (그리고 이 점에 있어 당시 로테르담에 살면서 믿을 수 없을 정도로 학식이 깊은 1인 백과사전을 저술하고 있던 동료 망명자 피에르 벨[7]이라는 프랑스 사람이 그를 뒷받침해준다) 국가는 일정한 수의 사람들이 서로의 이익과 안전을 위해 창조하고 지속시키는 방어적 조직의 일종일 뿐이다. 어찌하여 그런 조직이 감히 개인 시민이 무엇을 믿고 무엇을 믿지 말아야 하는지 명령한단 말인가. 그것이 로크와 그의 제자들이 이해할 수 없는 점이었다. 국

---

7 1647-1706. 프랑스의 저술가, 철학가, 역사가. 대표작은 《역사적·비평적 사전》(1697)이다. 개신교를 믿고 자신의 저작에서 다양한 신념에 대한 관용을 옹호했다.

가가 사람들에게 무얼 먹거나 마시라고 일러주지는 않는다. 어째서 한 교회에는 다니고 다른 교회에는 나가지 말라고 강요한단 말인가?

17세기는 청교도주의가 별로 마음 내키지 않게 승리한 결과 이상한 종교적 타협의 시대가 되었다.

모든 종교 전쟁을 끝내버렸어야 할 베스트팔렌 조약Westfälischer Friede[8]은 "모든 백성은 그 지배자의 종교를 따르라" 하는 원칙을 세웠다. 그리하여 어느 여섯 자 세 치짜리 조그만 공국에서는 모든 시민들이 루터 교도이고 (왜냐하면 그 지역 공작이 루터 교도였으므로) 옆 도시에서는 시민들이 모두 가톨릭이었다 (왜냐하면 그 지역 남작이 어쩌다 보니까 가톨릭 교도였기 때문이다.)

그리하여 로크는 "만일 국가가 국민에게 그들 영혼의 미래의 안위에 대해 명령할 권리가 있다면, 세상 사람의 반은 영원히 지옥에 떨어질 운명이다. 왜냐하면 (그들 자신이 말하는 교리 문답의 제1조에 따라) 양쪽 종교가 모두 진리일 수는 없으므로 경계선의 이쪽에서 태어난 사람들은 천국에 갈 운명이고 저쪽에서 태어난 사람들은 지옥에 갈 운명이기 때문이다. 이런 식으로 하면 태생의 지리적 우연이 미래의 구원을 결정한다는 결론이 나온다."라고 추론했다.

로크가 관용 계획에 가톨릭 교도를 포함시키지 않은 것은 유

---

8 베스트팔렌 주에 속하는 오스나브뤼크(Osnabrück)와 뮌스터(Münster)에서 1648년 5월부터 10월 사이에 맺어진 일련의 평화 조약. 이 조약으로 신성로마제국의 30년 전쟁, 스페인과 네덜란드 사이의 80년 전쟁이 끝났으며 네덜란드는 공식적으로 공화국으로 인정받았다.

감스럽기는 해도 이해할 수 있는 일이다. 17세기의 보통 영국인에게 가톨릭은 종교적 신앙의 한 형태라기보다 끊임없이 영국이라는 국가의 안전을 위협하는 음모를 짜고 아르마다를 건설하고 이른바 우방국이라는 나라의 의회를 날려버리기 위해서 화약을 몇 통씩 수입하는 정치적 정당이었기 때문이다.

로크는 식민지의 이교도에게 기꺼이 허락하려는 권리를 적수인 가톨릭에게는 거부했으며 국왕 폐하의 영토에 앞으로도 들어오지 못하게 해달라고 부탁했지만, 그것은 오로지 그들의 위험한 정치적 활동 때문이지 그들이 다른 신앙을 갖고 있기 때문은 아니었다.

이런 소감을 듣기 위해서는 거의 1,600년이나 거슬러 올라가야 했다. 그때 로마 황제는 "종교란 개개의 인간과 그의 하나님 사이의 문제이며 하나님은 당신의 위엄이 손상되었다고 느끼면 언제든 알아서 하실 능력이 있다"라는 그 유명한 원칙을 세웠다.

60년도 안 되는 기간 동안 정부가 네 번 바뀌는 가운데 살아남아 번영했던 영국 사람들은 상식에 입각하여 이처럼 이상적인 관용의 근본적인 진리를 이해하는 경향이 있었다.

오렌지공 윌리엄이 1688년에 북해를 건넜을 때 로크는 다음 배를 타고 그를 뒤따랐는데, 그 배에는 새 영국 왕비도 타고 있었다. 그리하여 이후 그는 조용하고 무사 평온한 삶을 지속했으며 천수를 다 하고 일흔 두 살에 죽었을 때 존경받을 만한 작가로 알려져 있었고 더 이상 그를 이교도라고 경계하는 사람은 없었다.

내전은 끔찍한 일이지만 한 가지 좋은 점이 있다. 분위기를 일신한다는 점이다.

17세기의 정치적 불화가 영국이라는 나라의 모든 잉여 에너지를 남김없이 소비했다. 다른 나라 사람들이 삼위일체와 원죄 때문에 서로 계속 죽이는 동안 대영 제국에서 종교적 박해는 끝이 났다. 때때로 대니얼 디포Daniel Defoe[9]처럼 기존 교회에 대해 지나치게 건방진 비평가가 법률과 불쾌한 접촉을 하는 일이 있었지만, 이《로빈슨 크루소》의 작가는 아마추어 신학자였기 때문이 아니라 해학가였기 때문에, 그리고 앵글로 색슨족은 태곳적부터 아이러니에 대해서 천성적으로 의심하는 태도를 가졌기 때문에 웃음거리가 되었던 것이다. 디포가 관용을 옹호하는 심각한 글을 썼더라면 그는 꾸중을 당하고 풀려났을 것이다. 교회의 독재를 공격하기 위해 그가《국교 반대자를 처단하는 최단 행로The Shortest Way with Dissenters》라는 제목의 반쯤 해학적인 소책자를 냈을 때 그는 자신이 점잖은 예의 범절에 관한 상식이 없는 천박한 인간이며 그러므로 뉴게이트 감옥의 소매치기보다 더 나은 사람들과 친분 관계를 맺을 자격이 없다는 사실을 드러내 보였다.

그때조차 디포는 영국 영토의 경계선 바깥으로 여행해본 적이 없다는 점에서 운이 좋았다. 왜냐하면 불관용은 조국에서 쫓겨나 바다 건너편의 어떤 식민지에서 가장 환영받는 피난처를 찾았기 때문이다. 그리고 이것은 최근에 발견된 이 지역으로 건너간 사람

---

9 1660-1731. 《로빈슨 크루소》의 저자. 작가이자 저널리스트. 현대적인 비즈니스 저널리즘 혹은 경제 저널리즘의 창시자이기도 하다.

들의 성격 때문이라기보다는 신세계가 구세계보다 끝없이 더 많은 경제적 이익을 제공했기 때문이었다.

영국 자체는 조그만 섬나라이고 인구가 너무 많아서 대부분의 사람들에게 서 있을 정도의 공간밖에 마련해줄 수 없었으므로, 사람들이 '공평하게 주고받는다'는 오래되고 훌륭한 법칙을 기꺼이 지키지 않았다면 아마도 모든 사업이 끝장났을 것이다. 그러나 미국은 끝 모르게 넓고 믿을 수 없을 만큼 풍요로운 데다 고작 한 줌의 농부와 노동자만 살고 있었으므로 더 이상 타협을 할 필요가 없었다.

그렇기 때문에 매사추세츠 만의 조그만 공산주의자 정착지가 독선적인 정통 기독교의 성채로 발전할 수 있었으며, 그곳은 칼뱅이 서부 스위스에서 경찰서장 겸 고위 사형 집행인 노릇을 수행하던 행복한 시절 이후로 비슷한 예를 찾을 수 없을 정도가 되었다.

찬바람 부는 찰스 강 주변 지역에 첫 번째 영구적인 정착지를 세운 공로는 대개 '필그림 파더스Pilgrim Fathers'라 불리는 조그만 집단에게로 돌아간다. '필그림(순례자)'이란 통상적으로 "종교적인 헌신의 일환으로 성지를 찾아가는 사람"을 뜻한다. 메이플라워 호의 승객들은 그런 면에서 보자면 순례자는 아니었다. 그들은 주변 대부분의 교회에서 예배에 계속 집착하던 그 밉살스러운 '천주쟁이'를 피해 고국을 떠난 영국인 벽돌공과 양복장이와 신기료 장수와 대장장이와 수레 목수들이었다.

우선 그들은 북해를 건너 네덜란드로 갔는데 그들이 도착한 때는 엄청난 경제적 공황의 시기였다. 교과서에는 그들이 여행을 계속했던 이유가 자기 아이들이 네덜란드어를 배우거나 다른 방식으로 이 두 번째 조국의 문화에 흡수되는 것을 원하지 않았기 때문이라고 나와 있다. 그러나 이 착한 사람들이 그렇게 놀랄 만큼 무례한 태도를 보이며 고의적으로 가장 괘씸한 경로를 통해 다른 나라로 떠났을 것 같지는 않다. 사실은 대개의 경우 그들은 빈민가에서 살아야 했고 이미 인구 과잉인 나라에서 생계를 꾸려가기란 매우 힘들다는 사실을 알았으며, 레이든에서 양털을 짜는 것보다 미국에서 담배를 재배하는 쪽이 더 많은 돈을 벌 거라고 기대했기 때문이다. 그래서 그들은 버지니아로 항해해갔지만 풍랑에 휘말리고 항해술이 서툴러서 매사추세츠 만에 던져진 관계로, 구멍 난 쪽배를 타고 또 한 번 무서운 여행을 떠나는 위험을 감내하느니 그냥 그곳에 머무르기로 결정했던 것이다.

이제 물에 빠져 죽을 위험과 뱃멀미에서는 벗어났지만 그들은 여전히 매우 위험한 처지에 있었다. 그들 대부분은 영국 중심부의 소도시 출신이었고 개척자의 삶은 적성에 별로 맞지 않았다. 공산주의적 사상은 추위 때문에 실현되지 못했고 시민다운 삶에의 열정은 끝없는 돌풍에 얼어붙었으며 아내와 아이들은 제대로 된 음식이 없어 죽어갔다. 마침내 첫 3년의 겨울을 넘기고 살아남은 몇 안 되는 사람들은 고국에서 거칠지만 손쉽게 얻을 수 있던 관용에 익숙해져 있던 본성이 착한 사람들이었는데, 이들은 곧 새로 도착한 수천 명의 식민지 이주자들, 단 하나의 예외도 없이 더 엄격하고 비타협적인 종류의 청교도 신앙을 믿으며 그리하여 매사추세츠를 이후 몇 세기 동안이나 찰스 강변의 제네바로 만들었던 사람들에게 완전히 파묻혔다.

소중한 목숨을 부지하기 위해 손바닥만 한 땅에 매달려서 항상 재난 일보 직전에 서서, 그들은 그 어느 때보다도 자신의 생각과 행동의 이유를 전부 《구약성서》의 책장에서 찾아내고 싶어 했다. 문명화된 인간 사회와 책에서 단절되자 그들은 자기들만의 기묘한 종교적 심리 상태를 형성하기 시작했다. 자기들 눈으로 보기에 그들은 모세와 기드온Gideon[10]의 전통을 이어받을 상속자였으며 서부의 아메리카 원주민 이웃들에게는 곧 진정한 마카베Macca-bee[11] 일족이 되었다. 유일하고 진정한 신앙을 위해서 고생하고 있다는 확신 외에는 그 힘들고 고역스러운 삶을 참아낼 이유가 전혀 없었던 것이다. 그리하여 그들은 (손쉽게도) 다른 사람들은 전부 틀렸다는 결론을 내렸다. 그리하여 자신들의 관점을 공유하지 않는 사람들, 청교도적인 생각과 행동의 방식이 유일하게 옳은 길이 아닐 수도 있다고 암시하는 사람들은 전부 짐승처럼 취급했다. 그리하여 자신들의 땅에서 악의 없는 반대자를 모두 추방하여, 무자비하게 채찍질하고 황야로 몰아내거나 혹은 운이 좋아서 스웨덴이나 네덜란드 사람들이 사는 이웃 식민지에 피난처를 마련하지 못한 사람들은 귀와 혀를 잘라버렸다.

그렇다. 종교적 자유나 관용이라는 대의에 관한 한 이 식민지는 인간 발전의 역사에 너무나 흔한, 그 빙빙 둘러 어쩔 수 없이

---

10 성경에 나오는 이스라엘 민족의 심판관. 〈판관기〉 6-8장 참조.
11 유대 땅의 지배권을 놓고 일어난 유대 민족 반란의 지도자들.

가는 방법을 빼놓고는 아무것도 성취하지 못했다. 바로 그들의 자신의 종교적 독재가 너무나 폭력적이라서 더 자유로운 정책을 옹호하는 반동이 일어났다. 거의 200년이나 교회 독재에 시달린 뒤에, 모든 형태의 종교 지배에 공개적으로 적대를 선언한, 국가와 교회의 분리가 바람직하다고 굳건히 믿는, 그리고 종교와 정치를 뒤섞은 조상의 혼합물을 비딱한 시선으로 보는 새로운 세대가 일어났다.

약간의 행운이 따랐기에 이러한 발전은 아주 천천히 이루어졌고 대영 제국과 미국 식민지 사이의 적대감이 폭발하기 직전 시기까지는 위기가 나타나지 않았다. 그 결과 미합중국 헌법을 쓴 사람들은 자유사상가이거나 구식 칼뱅주의의 알려지지 않은 적들이었으며, 그들은 이 문서에 우리 공화국의 평화로운 균형을 유지하는 데 굉장히 가치 있는 대단히 현대적인 원칙을 집어넣었다.

그러나 이런 일이 생기기 전에 신대륙에서는 관용에 관한 한 가장 뜻밖의 발전이 일어났는데, 이상하게도 그 일은 현재 메릴랜드라고 불리는 가톨릭 공동체에서 일어났다.

이 흥미로운 실험의 장본인인 캘버트 가족은 플랑드르 출신이었지만, 아버지가 영국으로 이사 와서 스튜어트 왕가에 매우 두드러진 공헌을 했다. 원래 그들은 개신교도였지만 제임스 1세King James I[12] 왕의 개인 비서이자 만능 심부름꾼이었던 조지 캘버트

---

12 1566-1625. 영국과 스코틀랜드, 아일랜드의 왕. 스코틀랜드의 메리 여왕의 아들로 태어나 생후 13개월의 나이에 스코틀랜드의 왕이 되었으며 영국의 엘리자베스 1세가 후손 없이 사망하자 영국의 왕위도 이어받았다.

George Calvert[13]는 동시대인들의 쓸모없는 신학적 왈가왈부가 너무나 지겨워서 옛날 신앙인 가톨릭으로 되돌아갔다. 좋든 나쁘든 혹은 무관심하든, 가톨릭은 검은 것을 검다 하고 흰 것을 희다 했으며 교리의 모든 문제를 최종적으로 결정할 때마다 반쯤 문맹인 집사들이 모인 위원회에 재량껏 맡겨버리지는 않았기 때문이다.

이 조지 캘버트는 유능한 사람이었던 것으로 보인다. 그의 종교적 타락(그 시절에는 매우 심각한 악행이었다!)에도 불구하고 그는 왕의 신임을 잃지 않았다. 도리어 볼티모어의 남작이 되었고 박해받는 가톨릭 교도들을 위해서 자기 나름의 조그만 식민지를 건설하려고 계획했을 때 모든 지원을 약속받았다. 우선 그는 뉴펀들랜드Newfoundland[14]에서 운을 시험해보았다. 그러나 정착민들은 살 집도 가족도 잃고 얼어죽었기 때문에 남작은 버지니아에 땅을 몇 천 평만 달라고 부탁했다. 그러나 버지니아인들은 충실한 성공회 신자였고 이런 위험한 이웃은 한 명도 들여놓지 않으려 했다. 볼티모어의 남작은 이제 버지니아와 네덜란드와 스웨덴의 소유지 사이에 놓인 북쪽 황무지를 한 조각 달라고 했다.

하지만 땅에 대한 특허장을 건네받기 전에 그는 죽었다. 이후 그의 아들 세실Cecil이 계속해서 사업을 잘 꾸려갔고 1633년에서 1634년으로 넘어가는 겨울에 아크(방주) 호와 도브(비둘기) 호라는

---

13 1579-1631. 영국의 정치가. 제임스 1세 치하에서 정치적 영향력을 얻었으나 찰스 왕자와 합스부르크 왕가의 결혼이 실패하면서 정치권에서 밀려나자 정계에서 은퇴하고 가톨릭 신앙으로 돌아갔다. 정계 은퇴 이후 아일랜드에 있는 영지로 돌아가 볼티모어 남작이 되었다. 이후 경제적이고 종교적인 이유에서 신대륙으로 이주했으며 캘버트의 아들이 메릴랜드의 첫 주지사가 되었다.
14 현재 캐나다 동부 해안 지역.

조그만 배 두 척이 조지의 동생 레너드 캘버트Leonard Calvert의 지휘로 대양을 건너 1634년 3월 체사피크 만의 바닷가에 승객들을 무사히 내려놓았다. 새 땅은 메릴랜드Maryland라 이름 붙였다. 이것은 프랑스 왕 앙리 4세의 딸인 마리Henriette Marie 공주[15]를 기린 것으로, 유럽 국가 동맹을 세우려던 그녀의 계획은 한 미친 수도승의 단검에 잘려 끝나버렸으며 그녀의 남편이었던 영국 군주는 청교도 백성들의 손에 곧 목을 잘리게 되었다.

이 훌륭한 식민지는 원주민 이웃들을 멸종시키지 않고 가톨릭과 개신교도에게 동등한 기회를 제공했으나 몇 년 동안 매우 어려운 세월을 보냈다. 우선 이 식민지는 매사추세츠 청교도의 완고한 불관용에서 도망치려는 성공회 신자로 흘러넘쳤다. 그다음에는 버지니아 성공회 신자들의 완고한 불관용에서 도망치려는 청교도로 뒤덮였다. 그리고 두 탈주자 집단이, 그런 종류의 사람들이 흔히 그렇듯 거만한 태도로 방금 자기들한테 피난처를 제공해준 공동체에 자신들의 '올바른 형태의 신앙'을 소개하려 애썼다. 메릴랜드 영토에서 "종교적 열정을 일으킬 수 있는 모든 논쟁"은 확실하게 금지되어 있었으므로 성공회파와 청교도 양쪽에게 평화를 지키라고 명령한 것은 선배 식민지 개척자들의 완전히 합법적인 권한이었다. 그러나 곧 고국에서 왕당파와 의회 당원들 사이에 전

---

15 1609-1669. 영국 국왕 찰스 1세의 아내. 앞서 언급된 제임스 1세의 며느리이다. 영국 내전으로 인해 남편 찰스 1세가 1649년에 올리버 크롬웰의 군대에 의해 패배하고 처형당하자 다시 프랑스로 피신해서 가난하게 살았다. 1660년에 아들 찰스 2세가 다시 영국 왕위에 오르자 영국으로 돌아왔다가 말년은 프랑스에서 보냈다.

쟁이 벌어졌고, 메릴랜드 사람들은 어느 쪽이 이기든 오래된 자유를 잃게 될까 두려워했다.

그리하여 1649년 4월, 찰스 1세의 처형 소식이 전해진 지 얼마 뒤에 세실 캘버트의 직접적인 제안에 따라 그들은 그 유명한 〈관용 조례Act of Tolerance〉를 발표하는데, 여기에는 다른 여러 가지도 있지만 다음과 같은 훌륭한 문구가 들어 있다.

"종교라는 문제에 관하여 양심을 억압하는 것은 그런 사례가 일어난 공동체에 매우 유해한 결과를 가져오기 때문에, 이 주州에서 더 평온하고 평화로운 정부를 건설하기 위해, 그리고 거주자 서로 간에 사랑과 단결을 더 잘 보존하기 위해, 앞으로는 이 주州 안에서 예수 그리스도에 대한 신앙을 고백하는 자는 누구든 그의 종교나 그에 관련한 자유로운 행동으로 인해 어떤 식으로든 침해나 괴롭힘이나 박해를 당하지 않을 것을 결의한다."

예수회 사람들이 가장 좋은 자리를 차지하고 있던 나라에서 이런 조례를 통과시킬 수 있었다는 것은 볼티모어 남작의 가족이 뛰어난 정치적 능력뿐 아니라 보통 이상의 용기를 지니고 있었다는 증거이다. 일부 손님들에게 이 관대한 정신이 얼마나 깊이 인정받았는지 보여주는 사건이 있었다. 같은 해 몇몇 청교도 망명객들이 메릴랜드 주 정부를 정복했을 때 그들은 〈관용 조례〉를 폐지하고 이를 자기 식으로 〈종교에 관한 조례Act Concerning Religion〉로 대체하여 "가톨릭과 성공회 신자를 제외하고" 스스로 그리스도를 믿는다고 선언하는 사람들[16] 모두에게 완전한 종교적 자유를 허용한 사건이다.

이 반동의 시기는 다행히도 오래가지 않았다. 1660년 스튜어트 가문이 다시 권력을 잡았고 다시 한번 볼티모어 가문이 메릴랜드를 지배했다.

그들의 정책에 대한 다음번 공격은 반대편에서 왔다. 성공회 신자들은 고국에서 완벽한 승리를 거두어서 이후 그들의 종파가 모든 식민지의 공식적 종교가 되어야 한다고 고집했다. 캘버트 가족은 계속 싸웠지만 새로 이민자를 끌어오기는 불가능하다는 것을 알았다. 그래서 이후 한 세대 동안 싸움이 더 지속되다가 실험은 끝났다.

개신교는 승리했다.

불관용도 승리했다.

---

16 그러므로 청교도 신자들만 종교적 자유를 얻는다는 뜻이다.

23
· · ·
태양왕

18세기는 대개 독재 정치의 시대로 알려져 있다. 그리고 민주주의라는 교리를 신봉하는 시대에 독재는 아무리 계몽됐다고 해도 바람직한 정부 형태로 여겨지기 쉽지 않다.

인류에 호의를 가진 역사학자는 위대한 군주 루이 14세에게 조롱의 손가락질을 하면서 우리에게는 알아서 결론을 내리라고 하는 일이 많다. 이 명석한 군주가 왕위에 올랐을 때 그가 상속받은 나라에서는 가톨릭과 개신교의 힘이 너무나 고르게 균형 잡혀 있어서 이 두 파벌이 한 세기 동안 서로 암살한 끝에 (그리고 가톨릭 쪽이 훨씬 더 승산이 높았다) 마침내 확고하게 평화를 결의하고 달갑지는 않지만 서로를 어쩔 수 없는 이웃이자 동료 시민으로 받아들이기로 약속한 상태였다. 1598년의 그 "영구적이며 돌이킬 수 없는" 낭트 칙령은 동의안의 조건을 담고 있는데 이에 따르면 가톨릭은 국가의 공식적인 종교이지만 개신교도는 완전한 양심의 자유를 누리며 신앙 때문에 어떠한 박해도 받지 않을 것이라고 선언한다. 그들은 더 나아가서 자기들만의 교회를 짓고 공무원직을 맡는 것도 허용했다. 그리고 굳은 신뢰의 표시로서 개신교도에게도 프랑스 영토 안에서 200개의 무장한 도시와 마을을 차지하는 것이 허용되었다.

이것은 물론 불가능한 협정이었다. 위그노들은 천사가 아니었다. 프랑스에서 가장 부유한 도시와 마을 200개를 정부의 숙적인 정당의 손에 맡긴다는 것은 지금의 시카고와 샌프란시스코와 필라델피아를 민주당원에게 맡기고 공화당 정부를 받아들이라고 하거나 혹은 그 반대 경우와 마찬가지로 말도 안 되는 일이었다.

리슐리외는 어느 나라의 어떤 정치인 못지않게 똑똑한 사람이었고 이런 점을 알고 있었다. 오랜 투쟁 끝에 그는 개신교도에게서 정치적인 힘을 빼앗았지만, 직업이 추기경이기는 해도 그는 그들의 종교적 자유에 어떤 식으로든 간섭하는 것을 양심적으로 자제했다. 위그노들은 더 이상 자기 나라의 적들과 독립적으로 외교 협상을 할 수 없게 되었지만 다른 면에서는 이전과 같은 특권을 누렸고 마음 내키는 대로 찬송가를 부르고 설교를 듣거나 혹은 그러지 않을 수 있었다.

뒤이어 실질적으로 프랑스의 지배자가 된 마자랭Jules Mazarin[1] 또한 비슷한 정책을 펼쳤다. 그러나 그는 1661년에 죽었다. 그런 뒤에 젊은 루이 14세는 직접 자기 영토를 다스리기 시작했고, 선의의 시대는 끝났다.

---

1 1602~1661. 본명 줄리오 라이몬도 마짜리노(Giulio Raimondo Mazzarino). 이탈리아의 추기경, 외교관, 정치가. 1642년부터 1661년까지 프랑스 왕의 수석 장관이었다.

이 악명 높지만 명석한 폐하께서 평생에 한 번 점잖은 사람들과 친교를 맺게 되었을 때, 착하지만 동시에 광신자로 알려진 여인의 손아귀에 붙잡힌 것이 가장 불행한 일이었던 것 같다. 프랑수아즈 도비네Françoise d'Aubigné[2]는 스카롱Scarron이라는 무명 글쟁이의 과부였는데 루이 14세와 몽테스팡 후작 부인Marquise de Montespan[3] 사이에 태어난 사생아 일곱 명의 가정 교사로 프랑스 궁정에서 경력을 시작했다. 그 귀부인의 사랑의 묘약도 효력이 다 떨어지고 왕이 가끔씩 지루해하는 신호를 보이기 시작했을 때 그녀의 자리를 차지한 것은 가정 교사였다. 다만 그녀는 모든 전임자들과 달랐다. 국왕 폐하의 처소로 거처를 옮기기 전에 파리의 대주교가 생 루이의 후예와 그녀의 결혼을 엄숙하게 정식으로 선포했던 것이다.

이후 20년간 왕관 배후의 권력은 자기 고해 신부에게 완전히 휘어잡힌 여자의 손 안에 있었다. 프랑스 성직자들은 리슐리외와 마자랭이 개신교도에게 보였던 회유적인 태도를 절대로 용납하지 못했다. 이제 마침내 그들은 이 현명한 정치가들의 업적을 망쳐버릴 기회를 잡았고 기꺼이 그 일에 착수했다. 왜냐하면 그들은 왕비의 공식 자문이었을 뿐만 아니라 왕의 은행가이기도 했기 때문

---

2 1635-1719. 루이 14세의 두 번째 왕비. 그러나 본문에서 공식적으로 결혼했다는 것은 실제로는 확인되지 않았다고 한다.

3 1640-1707. 본명은 프랑수아즈 아테나이 드 로슈슈아르 드 모르트마르(Françoise Athénaïs de Rochechouart de Mortemart). 루이 14세의 정부(情婦)로 가장 잘 알려져 있다. 1667년 궁정의 무도회에서 루이 14세의 눈에 들었다고 알려져 있으며 이후 1677-1682년 프랑스 고위 귀족들이 연루된 독살 사건(L'affaire des poisons)에 휘말리기까지 약 10여 년 간 '프랑스의 진짜 왕비'로 불릴 정도로 궁정에서 커다란 영향력을 가졌다.

이다.

그것도 또한 기묘한 이야기이다.

이전 800년 동안 수도원은 프랑스 국부의 대부분을 축적했으며 재화의 고갈로 끊임없이 시달리는 나라에서 그들은 세금을 내지 않았기 때문에 이 넘쳐나는 부는 대단히 중요했다. 그리고 국왕 폐하는 그 신용보다는 명성만 높았기 때문에 금고를 다시 채우기 위해서 이 기회를 최대한 활용했으며 자기를 지지하는 사제들에게 특정한 호의를 베풀어주는 대가로 원하는 만큼 돈을 빌릴 수 있었다.

이렇게 해서 "돌이킬 수 없는" 낭트 칙령의 서로 다른 여러 조항들은 하나씩 돌이켜졌다. 처음에는 개신교가 실질적으로 금지되지 않았지만 위그노의 대의명분에 충실한 사람들에게 삶은 분통이 터질 정도로 불편해졌다. 그 거짓 교리가 가장 강하게 입지를 굳히고 있다고 생각되는 지역에 기병 연대 전체가 몰려갔다. 군인들은 완벽하게 혐오스럽게 행동하라는 지시를 받고 시민들 사이에 숙소를 정했다. 그들은 완전히 무고한 시민들의 음식을 먹고 술을 마시고 포크와 숟가락을 훔치고 가구를 부수고 아내와 딸들을 모욕했고 대체적으로 마치 정복지에 온 것처럼 행동했다. 불쌍한 집주인들은 절망에 빠져서 어떤 형태로든 시정이나 보호를 요청하기 위해 법정으로 달려갔지만 그런 수고를 한 것에 대해서 비웃음만 당하고 그런 불행은 그들 스스로 불러온 것이며 이 달갑지 않은 손님을 쫓아버리고 동시에 정부의 호의를 다시 살 수 있는 방법은 스스로 잘 알 것 아니냐는 말만 들었다.

소수의, 아주 소수의 사람들만이 이 제안에 따라서 가장 가까운 마을 신부에게 세례를 받았다. 하지만 이 착한 사람들의 대부분이 어린 시절의 이상을 충실하게 지켰다. 그러나 마침내 교회가 하나둘 폐쇄되고 성직자들이 노예선으로 보내지자 그들은 파멸이 가까이 왔다는 사실을 이해하기 시작했다. 그들은 항복하기보다 망명하기로 결정했다. 그러나 그들이 국경에 도달했을 때 아무도 나라 밖으로 나갈 수 없으며 나가려다 걸리는 사람들은 교수형을 당할 것이고 그런 탈주자들을 도와주거나 방조하는 자는 평생 노예선에서 지내게 될 가능성이 크다는 말만 들었다.

이 세상이 절대로 이해하지 못하는 일들도 있는 모양이다.

파라오 시절부터 레닌의 시대까지, 모든 정부에서 한 번쯤 '국경을 닫는' 정책을 써봤지만 성공했던 적은 단 한 번도 없었다.

너무나 나가고 싶어서 기꺼이 모든 위험을 다 감내할 생각인 사람들은 어쨌든 길을 찾게 마련이다. 수천 수백만의 프랑스 개신교도들이 '지하 도로'를 탔고, 얼마 뒤에 런던이나 암스테르담이나 베를린이나 바젤에 나타났다. 물론 이런 도망자들은 금방 쓸 수 있는 현금을 많이 가지고 나갈 수 없었다. 그러나 그들은 어디서나 정직하고 열심히 일하는 상인과 수공업자로 알려져 있었다. 그들의 신용은 좋았고 기운도 줄어들지 않았다. 몇 년 뒤에 그들은 대체로 예전의 조국에서 자기 몫이었던 부를 되찾을 수 있었고 고국의 정부는 헤아릴 수 없이 가치 있는, 살아 있는 경제적 자산을 잃었다.

그러니까 "낭트 칙령"을 취소한 것이 프랑스 혁명의 전주곡이었다는 말은 과장이 아니다.

프랑스는 옛날이나 지금이나 매우 부유한 나라이다. 그러나 상업과 성직자 중심주의는 협력할 수 있었던 적이 없다.

프랑스 정부가 여인네의 속옷과 성직자의 가운 앞에 무릎을 꿇은 그 순간부터 운명은 정해졌다. 위그노 추방을 선언한 바로 그 펜이 루이 14세의 사형 집행 영장에 서명했다.

24

. . .

프리드리히 대왕

　호헨졸레른The House of Hohenzollern 가문[1]은 대중적인 정부 형태를 사랑하는 것으로 유명했던 적이 없다. 그러나 바이에른의 비텔스바흐Wittelsbach[2]라는 미친 혈통이 회계원과 감독관으로 이루어진 이 정신 멀쩡한 집안을 더럽히기 전에 그들은 관용의 정신에 매우 유용한 공헌을 했다.

　부분적으로 이것은 현실적인 필요의 결과였다. 호헨졸레른 가문은 유럽에서도 가장 가난한 지역, 모래와 숲밖에 없고 사람도 반쯤밖에 살지 않는 황무지를 상속받았다. 30년 전쟁이 끝난 뒤에 그들은 파산할 지경이었다. 다시 한번 가문을 일으키려면 인력과 돈 양쪽이 다 필요했고 그래서 그들은 인종이나 신앙, 이전에 어디 농노였는지 등에 상관없이 사람을 모으러 나섰다.

1　현재의 독일과 루마니아 지역에 해당하는 영토를 지배했던 가문. 11세기부터 이어졌으며 제1차 세계대전 이후 독일 혁명에 이어 바이마르 공화국이 들어서면서 군주 가문의 자리에서 쫓겨났으나 현재까지도 유럽 귀족 가문의 하나로 작위 등을 유지하고 있다.
2　독일 바이에른 지역의 귀족 가문. 12세기부터 바이에른 지역의 왕가였으며 이후 19세기까지 헝가리, 노르웨이, 스웨덴, 그리스의 왕을 배출했고 현재까지도 귀족 가문으로서 작위를 유지하고 있다.

프리드리히 대왕의 아버지는 예의범절은 석탄 운반부 수준이고 개인적인 취향은 바텐더와 같은 야만인이었지만 외국 탈주자들의 대표를 만날 때는 꽤 상냥해지기도 했다. 왕국의 사활이 걸린 인구 통계에 관한 한 모든 문제에서 그의 좌우명은 '다다익선'이었으며, 그는 자기 근위병들을 키가 2미터 되는 장신들로만 모은 것과 똑같이 조심스럽게 모든 나라에서 의절당한 사람들을 모았다.

그의 아들은 매우 다른 성격으로, 아버지가 프랑스어와 라틴어 공부를 금지시키자 두 언어 모두의 전문가가 되었으며 루터의 시보다 몽테뉴의 산문을 훨씬 더 좋아했고《구약성서》에 나오는 열두 명의 소小 예언자보다 에픽테토스의 지혜를 선호하는 대단히 문명화된 인간이었다. 아버지가《구약성서》방식으로 엄격한 사람이었는데도(복종이라는 교훈을 가르치기 위해서 자기 아들의 가장 친한 친구를 창문 밖에서 목 베도록 명령했다) 그는 루터교나 칼뱅주의자 목사들이 그 시절에 그토록 칭송하며 설교했던 유대식의 이상적 청렴결백에 마음이 쏠리지 않았다. 그는 모든 종교에 대해서 선사 시대의 공포와 무지가 살아남아 이어져 내려온 결과이며 이웃들의 돈으로 안락하게 살고 자신들의 우월한 위치를 잘 이용할 줄 아는 영리하고 파렴치한 친구들로 이루어진 조그만 계급이 주의 깊게 부추긴 굴종의 감정이라고 여기게 되었다. 그는 기독교에 관심이 있었고 그리스도라는 인물 자체에 더욱 관심이 있었지만 로크와 소치니우스의 방식으로 이 주제에 접근했다. 그 결과 최소한 종교라는 문제에 있어서는 매우 마음 넓은 사람이 되었으며 자기 나라에서는 "모든 사람이 자기 방식으로 구원을 찾을 수 있다."라고 진실로 자랑할 수 있게 되었다.

그는 이 영리한 문장을 관용에 관련된 그의 이후의 모든 실험들에서 기본으로 삼았다. 예를 들어 신앙을 고백하는 사람이 점잖고 법을 지키는 삶을 사는 올바른 사람이라면, 모든 종교는 다 좋으므로 모든 교리는 동등한 권리를 누릴 것이며 국가는 절대로 종교적인 문제에 간섭하지 않을 것이고, 다만 경찰의 역할을 하면서 서로 다른 종파들 사이의 평화를 지키는 것으로 만족해야 한다고 선언했다. 진심으로 이렇게 믿었기 때문에 그는 자기 백성들에게 그저 순종적이고 독실하며 생각과 행동의 마지막 심판은 '인간의 양심을 아시는 오직 한 분'께 맡겨두라는 것만 요구했다. 그는 (국왕이) 폭력이나 잔인성을 행사함으로써 신성한 목적에 한 걸음 다가갈 수 있으리라 생각하는, 신이 인간의 도움을 필요로 할 거라고 믿는 정도의 조그만 의견조차 감히 내놓으려 하지 않았다.

이런 사상에 있어 프리드리히는 자기 시대보다 몇 세기쯤 앞서 있었다. 그의 동시대 사람들은 왕이 가톨릭 백성들에게 땅을 내어주고 자기 수도 한복판에 성당을 짓게 했을 때 고개를 절레절레 흔들었다. 그들은 왕이 방금 대부분의 가톨릭 국가에서 쫓겨난 예수회의 수호자로 나섰을 때 불길한 경고의 말을 중얼거리기 시작했고, 그가 윤리와 종교는 서로 아무 관련이 없으며 모든 사람은 세금을 내고 정해진 기간 동안 군복무를 한다면 뭐든 자기가 믿고 싶은 대로 믿어도 좋다고 주장하자 더 이상 그를 기독교인이라고 여기지 않았다.

이 비평가들은 그 시기에 우연히 프로이센의 국경 안에서 살고 있었기 때문에 평화를 지켰는데, 왜냐하면 국왕 폐하는 격언의 달인이었으며 국왕의 칙서 여백에 재치 있는 말대꾸를 달면 어떤 이유로든 왕을 즐겁게 하는 데 실패한 사람들의 경력에 이상한 일들이 생기기도 했기 때문이다.

그러나 아무 제한 없는 왕정의 군주, 30년 동안 이어졌던 독재의 우두머리가 거의 완전한 종교적 자유를 유럽에서 처음으로 맛보게 해주었다는 것은 여전히 사실이다.

유럽의 이 먼 구석에서 개신교도와 가톨릭과 유대인과 투르크인과 불가지론자가 평생 처음으로 동등한 권리와 동등한 특전을 누렸다. 빨간 외투를 좋아하는 사람들은 녹색 코트를 좋아하는 이웃에게 자기 방식을 강요할 수 없었고 그 반대도 마찬가지였다. 그리고 영적인 위안을 찾아 니케아 공의회 시대[3]로 돌아간 사람들은 로마 교황과 저녁을 먹느니 차라리 악마와 먹겠다는 다른 사람들과도 평화를 지키며 우호적으로 살아야만 했다.

프리드리히가 자기 업적의 결과에 완전히 만족했을지 나는 좀 의심스럽다. 최후의 순간이 오고 있음을 예감하자 그는 충성스러운 개들을 불렀다. 절체절명의 순간에 '이른바 인류라 하는' 종의 구성원들보다 개들이 더 좋은 벗으로 여겨졌기 때문이다. (국왕 폐

---

3 기독교 교리의 문제에 대하여 의견 일치를 보기 위해서 모든 기독교 국가들의 대표가 모여 공의회를 열었던 것을 말한다. 서기 325년에 열린 제1차 공의회에서 성부(聖父)와 성자(聖子)의 관계와 부활절의 날짜 지정 등의 문제가 논의되었으며 제2차 공의회에서는 성화의 사용이 논의되어 정교와 가톨릭 양쪽에서 이를 인정하고 있다.

하는 상당히 능력 있는 컬럼니스트였다.)

그리고 이렇게 시대를 잘못 타고난 또 하나의 마르쿠스 아우렐리우스는 위대한 선임자가 그랬듯이 후임자에게 지나치게 훌륭한 유산을 남겨주고 죽었다.

25

· · ·

볼테르

지금 시대에 우리는 언론사 직원들의 흉악한 작업에 대한 이야기를 대단히 많이 들으며 여러 훌륭한 사람들이 '선전'이란 성공이라는 현대의 악마가 창조해낸 것으로 어떤 사람이나 명분에 주의를 끌기 위한 최신식의 불명예스러운 방법이라 비난한다. 사실 이런 불평은 매우 오래된 것이다. 과거의 사건들을 편견 없이 조사해보면 선전이 최근에 생겨났다는 일반적인 인식에 완전히 반대된다는 것을 알 수 있다.

《구약성서》의 예언자들은 대예언자나 소예언자나 모두 군중을 끌어들이는 기술의 달인이었다. 그리스 역사와 로마 역사는 언론 분야에 종사하는 우리 같은 사람들이 전문용어로 '선전 활동'이라고 하는 것의 기나긴 연속이었다. 그런 선전 중에서 어떤 것은 품격이 있었다. 대부분은 본질적으로 너무나 뻔하고 속이 들여다보여서 요즘이라면 브로드웨이Broadway 연극판에서도 속아주지 않을 것이다.

루터나 칼뱅 같은 종교개혁가들은 사전에 주의 깊게 조작한 선전의 엄청난 가치를 잘 알고 있었다. 그리고 우리는 그들을 비난할 수 없다. 그들은 수줍게 볼을 붉힌 길가의 들국화처럼 겸손하게 자라는 걸로 만족하는 종류의 사람들이 아니었다. 그들은 매우 열심이었다. 그들은 자신들의 사상이 살아남기를 원했다. 추종자들의 무리를 끌어들이지 않고 어떻게 성공을 바란단 말인가?

켐펜의 토마스Thomas à Kempis[1]라는 사람은 80년간 조용한 수도원 구석에서 지냈기 때문에 굉장한 도덕적 영향력을 가지게 되었다. 왜냐하면 그렇게 길고 자발적인 망명 생활은 제대로 홍보하기만 한다면 (사실 그렇게 됐다) 굉장한 광고거리가 되고 사람들은 평생의 기도와 명상의 결과로 태어난 조그만 책을 궁금해하고 보고 싶어 하게 되기 때문이다. 그러나 아시시의 성 프란치스코San Francesco d'Assisi[2]나 로욜라는 이 지구상에 살아 있는 동안 자신들이 이룩한 실질적인 결과를 보고 싶어 했으며 그러므로 싫든 좋든 요즘 서커스나 신인 영화배우에게 쓰는 방법에 의존해야만 했다.

그리스도교는 겸손을 매우 강조하며 겸손한 정신을 가진 자를 칭찬한다. 그러나 이런 미덕을 찬양하는 설교가 행해진 정황 때문에 그 설교 자체가 오늘날까지도 이야깃거리가 되고 있다.

기성 교회의 숙적으로 낙인찍힌 사람들이 서구 세계를 구속했던 영적인 독재에 대항하여 위대한 싸움을 시작했을 때 성서의 한 장을 골라내서 좀 뻔한 선전 기법을 활용하여 되살려냈다는 것은

---

1 1380–1471. 네덜란드의 신비사상가, 신학자. 《예수를 본받아》라는 책으로 유명하다.
2 1181? 1182–1226. 이탈리아의 가톨릭 수도사. 이탈리아의 수호성인이며 동물과 자연 환경의 수호성인이기도 하다.

놀랄 일도 아니다.

내가 이렇게 약간의 설명을 보태는 이유는 무료 광고라는 분야의 가장 위대한 대가인 볼테르가 대중의 심리를 가지고 장난을 쳤던 방식 때문에 비난을 받는 일이 잦았기 때문이다. 사실 그는 언제나 고상한 취향을 내보이지는 않았다. 그러나 볼테르 덕분에 목숨을 구한 사람들의 생각은 또 달랐을 것이다.

더구나 언제나 겉보기보다는 실속을 봐야 하는 법이다. 볼테르 같은 사람의 성공이나 실패는 어떤 종류의 목욕 가운이나 농담 혹은 벽지를 좋아했던 그의 취향을 기준으로 하지 말고 실제로 동포들에게 얼마나 많은 공헌을 했는지를 기준으로 판단해야 한다.

정당하다고 인정할 만한 자만심이 갑자기 솟구친 순간에 이 특이한 인간은 언젠가 "내게 제왕의 홀笏이 없다 한들 무슨 상관이란 말이냐? 나에게는 펜이 있다!"고 말했다. 그 말은 옳았다. 그에게는 펜이 있었다. 펜이 많이 있었다. 그는 천성적으로 거위들의 적이었으며 보통의 극작가 스물 네 명보다 더 많은 거위 털 펜을 썼다. 그는 가장 힘든 상황에서도 혼자서 현대의 스포츠 기자 조합 전체에서 써내는 것보다 더 많은 원고를 써낼 수 있는 종류의 문학적 거장에 속했다. 그는 더러운 시골 여관의 탁자에서 글을 썼다. 외딴 시골 여인숙의 추운 방 안에서도 끝없이 6보격 시를 써냈다. 그가 갈겨 쓴 글씨가 그리니치 하숙집의 때묻은 마룻바닥에 흩어져 있었다. 프로이센 왕궁의 카펫 위에도 잉크를 흩뿌렸고 바스티유 지사의 이름 머릿글자를 새긴 개인 편지지를 뭉텅이로 소모했다. 그가 아직도 굴렁쇠와 구슬을 가지고 놀고 있었을 나이에 니농 드 렝클로Ninon de Lenclos[3]가 '책을 좀 사라'며 상당한 액수의 용돈을 선사했고, 80년 뒤에 바로 같은 장소인 파리에서 우리는 그가 피할 수 없는 어둠과 안식의 시간이 오기 전에 책 한 권만 더 끝낼 수 있도록 종이 한 묶음과 한없는 커피를 달라고 부탁하는 목소리를 듣게 된다.

그가 집필한 비극과 단편, 그의 시 작품, 철학과 물리학에 관한 그의 논문 들에 대해서 이 책의 한 장을 다 할애할 가치는 없다. 그 시대에는 볼테르보다 시를 잘 쓰는 엉터리 소네트 시인이 쉰 명쯤 있었다. 역사가로서 그는 신뢰할 수 없고 지루했으며, 과학의 영역에서도 모험을 했지만 그 결과는 일요판 싸구려 신문에서 볼 수 있는 종류와 비슷했다.

그러나 멍청하고 속 좁고 편협하고 잔인한 모든 것의 용맹한 불굴의 적수로서 그의 위력은 1914년 제1차 세계대전이 일어날 때까지 지속되었다.

그가 살았던 시대는 극단의 시기였다. 한편에는 이미 오래 전에 효력이 다해버린 종교적, 사회적, 경제적 체제가 어쩔 수 없을 정도로 이기적인 데다 부패해 있었다. 다른 한 편으로는 열성적이지만 그 열성이 지나친 젊은 남녀가 그 좋은 의도 외에는 아무 실속도 없는 교리에 기반한 천년 왕국을 이 땅에 시작할 준비를 하고 있었다. 유머 감각이 있는 운명이 별로 눈에 띌 것 없는 공증인

---

3 1620-1705. 안느 드 렝클로(Anne "Ninon" de l'Enclos)라고도 한다. 프랑스의 작가, 자유사상가이다.

의 창백하고 병약한 아들을 상어와 올챙이들의 소용돌이 속에 떨어뜨리고 가라앉든지 헤엄치든지 알아서 살아남으라고 명령했다. 그는 헤엄치는 쪽을 택하여 물가로 나아갔다. 곤경과 오랫동안 싸우며 그가 사용했던 방법은 종종 본질적으로 수상쩍은 것이었다. 그는 구걸하고 아첨하고 광대짓을 했다. 그러나 이것은 저작권료나 출판 에이전시가 없던 시절 이야기다. 그러니 돈벌이를 위해서 글을 써본적이 한 번도 없는 작가만이 돌을 던져라!

돌을 몇 개 더 맞는다고 볼테르가 대단히 걱정할 것도 아니었다. 길고 바빴던 평생 동안 그는 멍청함과 싸우면서 너무나 많은 패배를 경험했다. 대중의 몰매나 잘 겨냥한 바나나 껍질 따위를 맞는 하찮은 일들에 신경 쓰지 않았다. 그러나 그는 꺾을 수 없이 쾌활한 기질을 가진 사람이었다. 오늘 국왕 폐하의 감옥에서 여가 시간을 보내야 한다 해도 내일은 자신을 내쫓았던 바로 그 궁정에서 고위 관직의 명예를 얻을 수도 있었다. 그리고 그를 기독교의 적으로 비난하는 성난 마을 목사들의 목소리를 평생 들으며 살아야 한다 해도, 옛날 연애편지를 숨겨놓은 저 찬장 한구석에 교황에게 받은 아름다운 훈장이 있어 그가 가톨릭 교회의 비난만큼이나 칭찬도 받았다는 사실을 증명해주지 않는가?

모두 일상다반사인 것이다.

그리하여 그는 한껏 즐기며 매일, 매주, 매달, 매년을 기묘하고도 다채롭고 변화무쌍한 경험으로 가득 채우기로 마음먹었다.

불테르는 태생이 중산층이었다. 그의 아버지는 (딱 맞는 용어를 찾을 수 없는) 일종의 개인 신탁 회사였다. 그는 여러 부유한 귀족의 심복 잡역부로서 법적이고 금전적인 문제를 돌보아주었다. 젊은 아루에Arouet[4]는 그러므로 자기 가족의 계급보다 조금 더 나은 계층에 익숙해 있었고, 이것은 이후 인생에서 문학적 경쟁자들을 물리치는 데 굉장한 이점이 되었다. 그의 어머니는 도마르d'Aumard라는 집안 출신이었다. 그녀는 가난한 처녀라서 남편에게 지참금을 한 푼도 가져오지 못했다. 그러나 그녀는 모든 중산층 프랑스 사람(그리고 대체로 모든 유럽 사람들과 특히 몇몇 미국인)이 겸손하게 외경 섞인 태도로 대하는 그 조그만 'd'를 갖고 있었고, 그녀의 남편은 이런 귀한 걸 얻다니 상당히 행운이라고 생각했다. 아들로 말하자면 그도 또한 귀족 작위를 가진 조부모의 후광에 힘입어 글을 쓰기 시작하자 곧 서민적인 프랑수아 마리 아루에François Marie Arouet를 더 귀족적인 프랑수아 마리 드 볼테르François Marie de Voltaire로 바꿨는데, 이 '볼테르'라는 성을 어디서 어떻게 떠올렸는지는 아직도 수수께끼이다. 그는 남동생과 누이가 있었다. 어머니가 죽고 나서 그를 돌보아준 이 누이를 그는 진심으로 사랑했다. 남동생은 반대로 열정과 청렴결백으로 똘똘 뭉친 얀센파Jansenism[5]의 독실한 신부였으며 같이 있으면 정신이 산란해질 정도로 지루했기 때문에 볼테르가 부모의 집 지붕 아래서 지내는 것을 가능한 한 피하는 이유가 되었다.

아버지 아루에 씨는 바보가 아니라서 어린 "조조"가 앞으로 골

---

4 볼테르의 본래 성.

5 17세기 초 프랑스에서 시작된 가톨릭 신학의 한 종파. 인간의 원죄와 타락, 선정론, 신의 은총을 강조한다.

칫덩이가 되리라는 사실을 곧 깨달았다. 그리하여 아버지는 그를 예수회에 보내서 라틴어 6보격 시와 스파르타식 규율을 익히도록 했다. 착한 예수회 사제들은 최선을 다했다. 이 허약한 학생에게 현대와 고대 언어의 기초를 단단히 닦아준 것이다. 그러나 처음부터 이 아이를 다른 학자들과 다르게 만들어준 그 약간의 '기벽'을 완전히 없애는 것은 불가능하다는 사실을 깨달았다.

볼테르가 열일곱 살이 되자 예수회에서는 그를 기꺼이 놓아주었고, 아버지를 기쁘게 하기 위해서 젊은 프랑수아는 법률 공부를 시작했다. 불행히도 사람이 하루 종일 책만 읽을 수는 없었다. 길고 느긋한 저녁 시간이 비어 있었다. 이런 시간에 프랑수아는 지역 신문에 보낼 웃기는 짧은 글을 쓰거나 가까운 커피숍에서 자신을 따라다니는 무리들에게 자신의 최신 문학 작품을 읽어주었다. 200년 전에 이런 식으로 살면 대체로 파멸의 길로 직행하는 것으로 믿었다. 아버지 아루에 씨는 자기 아들이 처한 위험을 충분히 이해했다. 그는 영향력 있는 친구 한 명을 찾아가서 프랑수아 군을 위해 헤이그에 있는 프랑스 공사관의 비서 자리를 구해주었다. 지금도 그렇지만 네덜란드 수도는 옛날에도 말도 못하게 지루했다. 너무 지루해서 볼테르는 너무도 평범한 아가씨와 연애를 시작했는데 이 아가씨는 상류 사회의 소문꾼인 끔찍한 노파의 딸이었다. 소중한 딸을 좀 더 빛나는 미래가 있는 집안으로 시집보내고 싶었던 이 숙녀는 프랑스 공사에게 달려가서 온 도시에 소문이 퍼지기 전에 이 위험한 로미오를 치워달라고 부탁했다. 공사 각하는 이미 처리해야 할 문제가 많아서 더는 원하지 않았다. 그는 파리로 가는 다음번 여행 마차에 자기 비서를 밀어넣었고, 프랑수아는 직업도 없이 다시 아버지 손에 맡겨지게 되었다.

이런 비상사태를 맞이하여 아루에 씨는 법정에 친구를 둔 프랑스인이 종종 사용하는 미봉책을 생각해내었다. 그는 '영장'을 하나 부탁해서 얻어가지고 아들에게 감옥에서 강요된 여가 시간을 보내든지 아니면 법학 학교에서 근면하게 공부에 전념하든지 택하라고 했다. 아들은 후자를 택하여 근면과 전념의 귀감이 되겠다고 약속했다. 그는 약속을 지켜서 프리랜서 책자 발간인의 행복한 삶에 전념했으며 너무나 근면하여 도시 전체의 입방아에 올랐다. 이것은 아빠와의 약속에 맞지 않는 일이라 아버지는 부권을 적극 활용하여 아들을 센Seine 강의 향락에서 빼내어 짐을 싸서 시골에 있는 친구에게 보냈다. 이 젊은이는 그곳에서 1년을 지냈다.

볼테르는 그곳에서 (일요일을 포함하여) 일주일에 7일, 스물네 시간 내내 여가를 즐기면서 진지하게 문학을 공부하기 시작했고 첫 희곡을 써냈다. 열두 달 동안 신선한 공기와 함께 매우 단조로운 생활을 건강하게 즐긴 끝에 그는 수도의 향기로운 공기 속으로 돌아오는 것을 허락받았고, 그러자 그는 즉각 잃어버린 시간을 벌충하기 위해서 섭정에 대한 일련의 풍자시를 썼다. 이 섭정은 성질 고약한 늙은이였으며 떠도는 소문을 전부 들어 마땅한 사람이었지만 이런 유명세는 전혀 좋아하지 않았다. 그리하여 볼테르는 다시 한번 시골로 추방당했다. 뒤이어 좀 더 많은 글을 써갈기다가 마침내 그는 잠시 바스티유 감옥에까지 들어가 머무르게 되었다. 그러나 그 시절의 감옥이란, 다시 말해 볼테르 같은 사회적 지위를 가진 젊은 신사에게 감옥이란 그다지 나쁜 곳이 아니었다. 창살 안에서 떠날 수는 없었지만 다른 것은 대체로 마음대로 해도 되었다. 그리고 그것이야말로 볼테르에게 필요한 일이었다. 파리 한가운데의 외로운 감방에서 그는 진지한 작업을 할 기회를 얻었다. 풀려났을 때 그는 희곡 몇 편을 완결한 상태였고 이 작품들은 너무나 거대한 성공을 거두어 그중 하나는 18세기의 기록을 전부 깨고 45일 동안 연속으로 공연되기도 했다.

이 덕분에 그는 (대단히 필요하던) 돈을 좀 벌었지만 동시에 재담가로서의 평판도 얻게 되었는데 이는 아직도 경력을 만들어나가야 하는 젊은 사람에게는 매우 불행한 일이었다. 왜냐하면 그 이후로 큰길 혹은 카페에서 몇 시간짜리 인기를 끄는 농담은 전부 그의 작품으로 여겨졌기 때문이다. 그리고 덧붙여 말하자면 이것이 그가 영국으로 가서 대학원의 자유주의 정치학 과정을 밟은 이유이기도 하다.

그 일은 1725년에 벌어졌다. 볼테르는 오래되었을 뿐 다른 면에서는 쓸모없는 드 로앙de Rohan 가문에게 재미있게 (혹은 재미없게) 행동했다. 드 로앙 경은 명예를 공격당했으며 어떻게든 해야겠다고 생각했다. 물론 고대 브르타뉴 지배자들의 후손이 한낱 공증인의 아들과 결투를 한다는 것은 있을 수 없는 일이었기에 드 로앙 경은 복수를 아랫것들에게 맡겼다.

어느 날 밤 볼테르는 아버지의 고객들 중 하나인 드 쉴리 공작과 저녁을 먹고 있었는데 밖에서 누군가 뵙기를 청한다고 했다. 그는 문간으로 갔고, 우리의 드 로앙 경이 보낸 아랫것들이 덮쳐서 정성껏 두들겨 팼다. 다음 날, 도시 전체에 이야기가 퍼져 있었다. 볼테르는 가장 멋있었던 시절에도 조그맣고 매우 못생긴 원숭이의 캐리커처처럼 보였다. 눈에 멍이 들고 머리에 붕대를 감고 보니 그는 대여섯 개 대중 잡지의 가장 알맞은 소재가 되었다. 뭔가 극적인 일이 일어나야만 싸구려 잡지의 손에 요절하게 된 그의 명성을 살릴 수 있었다. 그리하여 날달걀이 멍을 지우는 소임을 끝내자마자 무슈 드 볼테르는 드 로앙 경에게 증인을 보내고 펜싱을 집중적으로 훈련하여 목숨을 건 결투를 준비하기 시작했다.

오호 통재라! 위대한 결전의 날이 밝았을 때 볼테르는 다시 한 번 감옥에 들어가 있었다. 드 로앙은 끝까지 비열하게도 경찰에 결투를 신고했고 이 투쟁하는 문학가는 구류된 채로 있다가 영국으로 가는 표를 받아서 북서쪽으로 보내졌다. 그는 국왕 폐하의 헌병이 돌아오라고 요청하기 전에는 프랑스에 발을 들이지 말라는 명을 받았다.

꼬박 4년 동안 볼테르는 런던과 그 근교에서 지냈다. 대영 제국은 엄밀히 말해서 낙원은 아니었지만 프랑스에 비하면 조금은 천국에 가까웠다.

국왕의 단두대가 나라 전체에 그늘을 드리웠다. 1649년 1월 30일은 고위직에 있는 사람이라면 누구나 기억하는 날이었다. 승하하신 찰스 왕[6]께 일어난 일은 (약간 조정된 상황에서라면) 감히 법

---

6 영국, 아일랜드, 스코틀랜드의 군주였던 찰스 1세를 말한다. 영국의 내전으로 인하여 1649년 1월 30일에 처형당했으며 이후 올리버 크롬웰이 영연방의 수장으로 군림했다. 1660년에 왕정이 복위되어 그의 아들 찰스 2세가 다시 영국의 왕이 되었다.

위에 군림하려는 자 누구에게라도 일어날 수 있었다. 그리고 그 나라의 종교로 말하자면, 물론 한 나라의 공식적인 종교는 돈이 잘 들어오는 여러 가지 유쾌한 특권을 누릴 수 있었지만, 다른 교회에서 예배드리고 싶어 하는 사람들도 평화롭게 내버려두었고 성직자들이 국정에 직접적으로 끼치는 영향력도 프랑스에 비하면 무시할 수 있는 정도에 가까웠다. 공공연한 무신론자나 몇몇 귀찮은 비타협주의자는 가끔가다 감옥에 가는 데 성공했지만, 루이 15세의 백성에게 영국 생활이란 거의 완벽해 보이는 것이었다.

1729년에 볼테르는 프랑스로 돌아왔지만, 파리에서 살도록 허락받았거도 그는 그 특권을 거의 누리지 않았다. 그는 겁먹은 동물과 같아서 친구들이 손에 담아 내미는 설탕 조각을 기꺼이 받아들이기는 했지만 언제나 경계하고 있었고 가장 조그만 위험 신호에도 도망칠 준비가 되어 있었다. 그는 매우 열심히 일했다. 엄청나게 글을 썼고 날짜나 사실 관계는 우아하게 무시하며 페루의 리마부터 러시아의 모스크바에 이르는 방대한 주제를 선택하여 학구적이고 대중적인 역사서, 비극과 희극을 써내어 마흔 살 나이에는 명실공히 당대의 가장 성공적인 문인이 되어 있었다.

뒤이어 그가 다른 종류의 문명과 접촉하게 된 또 다른 일화가 있었다.

멀리 프로이센에서 선한 왕 프리드리히가 시골 궁궐의 촌뜨기들 사이에서 소리 내어 하품하며 재미있는 말동무가 있었으면 좋겠다고 구슬프게 푸념을 했다. 그는 볼테르를 엄청나게 존경했고 몇 년 동안이나 베를린으로 끌어오려고 노력했다. 그러나 1750년의 프랑스 사람에게 그런 곳으로 옮겨가는 일은 버지니아 황무지로 이사하는 것처럼 여겨졌으며 프리드리히가 몇 번이나 보상금을 올리고서야 볼테르는 마침내 양보하고 초청을 받아들였다.

그는 베를린으로 갔고 싸움은 시작되었다. 프로이센 왕과 프랑스 극작가라는 어쩔 도리 없는 두 명의 자기중심주의자가 서로 싫어하지 않으면서 같은 지붕 아래 지내기를 바랄 수는 없는 일이었다. 2년 동안 장엄한 논쟁 끝에 특별히 별것도 아닌 일을 가지고 격렬하게 다툰 뒤에 볼테르는 '문명'이라고 부르고 싶은 것이 존재하는 곳으로 돌아갔다.

그러나 그는 유익한 교훈을 하나 더 배웠다. 그가 옳을 수도 있었고, 프로이센 왕이 쓴 프랑스어 시는 지독히 엉망일 수도 있었다. 그러나 종교적 자유라는 주제에 대한 폐하의 태도는 흠잡을 데가 없었으며 그 점에서는 다른 어떤 유럽 군주보다도 훌륭했다.

그리고 거의 예순 살에 가까운 나이에 볼테르가 고국으로 돌아왔을 때 그는 프랑스 법정에서 질서를 유지하기 위해 내린 잔혹한 판결을 날카로운 몇 마디 항의의 말도 없이 받아들일 기분이 아니었다. 하나님이 창조의 여섯 번째 날에 당신의 가장 고귀한 작품에게 불어넣어주신 신성한 지성의 불꽃을 사용하려 하지 않는 사람들의 태도에 그는 평생 대단히 화를 냈다. 그는 어떤 형태와 모습과 방식을 띤 멍청함이든 모두 증오하고 싫어했다. 그가 모든 분노를 쏟아부었던, 그리고 카토Cato[7]가 했듯이 절멸시키겠

---

7 기원전 234–기원전 149. 로마의 장군, 정치가.

다고 끝없이 위협했던 '악랄한 적', 그 '악랄한 적'은 바로 먹을 것과 마실 것이 충분하고 잠잘 곳이 있는 한 자기 스스로 생각하려 하지 않는 대중의 게으른 어리석음이었다.

아주 어린 시절부터 그는 전적으로 무기력의 힘만으로 움직이며 잔인성과 가차 없는 고집을 겸비한 거대한 기계에 쫓기는 듯한 느낌을 받았다. 이 기괴한 장치를 부수거나 최소한 망쳐놓는 것이 그의 말년의 집착이 되었으며 프랑스 정부는 이 특이한 악마에게 알맞은 대접을 해주기 위해서 정선된 일련의 법적인 스캔들을 세상에 선보임으로써 그의 노력을 솜씨 있게 도와주었다.

그 첫 번째는 1761년에 일어났다.

프랑스 남부에 있는 도시 툴루즈에 장 칼라Jean Calas라는 사람이 살고 있었는데 그는 가게 주인이고 개신교도였다. 툴루즈는 언제나 독실한 가톨릭의 도시였다. 개신교도는 결단코 공직을 갖거나 의사나 변호사나 서점 주인이나 산파가 될 수 없었다. 또 가톨릭 교도는 개신교를 믿는 하인을 둘 수 없었다. 그리고 매년 8월 23일과 24일에 공동체 전체가 장엄한 잔치를 벌여 성 바르톨로뮤 학살의 영광된 기념일을 축하하고 찬양하며 감사했다.

이런 여러 어려움에도 불구하고 칼라는 평생 이웃들과 완벽하게 잘 지냈다. 아들 중 하나가 가톨릭으로 개종했지만 아버지는 아들과 계속해서 다정하게 지냈고 본인은 자식들이 가장 마음에 드는 대로 어떤 종교를 선택하든 전혀 상관없다고 선언했다.

그러나 칼라 집안에도 숨겨진 문제가 있었다. 그것은 장남 마르크 앙트완이었다. 마르크는 불행한 사람이었다. 변호사가 되고 싶었지만 그 직업은 개신교도에게는 허용되지 않았다. 그는 독실한 칼뱅주의자였고 개종하기를 거부했다. 이런 심적 갈등 때문에 그는 우울증에 걸렸고 병마는 곧 이 젊은이의 정신을 갉아먹는 것 같았다. 그는 아버지와 어머니 앞에서 《햄릿》의 잘 알려진 독백을 길게 암송하기 시작했다. 그는 오랫동안 혼자 산책을 했다. 친구들에게는 종종 자살의 대단한 효용에 관하여 이야기했다.

이런 일이 한동안 계속되다가 어느 날 밤에 가족이 친구를 접대하고 있을 때 이 불쌍한 청년은 아버지의 창고에 숨어들어서 포장용 노끈 한 조각을 가져다가 문설주에 목을 매었다.

그곳에서 그의 아버지는 몇 시간 뒤에 외투와 조끼를 깔끔하게 작업대 위에 개어놓은 아들을 발견했다.

가족은 절망에 빠졌다. 그 시절에 자살한 사람의 시체는 발가벗겨져 얼굴을 땅에 댄 채로 도시의 거리에 끌려 다니다가 성문밖 효수대에 걸려서 새들에게 쪼아 먹혔다.

칼라 가족은 점잖은 사람들이라 이런 불명예는 생각조차 하기싫었다. 그들은 둘러서서 어떻게 해야 하고 무엇을 할 것인지 이야기했고 그러다가 이웃 사람 하나가 소란을 듣고 경찰을 불렀으며 소문은 빠르게 퍼져나가서 일가가 사는 거리는 '아들이 가톨릭교도가 되는 것을 막기 위해서 죽여버린' 늙은 칼라의 죽음을 외치는 성난 군중으로 즉시 가득 찼다.

작은 도시에서는 모든 일이 가능하게 마련이고, 18세기 프랑스의 지방 중심지에서는 공동체 전체에 지루함이 검은 장례식 장막처럼 무겁게 드리워져 있기 때문에, 사람들은 가장 바보 같고 상상하기 힘든 이야기도 깊고 열정적인 안도의 한숨과 함께 믿어 버리게 마련이었다.

높으신 행정관들은 이런 의심스러운 상황에서 응당 해야 할 일을 잘 알고 있어서 즉시 가족 전체와 손님과 하인과 최근 칼라 가족의 집안이나 집 근처에서 눈에 띈 사람들을 전부 체포했다. 그들은 죄수들을 시청으로 끌고 가서 족쇄를 채우고 가장 극악한 범죄자를 위해 마련해둔 지하 감옥에 넣었다. 다음 날 죄수들은 심문을 받았다. 모두 같은 이야기를 했다. 마르크 앙트완은 평소 같은 분위기로 집에 왔고, 방에서 나갔고, 또 그렇게 혼자 산책을 나가나 보다 했다, 등등.

그런데 이때쯤에 툴루즈 시의 성직자들이 이 문제에 손을 댔고 그 덕분에 자식이 진정한 신앙의 길로 돌아오려 했기 때문에 자기 혈육을 죽여버린, 피에 목마른 위그노에 대한 끔찍한 이야기가 랑그독Languedoc[8] 지방 전체에 널리 퍼졌다.

현대적인 범죄 수사법에 익숙한 사람들은 관계 당국에서 그날 하루는 사건 현장을 조사했을 거라고 생각할지도 모른다. 마르크 앙트완은 운동을 잘하는 것으로 평판이 자자했다. 그는 28세였고 아버지는 63세였다. 그런 아버지가 전혀 몸싸움 없이 아들을 문설주에 목 매달 가능성은 매우 적었다. 그러나 시의회 의원 중에서 누구도 이런 조그만 사항들에 관심을 갖지 않았다. 그들은 희생자

---

8 프랑스의 가장 남쪽에 있었던 지역. 현재의 랑그독-루시용(Languedoc-Roussillon)과 미디-피레네(Midi-Pyrénées) 지역을 포함한다. 본문의 툴루즈(Toulouse)는 랑그독 지역의 서쪽에 있다. 과거 랑그독 지역의 주도였으며 지금은 미디-피레네 주에 속한다.

의 시신에 신경 쓰느라 바빴다. 왜냐하면 자살한 마르크 앙트완은 이제 순교자의 반열에 올랐기 때문에 그의 시신은 3주 동안 시청에 보존되었으며 그 이후 백색 참회자들White Penitents[9]의 손에 장엄하게 매장되었는데 이들은 무슨 신비로운 이유에서인지 고인이 된 이 칼뱅주의자를 자기들 교단의 비공식 교인으로 만들어서 향유를 바른 그 시신을 보통 대주교나 지역 성당의 대단히 부유한 후원자들만을 위한 화려한 장례 행렬과 함께 성당으로 인도했다.

그 3주 동안 시내의 모든 강론대에서 사제들은 툴루즈의 착한 시민들에게 장 칼라 개인과 그의 가족에게 불리한 증언이라면 뭐든 하라고 종용했으며 마침내 사건이 언론에서 낱낱이 공개된 뒤에, 그리고 마르크 앙트완이 자살한 지 5개월 뒤에, 재판이 시작되었다.

재판관 중 한 명이 대단히 제정신인 상태라서 피고의 가게에 찾아가 그가 묘사하는 방식의 자살이 과연 가능했을지 보자고 했지만 그 의견은 다른 재판관들에 의해 무효가 되었고, 12대 1의 표결로 칼라는 고문을 당하고 형차刑車에서 으깨져야 한다는 판결을 받았다.

그는 고문실로 끌려가서 손목을 묶여 발이 땅에서 1미터쯤 떠오르도록 매달렸다. 그런 뒤에 그의 몸은 사지가 "관절에서 빠져

---

9 가톨릭에서 "참회자들의 신도회(Confraternities of Penitents)"에 속하는 가톨릭 신도 모임. 참회자들의 신도회는 금식을 하거나 거친 옷을 입는 등 참회의 규정과 방식을 정한다. 백색 참회자들은 이 중에서 흰 수도복을 입기 때문에 이러한 명칭이 붙었다. 신도회에서 모시는 성인에 따라서 수도복의 색이 달라진다.

나올" 때까지 잡아 늘여졌다. (공식 기록에서 인용한 표현이다) 그가 자신이 저지르지 않은 죄를 자백하기를 거부했기 때문에 그는 끌려 내려와 엄청나게 많은 물을 마시도록 강요당해서 그의 몸은 "자연적인 크기의 두 배로 부풀어 올랐다". 그가 계속 악마처럼 끈질기게 자기 죄를 자백하기를 거부했기 때문에 그는 사형수 호송차에 실려 형장으로 끌려갔고 그곳에서 사형 집행인이 그의 팔과 다리를 두 군데씩 부러뜨렸다. 이후 두 시간 동안 그는 형대에 무기력하게 누워 있었고, 행정관과 사제들이 계속해서 질문을 하여 그를 괴롭혔다. 이 나이든 남자는 믿을 수 없는 용기를 내어 계속 결백을 주장했다. 마침내 재판관은 이처럼 고집스러운 거짓말에 분통이 터져서 이 사람은 희망이 없다고 포기하고 목 졸라 죽일 것을 명했다.

이때쯤 군중의 분노는 기력이 다해서 가라앉았고 가족 중에서 더는 아무도 죽지 않았다. 과부는 재산을 전부 빼앗기고 숨어 살면서 충실한 하녀와 함께 할 수 있는 한 굶주리며 버티도록 허락받았다. 자녀들로 말하자면 여러 다른 수도원으로 보내졌는데 그 중 막내는 형이 자살했을 때 님Nîmes[10]에서 학교를 다니고 있었고 현명하게도 자치권을 가진 제네바 시의 영토로 도망쳤으므로 예외가 되었다.

이 사건은 대단히 이목을 끌었다. 볼테르는 페르네Ferney[11]에 있는 그의 성(편리하게도 스위스 국경 근처에 지어져서 몇 분만 걸으면 외국 땅

---

10 프랑스 남부, 현재 랑그독–루시용 지방의 도시. 툴루즈에서 약 300킬로미터 정도 동쪽에 있다.

에 도달할 수 있었다)에서 이 사건에 대해 들었으나 처음에는 일부러 관심을 갖지 않으려 했다. 그는 제네바에서 빤히 보이는 거리에 있는 자신의 작은 극장을 직접적인 도발이며 사탄의 작업이라 생각하는 제네바의 칼뱅주의자 목사들과 끝없이 싸우고 있었기 때문이다. 그러므로 볼테르는 여느 때의 그 건방진 기분에 젖어서 이 이른바 개신교 순교자라는 사람에 대해서는 그 어떤 열정도 일으킬 수 없었다. 가톨릭 교도들이 나쁘다면 그의 연극을 배척하는 끔찍하게 편협한 위그노들은 얼마나 더 나쁜지 모르기 때문이라고 했다. 게다가 그가 보기에는 (아주 많은 다른 사람들이 보기에도) 열두 명의 존경받을 법한 재판관들이 무고한 사람을 이유 없이 그렇게 끔찍한 죽음에 처하도록 판결하는 것은 불가능해 보였다.

그러나 며칠 뒤에, 모든 방문객들에게 무조건적으로 문을 열어주는 페르네의 현자에게 마르세이유 출신의 정직한 상인이 찾아왔는데 이 상인은 재판이 벌어질 당시에 툴루즈에 있었으며 그래서 직접 보고 들은 정보를 볼테르에게 들려줄 수 있었다. 그리하여 마침내 볼테르는 이 범죄가 얼마나 끔찍한지 이해하기 시작했고 그 순간부터 그는 다른 일은 아무것도 생각할 수 없었다.

용기의 종류에는 여러 가지가 있지만, 사실상 혼자서 감히 사회의 기존 질서 전체에 맞서서 국가의 대법원이 형을 선고하고 공동체가 대체로 그 판결을 공평하고 정당하다고 받아들였을 때 큰

---

11 프랑스 동쪽의 도시. 레만 호숫가에 있으며 스위스의 제네바 바로 옆에 있다. 현재는 볼테르가 살았던 것을 기념하여 페르네-볼테르(Ferney-Voltaire)로 이름이 바뀌었다.

소리로 정의를 외치는 그 보기 드문 사람들에게 가장 특별한 훈장이 돌아가야 한다.

볼테르는 감히 툴루즈 법정을 사법 살인 혐의로 비판할 경우 일어날 태풍을 잘 알고 있었으며, 마치 전문적인 법률가인 것처럼 조심스럽게 사건을 준비했다. 그는 제네바로 도망친 칼라의 아들을 면담했다. 그는 사건의 내막에 대해 뭐라도 알 것 같은 사람들에게 전부 편지를 썼다. 그는 자기가 노여움과 분노에 못 이겨 제정신을 잃었을까 봐서 자문단을 고용해서 자기의 결론을 검토하고 가능하면 수정하게 했다. 그리고 근거가 확실하다고 느꼈을 때 활동을 시작했다.

가장 우선적으로 그는 프랑스 영토 안에서 그가 아는 영향력 있는 사람을 전부 (그는 그런 사람을 대부분 알고 있었다) 설득해 왕의 대법관에게 편지를 써서 칼라 사건을 다시 조사해달라고 부탁하도록 했다. 그리고 그는 칼라의 과부를 찾기 시작해서 발견하자마자 자기 돈으로 파리로 데려오도록 했고 최고의 변호사 한 명을 붙여서 돌봐주도록 했다. 여인은 완전히 기가 꺾여 있었다. 죽기 전에 딸들을 수녀원에서 데리고 나올 수 있기를 희미하게 기도할 뿐이었다. 그 외에는 희망을 갖지 않았다.

그런 뒤에 그는 가톨릭 교도인 다른 아들과 연락을 해서 학교에서 탈출하여 제네바에서 만나도록 주선했다. 그리고 마침내 그는 《칼라 가족에 대한 원본 기록》이라는 제목의 짧은 소책자에 모든 사실을 담아서 출판했는데, 이것은 비극의 생존자들이 쓴 편지로 이루어져 있었으며 볼테르 자신에 대해서는 어떠한 언급도 담지 않았다.

그 뒤에 사건이 재심의를 받는 동안 그는 조심스럽게 장막 뒤에 남아 있었지만 선전 운동을 너무나 잘 조종하여 곧 칼라 가족의 문제는 유럽의 모든 나라에 있는 모든 가족의 문제가 되었고 모든 곳에서 수천 명의 사람들이 (여기에는 영국의 왕과 러시아의 여황제도 포함되었다) 변호에 필요한 자금 모금에 돈을 보탰다.

결과적으로 볼테르는 승리를 거두었지만, 그러기까지 그는 일생의 경력에서 가장 필사적인 전투를 벌여야만 했다.

그때 프랑스 왕위에 앉은 사람은 불미스러운 기억으로 남은 루이 15세였다. 다행히 그의 애첩은 예수회와 (가톨릭 교회를 포함하여) 그들이 하는 모든 일을 가장 진심으로 싫어했으며 그러므로 볼테르의 편이었다. 그러나 왕은 다른 모든 것보다도 자신의 안락을 가장 사랑했으며 이미 죽은 무명의 개신교도 때문에 벌어진 야단법석에 매우 짜증이 나 있었다. 그리고 물론 국왕 폐하께서 새로 재판을 하라는 영장에 서명을 하지 않는 한 대법관이 행동을 개시하시 못할 것이고, 대법관이 행동을 개시하지 않는 한 툴루즈의 법원은 완벽하게 안전했고 그들은 자신이 너무나 강하다고 여겨서 매우 고압적인 자세로 여론을 무시했으며 자기들이 판결의 근거로 삼은 원본 서류들을 볼테르나 그의 변호사들에게 보여주려 하지 않았다.

끔찍한 아홉 달 동안 볼테르는 흥분을 누르고 있었고 마침내 1765년 3월에 대법관은 툴루즈 법원에 칼라 사건의 모든 기록을 제출하라고 명령했으며 새로이 재심을 선언했다. 장 칼라의 아내와 마침내 어머니 품으로 돌아온 두 딸들은 그 결정이 발표되는 순간을 베르사유 궁에서 보고 있었다. 일 년 뒤에, 상고를 조사하라는 명령을 받은 특별 재판정에서는 장 칼라가 자신이 저지르지 않은 범죄 때문에 사형에 처해졌다고 보고했다. 초인적인 노력 덕택에 국왕도 설득되어 과부와 자녀들에게 약간의 돈을 선사했다. 게다가 칼라 사건을 다루었던 행정관들은 공직을 박탈당했고 툴루즈 시민들에게는 이런 일이 다시 일어나서는 안 된다는 사실이 예의바르게 선포되었다.

그러나 프랑스 정부에서 이 사건에 대해 미지근한 태도를 보였다고 하더라도 프랑스 시민들은 분노에 찬 영혼의 가장 밑바닥까지 뒤흔들렸다. 그리고 볼테르는 이것이 기록에 남은 유일한 오심이 아니며 칼라처럼 무고하게 고통받은 사람들이 많이 있다는 사실을 불현듯이 깨달았다.

1760년에 툴루즈의 어느 동네에서 개신교를 믿는 시골 신사한 명이 도시에 찾아온 칼뱅주의자 목사에게 자신의 집을 숙소로 제공했다. 이 끔찍한 범죄 때문에 그는 재산을 전부 빼앗기고 노예선으로 보내져 평생을 그곳에서 지내게 되었다. 엄청나게 강건한 사람이었던 것 같은 그는 13년 뒤에도 여전히 살아 있었다. 그리고 볼테르는 그의 불운에 대한 이야기를 듣게 되었다. 그는 일에 착수해서 이 불행한 사람을 노예선에서 빼내어, 남자의 아내와 아이들이 공공 구호금에 의지해 연명하고 있던 스위스로 데려와서, 프랑스 왕이 설득당한 끝에 몰수한 재산 일부를 돌려주고 가족이 버려진 집으로 다시 돌아갈 수 있게 허락해줄 때까지 돌보아주었다.

다음은 쇼몽Chaumont 사건이었는데, 이 사람은 개신교도의 야외 집회에서 체포된 불쌍한 인물로 그 범죄 때문에 노예선으로 보내져 무기한 복역하고 있었으나 이제는 볼테르가 개입한 덕분에 자유를 찾았다.

그러나 이런 사건들은 뒤따라올 일에 비하면 섬뜩한 전채 요리에 불과했다.

다시 한번 배경은 랑그독, 알비파와 발도파 이단자들을 근절하고 난 뒤에 무지와 편협의 황무지가 되어 오래 고통받던 프랑스의 그 지역이다.

툴루즈 근방의 마을에 시르뱅Sirven이라는 이름의 나이든 개신교도가 살았는데, 그는 대단히 존경할 만한 시민으로 중세 법률의 전문가라는 직업을 갖고 있었으며, 이는 봉건 사법제도가 너무나 복잡해져서 평범한 임대 전표가 소득세신고서 용지처럼 보일 지경이었던 시대에는 매우 돈을 잘 버는 직업이었다.

시르뱅에게는 딸이 셋 있었다. 막내는 아무런 해도 끼치지 않는 백치인데 생각에 잠기는 것을 좋아했다. 1764년 3월에 그녀는 집을 나갔다. 부모는 방방곡곡을 뒤졌지만 아이의 흔적을 전혀 찾지 못하다가 며칠 뒤에 구역의 주교가 아버지에게, 소녀가 자신을 찾아와서 수녀가 되고 싶다고 했으며 지금 수녀원에 있다고 알려주었다.

프랑스의 랑그독 지역에서는 몇 세기에 걸친 박해로 인해 개신교도들의 기가 매우 꺾여 있었다. 시르뱅은 이 험악한 최악의 세상에서 모든 일은 다 최선을 위해 일어나는 것이리라 겸손하게 대답하고 피할 수 없는 현실을 순하게 받아들였다. 그러나 수도원의 익숙하지 못한 분위기에서 불쌍한 소녀는 이성의 마지막 끈을 놓아버렸고 그리하여 말썽을 일으키기 시작하자 가족에게 돌려보내졌다. 소녀는 그때 끔찍한 우울증에 빠진 상태였고 환각과 환청 때문에 공포에 질리는 일이 계속되자 부모는 아이가 죽지 않을까 걱정하기 시작했다. 얼마 안 되어 소녀는 다시 사라졌다. 2주 후에 오래된 우물에서 소녀의 시체가 건져졌다.

그 무렵에 장 칼라는 재판을 받고 있었고 사람들은 개신교도에 대한 혐담이라면 뭐든지 믿는 분위기였다. 시르벵 가족은 무고한 장 칼라에게 무슨 일이 일어났는지 기억하고 비슷한 운명을 당하지 않기로 결정했다. 그들은 도망쳤고 알프스를 가로지르는 끔찍한 여행 도중에 손자 한 명이 얼어 죽는 일을 당하며 마침내 스위스에 도착했다. 그들은 때를 잘 맞추어 떠난 셈이었다. 몇 달 뒤에 (결석 재판에서) 부모 양쪽 모두 딸을 죽인 죄로 유죄 판결을 받았으며 교수형을 선고받았다. 딸들은 부모의 처형 장면을 목격하고 그 뒤로 평생 추방당할 운명이었다.

루소의 친구 한 명이 이 사건을 볼테르에게 알려주었다. 칼라 사건이 마무리되자마자 그는 시르벵 가족에게 눈을 돌렸다. 시르벵의 아내는 그사이에 죽었다. 남편의 혐의를 풀어주는 임무가 남았다. 그렇게 하는 데 정확히 7년이 걸렸다. 툴루즈 법정은 어떠한 정보도 주지 않고 어떤 기록도 넘기지 않으려 했다. 다시 한번 볼테르는 홍보의 북을 울리고 프로이센의 프리드리히와 러시아의 예카테리나와 폴란드의 포냐톱스키Poniatowski 가문[12]에게 돈을 구걸한 뒤에야 프랑스 왕이 관심을 갖게 할 수 있었다. 그러나 마침내, 볼테르의 나이 78세 때, 이 끝없는 법정 싸움이 시작된 지 8년째에 시르뱅 가족은 무죄를 인정받았고 생존자들은 집으로 돌아갈 수 있게 되었다.

그렇게 두 번째 사건은 막을 내렸다.

세 번째가 곧바로 뒤따라왔다.

1765년 8월에 아미엥에서 멀지 않은 아브빌Abbeville이라는 곳에서 길가에 세워 놓은 십자가 두 개가 누군지 모를 자의 손에 의해 부러진 것이 발견되었다. 세 명의 소년이 이 신성모독의 범인으로 의심받았고 체포 명령이 떨어졌다. 그중 한 명은 도망쳐서 프러시아로 갔다. 다른 두 명은 잡혔다. 그중 나이가 많은 쪽인 드 라 바르 훈공작Chevalier de la Barre이라는 소년은 무신론자로 의심받았다. 자유사상의 위대한 지도자들이 모두 참여해서 기여한 그 유명한 저작《철학 사전》한 권이 그의 책 중에서 발견되었다. 이것은 매우 의심스럽게 보여서 재판관들은 젊은이의 과거 행적을 조사하기로 했다. 재판관들이 그를 아브빌 사건과 연관 지을 수 없었던 것은 사실이다. 그러나 그는 이전에 종교 행렬이 지나갈 때에 무릎을 꿇고 모자를 벗는 걸 거부하지 않았던가?

드 라 바르는 그렇다고 했지만 여행 마차를 잡으려고 서두르

---

12 18세기와 19세기에 위세를 떨쳤던 폴란드의 귀족 가문. 폴란드의 왕과 대공, 리투아니아, 현재 우크라이나와 러시아 일부 지역을 지배한 대공들을 배출했으며 현재 체코에 해당하는 지역의 대공도 배출했다. 현재까지도 후손들이 세계 여러 곳에 흩어져 살고 있으나 작위는 이어지지 않았다.

고 있었고 나쁜 의도는 없었다고 말했다.

그리하여 그는 고문당했고, 늙은 칼라보다 젊어서 고통을 덜 쉽게 참아냈으므로 자신이 두 개의 십자가 중에서 하나를 망가뜨렸다고 금방 자백했으며 "성체 앞에 무릎 꿇지도 않고 모자를 벗지도 않고 불손하게 고의적으로 가로질러 갔으며 신성모독적인 노래를 부르고 불경한 책을 숭배하는 기색을 보인" 죄, 그리고 가톨릭 교회에 대한 존경심이 부족하다는 증표로 여겨지는 이와 비슷한 다른 죄목으로 사형을 선고받았다.

판결이 너무나 야만적이었기 때문에 (혀를 뜨거운 쇠로 잡아 뽑고, 오른손을 잘라 천천히 태워 죽이라고 되어 있었다. 이 모든 일이 겨우 150년 전[13]에 일어난 것이다!) 세간에서는 찬성하지 않는 목소리가 술렁거렸다. 설령 그가 고발장에 나열된 죄를 모두 저질렀다고 하더라도, 술김에 장난을 쳤다고 소년을 도살해서는 안 된다! 탄원서가 왕에게 보내졌고 목사들은 사형 집행을 유예해달라는 청원서에 둘러싸였다. 그러나 나라는 어지러운 일로 가득하고 본보기를 보여야만 했으므로, 드 라 바르는 칼라와 같은 고문을 당한 끝에 단두대로 보내져서 (굉장하고도 특별한 선의의 징표로) 목이 잘렸고 그의 시신은 《철학 사전》과 우리의 옛 친구 피에르 벨Pierre Bayle의 다른 책들과 함께 사형 집행인에 의해서 공개적으로 불태워졌다.

그것은 소치니와 스피노자와 데카르트 같은 사람들의 점점 자라나는 영향력을 두려워하던 자들에게는 환호의 날이었다. 그것

---

13 반 룬이 이 책을 처음 썼던 1925년을 기준으로 한 말이다.

은 옳고 그름 사이의 좁은 길에서 벗어나서 급진적인 철학자들이 이끄는 무리를 따르는 악의 꼬임에 빠진 젊은 청년에게 예외 없이 어떤 일이 벌어지는지 보여주었다.

볼테르는 이 이야기를 듣고 도전을 받아들였다. 그는 얼마 뒤에 여든 번째 생일을 앞두고 있었지만, 오래 된 열정과 분노에 찬 관용의 명징한 흰 불꽃에 타오르는 두뇌를 전부 바쳐 이 사건에 뛰어들었다.

드 라 바르는 "신성 모독" 혐의로 처형되었다. 우선 볼테르는 그런 범죄를 저질렀다고 생각되는 사람들을 사형에 처할 근거가 되는 법률이 존재하는지 알아내려고 했다. 그런 법률은 찾을 수 없었다. 그러자 그는 법률가 친구들에게 물어보았다. 그들도 찾을 수 없었다. 그리고 점차적으로 공동체에서는 재판관들이 죄수를 처치해버리기 위해서 성스럽지 못한 열성으로 이 법적인 소설을 '지어냈다'는 사실을 깨닫기 시작했다.

드 라 바르가 처형되던 때에 흉한 소문이 떠돌았다. 지금 일어난 폭풍 때문에 재판관들은 어쩔 수 없이 매우 신중해져야만 했고 세 번째 소년 죄수에 대한 재판은 끝을 맺지 못했다. 드 라 바르에 대해 말하자면, 그는 죄명을 벗지 못했다. 사건의 재심은 몇 년이나 끌었고 볼테르가 사망했을 때는 아무런 결론도 내려지지 않은 채였다. 그러나 관용을 위해서, 혹은 최소한 불관용에 대항해서 그가 날린 주먹은 표시가 나기 시작했다.

소문 좋아하는 노파들과 노망난 재판관들이 선동한 공적인 테러 행위는 그렇게 막을 내렸다.

종교적인 이유로 악의를 품는 법정은 그 법관들이 어둠 속에서 일을 하고 비밀의 장막으로 주위를 둘러쌀 수 있을 때에만 성공한다. 그 이후에 볼테르가 사용한 공격의 방식은 그런 법정에서 대항할 수단이 전혀 없는 종류였다.

볼테르는 불을 전부 켜고 음량이 풍부한 관현악단을 고용하고 대중을 초청했으며, 그런 뒤에 적에게 하고 싶은 대로 최악의 행동을 해보라고 명했다.

그 결과, 그들은 아무 일도 하지 못했다.

26

. . .

백과사전

정치가에는 세 가지 유파가 있다. 첫 번째는 대략 다음과 같이 요약할 수 있는 강령을 가르친다. "우리 행성에는, 자기 힘으로 생각을 할 수 없고 독립적인 결정을 내려야만 할 때면 정신적인 고통을 겪으며 그러므로 점쟁이 치료사가 한 명이라도 나타나면 즉시 홀려서 길을 잃을 수 있는 불쌍하고 미개한 생물들만 살고 있다. 결단력 있는 사람이 이 '군중 떼거리'를 지배하는 것이 세상 전체를 위해서도 더 좋은 일인 데다가, 그들 자신도 의회나 투표함 따위에 신경 쓰지 않고 직장과 아이들과 싸구려 자동차와 텃밭 가꾸기에만 모든 시간을 바칠 수 있을 때 한없이 더 행복할 것이다."

이런 유파의 생도들은 황제, 술탄, 인디언의 족장, 회교국의 군주, 주교가 되며 이들은 노동조합을 문명사회의 중요한 일부로 여기는 일이 거의 없다. 그들은 열심히 일하여 길을 닦고 막사와 성당과 감옥을 짓는다.

두 번째 유파에 속하는 사람들은 다음과 같이 주장한다. "보통 사람은 하나님의 가장 고귀한 창조물이다. 그는 자신의 권리에 관한 한 지혜와 사려 분별과 그 목적의 고상함에서 누구에게도 뒤지지 않는 주권자이다. 자신의 이해관계는 완벽하게 잘 돌볼 수 있지만, 우주를 지배하고자 그가 결성한 위원회는 국가의 민감한 문제를 다룰 때면 소문날 만큼 느리다. 그러므로 대중은 먹고산다는 즉각적인 필요에 방해받지 않고 자기 시간을 전부 사람들의 행복을 위해 바칠 수 있는 소수의 믿음직한 친구들에게 행정상의 모든 문제를 맡겨야만 한다."

말할 필요도 없이 이 영광스러운 이상의 사도들은 과두 정치의 독재자, 절대 권력자, 집정관과 호민관의 필연적인 후보자가 된다.

그들은 열심히 일하여 길을 닦고 막사를 짓지만, 성당은 감옥으로 바꾸어버린다.

그러나 세 번째 유파의 사람들이 있다. 그들은 과학의 맑은 눈으로 인간을 숙고하고 그를 있는 그대로 받아들인다. 그들은 인간의 장점을 인정하고 한계를 이해한다. 그들은 과거의 사건을 오래 관찰한 끝에 평범한 시민은 감정이나 개인적인 이해관계의 영향을 받지 않는다면 옳은 일을 하려고 정말로 아주 열심히 노력한다는 것을 확신한다. 그러나 그들은 거짓된 환상을 갖지는 않는다. 그들은 자연스러운 성장의 과정은 대단히 느리다는 것을 알고, 인간 지성을 빨리 성장시키려는 것은 밀물과 썰물 혹은 계절의 변화를 재촉하는 것만큼 무익하다는 사실을 안다. 그들은 한 나라의 정부를 구성해달라고 초대받는 일이 거의 없지만, 사상을 실천에 옮길 기회가 오기만 하면 그들은 도로를 짓고 감옥을 개선하고, 쓸 수 있는 나머지 자금은 학교와 대학을 짓는 데 쓴다. 왜냐하면 그들은 어쩔 수 없는 낙관주의자라서 올바른 종류의 교육이야말로 이 세상에서 대부분의 오래된 악을 점차적으로 몰아낼 수 있고 그러므로 어떤 대가를 치르더라도 장려해야 할 일이라고 믿기 때문이다.

그리고 그 이상을 실현하기 위한 마지막 단계로 그들은 대개 백과사전을 쓴다.

위대한 지혜와 심오한 인내심의 증표가 되는 다른 많은 일들이 그렇듯이 이 백과사전 쓰는 습관도 중국에서 유래되었다. 중국 황제인 강희제康熙帝[1]는 5,020권으로 된 백과사전으로 백성들을 기쁘게 해주려 했다.

서방에 백과사전을 소개한 플리니우스Gaius Plinius Secundus[2]는 서른일곱 권으로 만족했다.

그리스도교 시대의 첫 1,500년 동안 이렇게 계몽이라는 종류의 조금이라도 가치 있는 물건은 하나도 생산되지 않았다. 성 아우구스틴과 같은 나라 사람인 아프리카의 펠렉스 카펠라Martianus Minneus Felix Capella[3]는 본인이 잡다한 지식의 진정한 보물 창고라고 생각했던 것을 저술하느라 인생의 아주 많은 시간을 허비했다. 여

---

1 1654-1722. 청나라의 제4대 황제.
2 약 23-79. 로마의 작가, 자연주의 철학자. 《자연사》 백과사전으로 유명하다.
3 약 5세기경에 활동했던 라틴어 고전 산문 작가. 현재의 알제리에 속하는 북아프리카의 로마 영토에서 태어났으며 로마가 지배했던 당시 북아프리카의 카르타고에서 법관으로 활동했던 것으로 보인다.

기 선보인 여러 흥미로운 사실들을 사람들이 좀 더 쉽게 기억하도록 하기 위해서 그는 시를 이용했다. 이 잘못된 정보의 끔찍한 덩어리를 중세 어린이들이 18세대에 걸쳐 의무적으로 외웠으며 문학과 음악과 과학 분야에서 최종 결정을 내리는 권위 있는 학문으로 여겨졌다.

200년 뒤에 이시도르Isidore라는 이름의 세비야 주교가 완전히 새로운 백과사전을 썼고 그 뒤로 100년에 두 종이라는 고정된 비율로 저작물이 증가했다. 그 모든 백과사전이 어떻게 됐는지 나는 모른다. (가장 쓸모 있는 곤충인) 책 벌레가 아마 우리를 해방시켰을 것이다. 이 모든 책들이 살아남았다면 이 지구상에 다른 것을 둘 공간은 전혀 남지 않았을 것이다.

마침내 18세기 초반에 유럽에서 지적인 호기심이 엄청나게 폭발했을 때, 백과사전 조달업자들은 사실상 천국에 들어섰다. 그런 책들은 그때나 지금이나 일주일에 8달러로 살아갈 수 있고 인건비는 종이와 잉크에 필요한 비용보다도 못하게 받는 가난한 학자들이 편찬하게 마련이었다. 영국은 이런 종류의 문헌이 나오기에 특히나 좋은 나라라서, 파리에 사는 영국인 존 밀스John Mills가 대성공을 거둔 에프레임 체임버스Ephraim Chambers[4]의 《만능 사전Universal Dictionary》을 프랑스어로 번역하여 이 작품을 좋으신 루이 왕의 백성들에게 팔아치워 부자가 되자고 생각한 것은 꽤 자연스러

---

4 1680-1740. 영국의 작가, 백과사전 편찬자. 《예술과 과학에 관한 만능 사전 혹은 백과사전》의 저자로 유명하다.

운 일이었다. 이 목적을 위해서 그는 독일인 교수와 친분을 맺었고 그런 뒤에 실제로 출판을 하기 위해서 왕립 출판업자 르브르통André Le Breton[5]에게 접근했다. 간단히 말하자면 르브르통은 큰 돈을 벌 기회라고 생각하고 의도적으로 동업자에게 사기를 쳤고 밀스와 독일인 박사님을 사업에서 밀어내자마자 자기 마음대로 해적판 출판 작업을 계속했다. 그는 곧 출판될 이 책을 《예술과 과학에 관한 만능 사전 혹은 백과사전Encyclopédie ou Dictionnaire Universal des Arts et des Sciences》이라 이름 지었고 구매 욕구를 엄청나게 자극하는 너무나 멋진 견본서를 찍어냈기 때문에 구매 신청자 명단은 곧 꽉 차고 말았다.

그런 뒤에 그는 콜레쥐 드 프랑스Collège de France[6]에서 철학 교수를 하나 고용해서 편집장으로 삼고 종이를 많이 사다 두고 결과를 기다렸다.

불행히도 백과사전을 쓴다는 작업은 실제로 르브르통이 생각한 것처럼 쉽지 않았다. 교수는 메모를 쓰기는 했지만 사전의 항목은 써내지 못했고 기다리던 구매 신청자들은 제1권을 내놓으라고 큰 소리로 아우성쳤다. 모든 일이 대단히 엉망이 되었다.

이런 비상 사태에서 르브르통은 바로 몇 달 전에 《의학 만능

5 1708-1779. 프랑스의 출판업자. 디드로와 달랑베르의 백과사전을 출판했던 네 명 중 한 명이다. 백과사전의 일부 항목을 디드로의 의도에 어긋나게 편집하거나 내용을 검열하기도 했다. 특히 앞서 언급된 철학자 피에르 벨의 의견을 인정하지 않아서 디드로가 쓴 백과사전 항목을 검열했다.
6 1530년에 건립된 프랑스의 고등교육 및 연구 기관. 현재 학위는 수여하지 않으나 많은 실험실과 연구실을 운영하며, 유럽 최고의 도서관을 구비하고 있다. 아이튠즈에서 팟캐스트로 콜레쥐 드 프랑스의 강의를 들을 수 있다.

사전》이 출간되어 매우 호평을 받았던 것을 기억했다. 그는 이 의학 참고서의 편집자를 찾아내서 그 자리에서 고용했다. 그리고 그냥 사전이《백과사전》이 되는 일이 벌어졌다. 왜냐하면 새 편집자는 다름 아닌 바로 드니 디드로Denis Diderot[7]였으며 해적판이 될 예정이었던 작업은 인간의 계몽된 지식을 총합했을 때 18세기가 생산해낸 가장 중요한 업적 중 하나가 되었기 때문이다.

디드로는 당시 서른일곱 살이었으며 그의 인생은 쉽지도 행복하지도 않았다. 그는 모든 존경할 만한 젊은 프랑스인이 하는 일을 거부하고 대학에 가지 않았다. 대신에 예수회 선생들에게서 벗어날 수 있게 되자마자 파리로 가서 문사가 되었다. 잠시 굶주림의 시기를 지낸 끝에 (두 사람이 굶는데도 한 사람이 굶는 것만큼 싸게 먹힌다는 원리에 입각하여) 그는 어떤 숙녀와 결혼을 했는데 그 부인은 끔찍하게 신앙심이 깊은 데다 완고한 잔소리쟁이였다.(이런 조합은 어떤 사람들이 생각하는 것만큼 희귀한 것은 아니다) 그는 아내를 부양해야 했으므로 어쩔 수 없이 온갖 종류의 잡다한 일을 했고《미덕과 가치에 대한 연구Inquiries concerning Virtue and Merit》부터 보카치오Giovanni Boraccio[8]의《데카메론Decamerone》[9]의 다소 불명예스러운 재탕에 이르기까지 온갖 종류의 책을 편집해야 했다. 그러나 그는 마음속

---

7 1713-1784. 프랑스의 철학자, 예술 비평가, 작가. 계몽주의의 중요한 인물들 중 하나이며 장 르롱 달랑베르와 함께 백과사전의 저술자로 알려져 있다.

8 1313-1375. 이탈리아의 르네상스 작가, 시인, 인본주의자.

9 보카치오가 1353년에 완성한 소설이다. 액자소설의 형식을 띠고 있으며 흑사병을 피하여 피렌체 근교의 외딴 마을에 고립된 일곱 명의 젊은 여성과 세 명의 젊은 남성이 열흘 동안 머무르면서 들려주는 비극적이거나 에로틱한 사랑 이야기, 농담, 만담, 삶의 교훈 등 100개의 이야기로 구성되어 있다. 제목 '데카메론'은 그리스어로 '10일'이라는 뜻이다.

깊은 곳에서 벨의 제자였으며 그 자유로운 사상에 충실했다. 곧 정부에서는 (압박의 시기에 정부들이 흔히 하는 식으로) 별로 거슬리지 않는 것처럼 보이는 이 젊은 작가가 〈창세기〉 1장에 나오는 창조론 이야기에 굉장한 의심을 품고 있다는 사실과 다른 면에서도 이 단자일 가능성이 있다는 것을 발견했다. 그 결과 디드로는 뱅센느 Vincennes 감옥으로 호송되었고 그곳에서 자물쇠와 창살 아래 거의 석 달 동안 갇혀 있었다.

그가 르브르통에게 고용된 것은 감옥에서 풀려난 뒤였다. 디드로는 당대의 가장 뛰어난 달변가 중 하나였다. 그는 자신이 우두머리 자리를 맡게 된 이 사업에서 일생일대의 기회를 보았다. 체임버스의 오래된 자료를 그저 개작하는 것은 그의 품위에 전혀 맞지 않는 일로 보였다. 때는 굉장한 정신적 활동의 시대였다. 좋다! 르브르통의 백과사전에 생각할 수 있는 모든 주제의 가장 권위 있는 정보가 들어가고 그 항목들은 인간의 노력이 미치는 모든 분야에서 가장 권위 있는 학자들이 쓰게 하자.

디드로는 너무나 열의에 가득 차서 실제로 르브르통을 설득하여 자신에게 전권을 위임하고 무제한으로 시간을 주도록 했다. 그리고 그는 공저자들의 명단을 임시로 만들고 커다란 종이 묶음을 갖다놓고 "A: 알파벳의 첫 글자" 등등을 써 나가기 시작했다.

20년 뒤에 그는 Z에 도달했고 마침내 작업이 끝났다. 아마 그처럼 엄청나게 불리한 조건에서 일했던 사람은 거의 없을 것이다. 르브르통은 디드로를 고용하면서 원래의 자본금을 늘렸지만 편집장에게 연 500달러 이상은 주지 않았다. 그리고 도움을 주었어야 했을 다른 사람들로 말하자면, 글쎄, 그런 일이 어떻게 돌아가는지 다들 안다. 그들은 공교롭게도 바로 그때에 너무 바빴거나, 다음 달에 하겠다고 말하거나, 할머니를 만나 뵈러 시골에 내려가야만 했다. 그 결과 디드로는 거의 모든 일을 혼자서 해야 했고 동시에 가톨릭 교회와 국가의 고관들이 쌓아놓은 고난을 헤쳐나가야 했다.

오늘날 그의 백과사전은 매우 희귀하다. 그것을 원하는 사람이 너무 많아서가 아니라 기꺼이 처분하려는 사람이 너무 많기 때문이다. 150년 전만 해도 악독한 급진주의를 표방하는 것으로 사람들이 입을 모아 비난했던 책이 오늘날 읽어보면 아기 젖먹이는 법에 대한 지루하고도 무해한 논설 같다. 그러나 18세기 성직자 중에서 좀 더 보수적인 사람들에게 그것은 파멸, 무정부주의, 무신론과 혼란을 부르는 나팔 소리와도 같았다.

물론 이 편집장을 사회와 종교의 적이며 하나님도 가정도 가족관계의 신성함도 믿지 않는 방탕한 난봉꾼이라고 깎아내리려는 흔한 시도가 이루어졌다. 그러나 1770년 파리는 아직도 서로가 서로를 다 아는 좀 큰 시골 마을과 같았다. 그리고 디드로, 인생의 목적이란 "선한 일을 하고 진리를 찾는 것"이라고 주장하기만 한 것이 아니라 실제로 이 좌우명에 걸맞게 살았으며 배고픈 자, 인류를 위해 하루 스무 시간씩 일하는 자 모두에게 문을 열어주고 침대, 글을 쓸 책상 하나와 종이 한 묶음 외에는 아무것도 원하지 않았던 이 단순하고 근면한 친구는 당대의 고위 성직자와 군주가 너무나 눈에 띄게 결여하고 있던 미덕의 빛나는 귀감이었기 때문에 그를 바로 그런 각도에서 공격하기란 쉽지 않았다. 그리하여 당국에서는 계속해서 정탐꾼을 보내고 끊임없이 사무실 주변을 꼬치꼬치 캐고 돌아다니고 디드로의 집을 급습하고 원고를 몰수하고 가끔씩 작업 전체를 막아버리며 그의 생활을 할 수 있는 한 불쾌하게 만드는 것으로 만족했다.

그러나 이런 방해 활동도 그의 열정을 꺾지 못했다. 마침내 작업은 끝났고 《백과사전》은 디드로가 생각했던 만큼의 성과를 거두었다. 즉 그것은 새로운 시대의 정신을 어떤 식으로든 느끼는 사람들, 그리고 세상을 전반적으로 분해해서 철저히 점검하는 일이 절실히 필요하다는 사실을 아는 모든 사람들의 구심점이 된 것이다.

내가 편집자의 모습을 실제보다 조금 부풀린 것처럼 보일지도 모른다.

허름한 외투를 입고, 부유하고 훌륭한 친구인 돌바크 남작 Baron d'Holbach[10]이 일주일에 한 번 제대로 된 식사에 초대하면 행복하다고 생각하고, 자기 책이 실제로 4,000권 팔렸을 때 대단히 만족했던 이 드니 디드로는 대체 누구란 말인가? 그는 루소와 달랑베르Jean-Baptiste le Rond d'Alembert[11]와 튀르고Anne Robert Jacques Turgot[12]와

---

10 1723-1789. 폴 앙리 티리(Paul-Henri Thiry)라고도 부른다. 독일 태생의 프랑스 작가, 철학자, 백과사전 편찬자. 프랑스 계몽주의 주요 인물 중 하나이다. 특히 무신론적인 사상을 담은 글로 유명하며 대표 저작으로 《자연의 체계 혹은 윤리적이고 물리적인 세계의 법칙(Système de la Nature ou Des Loix du Monde Physique et du Monde Moral)》(1770)이 유명하다.
11 1717-1783. 프랑스의 수학자, 기계공학자, 철학자, 물리학자, 음악 이론가. 1740년대 말부터 1759년까지 디드로와 함께 백과사전 편찬 작업에 참여했다. 물리학에서 역학 이론과 음파 방정식에 쓰는 공식으로 유명하다. 음파 방정식에 쓰이는 공식은 '달랑베르 공식'으로 불린다.
12 1727-1781. 프랑스의 정치가, 경제학자. 경제적 자유주의를 주창했다. 작위는 로른의 남작 (Baron de l'Aulne).

엘베시우스Claude Adrien Helvétius[13]와 볼네이Comte de Volney[14]와 콩도르세Marquis de Condorcet[15]와 같은 시대에 살았고, 이들은 모두 그보다 훨씬 더 잘 알려져 있다. 그러나 《백과사전》이 없었다면 이 멋진 사람들은 그들이 끼쳤던 것과 같은 영향력을 결코 행사하지 못했을 것이다. 그것은 그냥 책이 아니라 사회적이고 경제적인 예정표였다. 그것은 당대의 주도적인 지성인들이 실제로 무슨 생각을 하는지 말해주었다. 거기에는 앞으로 곧 세상 전체를 지배할 생각들이 구체적으로 진술되어 있었다. 그것은 인류 역사에서 결정적인 순간이었다.

당시, 프랑스는 눈이 있어 볼 수 있고 귀가 있어 들을 수 있는 사람들은 모두 임박한 대재앙에 대해 어떻게든 해야 한다고 생각하지만, 반면에 눈이 있고 귀가 있는데도 그 눈과 귀를 사용하기를 거부하는 사람들은 메로빙 시대Meroving[16]에나 걸맞을 구시대적인 법률을 엄격하게 지켜야만 이 평화와 질서를 유지할 수 있다고 똑같이 고집스럽게 열성적으로 주장하는 시점에 도달해 있었다. 당시에는 양쪽 세력이 똑같이 균형이 잡혀 있어서 모든 일이 예전 그대로 유지되었고 이 때문에 기묘한 분란이 생겼다. 바다 한

---

13 1715-1771. 프랑스의 철학자, 프리메이슨 단원, 시인.
14 1757-1820. 본명은 콩스탕탱 프랑수아 드 샤스뵈프(Constantin François de Chassebœuf). 프랑스의 철학자, 역사가, 정치가.
15 1743-1794. 본명은 마리 장 앙트완느 니콜라 드 카리타(Marie Jean Antoine Nicolas de Caritat). 보통 니콜라 드 콩도르세(Nicolas de Condorcet)로 알려져 있다. 프랑스의 철학자, 수학자, 정치학자. 자유경제, 무료 공교육, 헌법에 입각한 통치, 인종과 성별에 관계없이 만인의 동등한 권리를 주장했으며 계몽주의의 이상을 대표하는 학자 중 하나로 꼽힌다.
16 약 5세기부터 8세기까지 프랑스를 지배했던 왕조.

쪽에서는 자유와 독립의 수호자로서 너무나 눈에 띄는 활약을 하며 (비밀 결사 프리메이슨[17] 단원이었던) 무슈 조지 워싱턴에게 애정이 듬뿍 담긴 편지를 보내고 이웃들은 '회의주의자'라 불렀지만 지금 우리는 그냥 무신론자라고 하는 국무총리 벤저민 프랭클린을 위해 즐거운 주말 파티를 열었던 바로 그 프랑스인데, 이 나라는 넓은 대서양 반대편에서 모든 형태의 영적인 진보의 가장 앙심 깊은 원수로서 모습을 드러내고 철학자와 농부 모두를 고역과 궁핍의 삶으로 던져 넣었을 때에만 완벽하게 공평한 민주적 감각을 보였던 것이다.

결국 이 모든 것도 변했다.

그러나 이것은 아무도 예견하지 못했던 방법으로 변했다. 왜냐하면 제왕의 성 바깥에서 태어난 모든 사람들의 영적이고 사회적인 불이익을 없애줄 전투에 노예들이 직접 나서서 싸우지 않았기 때문이다. 그것은 개신교에서 전심전력을 다하여 가톨릭 압제자들을 싫어한 것만큼 지독하게 증오했던 소수의 사심 없는 시민들의 작품으로, 이들이 기대할 수 있는 보상이란 모든 정직한 사람들이 천국에서 만나게 된다고 하는 종류의 것뿐이었다.

18세기에 관용이라는 명분을 옹호했던 사람은 특정한 종파에 속해 있던 경우가 거의 없었다. 개인적 편의를 위하여 그들은 가

---

17   Freemason. 주로 북미 지역을 중심으로 존재했던 비밀결사 단체. 본래 14세기 석공(mason)들의 조합에서 출발해서 정치적인 영향력을 갖는 독립적인 조직으로 발전했다. 미국의 초대 대통령이었던 조지 워싱턴(George Washington, 1732-1799)과 미국 독립 시기의 정치가 벤저민 프랭클린(Benjamin Franklin, 1706-1790) 등이 프리메이슨 단원이었던 것으로 알려져 있다.

끔 어떤 종교를 신봉하는 듯한 표면적인 제스처를 보였으며 그리하여 헌병들을 서재 밖으로 떼어놓을 수 있었다. 그러나 내면의 생활로 말하자면 기원전 4세기의 아테네나 공자 시대의 중국에서 사는 것이나 마찬가지였을 것이다.

대부분의 동시대인들이 대단히 숭상하는 것을 그들 자신은 별로 해로울 건 없지만 유치한 지난날의 유물로 여겼고, 그리하여 여러 가지 것에 대해서 그들은 매우 유감스럽게도 존경심을 갖지 않았다.

서방 세계에서 어떤 기묘한 이유로 인하여 바빌로니아와 아시리아와 이집트와 히타이트와 칼데아의 그 모든 기록 중에서도 특별히 선택하여 도덕과 관습의 규범으로 받아들인 그 고대 민족의 역사(성경)를 그들은 별로 믿지 않았다. 그러나 위대한 스승인 소크라테스의 진정한 제자로서 그들은 내면에서 들리는 양심의 소리에만 귀를 기울였고 결과에 연연하지 않은 채 오래 전에 겁쟁이들에게 굴복해버린 세상에서 두려움 없이 살아갔다.

27

...

혁명의 불관용

프랑스 왕국이라 알려진, 공식적인 영광과 비공식적인 비참함의 오래된 대건축물은 1789년 8월의 어느 잊을 수 없는 저녁에 무너지기 시작했다.

그 찌는 듯이 무덥던 밤, 점점 끓어오르는 분노의 일주일을 지낸 끝에 국민 의회는 진정한 박애의 향연을 펼쳤다. 격렬한 흥분의 순간에 특권층은 300년에 걸쳐서 획득한 모든 고대의 권리와 특권을 포기하고 평범한 시민으로서 이후 대중적인 자치 정부를 건설하려는 모든 노력의 기초가 될 이론적인 인간의 권리를 지지한다고 선언했다.

프랑스에 관한 한 이것은 봉건주의의 끝을 의미했다. 귀족정치는 '귀족aristoi'으로 이루어져 있는데 이는 실제로 사회의 가장 진취적인 구성원 중에서도 최정예이며, 대담하게 지도권을 움켜쥐고 공공 국가의 운명을 형성한다. 이런 정치 형태는 살아남을 가능성이 있다. 세습 귀족은 적극적인 활동에서 자발적으로 물러나 정부의 여러 분과에서 그저 장식 삼아 사무직이나 맡는 데 만

족하며, 이들은 5번가에서 차를 마시거나 2번가에서 식당을 경영하는 정도에나 어울린다.[1]

옛날 프랑스는 그러므로 죽었다.

그게 좋은 일인지 나쁜 일인지 나는 모른다.

그러나 그것은 죽었고, 리슐리외 시절 이래 기름 부음을 받은 생 루이의 후손들에게 짐 지워놓을 수 있었던 눈에 보이지 않는 정부 형태 중에서 가장 말도 안 되는 종류인 가톨릭 교회도 그와 함께 죽었다.

진실로 전무후무한 일인데, 인류에게 기회가 왔다.

그 시기에 모든 정직한 남자와 여자 들의 마음과 영혼을 가득 채웠던 열정에 대해서는 말할 필요도 없다.

천년 왕국이 가까이 왔다. 그렇다, 마침내 오고야 말았다.

그리고 독재 정부 특유의 여러 악덕 중에서도 불관용은 앞으로 영원히 완전하게 이 아름다운 지구상에서 뿌리 뽑히게 되었다.

가자, 조국의 자녀들이여,[2] 잔학무도한 전제정치의 날은 갔다!

그리고 그와 비슷한 취지의 구호들이 더 나왔다.

그런 뒤에 막이 내려갔고 사회는 여러 부정부패를 씻어냈고 새로 패를 돌리기 위해서 카드를 다시 섞었다. 그 모든 일이 끝나자, 보라. 우리의 오랜 친구 불관용이 무산 계급의 바지를 입고 머

---

1 귀족 계급 혹은 그런 계급이 주도하는 정치를 뜻하는 'aristocracy'는 뛰어난 사람, 명사, 엘리트가 이끈다는 함의가 있다. 이에 비해 'nobility'는 세습 귀족을 뜻하며 여기서는 특히 프랑스 혁명 전 혈통적으로 전해 내려온 세습 귀족 계층을 말한다.
2 원문에서 "Allons, enfants de la patrie"는 프랑스 혁명가이자 현재 국가인 '라 마르세예즈(la Marseillaise)'의 도입부 가사다.

리는 로베스피에르식으로 빗은 채 검사 옆에 지금 나란히 앉아서 그 사악한 일생의 전성기를 맞이하고 있는 것이다.

10년 전에 이 불관용이란 친구는, 천국의 은총만으로 유지되는 정부 당국도 가끔은 실수를 저지를지 모른다고 주장했다는 이유만으로 사람들을 교수대로 보냈다.

이제 그는 민중의 의지가 언제나 반드시 하나님의 의지일 필요는 없다고 고집했다는 이유로 그들을 죽음으로 몰아넣는다.

끔찍한 농담이다!

그러나 그 농담 때문에 (그처럼 인기 있는 환상의 특성상) 수백만 명의 무고한 구경꾼이 피로 대가를 치러야 했다.

내가 이제부터 말하려는 내용은 아쉽게도 그다지 독창적이지 못한다. 고대의 여러 작품에서 같은 관념을 좀 더 우아하게 다른 단어로 표현한 경우들을 볼 수 있을 것이다.

인간의 내면세계에 관한 한, 과거에도 그러했고 지금도 그러하며 앞으로도 가능성이 높은 것은, 두 가지 완전히 서로 다른 종류의 인간이 있다는 사실이다.

몇몇은 끝없는 연구와 숙고와 불멸의 영혼을 찾는 진지한 탐색에 힘입어 어떤 온건한 철학적 결론에 도달할 것이며 그로 인해 인류 공통의 걱정 근심을 초월할 것이다.

그러나 대부분의 사람들은 정신적으로 '약한 포도주'의 가벼운 식사에는 만족하지 않는다. 그들은 뭔가 자극적인 것, 혀에서 불타오르는 것, 식도를 태우는 것, 그리하여 벌떡 일어나 앉아 눈을 번쩍 뜨게 하는 것을 원한다. 그 '뭔가'가 무엇인지는, 앞서 말한 구체적 특징을 만족시키는 한, 그리고 직접적이며 단순한 방식으로 무제한 제공되는 한 그다지 중요하지 않다.

역사가들은 이런 사실을 별로 이해하지 못하는 듯하며 이 때문에 여러 가지로 실망스러운 사태가 벌어졌다. 분노한 민중은 과거의 요새를 짓부수자마자 (이런 사실은 그 지방의 헤로도투스와 타키투스[3] 들이 틀림없이 그리고 열성적으로 보도하게 마련이다) 석공으로 돌변하여 이전 성채의 잔해를 수레에 실어 도시 반대편으로 가져다가 그곳에서 다시 짜 맞춰서, 모든 면에서 이전과 똑같이 악독하고 압제적이며 억압과 공포라는 같은 목적을 위해 사용되는 새 지하 감옥을 짓는다.

여러 자랑스러운 나라에서 '절대적인 한 사람'이 부과한 굴레를 벗어던지는 데 성공한 바로 그 순간 그들은 '절대적인 책'의 강요를 받아들인다.

그렇다, 권능이 시종의 제복으로 변장하고 전방으로 미친 듯이 말을 달리는 바로 그날, 자유는 버려진 성에 들어와 벗어던져진 제왕의 곤룡포를 입고 그런 뒤에 선임자들을 추방시켰던 똑같은 실수를 저지르며 잔혹함에 빠져든다.

이것은 모두 대단히 기운 빠지는 이야기지만, 엄연히 이야기의 일부이므로 꼭 말해야만 하겠다.

위대한 프랑스 격변에 직접 참여했던 사람들이 좋은 의도를 가지고 있었다는 사실은 의심할 나위가 없다.《인권 선언》에서 정

---

3 약 55~117년에 살았던 로마의 역사가.

한 원칙에 따르면, 어떤 시민도 그의 사상이 여러 강령과 법규에 규정된 공공의 질서를 어지럽히지 않는 한 자기 의견 때문에, "심지어 종교적인 의견이라 하더라도" 평화롭게 자기 길을 가는 것을 방해 받지 않게 되었다.

그러나 이것은 모든 종파가 동등한 권리를 갖게 된다는 뜻은 아니었다. 개신교 신앙은 이후로 용인되었고, 개신교도들은 다른 교회에서 예배드린다는 이유로 가톨릭 이웃들에게 괴롭힘을 당하지 않게 되었지만, 가톨릭은 여전히 국가의 공식적이며 "우세한" 종파로 남아 있었다.

미라보Comte de Mirabeau[4]는 정치 생활의 본질에 대한 정확한 본능을 갖고 있었으므로 이 널리 알려진 타협이 사실 미봉책에 불과하다는 것을 알고 있었다. 그러나 미라보는 위대한 사회적 격동을 일인 혁명으로 둔갑시키려고 하고 있었으며 그렇게 노력하던 와중에 죽었고, 여러 귀족과 주교들은 8월 4일 밤에 보였던 관대한 제스처를 후회하며 그들의 군주인 왕에게 너무나 치명적인 결과를 가져올 의사 방해 작전을 이미 시작하고 있었다. 그리고 2년 뒤인 1791년에야 (그리고 모든 실질적인 목적을 위해서 2년이나 너무 늦었다) 개신교와 유대교를 포함한 모든 종파가 절대적으로 동등하다는 원칙 아래 법 앞에서 같은 자유를 누릴 수 있다고 선포되었다.

---

4 1749-1791. 본명은 오노레 가브리엘 리케티(Honoré Gabriel Riqueti). 웅변가이며 프랑스 혁명 초기의 지도자. 귀족 출신으로 본래 평판이 좋지 못했으나 혁명이 일어난 뒤에 뛰어난 웅변술로 민중의 목소리를 대변하며 단번에 지도자의 자리에 올랐다. 정치적으로 미라보는 영국과 같은 입헌 군주제를 옹호하는 온건파에 속했는데, 자연사한 뒤에 프랑스의 적인 오스트리아와 왕가에서 돈을 받고 있었다는 사실이 알려지면서 위상이 추락했다. 현재도 역사적 평가는 엇갈린다.

그 순간부터 역할은 뒤바뀌기 시작했다. 프랑스 국민의 대표들이 이 앞날이 촉망되는 국가에 마침내 제공한 헌법에는 종파를 막론하고 모든 사제는 새로운 형태의 정부에 충성의 맹세를 해야 하며, 동료 시민들인 학교 선생님이나 우체국 직원이나 등대지기나 세관 직원처럼 자신들을 순전한 국가의 공무원으로 간주해야 한다고 강력히 주장했다.

교황 비오 6세는 반대했다. 새 헌법에서 성직에 관한 조항은 1516년부터 프랑스와 로마 교황청이 맺은 엄숙한 협약의 항목을 하나하나 정면으로 위반하는 것이었다. 그러나 국민 의회는 조약이니 선례 따위 자질구레한 사항들에 일일이 신경 쓸 기분이 아니었다. 성직자는 이 강령에 따라 충성의 맹세를 하거나 아니면 사임하여 굶어 죽거나 둘 중 하나를 선택해야 했다. 몇몇 주교와 사제들은 피할 수 없어 보이는 일을 받아들였다. 그들은 마음속으로 십자를 그으며 맹세라는 형식을 거쳤다. 그러나 훨씬 더 많은 사제들은 정직한 사람들이었기 때문에 위증하기를 거부했고, 자기들이 그토록 오랫동안 억압했던 그 위그노들이 했듯이 버려진 마구간에서 미사를 올리고 돼지우리에서 성찬식을 하고, 시골 산울타리 뒤에서 설교를 하고 이전 교구민들의 집을 한밤중에 남몰래 방문하기 시작했다.

일반적으로 그들은 개신교도들이 비슷한 상황에서 했던 것보다 무한히 더 편한 길을 갔는데, 왜냐하면 프랑스는 너무나 절망적으로 체제가 문란해져서 헌법의 적에 대하여 몇 가지 매우 형식적인 수단 외에는 조치를 취할 수가 없었기 때문이다. 그리고 아무도 노예선에 잡혀가는 위험을 감내하는 것 같지 않았으므로 훌륭하신 성직자들은 곧 대담해져서, 선서를 하지 않은, 대중적으로는 "완고한 자들"이라 불린 그들을 공식적으로 "용인된 종파"로 인정해주었다. 또한 그들 자신이 지난 300년간 칼뱅주의를 믿는 동포들에게 허용해주기를 그토록 완강하게 거부했던 바로 그 특권을 적용해달라고 청했다.

이 상황은 1925년이라는 안전한 거리에서 돌아보는 우리가 보기에 약간은 어두운 유머가 없지 않다. 그러나 확실한 결정은 전혀 내려지지 않았는데, 왜냐하면 국민 의회는 곧 극단적인 급진주의자들 손에 완전히 장악되었고 궁정의 음모는 국왕 폐하의 멍청한 외국 우방들과 어울려 패닉을 초래했으며 공황 상태는 일주일이 못 되어 벨기에 연안에서 지중해의 해변까지 퍼졌고 또한 이때문에 1792년 9월 2일부터 7일까지 마구잡이 학살극이 일어났기 때문이다.

그 순간부터 혁명은 공포 정치로 변질될 수밖에 없었다.

굶주린 민중이 자기 나라의 지도자들이 나라를 적에게 팔아넘기려는 엄청난 음모에 연루되어 있다고 의심하기 시작한 순간부터 철학자들의 점진적이고도 발전적인 노력은 수포로 돌아갔다. 이후 뒤따른 대폭발은 모두 다 아는 역사적 사실이다. 그처럼 거대한 위기 상황이라면 권력은 사악하고 무자비한 지도자의 손에 떨어지게 마련이라는 것은 역사를 열심히 공부한 학생이라면 익히 알고 있는 사실이다. 그러나 이 연극의 주연 배우가 까다롭고 꼼꼼한 사람으로 모범 시민이며 100퍼센트 미덕의 현신이라는 사실은 그야말로 아무도 예상하지 못했던 일이었다.

프랑스가 새 지도자의 진정한 본성을 깨달았을 때는 이미 너무 늦었다. 콩코르드 광장의 단두대 위에 서서 헛되이 때늦은 경고의 말을 뱉으려 했던 사람이라면 여기에 대해 증언할 수 있을 것이다.

이제까지 우리는 모든 혁명을 정치학과 경제학과 사회 조직이라는 관점에서 연구했다. 그러나 역사가가 심리학자가 되거나 심리학자가 역사가가 되지 않는 한, 우리는 고뇌와 진통의 시기에 국가의 운명을 결정짓는 그 어둠의 힘을 진정으로 설명할 수도 이해할 수도 없을 것이다.

세상을 지배하는 것은 부드러움과 빛이라고 믿는 사람이 있다. 인류는 오직 한 가지, 야만적인 힘만을 존중한다고 주장하는 사람도 있다. 지금으로부터 몇 백 년 후라면 나는 선택을 할 수 있을지도 모른다. 그러나 우리의 사회학적 실험실에서 했던 모든 실험 중에서도 가장 위대했던 프랑스 혁명이 시끄러운 폭력의 극치였다는 사실만큼은 명백해 보인다.

이성의 힘으로 좀 더 인간적인 세상을 준비하려 했던 사람들은 죽거나 혹은 자신들의 도움으로 영광스러운 자리에 올랐던 바로 그 사람들에게 죽임을 당했다. 그리고 볼테르와 디드로와 튀르고와 콩도르세 들을 몰아낸 후에, 새로운 이상의 교육받지 못한 사도들은 명백히 자기 나라의 운명을 결정짓는 주권자가 되었다. 이 고귀한 임무를 그들은 얼마나 무시무시하게 망쳐놓았던가!

그들이 지배했던 첫 번째 기간 동안 승리를 거둔 것은 종교의 불구대천지 원수들, 특별한 이유가 있어서 기독교의 상징조차 혐오했던 사람들, 성직자가 지배했던 지난날에 조용히 남모르게 너무나 깊은 고통을 겪어서 사제복만 봐도 증오심에 광란하고 향 냄새를 맡기만 하면 오랫동안 잊었던 분노에 얼굴이 창백해지는 사람들이었다. 수학과 화학의 도움으로 개인적인 하나님의 존재를 논박할 수 있다고 믿는 몇몇 다른 사람들과 함께 그들은 가톨릭 교회와 그 모든 업적을 파괴하는 일에 착수했다. 가망이 없고 잘해야 배은망덕한 임무였지만, 혁명 심리의 특징 중 하나가 바로 정상적인 것이 비정상이 되고 불가능한 일이 일상이 된다는 것이다. 그리하여 옛날 기독교 달력을 폐지하고, 성자들의 축일을 전부 폐지하고, 성탄절과 부활절을 폐지하고, 일주일과 달을 폐지하고 1년을 열흘 간격으로 새로 나누고 열흘에 한 번씩 새로운 이교의 안식일을 제정했다. 그 뒤로 서류상으로 하나님에 대한 숭배를 폐지하는 또 다른 선언서가 공표되어 우주는 주인이 없는 채로 남게 되었다.

그러나 오래가지 않았다.

한없이 공허한 진공이라는 사상이 자코뱅 클럽의 텅 빈 방 안에서 얼마나 유창하게 설명되고 옹호되었든지 간에, 대부분의 시민들은 몇 주 이상 참지 못하고 반발했다. 오래된 신은 더 이상 민중을 만족시키지 못했다. 모세와 무함마드의 예를 따라 시대의 요구에 부응하는 새로운 신격을 창조하는 건 어떤가?

그 결과는, 이성의 여신이다!

그녀의 정확한 위상은 나중에 정의할 것이었다. 당장은 예쁜 여배우가 고대 그리스의 주름진 옷을 적당히 두르면 완벽하게 그 역할을 해낼 것이었다. 이 아가씨는 고인이 되신 폐하의 무용단에 있던 무희들 중에서 발탁되어, 적당한 때가 오자 옛날 신앙의 충실한 추종자들에게 오래전에 버림받은 노트르담 성당의 높은 제단 위로 엄숙하게 인도되었다.

몇 백 년 동안이나 영혼에 상처 입은 자들을 완벽하게 이해심을 담은 참을성 있는 눈으로 온화하게 지켜보며 서 있던 축복받은 동정녀 마리아로 말하자면 이 역시 사라졌는데, 석회 가마에 넣어져서 회반죽이 되기 전에 충성스러운 사람들이 서둘러서 숨겼기 때문이다. 그 자리는 자유의 여신상이 대신했는데, 그것은 아마추어 조각가의 자랑스러운 작품으로 석고로 다소 아무렇게나 만든 것이었다. 그러나 그것으로 끝이 아니었다. 노트르담은 또다시 리모델링된 것이다. 찬양대 한 가운데에, 기둥 네 개와 지붕으로 '철학의 전당'을 상징하여 국가적 제전이 있을 때면 새로운 춤추는 여신의 왕좌 구실을 하도록 했다. 그 불쌍한 아가씨가 알현식을 베풀어 믿음직한 신하들의 경배를 받고 있지 않을 때면 철학의 전당은 '진리의 횃불'을 보호하여 세상이 끝날 때까지 인류 계몽의 높은 불꽃을 지키게 했다.

이 "세상이 끝날 때"는 6개월이 더 지나기 전에 찾아왔다.

1794년 5월 7일 아침 프랑스 국민들은 하나님이 재정립되었으며 영혼 불멸 또한 신앙의 기정 조항이 되었다는 공식적인 통보를 들었다. 6월 8일에 (고인이 된 장 자크 루소가 남긴 중고품의 잔해로 서둘러 만들어낸) 새로운 하나님이 열성적인 신도들 앞에 공식적으로 그 모습을 선보였다.

로베스피에르Maximilien Robespierre[5]는 새로 맞춘 푸른 조끼를 입고 환영사를 했다. 그는 경력의 정점에 도달해 있었다. 삼류 시골 마을에서 온 무명의 법원 서기가 혁명의 고위 사제가 된 것이다. 게다가 수천 명에게 하나님의 진정한 어머니로 숭배받는, 불쌍하게도 정신이 나간 카트린 테오Catherine Théot[6]라는 수녀가 바로 조금 전에 메시아의 재림이 임박했음을 선언하며 구세주의 이름을 밝히기까지 했다. 그 구세주는 바로 맥시밀리앙 드 로베스피에르였다. 자기가 디자인한 환상적인 제복을 입은 바로 그 맥시밀리앙이 환영사를 적은 종이를 몇 뭉치씩 풀어내며 그 종이에 적힌 대로 지금부터 하나님의 조그만 세상은 다 잘되어갈 것이라고 신에게 약속했다.

그리고 약속을 두 배로 확실하게 하기 위해서 이틀 후에 그는 반역과 이단의 혐의(다시 한번 이 둘은 옛날 그 좋았던 종교재판 시절처럼 같은 것으로 여겨졌기 때문이다)를 받는 사람에 대해 자신을 변호할 모든 수단을 박탈한다는 법을 통과시켰는데, 이것은 너무나 솜씨 있게 착상해낸 방법이라서 이후 6주 동안 단두대의 기울어진 칼날

---

5 1758-1794. 프랑스의 법률가, 정치가. 프랑스 혁명기의 '공포 정치' 시기에 가장 영향력 있는 인물이었다. 공포 정치 시기에 대립했던 자코뱅(Jacobin)당과 지롱드(Gironde)당 중에서 자코뱅에 속하여 지롱드당을 분쇄했다. 본문에 나온 대로 가톨릭 교회와 교황의 영향력에서 벗어나고자 기존 종교의 신을 대신하는 '최고 존재'를 선언하고 이 '최고 존재'를 기리는 축제 등을 개최했다. 독재 혐의로 비난받고 체포되어 재판 없이 기요틴에서 참수당했다.

6 1716-1794. 프랑스 혁명기의 수녀. 어린 시절부터 환각에 시달렸으며, 수도 생활을 하면서 망상이 심해져 본인이 새로운 구세주의 어머니라고 믿게 되었다. 이런 망상과 이를 따르는 추종자들로 인해 로베스피에르의 신정 정치에 이용되었으며 로베스피에르가 체포될 무렵에 역시 체포되어 감옥에서 죽었다.

아래 1,400명이 넘는 사람들이 목숨을 잃었다.

나머지 이야기는 너무나 잘 알려져 있다.

로베스피에르는 자기 자신이 선하다(절대적으로 선하다)고 믿은 모든 것의 완벽한 현신이었으므로, 논리적인 광신자라는 특성상 자신보다 덜 완벽한 다른 사람들이 자기와 같은 행성에 존재할 권리를 도무지 인정할 수가 없었다. 시간이 흐르면서 악(절대적인 악)에 대한 그의 증오심은 너무나 커져서 프랑스는 인구가 줄어들 지경에 이르렀다.

그리고 마침내 목숨의 위협에 몰려서 미덕의 적들은 반격에 나섰고 짧지만 필사적인 싸움 끝에 이 끔찍한 청렴결백의 사도를 파멸시켰다.

이후 얼마 안 되어 혁명의 힘은 고갈되었다. 당시 프랑스 사람들이 채택한 헌법에서는 서로 다른 종파의 존재를 인정하고 같은 권리와 특권을 주었다. 공화국은 최소한 공식적으로는 모든 종교에서 손을 떼었다. 교회를 세우거나 회합을 갖거나 연합을 조직하고 싶은 사람들은 마음대로 할 수 있었으나, 자기 사제와 목사들을 스스로 부양해야 했고 국가가 갖는 상위 권력과 개인이 갖는 완벽한 선택의 자유를 인정해야만 했다.

그 이후로 프랑스의 가톨릭 교도와 개신교도는 서로 이웃한 채 평화롭게 살고 있다.

가톨릭 교회가 결코 패배를 인정하지 않고 국가와 종교의 분리라는 원칙을 계속 부인하며 (교황 비오 9세가 1864년 12월 8일 선포한 율령을 보라) 공화국 형태의 정부를 전복시키고 왕정이나 제정을 부활시키려는 정당을 지원하면서 다시 권력을 잡으려고 지속적으로 노력한다는 것은 사실이다. 그러나 보통 이런 전투가 벌어지는 곳은 목사 사모님의 개인 응접실이나 야심만만한 장모님을 둔 은퇴한 장군의 토끼사냥 막사이다.

그들은 이제까지 몇 가지 훌륭한 내용을 담은 우스꽝스러운 서류들을 만들었지만 점점 더 소용이 없어진다는 사실을 스스로 증명하고 있다.

28

· · ·

레싱

1792년 9월 20일, 프랑스 혁명군과 이 끔찍한 괴물 같은 반란군을 전멸시키려는 전제 군주들의 연합군 사이에 전투가 벌어졌다.

그것은 영광스러운 승리로 끝났으나 연합군의 승리는 아니었다. 그들의 보병은 발미Valmy[1] 마을의 미끄러운 언덕길에서 싸울수가 없었다. 그러므로 전투는 일련의 장엄한 일제 사격으로 이루어졌다. 반란군은 왕당파보다 더 빠르고 더 심하게 쏘아댔다. 그리하여 왕당파들이 먼저 전장에서 물러났다. 저녁이 되자 연합군은 북쪽으로 후퇴했다. 전투에 참여한 사람들 중에는 바이마르 공자의 보좌관인 요한 볼프강 폰 괴테Johann Wolfgang von Goethe[2]라는 사람이 있었다.

몇 년이 지난 뒤에 이 젊은이는 그날의 기억을 회고록으로 써

---

1 프랑스 북동부에 있는 마을.
2 1749-1832. 독일의 작가. 《젊은 베르테르의 슬픔》, 《파우스트》 등으로 유명하며 낭만주의의 시조로 알려져 있다.

냈다. 로렌Lorraine³ 지방의 끈적끈적한 진흙에 발목까지 빠진 채로 서 있는 동안에 그는 예언자가 되었다. 그리고 그는 이 포격이 끝나고 나면 세상은 다시는 예전과 같지 않으리라고 예언했다. 그는 옳았다. 그 영원히 기억될 날에, 군주제는 하나님의 은총으로 연옥에 떨어졌다. 인간 권리의 십자군들은 적들이 예상한 대로 병아리처럼 겁먹고 달아나지 않았다. 그들은 총을 잡고 버텼다. 그리고 그들은 그 총을 잡고 계곡을 건너고 산을 가로질러 "자유, 평등, 박애"의 이상을 유럽의 가장 먼 구석까지 밀고 나아갔고 대륙 전체의 모든 성과 교회에서 마구간에 말을 매었다.

이런 문장을 우리가 쓰는 것은 쉬운 일이다. 혁명 지도자들은 거의 150년 전에 죽었고 우리는 원하는 대로 마음껏 그들을 놀릴 수 있다. 우리는 심지어 그들이 이 세상에 가져다준 여러 가지 좋은 일들에 감사할 수도 있다.

그러나 그 시대를 살았던 남자와 여자, 어느 날 아침에 자유의 나무 주위에서 즐겁게 춤을 추었다가 그 이후 3개월 동안 마치 시궁쥐처럼 자기 도시의 하수도에서 쫓겨 다녔던 사람들은 시민 봉기의 문제들을 도저히 이렇게 초연한 시각으로 바라볼 수가 없었을 것이다. 그들은 다락방과 지하실에서 기어 나와 가발에서 거미줄을 털어내자마자 그렇게 끔찍한 참화가 다시 일어나는 것을 막기 위한 방책을 궁리하기 시작했다.

그러나 성공적인 반동 보수주의자가 되려면 그들은 우선 과거

---

3 프랑스 북동부의 지역. 독일, 벨기에, 룩셈부르크와 국경을 맞대고 있다.

를 묻어야만 했다. 넓은 역사적 의미에서 모호한 과거가 아니라 남몰래 무슈 드 볼테르의 책을 읽고 공공연히 《백과사전》에 감탄했던 자신의 개인적인 '과거' 말이다. 이제 무슈 드 볼테르의 저작 선집은 다락방에 처박혔고 무슈 디드로의 것은 고물상에 팔렸다. 진정한 이성의 계시록으로 존경하며 읽었던 소책자들은 석탄 통 속으로 쫓겨났고 자유주의의 왕국에 잠시 머물렀다는 사실을 드러낼 만한 흔적들을 덮기 위한 모든 노력이 이루어졌다.

유감스럽게도 모든 문학적 자료들을 주의 깊게 없애버리는 이와 같은 경우에 종종 일어나는 것처럼, 참회하는 형제들은 민심을 알려주는 폭로자로서 더 중요한 한 가지 항목을 간과했다. 바로 연극 무대였다. 《피가로의 결혼Le nozze di Figaro》[4]에 꽃다발을 수레로 쏟아부었던 세대로서 모든 인간에게 동등한 권리가 있을 수 있다는 가능성을 한 순간도 믿지 않았다고 주장한다는 것은 좀 유치한 일이고, 《현자 나탄Nathan der Weise》[5]을 보며 눈물을 흘렸던 사람들은 자기들이 종교적 관용이란 정부가 약하다는 말을 잘못 표현한 것이라고 항상 믿어왔다는 사실을 증명하는 데 성공할 수 없는 법이다.

그 연극과 연극이 성공했다는 사실이 바로 그들이 정반대의 생각을 하고 있으며 그러므로 유죄라는 증명이 된다.

---

4 1786. 볼프강 아마데우스 모차르트가 작곡한 코믹 오페라. 하인인 피가로와 그의 약혼녀 수산나의 결혼과 이를 방해하려는 백작, 그 음모를 폭로하려는 여백작의 한바탕 소동에 관한 이야기이다.
5 1779. 독일의 극작가 고트홀트 에프라임 레싱(Gotthold Ephraim Lessing)의 희곡. 종교적 관용에 대한 열띤 호소를 담고 있다.

18세기 후반에 대중의 감정을 사로잡은 이 핵심적인 연극의 작가는 독일인으로 고트홀트 에프라임 레싱이라는 사람이었다. 그는 루터교 성직자의 아들이었고 라이프치히 대학에서 신학을 공부했다. 그러나 그는 종교적인 직업에는 별 흥미를 느끼지 못했고 수업을 계속해서 고집스럽게 빼먹어서 아버지가 이 일을 듣고는 아들에게 집에 오라고 명령해서 당장 학교를 그만두든지 아니면 의학부로 옮겨서 공부를 열심히 하든지 둘 중 하나를 택하라고 했다. 고트홀트는 성직자가 될 생각이 없는 것만큼이나 의사가 될 생각도 없었으므로 아무 거나 아버지가 원하는 대로 약속하고 라이프치히로 돌아와서 사랑하는 몇몇 배우 친구들의 보증을 섰으며 친구들이 도시에서 차례로 사라지자 그 자신도 빚 때문에 체포될까 봐 비텐베르크로 서둘러 도망쳐야만 했다.

　　도망친다는 것은 오랫동안 걷다가 잠깐 밥을 먹는 시기가 시작되었다는 의미였다. 가장 먼저 그는 베를린으로 가서 몇 년 지내면서 여러 연예 신문에 돈을 별로 못 받는 기사를 썼다. 그리고 세계 일주를 하려던 부유한 친구의 개인 비서로 취직했다. 그러나 출발하자마자 7년 전쟁[6]이 터졌다. 그 친구는 부대로 돌아가야 했으므로 여행 마차로 첫차를 타고 집에 돌아갔고 레싱은 다시 한번 직업도 없이 라이프치히에 남겨졌다.

6　18세기 중반에 일어난 전쟁으로 유럽, 미국, 중미, 서아프리카, 필리핀, 인도까지 당시 세계 거의 모든 열강들이 뛰어들었다. 실제로는 1755년부터 1764년까지 9년 정도 지속되었으나 가장 치열한 전투는 1756년부터 1763년까지 7년간 벌어졌다. 주로 영국과 프러시아의 성장을 경계하여 프랑스가 맞서는 형태였다.

그러나 그는 사교적인 성격이라서 곧 새 친구를 사귀었다. 에두아르드 크리스티안 폰 클라이스트[7]라는 이름의 새 친구는 낮에는 장교이고 밤에는 시인이었으며 섬세한 사람이라 세상에 천천히 모습을 드러내고 있던 새로운 정신을 이 배고픈 철학자에게 알려주었다. 그러나 폰 클라이스트는 쿠너스도르프 전투에서 총에 맞아 전사했고 레싱은 너무나 무시무시한 가난의 극한까지 몰리는 바람에 칼럼니스트가 되었다.

그 후에는 브레슬라우[8] 요새 사령관의 개인 비서로 지내는 시기가 찾아왔는데, 여기서 레싱은 죽은 지 100년이나 지난 뒤에 외국에도 알려지기 시작했던 스피노자의 책을 깊이 연구하는 것으로 병영 생활의 지루함을 달랬다.

그러나 이 모든 것으로도 매일의 밥을 벌어야 한다는 문제는 해결되지 않았다. 레싱은 이제 거의 마흔이었고 자기 집을 갖고 싶었다. 그의 친구들은 왕실 도서관 사서로 일할 것을 제안했다. 그러나 몇 년 전에 레싱이 프러시아 궁정에서 환영받지 못하는 인물이 되어버린 사건이 있었다. 베를린에 처음 갔을 때 그는 볼테르와 아는 사이가 되었다. 이 프랑스 철학자는 관대한 것 빼면 시체였으며 '체계'가 무엇인지에 대해 아무 생각이 없는 인물이었던

---

7 1715-1759. 에두아르드(Eduard) 혹은 에발트(Ewald) 크리스티안 폰 클라이스트(Christian von Kleist). 독일의 군인이자 시인. 직업 군인으로 두각을 나타내어 1756년 대위 계급으로 승진한 뒤에 1757-1758년에 7년 전쟁 초기에 레싱과 알고 지냈다. 1759년 8월에 벌어진 쿠너스도르프 전투는 7년 전쟁 중에서 독일 프리드리히 대왕이 가장 크게 패배한 전투였는데 폰 클라이스트는 이 전투에서 사망했다. 쿠너스도르프는 현재 폴란드 영토이며 폴란드식 이름은 쿠노비체(Kunowice)이다.
8 현재 폴란드 남서부에 있는 도시. 폴란드식 이름은 브로츠와프(Wrocław)다.

관계로 당시에 출간을 앞두고 있던《루이 14세의 시대》의 원고를 이 젊은이가 빌려가도록 허락했다. 불행히도 레싱은 서둘러 베를린을 떠나면서 (전적으로 우연히) 이 원고를 자기 소지품과 함께 싸서 떠났다. 볼테르는 가난한 프러시아 궁정의 맛없는 커피와 딱딱한 침대에 격분하여 당장 원고를 도둑맞았다고 고함쳤다. 이 젊은 독일인이 자신의 가장 중요한 원고를 훔쳐갔으니 경찰이 국경을 수색해야 하며, 기타 등등 기타 등등, 외국에 있는 흥분한 프랑스인이 하는 태도로 말이다. 그 잃어버린 원고는 며칠 내로 우체부가 돌려주었으나 그 안에는 레싱이 쓴 편지가 함께 들어 있었는데, 여기서 이 무뚝뚝한 튜튼 족 청년은 자신의 정직성을 감히 의심하는 사람들에 대해 자기가 어떻게 생각하는지를 표현해두었다.

초콜릿 단지 속에서 벌어진 이 작은 소동은 쉽게 잊혀버릴 수도 있었지만, 18세기는 초콜릿 단지가 사람들의 삶에 굉장한 역할을 하던 때였고 프리드리히 왕은 거의 20년의 시간이 지난 뒤에도 여전히 귀찮은 프랑스 인 친구를 사랑해서 레싱을 자기 궁정에 들이는 문제에 대해서는 들으려고 하지도 않았다.

그래서 베를린에 작별을 고하고 그는 함부르크로 갔는데, 여기에는 새로이 국립 극장이 세워질 거라는 소문이 돌고 있었다. 이 사업은 무위로 돌아갔고 레싱은 절망하여 브라운슈바이크 Braunschweig[9] 대공의 사서라는 공직을 수락했다. 당시 그의 집이 된

---

9 독일 중부의 지역. 볼펜뷔텔(Wolfenbüttel)은 브라운슈바이크 지역에서 13킬로미터 남쪽에 있는 마을이다.

볼펜뷔텔 마을은 엄밀히 말해 대도시는 아니었지만 대공의 도서관은 독일에서 최고 수준이었다. 그곳에는 만 권 이상의 원고가 있었고 그중에는 종교개혁의 역사에서 가장 중요한 책들도 포함되어 있었다.

추문이나 뒷소문이 생겨나는 가장 강력한 이유는 물론 지루함이다. 볼펜뷔텔에서 전직 예술비평가이며 칼럼니스트이자 희곡작가이자 수필가는 그 사실만으로도 대단히 수상쩍은 인물이라서 곧 레싱은 다시 한번 곤경에 처했다. 그가 무슨 짓을 해서가 아니라 그가 한 것으로 막연히 의심받았던 어떤 일 때문이었는데 요약하자면, 오래된 루터파 신학교의 정통적인 의견을 공격하는 일련의 논설을 출간했다는 것이었다.

이 설교문들은 (설교문의 형식을 띠고 있었다) 사실 전직 함부르크 목사가 쓴 것이었으나 브라운슈바이크의 대공은 자기 영지에서 종교 전쟁이 일어날지도 모른다는 생각에 공포에 질려서 자기 사서에게 신중하게 행동하고 모든 논쟁을 피하라고 명령했다. 레싱은 고용주의 소원에 따랐다. 그러나 이 주제에 대해서 희곡을 쓰는 것에 대해서는 아무 말도 듣지 못했으므로 그는 자기 의견을 무대라는 형식에 맞추어 각색하기 시작했다.

이 작은 마을의 소동에서 태어난 희곡이 바로 《현자 나탄》이다. 그 주제는 매우 오래된 것으로 이 책에서 내가 전에 언급한 적이 있다. 문학적 골동품의 애호가라면 (만약 섬너 씨[10]가 허락한다면 말이지만) 보카치오의 《데카메론》 중에서 "세 개의 반지에 얽힌 슬픈 이야기"라는 부분에서 찾아볼 수 있는데 이야기는 다음과 같다.

옛날 옛적에 이슬람의 왕자가 어떤 유대인 백성에게서 많은 돈을 짜내려고 했다. 그러나 이 불쌍한 사람에게서 재산을 빼앗을 그럴듯한 이유가 없었으므로 그는 계략을 생각해냈다. 그는 희생자를 불러서 학식과 지혜를 우아하게 칭찬한 뒤에 가장 널리 퍼진 세 가지 종교인 이슬람과 유대교와 그리스도교 중에서 가장 진실한 것은 어느 종교라 생각하느냐고 물었다. 덕망 있는 유대인은 왕자에게 직접적으로 답하지 않고 대신 말했다. "오 위대하신 술탄이여, 이야기를 하나 해드리겠습니다. 옛날 옛적에 굉장한 부자가 하나 살았는데 그에게는 아름다운 반지가 있어서 그는 자기 아들들 중에서 자기가 죽을 때 그 반지를 손가락에 끼고 있는 아들이 모든 재산의 상속자가 될 것이라고 유언했습니다. 그의 아들도 똑같은 유언을 했습니다. 그의 손자도 그렇게 했고 그래서 몇 세기 동안 반지는 손에서 손으로 전해졌고 모든 일이 잘 되었습니다. 그러나 마침내 어떤 일이 일어났느냐 하면 반지의 주인에게 아들이 셋 있었는데 그 주인은 아들들을 똑같이 사랑했습니다. 그는 어느 아들이 이 귀중한 보물을 물려받아야 할지 도대체 결정할 수가 없었습니다. 그래서 그는 금 세공인에게 가서 자기가 가진 것과 완전히 똑같은 반지를 두 개 더 만들어달라고 주문했습니다. 임종의 순간에 그는 자식들을 불러서 하나씩 축복하고 아들들이 세상에 하나밖에 없다고 생각하는 반지를 주었습니다. 당연히

---

10 보카치오의 《데카메론》은 에로틱한 내용 때문에 금서목록에 오르기도 하고, 현대에 이르러서도 많은 논란을 겪었는데, 본문의 '섬너 씨(Mr. Sumner)'는 1920년대 당시 미국 출판물 윤리위원회에서 이러한 서적의 출판을 허락하는 일을 맡았던 사람을 지칭한다.

아버지의 장례식이 끝나자마자 세 아들들은 자기가 반지를 가지고 있으니 상속자가 되어야 한다고 주장했습니다. 이 때문에 많은 싸움이 일어났고 마침내 그들은 이 문제를 재판관에게 가지고 갔습니다. 그러나 반지가 모두 완전히 똑같았기 때문에 판관들조차 어느 쪽이 진짜인지 가려낼 수가 없었고 그래서 사건은 계속 질질 끌었으며 아마도 세상이 끝나는 날까지 계속 끌게 될 것이옵니다. 아멘."

레싱은 어느 한 종교가 진리를 독점할 수 없다는 믿음을 증명하기 위해서 이 오래된 민담을 이용했다. 어떤 규정된 의식과 교리를 신봉하는 외면보다 인간 내면의 정신이 더 중요하며 서로를 사랑과 우정으로 용인해주어야 하는 것이 사람의 의무이고 자기만족적인 완벽의 대좌 위에 높이 서서 "나만이 진리를 보유하고 있으므로 나는 다른 모든 사람들보다 우월하다."라고 외칠 권리는 그 누구에게도 없다는 것이다.

그러나 1778년에 매우 박수를 받았던 이 사상은 30년 뒤에 종교개혁의 대홍수를 이기고 살아남은 재산과 가재도구를 챙기러 돌아온 조그만 소공자들에게는 더 이상 인기가 없었다. 왜냐하면 잃어버린 특권을 되찾을 목적으로 그들은 비굴하게도 영지를 경찰서장의 지배에 절대적으로 맡겨버리고 자기들에게 생계를 의존하는 이 사무원 신사 양반들이 정신적인 민병대 노릇을 하며 보통 경찰관들이 법과 질서를 재확립하는 일을 도와주기를 기대했기 때문이다.

그러나 순수하게 정치적인 반작용은 완벽하게 성공한 데 비해서 인간의 정신을 50년 전의 모습으로 되돌려놓으려는 시도는 실패로 끝났다. 성공할 수도 없었을 것이다. 모든 나라에서 수많은 사람들이 대부분 혁명과 불안정 상태, 의회와 쓸데없는 연설, 상공업을 완벽하게 망쳐놓은 세금 제도에 넌더리가 나 있었다는 건 사실이었다. 그들은 평화를 원했다. 어떤 대가를 치르더라도 평화를 원했다. 그들은 사업을 하고 자기 집 거실에 앉아서 커피를 마시기를 원했지, 집에 진지를 친 병사들에게 방해받거나 어쩔 수 없이 냄새나는 떡갈나무 잎사귀 즙을 마시는 건 원치 않았다. 축복받은 안위를 누릴 수만 있다면 그들은 놋쇠 단추를 단 사람이라면 누구에게나 인사를 하고 황제의 모든 우체통 앞에 고개 숙여 절하고 모든 공무원 조수 굴뚝청소부에게 존대를 하는 작은 불편쯤은 기꺼이 참아줄 수 있었다.

이처럼 겸손하게 복종하는 태도는 순전히 필요했기 때문에, 아침마다 하늘과 땅을 지배하는 새 제복과 새 정치강령과 새 경찰규정과 새 지배자가 나타나던 폭풍 같은 긴 세월을 보낸 끝에 숨 돌릴 공간이 좀 필요했기 때문에 생긴 결과였다. 그러나 이처럼 전반적인 굴종의 분위기, 신의 뜻으로 임명된 주군들을 향한 커다란 환호만으로 미루어보고 사람들이 위대한 혁명의 북소리에 박자 맞춰 그처럼 즐겁게 그들의 머리와 가슴속에 새겨진 새로운 교리를 마음속 가장 깊은 곳에서조차 잊어버렸을 것이라 결론짓는다면 잘못일 것이다.

그들의 정부도 모든 반동 독재정권 특유의 도덕적 냉소주의에 젖어서 주로 사람들이 외적으로 공공 예절과 질서를 지키는 척하는가에 주안점을 두고 내면의 정신은 손톱만큼도 신경쓰지 않았으므로 보통 서민은 상당히 폭넓은 독립성을 누릴 수 있었다. 일요일에 그는 커다란 성경책을 겨드랑이에 끼고 교회에 갔다. 나머지 일주일 동안 그는 자기가 원하는 대로 생각했다. 단지 그는 입을 다물고 개인적인 의견은 혼자서만 생각했으며 자기 관점을 내보일 때는 소파 밑이나 타일로 장식한 화덕 뒤에 비밀 요원이 숨어 있지 않은지 주변을 조심스럽게 조사해서 확인한 뒤에만 말했다. 그러나 그럴 때면 그는 대단히 열정적으로 그날의 사건들을 논했고, 의무적인 검열을 거쳐 살균되고 소독된 신문에서 그의 주군들이 왕국의 평화를 지키고 축복받았던 1600년도의 상태로 돌아가기 위해서 또 어떤 바보 같은 조치를 취했는지 알려줄 때면 슬프게 고개를 저었다.

그 군주들이 하고 있던 일은 인간 본성의 역사에 관해서 비슷하게 부족한 지식을 가진 주군들이 비슷한 상황에서 서기 1년부터 해왔던 일들과 정확히 똑같았다. 자신들의 정부를 그처럼 혹독하게 비판하는 언론의 출처가 되었던 시골뜨기들을 없애버리라고 명령하면서 그들은 자기들이 언론의 자유를 말살시켰다고 생각했다. 그리고 기회만 생기면 귀에 거슬리는 웅변가들에게 너무나 가혹한 형기(40년, 500년, 100년)를 선고해서 감옥으로 보냈기 때문에, 대개의 경우 이해하지도 못하는 책이나 소책자 몇 권을 읽었을 뿐인 정신 산란한 바보들이었는데도 이 불쌍한 친구들은 순교자로서 대단한 명성을 얻었다.

이런 본보기를 경고로 삼아서 다른 사람들은 공원을 피해 뒷골목의 선술집이나 사람 많은 대도시의 여인숙에서 불평을 늘어놓았는데, 이런 곳에서는 확실히 좀 더 입이 무거운 청중을 기대할 수 있었지만 여기서 그들이 끼친 영향력이란 공공의 연단에 서 있을 때보다 무한히 더 해로운 것이었다.

세상에서 가장 한심한 존재 중 하나가 신들의 은총을 입어서 약간의 권위를 부여받고 그 공식적인 특권을 잃을까 영원히 두려워하는 사람이다. 왕이라면 왕관을 잃어버려도 지루하게 반복되는 일상에 다소 재미있는 모험이 끼어들었다고 생각하여 이 불행을 웃고 넘길 수도 있다. 그리고 하인의 갈색 더비 모자를 썼든 할아버지가 물려주신 왕관을 썼든 어찌 됐건 그는 왕이다. 그러나 두메산골 작은 마을의 시장은, 일단 판결을 내리는 조그만 망치와 공무원 배지를 빼앗기고 나면 그저 그냥 빌 스미스, 거만을 떨고 다니던 웃기는 친구가 되어 그가 저지른 일들 때문에 비웃음을 사게 된다. 그러므로 이처럼 고매하신 분에게 적합한 경의와 숭배를 확연히 표하지 않은 채 이 일시적인 지배자에게 감히 접근하려는 자에게 재앙 있으라.

그러나 시장 나리에게 도전하는 데서 멈추지 않고 지질학과 인류학과 경제학의 학식 깊은 책과 편람을 써서 사물의 기존 질서를 공공연히 의심했던 사람들은 한없이 더 힘든 길을 걸어야 했다.

그들은 즉각 불명예스러운 방법으로 생계 수단을 빼앗겼다. 그리고 그 유해한 사상을 가르쳤던 도시에서 추방당했고 아내와 자식들과 함께 이웃의 동정 어린 자비심에 맡겨졌다.

　이런 반동적인 정신의 폭발은 여러 사회악의 진상을 규명하려 정당하게 노력했던 완벽하게 정직한 대다수의 사람들에게 굉장한 불편을 끼쳤다. 그러나 시간은 위대한 세탁부라서 이 사랑스러운 학자들의 박사 가운에서 지역 경찰 행정관이 추적해낼 만한 오점은 이미 오래 전에 지워버렸다. 오늘날 우리가 프로이센의 프리드리히 빌헬름 왕을 기억하는 주된 이유는 엠마누엘 칸트의 가르침을 막으려 했기 때문인데, 그 위험한 급진주의자 칸트는 우리 행동의 원칙은 보편적 법칙이 될 만한 가치가 있다고 가르쳤으며 그의 가르침은 경찰 보고서에 따르면 "수염도 안 난 애송이와 게으른 헛소리꾼"들에게나 호소력이 있었다고 했다. 컴벌런드 공작이 후대에 길이 남을 악명을 얻게 된 이유는 하노버의 왕으로서 그가 야콥 그림이라는 사람을 추방했기 때문인데 이 야콥 그림은 "국왕 폐하께서 이 나라의 헌법을 불법으로 폐기하신 데 대한 항의문"에 서명한 사람이었다. 그리고 메테르니히는 음악이라는 분야에 혐의를 두고 주의 깊게 지켜보다가 언젠가 슈베르트의 음악을 검열했기 때문에 상당한 악평의 보유자가 되었다.

　불쌍한 오스트리아!

　그 나라는 이제 죽고 없기 때문에[11] 온 세상이 이 '즐거운 제국'

11　본문에서는 오스트리아 제국의 몰락을 말한다. 오스트리아는 본래 합스부르크 왕가가 지배하는 왕국이었으나 1918년 제1차 세계대전 말기에 왕가가 몰락하면서 독일-오스트리아 공화국이 되었다. 그러나 독일과 합병하려는 시도는 실패하고 1919년부터 오스트리아 공화국이 되었다. 현재도 오스트리아는 의회민주주의를 시행하고 있다.

에 친절한 감정을 가지고 있지만, 옛날 옛적에는 거기에도 그 나름대로의 활동적인 지적 생명력이 있었으며 그저 값싸고 훌륭한 포도주와 독한 시가와 다름 아닌 요한 스트라우스 본인이 작곡하고 지휘한 왈츠가 있던 즐겁고 점잖은 시골 장터만은 아니었다는 사실을 잊어버리곤 한다.

한 걸음 더 나아가 우리는 18세기 내내 오스트리아가 종교적 관용이라는 사상의 발전에 있어 매우 중요한 역할을 했다고 선언하겠다. 종교개혁 직후에 개신교도들은 도나우 강과 카르파티 산맥[12] 사이의 풍요로운 지역에서 자신들이 일할 만한 비옥한 벌판을 찾아냈다. 그러나 루돌프 2세Rudolf II[13]가 황제가 되면서 이것도 변했다.

이 루돌프는 스페인 펠리페 왕의 독일판으로, 이단자와 맺은 조약은 아무 가치도 없다고 생각하는 지배자였다. 예수회에서 교육받기는 했지만 그는 불치의 게으름뱅이였고 이 덕분에 그의 제국은 너무 급격한 정책 변화를 겪지 않을 수 있었다.

그 급격한 정책 변화는 페르디난트 2세Ferdinand II[14]가 황제로 선출되었을 때 찾아왔다. 재위 기간 동안 이 군주의 주된 강점은 합스부르크 집안 전체에서 오로지 그에게만 아들이 몇 명 있다는

---

12 도나우 강은 독일 남부에서 시작하여 오스트리아 북쪽 지역 전체를 가로질러 흑해까지 흘러가는 유럽에서 두 번째로 큰 강이다. 카르파티 산맥은 폴란드 남부와 슬로바키아에서 우크라이나를 거쳐 루마니아 북부까지 이어지는 산맥이다.

13 1552-1608. 합스부르크 왕가 출신으로 신성로마제국 황제, 크로아티아와 헝가리의 왕, 보헤미아의 왕, 그리고 오스트리아 대공.

14 1578-1637. 합스부르크 왕가 출신으로 신성 로마제국의 황제였으며 보헤미아의 왕이고 헝가리의 왕. 독실한 가톨릭으로 자기 왕국을 전부 가톨릭으로 만들고자 했으며 개신교를 억압했다.

사실이었다. 재위 초기에 그는 그 유명한 수태고지의 집[15]을 방문했는데, 이것은 1291년에 여러 천사들이 나자렛에서 달마시아로 그리고 거기서부터 이탈리아로 송두리째 옮겨온 것으로서 그곳에서 페르디난트 2세는 종교적 열정이 폭발하여 자기 왕국을 100퍼센트 가톨릭으로 만들겠다고 무시무시한 맹세를 했다.

그는 약속을 지켰다. 1629년 가톨릭은 다시 한번 오스트리아와 슈타이어마르크Steiermark와 보헤미아Bohemia와 실레지아Silesia의 공식적이며 단 하나뿐인 신앙으로 선포되었다.[16]

헝가리는 그동안 새로 아내를 얻을 때마다 유럽 부동산의 막대한 부분을 차지했던 그 기묘한 가문과 결혼을 했기 때문에, 마자르의 요새에서 개신교도를 몰아내려는 시도가 이루어졌다.[17] 그러나 유일교파Unitarian[18]인 트란실바니아와 이교도인 터키 사람들에게 지원을 받아서 헝가리인들은 18세기 후반까지 독립을 유지

---

15 현재 이탈리아의 로레토(Loreto)에 있는 성모의 집을 말한다. 이스라엘 북부 지역의 나자렛에서 성모가 실제로 살았던 것으로 알려진 집에 313년 콘스탄틴 황제의 명으로 성당이 지어졌다. 이후 십자군 전쟁 시기에 성당이 훼손되기도 했으나 1291년에 무슬림들이 이 지역을 완전히 점령하자 성모의 집이 어느 날 신비롭게 사라졌다고 전해진다. 이후 성모의 집은 현재 크로아티아에 있는 트르사트(Trsat)에 모습을 드러냈으며 1294년에 무슬림들이 인근 알바니아를 점령하자 다시 사라져 이탈리아로 옮겨갔다고 한다. 이런 사건들은 '로레토의 성모의 집의 기적'으로 알려져 있다.

16 슈타이어마르크는 오스트리아 동남부의 지역. 보헤미아는 현재 체코의 서쪽 지역이지만 종종 체코 전체를 통칭하는 지역명으로도 쓰인다. 실레지아는 폴란드 서남쪽 지역으로, 모두 과거 합스부르크 왕가에서 지배했던 지역이다.

17 오스트로-헝가리 제국을 뜻한다. 1867년 오스트리아와 헝가리가 연합하여 1918년 제1차 세계대전이 끝날 무렵까지 합스부르크 집안이 유럽 동부를 거의 전부 지배했다. 그러나 같은 화폐를 사용한다는 것 외에 오스트리아 제국과 헝가리 제국은 별개의 의회와 별개의 경제 체제를 운영하는 서로 독립된 주권 국가의 형태로 유지되었다. '마자르(Magyar)'는 헝가리의 민족 이름으로 '마자르의 요새'는 헝가리를 가리킨다.

18 신의 유일성을 믿는 자유주의적인 개신교의 일종. 신은 하나라고 믿으므로 삼위일체의 교리를 인정하지 않으며 선정론이나 원죄, 성경의 무결성 또한 인정하지 않는다.

할 수 있었다. 그리고 그때쯤 오스트리아 본토에서 굉장한 변화가
일어났다.

합스부르크 가문은 가톨릭 교회의 충실한 아들들이었지만, 마
침내 그들의 둔한 머리에도 교황 쪽에서 자기들 일에 계속 간섭하
는 것이 지겨워져서 그들은 기꺼이 한 번만 위험을 무릅쓰고 로마
의 요구에 대항하는 정책을 써보고자 했다.

이 책의 초반부에서 나는 중세 가톨릭 교도 중에 교회 조직이
완전히 엉망이라고 믿는 사람이 얼마나 많았는지 이미 얘기했다.
순교자들의 시대에 가톨릭 교회는 교구민 전체의 동의 아래 뽑힌
원로와 주교들이 통치했던 진정한 민주주의였다고 이 비판자들은
주장했다. 물론 로마의 주교는 사도 베드로의 직계 후예라고 주장
했기 때문에 가톨릭 교회 위원회에서 우월한 위치가 주어졌다는
점에는 기꺼이 양보를 하겠지만, 그 권력이란 전적으로 명예직에
불과하므로 교황도 다른 주교보다 자신이 우월하다고 생각해서는
절대로 안 될 것이며 자기 교구 영역의 한계를 벗어나 영향력을
확장하려 하지 말았어야 한다고 그들은 고집했다.

교황 쪽에서는 임의대로 온갖 포고령과 파문과 추방령을 내려
서 이런 생각에 맞서 싸웠고 몇몇 용감한 개혁가들은 사제직을 더
널리 지방 분권화시키려고 대담하게 봉기한 결과 목숨을 잃었다.

이 문제는 완전히 해결된 적이 없었고, 그러다가 18세기 중반
에 이런 사상은 부유하고 권력 있는 트리에 대주교의 대리 법무관
에 의해 되살아났다. 그의 이름은 요한 본 혼타임Johann Nikolaus von
Hontheim[19]이었지만 라틴어 가명인 페브로니우스로 더 잘 알려져

있다. 혼타임은 매우 자유로운 교육을 받는 특전을 누렸다. 루뱅 대학에서 몇 년 공부한 뒤에 그는 잠시 조국을 버리고 레이든 대학으로 갔다. 그가 도착한 것은 칼뱅의 정신이 진하게 서린 그 성채가 자유사상의 경향을 보이는 것으로 의심받기 시작했던 때였다. 법학 교수인 게르하르트 노트Gerhard Noodt[20]가 신학 분야에 입문하여 종교적 관용이라는 이상을 찬양하는 논설을 출간하는 것을 허가받았을 때 이런 의심은 공공연한 혐의로 무르익었다.

그의 추론은 최소한 천재적이었다.

"하나님은 전능하시다. 하나님께서는 모든 사람에게 모든 때에 모든 조건에서 적용될 수 있는 과학의 법칙을 만드실 수 있다. 그러므로 원하기만 했다면 인간의 마음을 지도하시어 모든 사람이 종교라는 주제에 관해서 똑같은 의견을 갖게 만드는 것도 매우 쉬운 일이었을 것이라 추론할 수 있다. 하나님께서 그런 종류의 일은 전혀 하지 않으셨다는 것을 우리는 안다. 그러므로 우리 자신이 진리라고 믿는 것을 다른 사람에게 강요하여 믿게 하려는 것은 하나님께서 분명하게 표현하신 의지에 어긋나는 행동이다."

혼타임이 노트에게 직접적인 영향을 받았는지 아닌지는 말하기 힘들다. 그러나 교회 제도의 권위나 가톨릭의 지방 분권제라는 주제에 대한 자신의 생각을 전개한 혼타임의 이후 저작물에서 에

---

19 1701-1790. 독일의 역사가, 신학자. 〈교회의 상태와 로마 주교의 적법한 권력에 대하여〉라는 논설을 쓰면서 사용한 페브로니우스(Febronius)라는 가명으로 더 잘 알려져 있다. 그의 논설은 '교황의 절대권력에 대항하는 독일 최고의 논설'로 유명하다.
20 1647-1725. 네덜란드의 법학자. 법학과 정치학 논문으로 유명하며 그가 논문에서 구사한 고전적인 라틴어 문체는 논문 집필의 정통이 되었다.

라스무스식 합리주의와 비슷한 정신을 찾아볼 수 있다.

그의 책들이 즉각 (1764년 2월에) 로마 교황청에 의해 금지되었다는 것은 물론 예상 밖의 일은 아니다. 그러나 혼타임을 지원하는 일에 마리아 테레지아Maria Theresia[21] 여제가 관심을 가졌고, 그가 시작한 운동인 페브로니우스주의 혹은 감독교회주의는 오스트리아에서 계속 번성하여 마침내 마리아 테레지아의 아들인 요제프 2세Joseph II[22]가 1781년 10월 13일 백성들에게 하사한 〈관용의 특허장〉이라는 현실적인 모습으로 나타났다.

어머니의 철천지 적수였던 프로이센의 프리드리히의 허약한 모조품인 요제프는 옳은 일을 엉뚱한 때에 하는 천부적인 재능을 가지고 있었다. 그 이전 200년 동안 오스트리아의 조그만 어린이들은 당장 잠들지 않으면 개신교도가 와서 잡아갈 거라는 위협을 들으며 침대로 갔다. 바로 그 어린이들에게 지금부터 (뿔이 달리고 길고 검은 꼬리가 있다고 아이들 모두 믿고 있는) 개신교도 이웃을 형제자매로 받아들여 진심으로 사랑하라고 강요하는 것은 불가능했다. 그래도 어쨌든 불쌍하고 정직하고 근면한 실수투성이 요제프는 주교와 추기경과 집사로서 짭짤한 수입을 누리는 숙부와 숙모와 사촌 떼거리에 언제나 둘러싸여 있는 처지에서 이렇게 갑자기 용

---

21 1717-1780. 합스부르크 왕가 유일의 여성 군주. 40년간 지배하며 열여섯 명의 자녀를 낳았다. 5남11녀 중에서 두 아들인 요제프 2세와 레오폴트 2세가 신성로마제국 황제가 되었다. 딸들 중에서 프랑스로 시집간 막내딸이 루이 16세의 왕비인 마리 앙투아네트이다. 마리아 테레지아는 절대 군주로 지배했으며 금융 개혁과 교육 개혁을 단행했으나 종교적 관용에는 반대하는 태도를 보였다.
22 1741-1780. 마리아 테레지아의 맏아들. 러시아의 예카테리나 대제와 프러시아의 프리드리히 대왕과 함께 3대 계몽 군주로 알려졌다.

기를 내었으니 대단히 칭찬받을 만하다. 가톨릭 지배자 중에서 바람직하고도 현실적인 정치의 가능성으로서 관용을 주창한 사람은 그가 처음이었다.

그가 석 달 뒤에 저지른 일은 더 놀랍다. 축복받은 1782년 2월 2일에 그는 유대인에 관한 그 유명한 포고령을 발표하여 당시 개신교도와 가톨릭만이 누리던 자유를 그때까지 기독교인 이웃들과 같은 공기를 숨 쉬도록 허락받은 것만으로도 행운이라고 여기던 사람들 부류에까지 확장한 것이다.

우리는 바로 여기서 멈추고 이 선행이 끝없이 계속되어 오스트리아가 지금은 자기 양심이 말하는 바를 따르고자 하는 사람들에게 낙원이 되었다고 독자들이 믿도록 해야 할 것이다.

나도 그게 사실이었으면 좋겠다. 요제프와 몇몇 사제들은 갑자기 고양된 상식의 경지로 올라섰을지 몰라도, 태고 이래 유대인들은 불구대천의 원수이고 개신교도는 반역자이며 이단자라고 배워온 오스트리아 농부들은 그런 사람들을 원수로 여기라는 그 오래되고 뿌리 깊은 편견을 도저히 떨쳐버릴 수가 없었다.

이 훌륭한 〈관용의 포고령〉들이 발표된 지 150년이 지난 뒤에도 가톨릭 교파에 속하지 않는 사람들의 위치는 16세기에 그랬던 것만큼 불리했다. 이론적으로는 유대인이나 개신교도도 국무총리가 되거나 군대의 대장으로 임명받을 수 있었다. 현실에서는 황제의 구두닦이에게 저녁 식사 초대를 받는 것도 불가능했다.

종이에 적힌 포고령은 그 정도일 뿐이다.

29

. . .

톰 페인

어디선가 본 것 중에 하나님은 기적을 행하시기 위해서 신비로운 방법으로 움직이신다는, 뭐 그런 시가 있었다.

대서양 연안의 역사를 공부한 사람들은 이 명제가 옳다는 사실을 가장 확실히 알 것이다.

17세기 전반에 미국 대륙 북부에는 《구약성서》의 이상에 대한 헌신이 너무나 지나쳐서 아무것도 모르는 방문객이 보면 예수의 말씀을 따르는 사도라기보다 모세의 추종자라고 여겼을 법한 사람들이 정착해서 살고 있었다. 매우 넓고 매우 거칠고 매우 추운 바다가 펼쳐져 유럽의 나머지 부분과 그들을 갈라놓았으므로 이 개척자들은 종교적인 공포 정치를 확립했고 그것은 메이더 가족의 마녀 사냥 축제[1]로까지 발전하였다.

---

1   미국 동부의 뉴잉글랜드 지방에서 벌어졌던 마녀 사냥 사건. 1692년 겨울부터 1693년 5월까지 코네티컷 주를 중심으로 마녀 사냥 광풍이 불어 스무 명 이상이 마녀로 몰려 처형당했다. 대부분은 여성이었다. 본문에 나온 리처드 메이더(Richard Mather) 목사와 또 다른 청교도 목사 존 코튼(John Cotton)이 마녀 사냥을 주도했다. 뉴잉글랜드 마녀 사냥 사건은 17세기 미국 역사에서 집단 히스테리의 대표적인 사건이며, 중심이 되었던 마을의 이름을 따서 '세일럼(Salem) 마녀 재판'으로 부른다.

이제 그 두 성직자께서 어떤 식으로든 미합중국 헌법과, 영국 본토와 이전 식민지였던 미국 사이에 적대감이 폭발하기 바로 직전에 만들어진 서류들에서 그처럼 능란하고도 열정적으로 자세히 설명해놓은 대단히 관용적인 경향의 원인이 되었다고 한다면 첫눈에 별로 그럴듯해 보이지 않을 것이다. 그러나 그것은 의심할 바 없이 사실인데, 왜냐하면 17세기에 억압의 시기가 너무나 끔찍해서 좀 더 자유주의적인 관점을 원하는 격렬한 반동이 일어날 수밖에 없었기 때문이다.

이것은 모든 식민지 주민들이 갑자기 소치니우스 전집을 찾아 읽고 어린 아이들한테 소돔과 고모라 이야기로 겁주는 걸 그만뒀다는 뜻은 아니다. 그러나 지도자들은 거의 예외 없이 새로운 사상의 대표자였고 새롭고도 독립적인 나라를 건설하는 밑바탕이 될 강령의 양피지에 대단히 전략적으로 능란하게 자신이 생각하는 관용의 개념을 부어 넣었다.

그들이 하나의 연합된 국가와 상대해야만 했다면 그렇게 성공할 수 없었을 것이다. 그러나 미국 북부의 식민지화는 복잡한 작업이었다. 스웨덴 루터교도들이 영토의 일부를 탐험했다. 프랑스에서도 위그노를 몇 명 보냈다. 아르미니우스파 네덜란드인들도 넓은 땅을 차지하고 있었다. 한편 거의 모든 종류의 가지각색 영국 종파에서 적어도 한 번씩은 허드슨 만과 멕시코 만 사이의 황무지에 자신들만의 조그만 낙원을 건설하려 했다.

이 때문에 다양한 종교적 표현이 나타났고 이 가지각색 종파들은 서로 균형을 너무나 잘 유지하여 몇몇 식민지 지역에서는 보통 상황이라면 끝없이 서로 목을 따려고 달려들었을 사람들이 어쩔 수 없이 조잡하고 초보적인 형태나마 서로 용인해주지 않을 수 없었다.

이렇게 발달한 것은 다른 이들이 다투는 곳에서 번성하는 목사님들에게는 매우 환영받지 못할 일이었다. 왜냐하면 자비라는 새 정신이 도래한 지 몇 년이 지난 뒤에도 그들은 계속해서 구식의 이상인 꼿꼿한 자세를 유지하려고 분투하고 있었기 때문이다. 그들이 성취한 것은 거의 없었지만, 그들 덕분에 많은 젊은이들이 흉포한 인디언[2] 이웃들에게서 빌려온 듯한 자비와 친절에 대한 개념에 대한 신념으로부터 성공적으로 멀어지게 되었다.

우리 미국에게는 다행스럽게도, 자유를 위한 이 긴 싸움에서 대부분의 전투를 치른 사람들은 작지만 용감한 반대자의 무리에 속해 있었다.

사상은 쉽게 퍼진다. 무게 80톤에 돛대 두 개짜리 조그만 범선이라도 대륙 전체를 뒤흔들 만한 새로운 개념을 충분히 실어 나를 수 있다. 18세기 미국 식민지 주민들은 어쩔 수 없이 조각 작품과 그랜드 피아노 없이 살아야 했지만 책은 모자라지 않았다. 열세 번째 식민지의 주민들 중에서 좀 더 지적인 사람들은 일요일 설교에서 들어본 적이 없는 뭔가 새로운 일이 저 바깥의 커다란 세상

2　실제로 미국 원주민을 이유 없이 학살한 쪽은 유럽에서 이주해온 백인 정착민들이었다. 본문에서 북미 원주민에 대한 원저자의 왜곡된 시각은 시민권리운동과 인종차별 철폐가 진행되기 한참 전의 1920년대식 사고방식임을 감안해야 한다.

에서 활기를 띠고 있다는 사실을 깨닫기 시작했다. 책 장수는 그때부터 그들의 예언자가 되었다. 그리고 비록 기존의 교회를 공식적으로 떠나지도 않았고 삶의 외적인 측면에 거의 변화가 없었지만, 그들은 기회가 오자 좋으신 하나님께서 세 가지, 즉 "무에서 유를 창조하는 것, 미래를 아는 것, 그리고 인간의 양심을 지배하는 것"에 대한 권한을 분명하게 독점하셨다는 사실을 근거로 유일교회파 백성들을 처형하지 않았던 옛날 트란실바니아 왕자의 충성스런 사도들이라는 것을 보여주기 시작했다.

그리고 나라의 미래 정책을 위해 구체적인 정치적, 사회적 계획안을 짜야만 하는 때가 오자 이 용감한 애국자들은 여론이라는 고위 법정 앞에 자신들의 이상을 펼쳐 보이게 될 서류 속에 자기들의 생각을 녹여 넣었다.

버지니아의 선량한 시민들은 자기들이 그처럼 깊은 존경심을 담아 귀를 기울였던 그 웅변에 부분적으로 영감을 준 것이 그들의 숙적인 자유사상가들이라는 사실을 알았다면 틀림없이 공포에 질렸을 것이다. 그러나 그들의 가장 성공적인 정치가였던 토머스 제퍼슨Thomas Jefferson[3]은 대단히 자유로운 관점의 소유자였고, 그가 종교는 힘과 폭력이 아니라 오로지 이성과 신념으로만 규제할 수 있다, 다시 말해 모든 사람은 양심이 말하는 바에 따라 종교를 마음대로 선택할 동등한 권리가 있다고 말한 것은 이전에 볼테르와 벨과 스피노자와 에라스무스가 생각하고 글로 썼던 내용을 되풀

---

3 1743-1826. 미국의 세 번째 대통령이자 미국 독립선언문 작성자.

이했을 뿐이었다.

　그리고 이후에 "미합중국에서 공무원직을 맡을 때는 그 어떤 종교적 신념도 조건이 되지 않는다."라든가 "의회는 종교를 정립하거나 그에 관련하여 자유로운 권리 행사를 금지하는 법을 제정하지 않는다."는 등의 이단적인 의견이 들려왔을 때 미국의 반역자들은 수긍하고 받아들였다.

　이렇게 해서 미국은 종교가 확실하게 정치로부터 분리된 첫 번째 국가, 공직을 맡으려는 그 어떤 후보자도 임명장을 받기 전에 주일학교 수료증을 먼저 보여주도록 강요받지 않는 첫 번째 국가, 법적으로 사람들이 예배를 올리건 올리지 않건 마음대로 할 수 있는 첫 번째 국가가 되었다.

　그러나 여기서도 오스트리아처럼 (혹은 이 문제에 관한 한 다른 어디서나 마찬가지로) 보통 사람은 지도자에 비해 한참 뒤처져서 이미 닦인 길에서 조금이라도 벗어나기 시작하면 따라잡을 수가 없었다. 많은 주州에서 주류 종파에 속하지 않는 거주자들에게 계속해서 어떤 식으로든 불이익을 부과했고, 뿐만 아니라 시민도 뉴욕 사람, 보스턴 사람, 혹은 필라델피아 사람으로서 자기들의 개인적인 능력이 닿는 한 마치 자기들 헌법을 한 줄도 읽어보지 못한 것처럼 자신과 다른 관점을 가진 사람들에게 불관용의 태도를 보였다. 이 모든 것이 곧 토머스 페인의 경우에서 드러났다.

　톰 페인은 미국인들의 명분에 대단히 큰 공헌을 했다. 그는 혁명의 홍보 담당자였다.

　그의 태생은 영국인이었다. 직업은 선원이었다. 본능과 교육으로 말하자면 반역자였다. 식민지를 찾아가기 전에 그는 나이 마흔이 되었다. 런던을 방문하는 동안에 그는 벤저민 프랭클린을 만났고 "서쪽으로 가라."라는 훌륭한 조언을 들었다. 1774년에 벤저민 본인에게서 받은 추천장을 들고 그는 필라델피아로 가서 프랭클린의 사위인 리처드 베이쉬Richard Bache[4]가 〈펜실베니아 가제트 Pennsylvania Gazette〉[5]라는 잡지를 창간하는 것을 도왔다.

고질적인 아마추어 정치가로서 톰은 곧 인간의 영혼을 시험하는 여러 가지 사건에 휘말렸다. 그리고 남달리 질서정연한 정신의 소유자로서 그는 잡다한 미국식 불평거리들을 입수하여 짧지만 재미있는 소책자로 만들었는데, 이 책자는 전적으로 '상식'을 적용해서 읽기만 한다면, 사람들에게 미국의 명분은 정의로운 명분이며 모든 충실한 애국자들의 협조를 받을 가치가 있다고 확신시킬 만한 것이었다.

이 조그만 책은 즉시 영국으로 전해졌고 그다음에는 유럽 대륙으로 건너갔으며 그곳에서 많은 사람들에게 평생 처음으로 '미국이라는 나라'가 있다는 사실을 알려주었고 또한 그 나라에서는

---

4 1737-1811. 본래 영국 출신으로 필라델피아에 정착해서 해양 보험 관련 사업을 했다. 벤저민 프랭클린의 사위이며 프랭클린의 뒤를 이어 제2대 미합중국 우정 장관이 되었다.
5 〈펜실베니아 가제트〉는 잡지가 아니라 신문이다. 본래 1728년에 새뮤얼 케이머(Samuel Keimer)가 발간했는데 앞서 언급된 에프라임 체임버스의 《백과사전》을 연재할 계획이었다. 1729년에 벤저민 프랭클린이 신문을 사들였다. 프랭클린은 백과사전 발간 계획을 폐기하고 신문으로 발간했으며 여러 번 필명을 써서 본인의 글을 실었다. 이 중에는 유명한 피뢰침 실험에 대한 논설과 프랭클린 본인이 그린 미국 최초의 정치 만화도 포함된다. 리처드 베이쉬와 펜실베니아 가제트에 대한 본문의 내용은 원저자의 오류로 보인다. 베이쉬 가족은 잡지를 창간한 적이 없으나 리처드 베이쉬의 아들인 리처드 베이쉬 주니어(Richard Bache Jr.)는 〈프랭클린 가제트(Franklin Gazette)〉라는 미국 최초의 민주당 신문을 창간했다.

어머니 나라인 유럽과 영국에 전쟁을 선포하는 것을 훌륭한 권리
이자 신성한 임무로 여긴다는 것도 알려주었다.

혁명이 끝나자마자 페인은 영국인들에게 자신이 생각하는 영
국 정부의 부조리를 증명하기 위해서 유럽으로 돌아갔다. 때는 센
강의 강둑을 따라 끔찍한 일들이 벌어지던 시기였고, 점잖은 영국
인들이 대단히 심각한 불안감을 품고 영국 해협 건너편을 바라보
기 시작하던 시기였다.

또한 에드먼드 버크Edmund Burke[6]라는 어떤 사람이 공포에 질려
서《프랑스 혁명의 회상》이라는 책을 발간한 직후였다. 페인은 격
분하여《인간의 권리》를 저술해서 반격을 가했고 그 결과 영국 정
부는 그에게 반역죄로 재판을 받으라고 명령했다.

그 사이에 프랑스인 추종자들은 그를 의회에 선출했고 페인은
프랑스어라고는 한 마디도 몰랐지만 낙관주의자였기 때문에 이
영광을 받아들여 파리로 갔다. 그곳에서 지내다가 그는 로베스피
에르의 의심을 샀다. 언제라도 체포되어 목이 잘릴 수 있다는 것
을 알고 그는 서둘러 인생 철학을 담게 될 책을 끝마쳤다. 그 제목
은《이성의 시대》였다. 제1부는 그가 감옥에 잡혀가기 직전에 출
간되었다. 제2부는 감옥에 갇혀 있던 열 달 동안 썼다.

페인은 자신이 "인류의 종교"라고 명명한 '진실한 종교'에는
두 가지 적이 있는데 그 하나는 무신론이고 다른 하나는 광신이라

---

6 1729-1797. 아일랜드의 정치가. 런던으로 이주한 뒤 휘그당에 가입하여 하원의원을 역임했다.
사회의 도덕률을 유지하기 위한 종교의 중요성을 주창했다.

고 믿었다. 그러나 이런 생각을 표현하자 그는 사방에서 공격당했고, 1802년에 미국으로 돌아왔을 때 사람들이 너무나 깊고 가차 없는 증오심을 가지고 그를 맞이해주었기 때문에 "더러운 무신론 자"라는 평판은 그가 죽은 뒤에도 100년이 넘게 살아남았다.

그에게 아무 일도 일어나지 않은 것은 사실이었다. 그는 교수형도 화형도 당하지 않았고 형차에 매달려 사지가 찢기지도 않았다. 단지 이웃들에게 따돌림당하고, 용기를 내서 집 밖에 나가면 어린 소년들이 그에게 혀를 내밀어 놀리라는 부추김을 받았을 뿐이며, 그리하여 죽을 때 그는 혁명의 다른 영웅들을 헐뜯는 바보 같은 정치적 소책자를 쓰는 것으로 분노를 달랬던, 원한에 차고 잊혀버린 사람이 되어 있었다.

이것은 눈부신 서막의 가장 불행한 속편인 듯하다.

그러나 이것은 지난 2,000년의 역사 속에서 반복해서 일어났던 일의 전형이기도 하다.

공적인 불관용의 광기가 고갈되면 사적인 불관용이 시작된다.

그리고 공적인 처형이 끝나면 사적인 폭력lynch이 시작된다.

30

...

지난 100년

12년 전이라면 이 책을 쓰기가 상당히 쉬웠을 것이다. "불관용"이라는 말은 그 당시 대부분의 사람들에게 거의 전적으로 "종교적 불관용"이라는 개념과 동의어였으며 역사학자가 "아무개라는 사람은 관용의 투사였다"라고 쓰면 일반적으로 아무개가 평생동안 가톨릭 교회의 악습과 직업적인 사제들의 횡포에 맞서 싸웠다는 뜻으로 받아들여졌다.

그러다 전쟁이 터졌다.

그리고 세상에서 많은 것이 변했다.

한 가지 불관용의 체제 대신에 열두 개가 생겨났다.

인간이 동료 인간에게 저지르는 한 가지 형태의 잔혹함 대신에 100가지가 생겨났다.

그리고 이제 막 종교적 편협함의 공포를 없애기 시작한 사회에서는 10년 전만 해도 그런 게 존재한다고 짐작조차 하지 못했던 쓸모없는 형태의 인종적 불관용과 사회적 불관용과 수십 개의하찮은 형태의 불관용이 고통스럽게 발현되는 것을 끊임없이 참아야만 하게 되었다.

...

여태까지 진보를 일종의 자동 시계로 여기고 따로 태엽을 감아줄 필요 없이 때때로 찬성만 해주면 된다는 행복한 착각에 빠져서 살아왔던 많은 선량한 사람들에게 이것은 매우 끔찍해 보일 것이다.

그들은 슬프게 고개를 저으며 "헛되고 헛되도다, 모든 것이 헛되도다!"라고 속삭이며 계속 학교에 가면서도 절대로 배우려 하지 않는 인류의 고집스러움에 대해 불쾌한 말들을 중얼거린다.

그러다가 완전히 절망에 빠져서 그들은 빠르게 늘어나는 영적인 패배주의자 계층에 서둘러 참여하고, (자기 등에 얹힌 짐을 다른 사람에게 옮겨볼까 해서) 이런 저런 혹은 또 다른 종교 단체에 의지하고, 가장 비탄에 찬 어조로 패배했다고 선언하고 물러나서 공동체의 일에 어떤 식으로든 더 이상 참여하기를 거부한다.

나는 그런 사람들을 좋아하지 않는다.

그들은 그저 겁쟁이가 아니다.

그들은 인류의 미래를 배신하는 사람들이다.

...

이제까지는 그럭저럭 잘해왔다고 쳐도, 만약에 해결책이라는 게 있다면 그 해결책은 무엇인가?

스스로 솔직해지도록 하자.

그런 건 없다.

최소한, 손쉬운 결과를 요구하면서 이 지구상의 모든 어려움을 수학 공식이나 의약품 혹은 의회 법안에 힘입어 빠르고도 편안하게 해결하기를 기대하는 사람의 눈에는, 없다.

그러나 역사를 영원이라는 관점에서 보는 데 익숙하고 문명은 20세기에서 시작하거나 끝나는 게 아니라는 사실을 아는 우리들은 좀 더 희망적이다.

우리가 요즘 너무나 많이 듣는 절망의 악순환("인간은 언제나 그런 존재였다", "인간은 언제나 그런 존재일 것이다", "세상은 변하지 않는다", "모든 일은 4,000년 전과 똑같이 그대로이다")은 존재하지 않는다.

그것은 눈의 착각이다.

진보의 노선은 종종 중단되기도 한다. 모든 감정적인 편견을 접어두고 (구체적인 증거를 다소라도 가지고 있는 유일한 기간인) 지난 2만 년 동안의 기록을 근거로 냉정하게 판단해보자. 그러면 거의 말로 할 수 없는 야만성과 미숙함의 상태로부터 벗어나 지나간 일들보다 끝없이 더 고귀하고 더 좋은 앞날을 약속하는 상태로 느리지만 확실하게 올라가고 있다는 사실을 눈치챌 수 있다. 그리고 제1차 세계대전이라는 무시무시한 대실수조차도 이것이 진실이라는 확고한 신념을 흔들 수 없는 것이다.

· · ·

인류는 거의 믿을 수 없을 정도의 생명력을 가지고 있다.

인류는 신학을 이기고 살아남았다.

때가 되면 산업화를 이기고 살아남을 것이다.

인류는 콜레라와 흑사병과 하이힐과 청교도의 엄한 법률을 이기고 살아남았다.

그리고 현 세대를 찍어 누르는 여러 가지 정신적인 악을 극복하는 법도 배울 것이다.

. . .

역사는 자기 비밀을 밝히는 걸 좋아하지 않아서 이제까지 우리에게 단 한 가지 위대한 교훈을 알려주었다.

인간의 손으로 이룬 것은 역시 인간의 손으로 허물어뜨릴 수 있다.

그것은 용기의 문제이며, 용기 다음으로는 교육의 문제이다.

. . .

이것도 물론 진부한 이야기처럼 들린다. 지난 100년간 우리는 '교육'이라는 말을 귀에 못이 박히도록, 그 단어가 지긋지긋해질 때까지 들었으며, 사람들이 읽을 줄도 쓸 줄도 몰라서 넘쳐나는 지적 에너지를 가끔 혼자서 생각하는 시간에만 사용했던 그 시절을 그리운 눈으로 돌아보고 있기 때문이다.

여기서 내가 말하는 '교육'이란 현대의 어린이에게 필요한 정신적인 균형추로 여겨지는 여러 가지 사실의 단순한 축적물을 뜻하는 것이 아니다. 그보다 내가 생각하는 것은 과거에 대한 자비롭고도 관대한 지식에 기반하여 현재를 진실로 이해하는 일이다.

이 책에서 나는 불관용이란 그저 군중의 방어 본능 발현일 뿐이라는 사실을 증명하려 했다.

한 무리의 늑대는 (약하건 강하건) 나머지 무리와 다른 늑대를 용인해주지 않게 마련이며 반드시 이 거슬리고 달갑지 않은 동료를 없애버리려고 든다.

야만인의 부족에서는 그 독특한 개성으로 신들의 분노를 일으켜서 온 마을에 재앙을 가져올지도 모르는 위협적인 인물을 용인하지 않아서 황무지로 잔혹하게 내쫓기 마련이다.

그리스 공화국에서는 공동체가 성공할 수 있었던 가장 기본이 되는 밑바탕을 감히 의심하는 시민을 그 신성한 성벽 안에 보호할 수 없었고 그래서 불관용의 빈약한 폭발로 이 거슬리는 철학자를 독살이라는 자비로운 죽음에 이르게 했다.

로물루스 시절부터 필수 불가결한 것으로 여겨졌던 특정한 법규를 선의의 열성분자 무리가 마음대로 어기도록 허용했다면 로마제국은 살아남을 수 없었을 것이며, 그래서 로마제국은 그다지 내키지 않지만 오랜 자유주의적 초연함의 정책을 완전히 벗어난 불관용의 행위를 하지 않을 수 없었다.

고대 제국의 물질적 영토를 영적으로 상속받은 가톨릭교회는 가장 천한 백성조차도 절대적으로 의심 없이 복종할 때에만 그 존재를 계속 유지해나갈 수 있었다. 때문에 그처럼 극도로 잔인한 박해와 억압을 자행해야 하는 지경에 몰려서, 많은 사람들이 그리스도 교도의 자비보다는 터키 사람의 무자비함이 낫다고 생각했다.

교회의 독재 정치에 대항하는 위대한 반란군들은 수천 가지 어려움을 짊어진 채 모든 정신적인 혁신과 과학적 실험을 용인하지 않는 태도를 보일 때에만 질서를 유지할 수 있었고, '개혁'의 이름으로 그들의 적이 이전의 권력과 영향력을 대부분 잃는 원인이 되었던 바로 그 똑같은 실수를 저질렀다(혹은 저지르려고 했다는 편이 옳겠다).

그리고 그렇게 시대를 거쳐 이어져서, 삶은 영광스러운 모험이 될 수도 있었지만 결국 끔찍한 경험이 되었고, 이 모든 일은 인간 존재가 이제까지 공포라는 감정에 전적으로 지배당하고 있었기 때문에 일어났다.

. . .

반복해서 말하지만, 두려움은 모든 불관용의 바닥에 깔려 있기 때문이다.

어떤 형태와 종류의 박해든 그 이유는 두려움이며, 그 격렬한 정도가 바로 단두대의 칼날을 쳐들거나 화형대에 새 장작을 던지는 사람들이 겪는 고뇌의 정도를 알려준다.

. . .

우리가 이 사실을 인정하면 어려움을 해결할 방법은 즉각 모습을 드러낸다.

인간은 공포의 영향을 받지 않을 때는 공정함과 정의의 편이 되려는 성향을 강하게 드러낸다.

이제까지는 인간이 이 두 가지 미덕을 실천할 기회가 거의 없었다.

나는 절대로 이것이 지나치게 문제가 된다고는 생각하지 않는다. 그것은 인류의 발전에 꼭 필요한 일부이다. 그리고 인류는 어리다. 절망적으로, 거의 웃음이 날 만큼 어리다. 겨우 몇 천 년 전에 독립적인 행보를 시작한 포유류에게 나이 들고 경험이 쌓일 때만 얻을 수 있는 미덕을 요구하는 것은 타당하지도 공정하지도 않아 보인다.

더구나 그것은 우리의 관점을 왜곡시킨다.

그 때문에 우리는 침착해야 할 때에 짜증을 내게 된다.

그 때문에 우리는 불쌍하다는 감정만 느껴야 할 때에 심한 말을 하게 된다.

. . .

이런 책의 마지막 부분에서는 불행의 예언자 노릇을 떠맡아서 아마추어 설교에 조금 탐닉하고 싶은 진지한 유혹이 종종 도사리고 있다.

절대로 안 된다!

인생은 짧고 설교는 대체로 길게 마련이다.

그리고 100단어 이내로 요약할 수 없는 이야기라면 아예 안 하는 편이 낫다.

· · ·

우리 역사가들은 한 가지 굉장한 오류를 범했다. 선사 시대를 말하고, 그리스와 로마의 황금 시대를 이야기하고, 암흑이었다고 하는 시대에 대해서 헛소리를 하고, 우리가 사는 현대의 가지가지 영광에 대한 광시곡을 작곡한다.

만약 혹시라도 이 학식 깊으신 박사님들께서 이제까지 그처럼 예쁘게 다듬어놓은 그림에 들어맞지 않는 어떤 특징을 발견하면, 그들은 겸손하게 사과하며 우리의 불행하고 야만적인 혈통의 일부이지만 여행 마차가 기차에 자리를 내주었듯이 시간이 지나면서 틀림없이 사라지게 될 어떤 바람직하지 못한 특성에 대해서 중얼거린다.

그것은 모두 아주 예쁘기는 하지만 사실이 아니다. 그렇게 하면 우리가 고대의 상속자라는 믿음을 부채질하여 자존심을 북돋워주기는 할 것이다. 영적인 건강을 위해서는 우리 자신이 누구인지 정확히 아는 편이 낫다. 우리는 동굴에서 살았던 친구들과 동시대인이며 담배와 포드 자동차를 가진 신석기인이고 엘리베이터를 타고 집으로 가는 암굴 거주민들이다.

왜냐하면 그렇게 이해해야만, 그리고 그렇게 이해할 때만, 우리는 미래라는 거대한 산맥 너머에 아직도 숨어 있는 그 목표를 향해서 첫 걸음을 뗄 수 있을 것이기 때문이다.

···

이 세상이 공포에 지배당하는 한 황금 시대와 현대 시대와 발전에 대해 이야기하는 것은 그저 시간낭비일 뿐이다.

불관용이 자기보존의 법칙에 있어 필요불가결한 일부로 남아 있어야만 하는 때에 관용을 요구한다는 것은 거의 범죄에 가까운 일이다.

관용이 법칙이 되고 불관용은 무고한 포로를 학살했다거나 과부를 불태워 죽였다거나 인쇄된 책장을 맹목적으로 숭배했다는 것과 마찬가지로 전설로 남는 때가 올 것이다.

만 년이 걸릴 수도 있고, 10만 년이 걸릴 수도 있다.

그러나 그날은 올 것이며, 그날은 역사에 기록되는 첫 번째 진정한 승리, 인간이 자신의 공포를 넘어서는 승리의 순간을 바로 뒤따르게 될 것이다.

에필로그

. . .

해피엔딩은 아닌 것 같지만

출판사에서 편지가 왔다. "귀하의 책《관용》은 1925년에 출판된 책입니다. 하지만 이제 사실상 고전이 된 만큼, 좀 더 대중적인 판본으로 '보급판 가격'을 매겨 재출간했으면 합니다." 편집기술상 책을 다듬는 데 별 문제가 없다면, 내가 에필로그를 덧붙여도 괜찮지 않을까?[1] 어쩌면, 지난 10년간 왜 '관용'의 이상이 처절하게 무너졌으며, 왜 우리가 살고 있는 이 시대가 증오심과 잔인함과 편견으로 가득해졌는지 설명을 시도할 수 있을는지도 모른다. 일이 이렇게 된 데에는 분명 원인이 있을 것이다. 만약 원인이 있다면, 그리고 내가 그것을 안다면, 말해볼 수 있지 않을까?

나는 출판사에 답장을 보냈다. 고귀한 여신 '관용'의 참담한 주검을 수습해야 하는 이 업무가 결코 즐거운 일은 아니지만, 분명

---

1 반 룬은 1925년에 《관용》 초판을 냈다. 당시, 그는 인류 역사에서 다방면에 걸쳐 관용의 확대와 발전을 낙관하는 내용으로 마지막 장 '…그리고 2년 후'를 썼다. 전체 내용의 시간적 흐름으로 볼 때 30장에서 무리 없이 이어졌던 부분이라 하겠다. 그러나 전체주의가 확산되고 있던 1940년에 《관용》을 다시 내면서, 그는 지난 15년의 역사적 현실을 보충해야만 했다. 관용의 대의를 포기한 것은 결코 아니지만, 본문에서 밝힌 대로 25년판의 31장 내용은 사실상 어울리지 않게 되었던 것이다. 그리하여, 그는 25년판의 마지막 장을 삭제하고 에필로그 형식으로 이를 보충하여 31장을 마무리한다.

하긴 해야 하는 일이며 그 일에 의무감을 느끼고 있다고 말이다.

하지만 난감한 문제가 생겼다. 이 책의 어디쯤에서 15년 전의 작품과 작별 인사를 하고 새로운 에필로그를 보태는 게 좋을까(보태야 할까).

출판사는, 확신에 찬 희망과 환희의 구절로 마무리했던 마지막 장을 빼고 거기에 새로운 에필로그를 넣으면 어떻겠냐고 제안했다. 정확한 지적이었다. 왜냐하면 지금은 축하할 일이 전혀 없는 시대고, 베토벤 9번 교향곡 〈환희의 합창〉보다는 차라리 3번 교향곡 〈에로이카〉의 장송곡이 맺음말에 더 걸맞을 형편이니 말이다.

하지만 곰곰이 생각한 결과, 그것은 문제를 접근하는 올바른 방법이 아니라는 결론에 이르렀다. 출판사와 마찬가지로, 나 역시 우리의 가까운 미래에 대해 매우 비관적이다. 하지만 이 책은 꽤 오래 읽힐지도 모른다. 먼 훗날 미래의 세대에게, 1925년이 어떻게 우리에게 더 행복하고 더 고상한 미래의 비전을 제시해주었는지, 반면에 1940년은 어떻게 이 고귀한 열망을 완전히 산산조각 냈는지, 원인이 무엇인지, 이러한 재앙을 초래한 우리의 과오는 무엇이었는지 전해줄 필요가 있다.

출판사와 잠깐 편지를 주고받으면서 상식선에서 해결하겠다는 나의 생각을 설득할 수 있었다. 이제 나는, 새로 쓴 이 에필로그를 보태어 이 책을 최종판으로 삼고자 한다.

· · ·

지난 7년은 마녀들의 가마솥과 다를 바 없던 세월이었다. 인간의 온갖 추악한 성질이 빚어낸 독약으로 가득 찬 마귀들의 가마솥. 그 독약은 (즉효가 있는 해독제를 만들어내지 못한다면) 우리 모두를 독살하고 말 것이다. 나는 이 무시무시한 용기에 마구 담겨진 내용물의 성분 분석에 착수하면서, 악취로 온 지구를 뒤덮고 있는 이 물질을 만든 근본적 책임자를 찾아 부지런히 검토하고 관찰해보았다. 그리고 그나마 남아 있는 소수의 민주주의자들과 마찬가지로 나 역시, 왜 이 저속한 요리사들이 이토록 많은 사람들에게 지지를 받고 있는지 그 이유가 의아하기 이를 데 없었다. 그들의 지지자들은 바로 이 사악한 아말감으로부터 광적인 희열감을 즐기면서, 아무런 해를 끼치지 않는 주변 사람들을 위협하는 데 열을 올리고 있다. 조상 대대로 이어져 내려온 선과 관용의 향기를 담은 스프를 즐기던 선량한 사람들이 그 추잡한 군중에 기꺼이 동참하지 않는다고 협박당하며 생명의 위협을 받고 있다. 도대체 어떻게 해서 이러한 일이 벌어진 것일까. 고민에 고민을 거듭한 끝에, 다음과 같은 생각을 하게 되었다.

･ ･ ･

　　문제의 본질을 보기 위해서, 최근까지 뉴욕 올버니의 정치인이었고 지금은 엠파이어스테이트 빌딩의 대표인 현명하고 훌륭한 앨프레드 E. 스미스 선생처럼 해보면 어떨까. 일단 기록된 역사를 살펴본 후, 무슨 일이었는지 알아보기로 하자.

여기서 논지를 조금 벗어나긴 하지만, (잠시 후 여러분이 알게 될) 우리가 풀고자 하는 퍼즐과 밀접한 관련이 있는 질문을 하나 던지고자 한다. 여러분은 혹시 개나 고양이, 혹은 다른 반려 동물을 키우면서 이들이 주인의 가족이나 주인집 마당을 대하는 태도를 관찰해본 적이 있는가. 만일 그런 경험이 있다면, 말없는 이 동물들이 선천적으로, 혹은 본능적으로, 혹은 후천적으로, 혹은 이 모든 요소가 합쳐져서 '자기 고유의 영역이나 특권'을 의식하고 지키려고 노력하는 것을 목격한 적이 있을 것이다. 가령 주인의 아이들이 꼬리를 당기며 놀거나 털을 한 주먹 뽑아도 아무렇지 않던 경찰견이, 다른 귀여운 아이가 '자신의' 영역인 잔디에 발을 들여놓으면 바로 무섭게 으르렁거리는 장면. 자그마한 닥스훈트는, 옆집 엘크하운드가 분명 자신을 물어뜯고 찢어 죽일 수도 있음을 알면서도, 옆집 개가 자신이 정해놓은 주인의 영역을 넘보기라도 하면 그 무시무시한 놈에게 덤벼들려고 한다. 자기 몸 편한 것 외에는 아무것도 생각하지 않는 듯이 보이는 고양이조차도, 이웃의 고양이가 자신의 난롯가를 엿보려고 하면 바로 흥분하여 으르렁거린다.

정글의 관습과 문화에 익숙한 맹수 수렵가의 말에 따르면, 동물은 집단 본능이 너무나 강해서 자기 종족에 외부자가 끼어드는 것을 절대로 허락하지 않는다고 한다. 부족의 전력戰力이 급속하게 쇠약해지고 있어서 외부자의 힘이 생존에 큰 도움이 되는데도 말이다. 말 없는 물고기의 심리를 잘 이해한다고 자부하는 사람들의 의견도 비슷하다. 냉혈 동물도 낯선 타자를 관용하는 문제에 있어 유사한 행동양식을 보인다고 한다. 어떤 물고기는 강가의 바위 사이 특정 장소에서 자리를 잡고 쉬어도 되지만, 다른 물고기는 절대로 접근하면 안 된다는 식으로 말이다.

내가 동물학에 정통한 사람은 못되지만 그래도 '호모 사피엔스'에 관해서는 약간 지식이 있는 편인데, 소위 역사시대(인간이 자신의 사고와 행동을 기록으로 남겼던 그 짧은 시간)의 인간 행동 기록을 연구하면서 발견한 것이 무엇이었는지 아는가? 인간은 원래부터 '군집 동물'이어서 자신의 고유한 신앙, 편견, 선입관, 공포, 희망, 이념 등을 공유하는 특정한 배타적 무리에 속하지 않고서는 결코 행복하게 지내지 못한다는 점. 그것이 내가 발견한 바다.

물론 가끔 경제적 필요에 의해, 인간 무리가 자신과 적대적인 다른 부족을 수용하는 정치적 행동을 하는 경우가 있긴 있다. 하지만 그 합의가 영구적으로 지속된 적은 한 번도 없었다. 적지 않은 재난이 일어날 때마다 많은 사람들을 초지일관 하나로 묶어주었던 것은, 선명하게 내세울 수 있는 공통의 신앙, 공통의 편견, 공통의 편애, 공통의 공포와 희망, 공통의 이상이었다.

쿠푸 왕과 함무라비 시대부터 히틀러와 무솔리니에 이르기까지 남아 있는 기록을 보라. 항상 어디서나 똑같은 이야기였다. 모든 집단과 모든 부족, 모든 씨족, 거의 모든 가문 들이 자신들은 이웃과 다른 특별한 존재임을 주장하고 있다. 자신들은 다른 모든 이들보다 월등히 우수하기에, 함께 소통하거나 공통의 행동을 취할 아무런 이유가 없다는 것이다. 다들 잘 알고 있는 예를 하나만 들어보자.

태초부터 지구상의 모든 민족은 자신을 어떻게 불렀을까? 놀랍게도 많은 경우, '유일한 사람들' 혹은 '선택받은 사람들', 아니면 정말 터무니없게도 '하나님의 유일한 백성들'이라고 불렀다. 그저 비천하고 힘없는 농부였던 이집트인도 스스로를 '유일한 사람들'이라고 여겼다. 유대인은 스스로를 '하나님의 유일한 백성들'로 생각했다. 핀란드의 공식 명칭은 '수오미'인데, 핀란드 말로 '사람들'이라는 뜻이라고 한다(내가 알기로는 그렇다). 태평양에는 우리가 잘 알고 있는 타히티 사람들 말고도 수많은 부족이 있는데, 다들 자기 부족을 '사람들'이라고 부른다. 폴리네시아에서 서아시아, 북아프리카, 북유럽에 이르기까지 서로서로 사는 곳은 멀리 떨어져 있다. 각 지역에 사는 여러 인종은 공통적인 것이 아무것도 없다. 단 하나도. 하지만 자신들만 중요한 민족이라 여기고, 나머지 다른 인류는 낯설고 예의 없는, 그러니 멸시하고 없애버려도 되는 존재로 여기고 경멸한다는 점에서는 이들이 모두 다 똑같다.

언뜻 보면 그리스인은 이런 놀라운 법칙에서 예외였던 것 같다. 그러나 자신들은 순수한 헬라 민족의 직계고 대홍수에서 유일하게 살아남은 데브칼리온과 피라의 자손이라고 자랑스럽게 주장했던 것을 보면, 그리스인도 자기 민족 구성원을 다른 민족과 구분하여 특별히 존중했음을 알 수 있다. 또한, 비그리스인들을 모두 야만인Barbarians[2]이라고 불렀던 것으로 미루어, 그리스인들은 헬라인이 아니면 모두 열등한 외국인으로 치부하고 매우 얕잡아

---

2 그리스어로는 babarous. 이상하고 낯설고 거칠고 천하고 무지하다는 뜻.

보았음을 짐작할 수 있다. 모든 면에서 월등히 우수하고 사고의 편견이 없었던 유명한 과학자나 철학자 들도 외국인을 무시하기는 마찬가지였다. 적어도 자민족 중심적이라는 면에서 보자면, 그리스학자나 무지한 오스트레일리아 원주민이나 아무 다를 것이 없었다. 원주민들은 숫자라고는 1, 2, 3 밖에 모르지만, 자기들더러 누구냐고 물어보는 초기 유럽 방문객에게 바보 같은 질문이라고, 자신들은 당연히 '유일한 사람들'이라고 우쭐해하며 알려줬다.

우리가 아는 한, 로마인은 이렇듯 불쾌한 형태로 교만함을 드러내지는 않았다. 자신들이 이웃 종족보다 못하다고 생각했기 때문이 아니다. 말도 안 되지! 로마인들은, 현대 영국인들처럼, 자신들이 우수한 민족인 게 너무나 당연했기 때문에 굳이 그것을 의도적으로 강조할 필요를 못 느꼈을 뿐이다.

그들은 로마인이었다. 그것으로 충분했다. 모든 사람이 당연하게 알고 있는 이 명백한 사실을 두고 공연한 소동을 벌인다면, 좋은 모양새만 구길 수 있으니 그럴 필요가 없었다. 로마인은 품위나 체통이 구겨지는 것을 싫어했다. 적어도 이런 일로는 말이다.

. . .

여러 부족과 국가로 하여금 자신들이야말로 '진짜 사람'이라 불릴 만하다고 여기도록 부추겼던 혈통과 인종에 대한 이야기는 이쯤 해두자. 그러나 이는 빙산의 일각일 뿐이었다. 배타성과 우월성이라는 이상한 인종관념이 있는 곳에는 어김없이 종교나 도덕, 관습 등 다른 중요한 분야에서도 그만큼의 편협한 확신이 함께 나타났다. 그 결과, 크건 작건 모든 집단은 늘 빈틈없이 방어된 자족적인 작은 성채 안에서만 살았으며, 튼튼히 세운 편견과 편협의 방벽으로 외부나 외국의 세력을 차단했다.

미국은 독립 이후 처음 150년 동안, 이런 식의 통탄할 상황이 극단적으로 나타나는 위험을 얼마간 피할 수 있었다. 물론 전혀 자랑거리가 못 되는 청교도의 불관용이 있긴 했지만 말이다. 그러나 개척지의 변경邊境이 사라지고 사람들이 빠른 속도로 현실에 안주하는 지금의 상황을 보면, 우리는 우리보다 오래된 다른 종족의 역사에서 별로 교훈을 얻지 못한 것 같다. 바로 여기, 우리의 땅에서 여러 인종 단체가 굳게 뭉쳐, 마치 권리장전에 대해서는 아무것도 들어보지 못한 사람들인 양 자신들만의 금기를 강화하고 있다. 여러 종교 단체는 언론의 자유에 대해 언급한 헌법을 읽어보지도 못한 것처럼, 자신의 신도에게 무엇을 생각하고 읽어야 하는지 명령할 뿐만 아니라, 모든 국민이 선거로 뽑은 대표자들이 만든 이 땅의 헌법을 어기면서까지 그들만의 법률을 만들었다. 그리고 바로 눈앞에서 우리는(조금만 신경 쓰면), 편협한 종교적 패거리주의나 인종적 패거리주의가 발전하고 있는 것을 목격할 수 있다. 1914년 전쟁이 발발하기 전만 해도 중세 암흑기의 불운한 잔재라고 믿었던 것들이 버젓이 현실로 나타난 것이다.

우리가 너무 앞질러서 상황을 긍정적으로 전망했던 것은 분명하다. 지금은 가장 희망찼던 사람들까지도 지난 6년 동안 일어난 나치즘이나 파시즘, 볼셰비즘, 그 밖에 모든 종류의 뒤틀리고 치우친 국수주의와 인종주의와 이데올로기의 성장을 보면서 우리가 무슨 일이 일어나고 있는지 미처 알아차리기도 전에 세상이 거의 완벽한 중세 상태로 후퇴했음을 깨닫고 있다.

. . .

이는 분명 유쾌한 발견은 아니다. 그러나 어느 프랑스 장군이 바로 얼마 전에 철학적으로 표현했듯이(그것도 거의 예언과 같이) "사람들은 신경 쓰지도 않을 것이고 변화하지도 않을 것이니, 불쾌한 사실을 두고 굳이 화낼 필요가 전혀 없다." 자, 그래도 우리가 용기를 내서 달갑지 않은 현재 상황을 직시하고, 논리적인 방책을 세워본다면 무엇부터 해야할까.

. . .

넓은 의미의 관용은 지성이 풍부하게 발달한 사람들만 가질 수 있는 사치품이었다. 정신적인 면에서 보자면, 인간 세상 전체를 폭넓고 다양하게 조망하는 사람들만 가질 수 있는 것이었다. 덜 개화된 동료의 편협한 편견과는 너무나 다른 사고방식. 내가 이 책 앞부분에서 언급했던 우리들의 친구, 퀸투스 아우렐리우스 시마쿠스처럼[3] 그들도 충분히 물어볼 수 있다. "왜 우리가 서로 영원한 적이어야만 하는가? 우리는 모두 같은 별을 바라보고 있다. 같은 행성에 사는 동료 여행자들이며, 같은 하늘 아래서 살고 있다. 해답에 이르는 길이 오직 하나여야 한다고 말하기에는 존재의 수수께끼가 너무나 큰 것인데."라고 말이다. 그러나 만약 우리가 고대 이교도의 이 고상한 말을 인용하여 지금 누군가에게 그렇게 말했다가는, 불관용적인 지도자를 열성적으로 따르는 추종자들에게 당장 돌멩이와 막대기로 두들겨 맞고 호령을 듣게 될 것이다. 그들은, 구원의 길은 오직 하나(자신들의 길)뿐이며 이 좁은 길을 따르지 않는 사람들은 영원한 지옥에 떨어지게 된다고 주장하고 있다. 그러니 사람들이 의혹을 품은 이들에게 영향을 받아 '유일하게 공인된 완벽한 지도'에 없는 새로운 길을 시도하지 못하도록, 일러준 길에서 벗어난 사람들은 마땅히 가혹한 탄압을 받아야 하는 것이다.

퀸투스 아우렐리우스 시마쿠스는 4세기에 살았던 사람이다. 그 후로도, 고귀한 정신을 가진 사람들은 종교적, 인종적으로 중립적인 태도를 변호하려고 때때로 목소리를 높이곤 했다. 이따금 (아주 짧은 기간이었지만), 그들은 모든 사람이 각자 원하는 대로 생각하고 자신의 방식대로 구원을 얻도록 허용하는 공동체를 세우는 일에 성공하기도 했다. 그러나 그러한 관용의 태도는 하나같이 위에서 내려왔다. 그것이 아래에서부터 이루어진 적은 한 번도 없었다. 그러기는커녕 아래에서는 이웃을 눈뜨게 할 다른 방법이 도무지 보이지 않으면 이웃에게 자신의 관점을 강요하고 억

---

3 본서 4장 '신들의 황혼' 103쪽을 보면, 로마 원로원의 기독교인 의원과 비기독교인 의원 사이에 다툼이 일어나자 시마쿠스가 화해를 제안하며 이렇게 말한다.

지로라도 자신의 의견에 따르도록 무력으로 밀어붙이는 일이 벌어졌기 때문에 유혈사태를 막기 위해 종종 시민 경찰이 출동해야만 했다.

참되고 좋은 의미에서의 철학자들, 즉 세상의 경험이 풍부한 (역시 가장 좋은 의미에서) 사람들이 미합중국을 세웠다는 사실은 모든 미국인이 영원토록 깊이 감사해야 할 부분이다. 건국의 아버지들은 초창기 열세 개 식민지주[4] 특유의 광적인 파벌주의와는 거리가 먼 사람들이었다. 그러나 세대가 거듭되면서, 선조들이 '이성理性의 지배'를 이루려고 했던 정의의 땅에 수백만의 가난한 유럽인들이 밀려들어 왔다. 이들은 튼튼하고 힘센 노동력(하지만 그다지 소용없는)을 가져왔을 뿐만 아니라, 예로부터 내려오던 편견과, 자신들의 견해가 옳다는 교조적인 선입견, 모든 문제에 있어서 자신의 의견만 고수하고 다른 건 아무것도 받아들이려 하지 않는 자세까지도 함께 가지고 왔다.

구제불능으로 낙천적인 사람들과 넘치는 천연자원(그때만 해도)이 있었기에, 당연히 이 모든 문제는 미국사회라는 인종과 문화의 '용광로'가 해결해주리라 믿었다. 그러나 어떤 물질을 녹이려면, 끊임없는 감시와 주의가 필요하며 무척이나 느리고 복잡한 과정을 거쳐야 한다. 더군다나 사람의 영혼은 다른 어떤 물질보다도 완강하여 잘 녹지 않는다. 결과는 오늘날의 상황으로 나타났다.

---

4 1606년 영국이 버지니아 일대에 식민지를 건설한 후, 1620년 종교박해를 피해 청교도 신자들이 지금의 매사추세츠 주에 상륙한다. 이후 1733년까지 북아메리카 대서양 연안에 세워졌던 열세 개의 영국 식민지를 말한다.

자동소총과 집단 수용소로 무장한 현대판 불관용의 승리는, 지하 감옥과 서서히 달궈지는 화형판을 동원하여 이단자들을 '설득'하려고 나섰던 중세 시대의 승리라 할 수 있다.

...

이쯤 되면 질문이 하나 떠오른다. 우리는 과연 무엇을 할 수 있을까? 몇 페이지 앞에서 말했듯이, 나는 불쾌한 사실을 감추려고 우리 눈을 가리는 방식의 정책은 믿지 않는다. 그렇기에, 적어도 잠시 동안은 현재의 통탄할 상황을 바꿀 건설적인 일은 거의 아무것도 할 수 없을 것이라는 불행한 결론을 내리게 되었다. 상황을 받아들이되 미래에 대한 계획을 서서히, 그러나 정교하게 세워나가는 것 외에 달리 방도가 없다. 이것만은 분명하다. 두 번 다시 우리가 불시에 기습을 당해서는 안 된다. 지난 6년간 우리의 문명을 굴복케 했던 여러 충격이 앞으로도 계속 이어진다면, 다시 일어설 희망조차 사라질 수 있기 때문이다.

...

1914-1918년의 전쟁은 허리케인과 같았다. 그 전쟁은 공동체의 많은 지역을 파괴했을 뿐만 아니라, 너무 많은 사람을 죽이거나 헐벗게 해서 적절한 기간 내에 전쟁 피해 복구가 불가능할 정도였다. 재난에서 죽지 않고 살아남은 사람들은, 부서진 이웃집의

잔해를 이용하여 자기 집을 수리하는 데에만 관심을 쏟았다. 결국 폭격이 심했던 동네의 황폐한 골목길은 정상적이고 건강한 삶이 완전히 불가능한 곳이 되었다. 여기저기 아수라장이 된 음침한 지하실에서, 어디서 왔는지 아무도 모르는 기묘하고 병약한 사람들이 다른 부랑자들을 모으기 시작했다. 그리고 자신들이 지어낸 많은 교리를 강론하기 시작했다. 그 교리는 이들이 자라온 음침한 정글, 건강하고 이성적인 삶의 철학이 발전할 기회가 조금도 없었던 그 정글의 직접적인 산물이었다.

재건과 복구의 시기가 어느 정도 지나간 지금, 우리는 그 시기를 좀 더 제대로 조망할 수 있게 되었다. 무엇보다도, 1차 대전 이후의 세계는 신선한 공기와 햇빛, 좋은 음식이 필요했는데 남은 것이라고는 굶주림과 절망밖에 없었다. 이것이 바로, 새로운 유독성 교리들이 생기고 자라난 이유다. 이들을 보면, 3세기나 4세기의 쇠락하던 소아시아 해안 도시들, 그 악취 나는 좁은 골목길에서 발전했던 말도 안 되는 신조信條들이 바로 떠오른다.

그러나 우리 시대의 새로운 구세주를 따르는 반쯤 굶은 신도들이 마침내 억압에서 벗어나 상대적으로 평화롭던 우리 마을로 침입했을 때, 우리는 1,700년 전의 알렉산드리아 사람들만큼이나 무방비 상태였다. 1,700년 전, 인근 사막에 살던 과격한 은둔자들은 폭도가 되어 알렉산드리아 대학으로 쳐들어갔다. 알렉산드리아 대학의 철학자들이 '관용'이라는 신조를 가르치고 이해하는 것이 몹시 불쾌했던 것이다. 그런 교육은 유일한 진리를 믿는 은자들의 시각으로 볼 때 저주받아 마땅한 일이었다. 그런데 지금 우리가 바로 당시의 알렉산드리아 사람들만큼이나 무방비 상태다.

· · ·

그렇다. 우리는 그때도 놀라움을 금치 못했고, 지금도 역시 놀라고 있지만 무얼 어찌 해야 할지 모르고 있는 듯하다. 지구를 온통 휩쓸어버린 '편협함'과 '폭도 기질'이라는 유행병을 진압하기에는 이제 너무 늦어버렸다. 하지만 용기를 내야 한다. 적어도 그 정체가 무엇인지는 파악해야 한다. 지금 이 현상은, 수면 아래 잠복해 있던 인간의 오래된 특질이 수면 위로 급부상할 좋은 기회가 오자 이때다 하고 현대적으로 발현한 것이 아닌가. 기회다 싶으면, 이들은 의기양양하게 복귀할 뿐만 아니라, 오랫동안 억눌린만큼 이전보다 훨씬 더 위험한 존재가 되어 폭력적이고 격렬하고 잔인하게 행동했다.

그것이 바로, 오늘날 우리를 두렵게 하는 광경이다. 우리 자신은(광대한 대서양 덕분에!) 아직, 최근에 유럽에서 일어난 인종적, 종교적 광기가 가져온 최악의 결과[5]로부터 상대적으로 안전하다. 그러나 우리가 끊임없이 스스로를 지키지 않는다면, 유행병은 분명히 미국 해안에도 상륙할 것이고, 중부 유럽의 모든 문명과 예절의 흔적을 남김없이 없애버렸던 것처럼 우리의 문명과 예절도 그

---

5 1940년 6월, 유럽에서는 폴란드와 북유럽을 점령하고 있던 히틀러가 프랑스를 침공하고, 무솔리니도 프랑스와 영국에 선전포고를 하면서 전선이 확장된다.

렇게 파멸시킬 것이다.

방금 전 나는 스스로 물어보았다. "과연 우리가 무엇을 할 수 있을까?" 내가 아는 한, 냉정함을 유지하고 만반의 준비를 하는 것 말고는 할 수 있는 게 별로 없다. 말만으로는 안 된다. 우리가 유럽에서 벌어지는 정신적, 감정적 소동보다 우월하다는 즐거운 백일몽은 붕괴 과정만 앞당길 뿐이다. 민주주의의 적들은 우리의 관대함과 인내를 나약한 것이라 오인하고 바로 공격을 할 것이다. 그러면 얼마 후 집단 수용소에 갇힌 우리는, 중부 유럽의 모든 민주정부가 바로 지금 우리처럼 대응하다가 멸망했음을 깨닫게 될 것이다. 관용과는 거리가 먼 정반대의 신조를 가진 사람들에게 관용을 말하고, 우리가 딛고 있는 토대 자체를 허물고 있는 흰개미들에게 '절대권리'에 대해서 사랑스럽게 재잘거리는 방식으로 말이다.

. . .

아니다. 내가 이해하는 바, 현재 상황에서 우리가 승리를 기대하며 직접적인 반격을 하기에는 너무 늦어버렸다. 우리는 적이 침입하도록 부추겼다. 우리는 적군을 너무나 보호해주었기에, 이제 적군은 그들을 보호해주었던 우리와 정면으로 맞설 수 있을 만큼, 보호자들이 아무런 자유 없이 목숨만 부지하면서 수치스러운 삶을 살도록 격하시킬 수 있을 만큼, 스스로 강해졌다고 생각한다. 그러나 지구상 어딘가에는 겉으로나마 자유가 남아 있는 곳이 아직 있을 것이다. 그곳에 사는 이들의 의무는(이는 절박하고 절대적인 의무다) 재건사업을 시작할 수 있을 때까지 스스로를 보존하고 유지할 수 있도록 정의와 평등에 대한 감각을 굳게 지키는 것이다.

아무도 이를, 패배주의의 표현이나 전쟁을 두려워하는 이의 충고쯤으로 여겨서는 안 된다. 절대로 그게 아니다! 사실은 사실로 인정해야 한다. 용서받을 수 없을 만큼 부주의하게 행동하고 용기를 내서 책임을 다하려하지 않았기 때문에, 우리는 너무나 많은 영토를 잃었다. 일시적으로 우리는 이 영토를 포기해야 한다. 그리고 새로운 계몽 운동을 준비해야만 한다.

이로써, 우리는 이전보다 훨씬 더 치밀하게 관용의 사용법을 갈고 닦는 임무를 부여받게 될 것이다. 우리의 안이한 무관심을 끝장내야만 한다. 그리고 무엇보다도 유럽에서 일어난 그런 일이 여기 미국에서는 일어날 수 없을 거라는 생각을 버려야 한다. 그런 일은 우리에게도 일어날 수 있을 뿐만 아니라, 이미 일어나고 있다. 그것도 매우 자주. 절망적인 전투에 소집된 군대의 가혹한 규율을 과감하게 받아들여서, 다시 한번 이성의 궁극적이고 항구적인 승리를 거두기 위해 전진하는 기쁨의 시간을 확고부동하게 준비해야만 한다. 이성만이 우리를 자유롭게 할 것이기에.

그리고 친구들이여, 이러한 계몽 운동이야말로 강인한 정신을 가진 일부 사람들이 자원해서 해야 할 일이다. 장담하건대, 지금까지 했던 운동 중에서 가장 어려운 운동이 될 것이나, 다른 모든 것을 무색하게 만들 보답으로 돌아올 것이다. 독선적인 우월감이 의혹이나 공포와 결합될 때마다 가장 소박하고 온화한 시민까지도 가장 잔인한 동물로, 관용이라는 이상의 용서 못할 적으로 바꿔었다. 이에 저항하는 영광스러운 전투에서 살아남은 이들은 인류의 진정한 은인으로 칭송될 것이며, 구시대적 편견의 속박에서 인류를 구원한 이로 칭송될 것이다.

1940년 8월.

올드 그리니치, 코네티컷 주에서.

헨드릭 빌렘 반 룬.

역자후기

. . .

〈관용〉에 대하여

2000년 9월, 이 책을 처음 번역 출간할 때 제목은 원제 그대로 〈똘레랑스Tolerance〉였다. 당시는 홍세화 선생님의 저서《나는 빠리의 택시 운전사》(1995)와《쎄느강은 좌우를 나누고 한강은 남북을 가른다》(1999)를 통해 '똘레랑스'라는 화두를 우리 사회에 던지던 중이었다. 그때 쓴 역자후기를 보니, 〈똘레랑스〉라는 단어가 낯선 독자들을 위해 이런 설명을 덧붙이고 있었다.

어쩌면 똘레랑스란, 완결된 의미의 사전 속 단어가 아니라 여전히 지난하게 진행 중인 과정에 놓여있는 하나의 이상이기에 그러한 지도 모르겠다.

'앙가주망'을 이제 더 이상 굳이 앙가주망이라고 표기하지 않고 '실천'이나 '참여'라는 말로 표현하듯이, 똘레랑스 역시 우리가 살고 있는 곳에서 언젠가는 '관용'이란 말로 토착화되기를 바란다. 단어의 토착화란 결국 그 의미가 삶 속에서 널리 퍼진 후에야 가능한 일이니. 적어도 똘레랑스라는 말이 담고 있는 함의와 태도가 우리 안에서 자신의 역사를 갖게 되기를 바란다. 그리하여, 후기 앞부분에서 지루하게 설명을 늘어놓았던 똘레랑스라는 표기가 과도기적인 표현으로 기억되기를.[1]

그로부터 17년. 이제는 '똘레랑스'가 무슨 뜻인지, '관용'이라는 우리말로 번역해도 그 의미가 잘 전달되는지에 대해 더는 설명할 필요가 없게 됐다. '우리 사회는 지금 관용적인가?'에 대해서는 각자 의견이 다를 수 있겠으나 적어도 '관용'이 어떠한 태도여야 하는지는 17년 전보다 훨씬 잘 알려져 있다. 그러니 '관용'이란 단어가 우리말글 속에 '똘레랑스'의 의미로 정착됐다고 보아도 좋을 것이다.

이번에 다시 책을 내면서 출판사측에서 《무지와 편견의 세계사》라고 제목을 바꿔보자는 제안을 한 것도 이런 배경에서였다. 〈관용〉이라는 말이 이제는 일상어로 너무 익숙해져서 17년 전 만큼의 환기효과가 없다는 의견이었다. '무지와 편견을 뚫고 인류는 어떻게 관용으로 나아가고 있는가'라는 저자의 문제의식을 선명하게 전달하려면 역설적으로 〈무지와 편견〉을 앞에 내세우는 편이 오히려 나을 수 있다는 것이다. 이런 의견은 지난 17년 동안 우리도 우리 나름으로 '관용'이라는 단어가 물성을 갖는 역사를 살아왔다는 반증으로 느껴져서 감회가 새로웠다. 마냥 원제를 고집할 일은 아니었다. 그러나 반 룬은 사실상 유럽에 초점을 맞춰 서술하고 있는데 '유럽사'가 아닌 〈세계사〉라고 이름 붙인 점은 여

---

1   408-409쪽, 「똘레랑스」(길,2000), 헨드릭 빌렘 반 룬 지음, 김희숙·정보라 옮김

러모로 양해를 구하고 싶다. 변명을 하자면, 반 룬이 말하는 '관용'의 공간적 배경은 유럽이지만 '관용'의 가치와 태도는 유럽만의 것이 아니라는 뜻으로, 좀 더 보편적으로 전달되기를 바라는 마음에서 '세계사'라고 했음을 이해해주기 바란다.(사실, 역서 제목을 정할 때 역자가 출판사의 의견을 바꾸기란 쉽지 않은 일이다.)

덧붙여, '하느님/하나님'을 통일하지 않고 함께 사용한 것에 대해서도 양해를 구해야겠다. 개신교가 배경일 때는 '하나님'으로, 로마 가톨릭이 배경일 때는 '하느님'으로 번역했다. 우리 사회에서 두 단어가 사용되는 맥락이 명확할진대, 이 용어를 하나로 통일하는 것은 역자들의 역량을 넘어서는 일이었다. '야훼/여호와'는 야훼로 통일했는데, 성경에서 직접 인용한 구절도 책 전체의 통일성을 위해 '야훼'로 표기했음을 이해해주기 바란다. '원시인/미개인/야만인'은 원문 그대로 직역했다. 현대인과 비교해서 원시인, 기술문명사회와 비교할 때 미개인, 고대 그리스 로마인들이 이민족을 일컬을 때 야만인 등 특별한 폄하의 의미 없이 맥락마다 다르게 등장하는 용어라 가급적 그대로 옮겼다.

사실, 이 책을 읽다보면 혹시 서양 기독교사가 아닌가 싶을 만큼 종교적 이야기가 많이 나온다. 그도 그럴 것이 유럽문명의 토대가 기독교이기도 했고, 또 '똘레랑스냐, 앵똘레랑스냐' 즉, '관용이냐, 불관용이냐'라는 개념이 애초에 나와 다른 종교, 우리와 다른 종교를 믿는 민족을 어디까지 관용할 것인가라는 문제와 밀접했기 때문이다. 그러나 이는 그 시대 사람들이 자신의 중요한 정체성으로 삼았던 게 종교여서 그랬던 것이지, 똘레랑스가 오직 종교의 문제만 담고 있었기 때문은 아니다.

오히려 시대가 변하면서 똘레랑스는 점점 더 의미를 확장했다. 고대나 중세와 달리, 사람들이 종교의 틀을 벗어나는 시대가 되자 각자 다른 사상, 다른 정치적 태도가 격렬한 갈등의 원인이 됐다. 반 룬이 이 책을 쓴 1925년(초판), 혹은 1940년(개정판)은 이데올로기나 정치적 지향이 이전 시대 종교만큼이나 중요했던 시기였다. 인종차별이나 민족갈등 역시 이데올로기 뒤에 숨어서, 혹은 공공연히 앞줄에서 여전히 불관용의 불씨가 되고 있었다. 경제적 갈등 또한 마찬가지였다. 그러니 똘레랑스의 의미가 종교를 벗어나 정치, 경제, 문화 전반에서 중요한 태도로 부각되기 시작한 것은 어찌 보면 자연스러운 일이었다.

돌아보면, 20세기 중반만 해도 사람들은 자신이 속한 집단의 정체성을 자신의 정체성으로 받아들였던 듯하다. 왜냐하면 20세기 후반에서 21세기로 넘어온 지금 우리가 갖는 배타적 태도는 종교나 사상, 국적이 다르다는 정도에서 해결되지 않는 경우가 많기 때문이다. 여자여서 여자가 아니어서, 장애인이어서 장애인이 아니어서, 동성애자여서 동성애자가 아니어서, 이혼을 해서 이혼을 안 해서, 노인이어서 노인이 아니어서. 개인의 정체성을 강조하는 시대가 되면서 역설적으로 '나'라는 개인을 구성하는 요소가 아닌 나머지 모든 것은 일단 경계하고 불관용하는 경향을 자주 볼 수 있다.

여기서 흥미로운 것은 반 룬이 본문에서 언급하듯, '사적인 불관용'과 '공적인 불관용'을 나누는 지점이다. 사람들이 개인적으로 갖는 편견이나 짜증까지 나무라며 '불관용'이라 비난할 수는 없다. 그거야 각자의 인격이 해결할 일이다. 공동체가 함께 경계하고 규제해야 하는 것은 그런 편견이나 차별이 공적인 제도로 자리 잡지 못하도록 막는 것일 터다. 예를 들어, 오늘 아침 바쁜 출근길 기차역에서 어떤 어르신이 '요즘 애들은 결혼도 안 하고 애도 안 낳아서 참 큰일이야. 출근하면서 돈만 벌면 뭐해!'라고 큰소리로 요즘의 세태를 한탄한다면 '원, 한 성격 하시는 분이네' 하고 기차를 타면 그만이지만, 그래서 35세 이상 미혼남녀는 몇 시부터 몇 시까지 기차를 타면 안 된다는 법규가 나오거나, 주민등록증에 미혼을 표시하게 하거나, 집을 구입하거나 자동차를 살 때 어떤 급 이상은 구입할 수 없다는 등의 공적인 차별규칙이 되면 곤란할 것이다. 유태인을 차별하거나 식민지 사람들을 차별할 때 쓰던 방식처럼 말이다.

17년 전 후기를 쓸 때는 이렇듯 사적인 불관용과 공적인 불관용을 나누는 대목이 참 명쾌했다. 그런데 지금은 반 룬이 2017년을 본다면 뭐라고 했을지 궁금해진다. 인터넷 공간과 24시간 SNS는 이미 사적인 영역과 공적인 영역을 넘나든지 오래인데, 지금도 불관용을 이렇듯 공적인 것과 사적인 것으로 뚜렷하게 구분해서 말할 수 있을까? 과연 사적인 불관용은 공적인 불관용보다 힘이 세지 않거나 공동체에 끼치는 피해가 적을까? 오늘날 사적인 불관용은 온라인의 토양 속에서 쉽게 공적인 불관용이 되고 만다.

어쩌면 지금이야말로 지난 역사를 되돌아보며 '관용'에 대해 함께 생각해봐야할 시점인 지도 모르겠다. '인정, 존중, 배려'. 뻔한 말 같지만 내가 지키지 않으면서 남에게 지키라고 할 수도 없고, 그렇게 사적인 불관용과 뻔뻔함이 오가는 사회에서는 그 누구의 안전도 장담할 수 없는 시대가 아닌가.

반 룬도 본문에서 밝히고 있지만, 이 책은 '관용'을 단독 주제로 서양사 전체를 조망하는 최초의 시도였다. 로크, 몽테뉴 등 '관용'에 대해 이러저러한 견해를 피력한 역사가나 사상가들은 있었지만, 어디까지나 다른 주요 주제에 덧붙여서 단상을 정리한 정도였다. 선사시대부터 초판은 1925년, 개정판은 1940년에 이르기까지 오직 '관용'이라는 키워드로 인류사(유럽사라 해도) 전체를 대담하게 탐색한 역사에세이는 이 책이 처음인 셈이다. 아직까지는 다른 작가들의 다른 시도가 더 없었던 것으로 보이니 마지막이기도 하다. 그런 책인 만큼 절판된 상황이 아쉬웠는데, 지금의 시점에 재출간하게 되어 기쁜 마음이다.

사적인 불관용과 공적인 불관용을 나누어 생각해보자는 대목 외에, 본문을 번역하며 눈에 띈 표현은 소설과 역사를 비교하는 대목들이었다. 반 룬은 이따금 "소설보다 소설 같은 일이다", "이러니 누가 소설을 읽겠는가"라는 말을 한다. 가톨릭과 개신교의 갈등 속에서 어이없는 죽음을 당하거나 기적처럼 살아나거나, 마을 전체가 가톨릭의 공포에 빠졌다가 개신교로 해방되는 줄 알았는데 다시 동일한 공포에 빠지는 여러 반전을 예로 들 때도 이렇게 말한다. 이 말은 지어낸 소설보다 더 믿어지지 않는 현실이었다, 라는 의미로 보통 쓰이지만 책 전체를 읽다 보면 소설 속에 공포도 있고 기쁨도 있는 것처럼, 역사도 비극과 해피엔딩이 동시에, 또는 번갈아 일어나기 마련이라는 의미로도 다가온다.

비극과 불관용은 혼자 다니지 않았다. 그들이 지나가는 모든 사건 속에서 해피엔딩과 관용도 동시에 일어났다. 가능하면 관용적인 태도를 지키기 위해 힘차게 불관용을 밀고 나가는(무지와 편견을 뚫고 나가는) 인류의 노력을 하나하나 들여다보면, 어디까지가 관용이고 어디부터가 불관용인지 공식처럼 명쾌하게 구분할 수 없는 사례도 많았다. 관용을 지키려고 애쓰다가 불관용이 되어버리기도 하고 불관용이 만연할 때 방심하다가 뜻밖의 관용을 만들기도 했다. 그러다 마지막에 이르면 우리 인류가 여기까지 왔구나, 하는 뭉클함이 일어난다. 역사의 감동이 이럴진대 "누가 소설을 읽겠는가"라는 반 룬의 말은 대목에 따라서 한탄이 아니라 감탄으로 들릴 수도 있는 것이다. 관용이냐 불관용이냐는 결국 인류 자신이 역사 속에서 끊임없이 선택하며 만들어 온 태도와 가치였다. 어느 쪽을 선택할 것인가는 100퍼센트의 관용과 100퍼센트의 불관용을 두고 양자택일을 하면 되는 것이 아니라 우리가 존재를 걸고 매 순간 선택해야 하는 우리의 책임이다.

가까운 우리 역사에도 그런 일이 있었다. 어느 날 갑자기 전직 대통령이 돌아가신 사건도 소설 같은 일이었지만, 영원한 제국인 양 무소불위의 권력을 휘두르던 또 다른 전직 대통령이 탄핵을 당한 것도 소설 같은 일이었다. 그것도 80만, 100만 인파가 눈발을 뚫고 주말마다 광화문 광장을 촛불로 가득 채우면서 국회와 행정부를 압박할 줄이야. 거짓 보도를 하는 언론을 엎어버릴 줄이야. 압박한다고 그게 통할 줄이야. 누가 알았단 말인가. 그러니 누군가 우리의 미래를 비관하면서 "세상이 말세에요. 소설 같은 일이죠."라고 말한다면, 이렇게 대답해주자. "소설 같은 일들 덕분에 여지껏 살아남은 걸요." 호모 사피엔스의 역사가 매번 합리적이고 이성적으로만 처리되었다면 우리는 중세가 지나기 전에 진즉 모두 멸종했을 지도 모를 일이다. 그런 역사의 반전과 아이러니, 비극 속에 숨은 해피엔딩과 해피엔딩 속에 숨은 비극의 씨앗을 번갈아, 혹은 동시에 돌아볼 수 있는 것도 이 책의 매력이다. 인간은 누구인지, 어떻게 살아왔는지, 그 과도한 열정과 어이없는 실수 속에서도 어떻게 길을 만들어왔는지를 말해주는 반 룬의 유머가 충분히 느껴지지 않는다면, 역자들의 부족함일진대 부디 관용의 태도로 보아주시기를, 관용하되 발전할 수 있도록 조언해주시기를 부탁드리는 바다.

번역 텍스트로는 1940년 미국 리버라이트 출판사(Liveright Publishing Corp.)에서 나온 《똘레랑스Tolerance》를 사용했다. 0장(프롤로그), 1-11장, 14장, 31장(에필로그)은 김희숙이 번역했고, 12-13장, 15-30장은 정보라가 번역했다. 17년 전 번역을 다시 보며 무수한 오역과 비문을 바로 잡았지만, 반 룬의 지성이 워낙 광대한 지라 옮기는 과정에서 여전히 부족함이 있었을 것이다. 그런 부족함 속에서도 부디 끝까지 낙관하는 태도만큼은 전달되었으면 하는 바람이다. 1925년 한없이 낙관하던 반 룬의 에필로그는 1940년 2차 대전 중인 유럽대륙을 보며 참담해하면서도 비관에 빠지지 않고 중심을 잡고자 노력한다. 실제로 그는 '공적인 불관용'에 저항하여 연합군의 선전활동에 적극 참여하기도 했다. 관용적 태도라 해서 폭력과 불관용의 맹습을 무기력하게 수용하는 것이 결코 아님을 몸소 보여줬던 것이다. 반 룬의 마지막 에필로그 이후, 지난 77년 동안 인류에게 일어났던 일은 우리 마음의 에필로그로 채워야 할 것 같다.

이 책을 처음 소개해주셨던 윤미선 선배님에게 감사드린다. 18년 전 연세대학교 도서관에서 잠자고 있던 낡은 책을 찾아 번역해보자고 제안해주시지 않았더라면 역자들은 이 책을 모르고 지나갔을 것이다. 먼지에 찌든 양장본 표지가 지금도 생각난다. 책 기증자의 낙관을 보며 호기심이 일었던 기억도 생생하다. 덕분에 똘레랑스에 대한 공부도 했고, '헨드릭 빌렘 반 룬'이라는 저자를 우리나라에 처음 소개하는 기쁨도 누렸다. 앞으로 다시 17년이 지나서 2034년에 이 책을 다시 번역하게 된다면(그때까지 부디 절판되지 말기를) 그때는 '관용'이 어떤 의미로 우리 사회에서 이야기되고 있을까. 낙관도 비관도 결국 우리의 선택과 책임인 것이다.

2018년 1월 3일,
역자를 대표하여 김희숙 씀.